Alles über die Kunst des Jonglierens

Eine umfassende ›Schule des Jonglierens‹, eine Anleitung, die über die allgemeinen Hinweise, die meist den Jonglier-Requisiten beiliegen, hinausgeht, suchte man bislang vergebens. In dem nun vorliegenden Buch hat der Autor Dave Finnigan alles zusammengetragen, und systematisch geordnet, was er in langen Jahren der Praxis selbst über das Jonglieren gelernt, erfahren und ausprobiert hat: Es ist das bisher umfassendste Lehrbuch über die Kunst des Jonglierens. (Das einschlägige Material, Tücher, Bälle, Keulen und ähnliches kann man in vielen Sportgeschäften erhalten; in einigen Städten gibt es sogar Läden, die sich auf das Jonglieren spezialisiert haben.)
Die Kunst des Jonglierens bereitet dem Ausführenden großen Spaß und ist für den Zuschauer in höchstem Maße staunenswert! Mit etwas Einfühlungsvermögen und Geduld kann wirklich jeder jonglieren lernen. Und das Tollste ist: Wer es einmal kann, verlernt es, ähnlich wie das Schwimmen, nie wieder. Dieses Buch macht es einfach: Jede neue Übung ist in Wort und Bild genau erklärt. Wer sich schließlich in seinem ersten Können gut genug fühlt, sollte unbedingt die Übungen für zwei und mehr Mitspieler probieren, – die Regeln sind einfach und in allen Ländern die gleichen, so daß auch ein Zusammenspiel über Sprachgrenzen hinweg möglich ist.
Der umfangreiche Anhang des Buches bringt neben einem kurzen Abriß über die Geschichte des Jonglierens und einem Glossar der wichtigsten Begriffe außerdem noch praktische Hinweise zu Themen wie: Organisation eines Jonglier-Wettbewerbes oder eines Festivals der Jongleure; Unterricht im Jonglieren; Geldverdienen mit Jonglieren; Jonglieren und Gesundheit; zahlreiche Adressen von ›Jongleur-Ausstattern‹, internationalen Verbänden und Privatleuten, die sich dem Jonglieren verschrieben haben.
Wer richtig jonglieren kann, hat mehr vom Leben! Oder?

Über den Autor

Dave Finnigan arbeitete nach Abschluß seines Studiums 10 Jahre bei verschiedenen Projekten zur Familienplanung in Südostasien und der Türkei mit. Er war für verschiedene Stiftungen und die Vereinten Nationen tätig. 1976 lernte er das Jonglieren. Seither haben über 350000 Jonglierbegeisterte in über 300 Schulen nach seiner Methode jonglieren gelernt. Er leitet Fortbildungsseminare für Sportlehrer, hat eine Videoserie über das Jonglieren produziert und war Leiter des Ressorts ›Unterricht‹ in der International Jugglers Association. Er lebt in Edmonds, Washington.

Dave Finnigan

Alles über die Kunst des Jonglierens

Illustriert von Bruce Edwards
unter Mitarbeit von
Todd Strong und Allan Jacobs

DuMont Buchverlag Köln

Dieses Buch ist der International Jugglers' Association gewidmet, einer Organisation mit Herz und Humor

Umschlagfoto und Layout der deutschen Ausgabe Achim Seiffert
Aus dem Amerikanischen von Gabi Hartmann und Paul Keast

Die Originalausgabe des Buches erschien unter dem Titel
»The Complete Juggler« bei Random House, New York
Satz: Fotosatz Froitzheim, Bonn
Druck: Rasch, Bramsche
Buchbinderische Verarbeitung: Bramscher Buchbinder Betriebe

Printed in Germany ISBN 3-7701-2214-3

Inhalt

Vorwort

Als ich 1976 anfing, Jonglieren zu lernen, ging ich auf die Suche nach Requisiten und nach einer Anleitung, die mich Schritt für Schritt vom ungeschickten Anfänger zum geübten Meister machen könnte. Ich fand weder das eine noch das andere.

Heute sind Jonglierrequisiten in vielen Sport-, Spielzeug-, Zauber- und Theaterläden erhältlich; und in einigen Buchhandlungen gibt es einen Satz Tücher oder Stoffbälle mit Anleitung. Nur jener ›Jonglierführer‹, von dem ich immer träumte, ist nie erschienen, und ich mußte mir mühsam hier und da, Stück für Stück die nötigen Auskünfte zusammensuchen.

Aber hier ist es endlich, das Buch, das ich gebraucht hätte, als ich mit dem Jonglieren anfing. Dieses Buch enthält neben Energie und Erkenntnissen der 4 000jährigen Geschichte des Jonglierens über 1 000 Illustrationen. Auch wenn es im Titel »Alles« über die Kunst des Jonglierens heißt, ist kein Buch jemals wirklich abgeschlossen, und ich freue mich auf eure Anregungen für die nächste Ausgabe.

Mein Dank gilt meinen vielen Lehrern:

John Ross, der mich auf die Idee brachte, Jonglieren zu lernen;

Carlo, der mir die Kaskade beibrachte;

Greg Albert, der mir das Vierballmuster zeigte;

Roger Dollarhide, der mir das Geheimnis »Fünf Bälle leicht gemacht« verriet;

Joe Buhler, der die Geduld aufbrachte, mir das Passing mit Keulen beizubringen;

Reverend Chumly, dessen Straßenzirkus mich dazu ermutigte, selbst aufzutreten;

Rudy Benton, dessen Zauberei im Klassenzimmer mich anregte, zu unterrichten;

Mark Sutherland, der mich auf die Idee brachte, den Jonglierunterricht mit Tüchern anzufangen;

George Nissan, der zu mir sagte: »Wachse langsam und strebe nach Perfektion«;

Won Israel, mit dem ich über 300mal aufgetreten bin;

Barrett Felker, einem unvergleichlichen Tourneepartner;

Richard Powers, Ray Fryson, Chris Breed, Barbara Szwek, Linda Page und Rick Masters, die auf den Laden aufpassen, während ich durch die Weltgeschichte reise und mich amüsiere;

Lottie Brunn, John Webster, Robert Stuverud, Amy Adams, Rainbow Piper, Ken Chen und Todd Strong, die ihre Kunst zeigten, damit wir sie abbilden konnten;

Rich Chamberlin für seine Hilfe bei dem Verzeichnis der Fachausdrücke;

Anne Freedgood und dem Random-House-Team für ihr Vertrauen und ihre Geduld;

dem Vorstand der International Jugglers' Association und den vielen IJA-Mitgliedern, die beim Ausarbeiten des Leistungsbewertungssystems geholfen haben;

meiner Mutter, die wollte, daß ich Arzt werde, und meinem Vater, der vielleicht lieber einen Börsenmakler gehabt hätte, danke ich dafür, daß sie mich meinen Weg gehen ließen;

aber am meisten möchte ich Thelma und Davy danken, weil sie den Krach erduldeten, während Papa jonglieren lernte, und auch die langen Tage der Stille, an denen er sie vernachlässigte, um dieses Buch zu schreiben.

Wie man sich vorstellen kann, ist ein Buch wie dieses das Ergebnis von Teamarbeit. Ich möchte insbesondere Todd Strong danken, der das Projekt durch seine Manuskripte, die die Grundlage für die Kapitel ›Devil Stick‹ und ›Diabolo‹ waren, förderte, sowie Allan Jacobs, dem ehemaligen US-Meister in Solo- und Partnerjonglage, für seine wertvollen Ratschläge und Kritik. John Dobleman, Jonathon Whitfield, Mike Vondruska und Ken Burke leisteten einen Beitrag zum Kapitel über Jonglierspiele. Tom Wetzel war unser Layoutassistent. Am wichtigsten ist die gekonnte und anregende Grafik- und Layoutarbeit von Bruce Edwards, der bloßen Worten Leben verlieh.

Dave Finnigan
»Professor Confidence«
Edmonds, WA
USA

Du und das Jonglieren

Jonglieren ist eine Herausforderung. Zunächst muß man lernen, einen Gegenstand einer bestimmten Flugbahn folgend von einer Hand in die andere zu werfen. Wenn du einen Gegenstand werfen kannst, probiere zwei von Hand zu Hand zu wechseln; und wenn das klappt, kannst du auch üben, drei zu jonglieren. Wenn du drei Gegenstände unter Kontrolle hast, bist du weit genug, mit den unendlichen Variationen, die dieses Buch enthält, und deiner Fantasie zu spielen.

Jugglebug hat es sich zur Aufgabe gemacht, möglichst viele Menschen in die Freuden des Jonglierens einzuführen. Fast jeder kann jonglieren. Es ist keine Kunst nur für Zirkusleute, sondern eine körperlich und geistig entspannende Tätigkeit, die dir hilft, deine natürliche Koordinationsfähigkeit zu entdecken und zu fördern. Jonglieren ist wie Schwimmen: Einmal gelernt, kann man es nicht mehr verlernen. Insofern ist es eine Fähigkeit fürs Leben. Im Gegensatz zu den meisten Sportarten gibt es beim Jonglieren keinerlei Transportprobleme, und man kann fast überall jonglieren, entweder allein, mit einem Partner oder in einer Gruppe.

Ein weiteres Merkmal des Jonglierens ist seine Rhythmik, seine Musikalität. Es kann die gleiche beruhigende Wirkung haben wie das Musizieren oder das Hören guter Musik. Jonglieren ist für viele eine Form der Meditation, bei der Geist, Körper und Seele vereint werden.

Jonglieren ist eine unendliche Kunstform. Die Anzahl der verschiedenen Muster, die du mit 2, 3, 4, 5 oder mehr Bällen, Ringen oder Keulen, oder mit 2, 3, 4, 5 oder mehr Spielern werfen kannst, läßt sich gar nicht errechnen. Bei jeder Übungsstunde lernst du einen Trick, den dir ein anderer Jongleur gezeigt hat, oder du erfindest einen ganz neuen. Ständig drückst du deine Leistungsgrenze nach oben. Nach einem Monat, einem Jahr oder zehn Jahren Jonglieren wirst du eins mit Sicherheit feststellen: Du bist seit den ersten Anfängen viel weiter gekommen, als du je für möglich gehalten hättest. Was dir vor kurzer Zeit noch unmöglich erschien, gehört nun zu deinem Repertoire, und jetzt erscheint etwas noch viel Schwierigeres unmöglich; dein Horizont rückt unendlich weit in die Ferne. Jongleure geben einander viel Unterstützung. Das erreichte Niveau hängt von der Geschicklichkeit, die du mitbringst, und von der Zeit und Energie, die du in das Jonglieren investierst, ab. Im Gegensatz zu den meisten anderen Tätigkeiten kannst du beim Jonglieren dein eigenes Wachstum planen und erfahren. Sobald du das Grundmuster ›Kaskade‹ beherrschst, wirst du deine Angst, vor anderen zu jonglieren, leicht überwinden. Wenn du die Bälle fallenläßt, ist das kein Zeichen für Ungeschicklichkeit, sondern für Fortschritt: Es zeigt, daß ein Lernprozeß im Gange ist.

Wir von Jugglebug schlagen vor, deine Requisiten immer mitzunehmen, in deinem Aktenkoffer oder in deiner Schultasche. Der Aufkleber an der Stoßstange deines Autos oder ein ›Leistungsanstecker‹ wird dich als Jongleur ausweisen. Wenn du auf einen anderen Jongleur triffst, könnt ihr eure Sachen auspacken und eure Erfahrungen austauschen. Laßt uns alle Büroräume, Parks und Autobahnraststätten mit Jongleuren füllen.

Einige Sportarten scheinen Ungeduld, Frustration und ein destruktives Konkurrenzdenken zu fördern, das aus 50 % aller Teilnehmer Verlierer macht. Du wirst feststellen, daß Jonglieren dir helfen kann, Geduld, Selbstbewußtsein und Kooperationsfähigkeit zu entwickeln. Es gibt keine Verlierer, und dein einziger Konkurrent bist du selbst.

Vor allem macht das Jonglieren Freude. Energie wird in kreativer Form freigesetzt, was sofortige persönliche, innere Befriedigung bringt (ganz abgesehen vom Beifall oder von Münzen, die nach einer besonders gelungenen Darbietung vielleicht plötzlich in deinem Hut auftauchen).

Wenn du die Jugglebug-Methode anwendest, wirst du vielleicht am Abend des ersten Übungstages mit Freude berichten können: »Guckt mal, ich jongliere!« Innerhalb eines Monats bist du wahrscheinlich in der Lage, eine Vorstellung zu geben, die tatsächlich Beifall bekommt. Bevor wir mit diesem Abenteuer beginnen, hier ein paar grundsätzliche Überlegungen:

1. Wenn du dich angespannt, entmutigt oder ungeschickt fühlst, oder dich dabei ertappst, ständig die gleichen Fehler zu wiederholen, solltest du genau an dem Punkt, der dir immer Schwierigkeiten bereitet, anhalten. Schließ die Augen und denk die Bewegung, die du gerade versuchst, durch. Versuche herauszufinden, was schiefgegangen ist. Stell dir vor, wie es richtig aussehen muß. Tüftle heraus, was du machen mußt, um den Fehler auszumerzen, schüttle die Arme und Schultern aus, um wieder locker zu werden; öffne dann die Augen wieder, und fang noch einmal an. Wie ein Kunstspringer muß der Jongleur alle bewußten Entscheidungen vor dem Loswerfen treffen. Im Gegensatz zum Kunstspringer bleibt der Jongleur trocken, und die Bälle machen die Bauchlandungen.
2. Dieses Buch als Ganzes und jedes Kapitel im einzelnen ist in logischer Folge aufgebaut. Statt hin- und herzuspringen, solltest du jedes Kapitel Seite für Seite von vorne bis hinten durchnehmen. Geh nicht weiter zur nächsten Übung, bevor du die vorhergehende beinahe im Schlaf kannst. So können sich keine schlechten Gewohnheiten einschleichen. Wenn deine Jonglage nachlässig wird, geh einen Schritt zurück und vervollkommne diesen, bevor du wieder zum nächsten weitergehst.
3. Natürlich sollen alle deine Sinne aufmerksam dabei sein, aber sobald die Bälle im Flug sind, solltest du dich nicht mehr zu sehr auf Verstand und Denkprozesse verlassen. Denken nimmt zuviel Zeit in Anspruch. Versuch, das Muster, das die Bälle beschreiben sollen, mit deinem Körper und deinen Sinnen zu fühlen. Konzentriere den denkenden Teil deines Gehirns auf die Grenzen, auf den Punkt, an dem du den letzten Fehler gemacht hast. Wenn es beim 4. Schritt schiefgeht, laß die ersten drei Schritte automatisch fließen, während du dich auf die Bewegungen, die für den vierten erforderlich sind, konzentrierst. Wenn du das nicht kannst, solltest du noch gar nicht beim 4. Schritt sein. Geh zurück, um Schritt 1 bis 3 noch einmal zu erleben, bis sie dein Bewußtsein nicht mehr in Anspruch nehmen.
4. Stell dir vor, während des Übens in einer Telefonzelle zu stehen. Die Decke ist nur 30 cm über deinem Kopf und die Wände sind zerbrechlich wie Glas. Deine Bälle dürfen die Wände und die Decke nicht berühren, sonst fällt das ganze Gebäude

zusammen. Deine Übung findet ausschließlich in dieser Telefonzelle statt, bis du die Bälle gut genug beherrschst, um größere Würfe zu kontrollieren. Laß dich von niemandem dazu verführen, auszuprobieren, wie hoch oder wie weit zur Seite du werfen kannst, bevor du das Jonglieren in der Telefonzelle beherrschst.

Carlo, der Autor von »The Juggling Book«, spricht von einer »Wandebene«, um die richtige Flugbahn der Bälle zu beschreiben. Die Wandebene ist eine imaginäre, senkrechte Fläche etwa 30 cm vor deinem Körper. Im allgemeinen bleiben die Bälle innerhalb dieser Ebene und sollen nur darüber hinausgehen, wenn du dies bewußt verursachst. Mit dem Begriff »Tablettebene« bezeichnet Carlo die Grundstellung der Hände. Diese Ebene wird von deinen nach oben gerichteten Handflächen gebildet, die so gehalten werden, als wolltest du ein Tablett tragen. Diese Vorstellungen können dir beim Üben helfen und werden gelegentlich im Buch gebraucht.

5. Du wirst versucht sein, dich auf deine stärkere Hand zu verlassen, auf deine rechte, wenn du Rechtshänder bist, auf deine linke, wenn du Linkshänder bist. Übe bei jeder Gelegenheit mit deiner schwächeren Hand. Sobald du einen Trick mit deiner stärkeren Hand kannst, lerne ihn mit der schwächeren Hand. Du wirst sehen, daß sich jeder Erfolg mit der schwächeren leicht auf die stärkere Hand übertragen läßt, während es andersherum nicht immer auf Anhieb klappt.
6. Schließe jede Übung sauber ab. Du wirst bald lernen, eine Jongliernummer zu beginnen und zu beenden. Es ist wichtig, einen sauberen Abschluß zu lernen und zu üben. Jongliere nicht so lange weiter, bis das Ganze zusammenbricht. Leg im voraus fest, wie oft du einen Trick wiederholen wirst, und höre dann sofort auf.
7. Jongliere möglichst oft mit einem Freund oder einer Freundin. Übt freundschaftliche Kritik, um eure Fortschritte gegenseitig zu kontrollieren. Jeder, der mit diesem Buch arbeitet, kann auch ein Jonglierlehrer sein. Helft euch gegenseitig, schlechte Gewohnheiten zu vermeiden. Wenn dein Partner beispielsweise zu weit nach vorn wirft, stell dich vor ihn hin, als wärst du eine lebendige Mauer. Warne ihn, dich nicht zu treffen, weil du sonst zurückschlägst! Du wirst dich wundern, wie schnell er lernt, die Würfe unter Kontrolle zu bringen!
8. Führe Buch über deine Fortschritte. Dazu dient das Formular am Ende dieses Buches. Du solltest dir sowohl für jede Übungsstunde als auch langfristig Ziele setzen. Übung ist der einzige Schlüssel zum Erfolg.

Genug geredet – jetzt geht es richtig los!

Jonglieren mit Tüchern

Die Kaskade

1. SCHRITT – EIN TUCH

Halte ein Tuch
in der Mitte fest,
wie ein Gespenst.

Heb deinen Arm
so hoch du kannst
quer über die
Brust.

Wirf das Tuch aus der
Hand, als würdest du
winken.

Nimm die andere
Hand hoch und
fang senkrecht
nach unten.

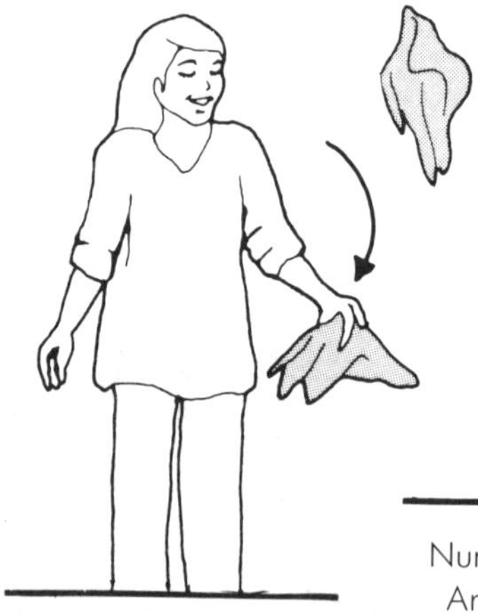

Krall das Tuch wie
ein Löwe.

Nun hebst du diesen
Arm quer über die
Brust in die andere
Richtung und wirfst.

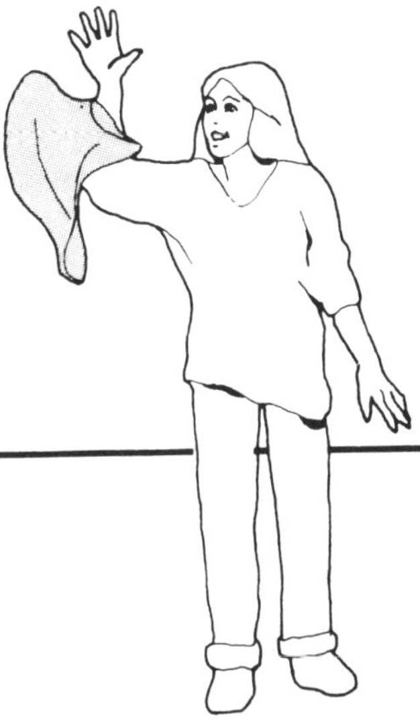

Krall wieder
nach unten.

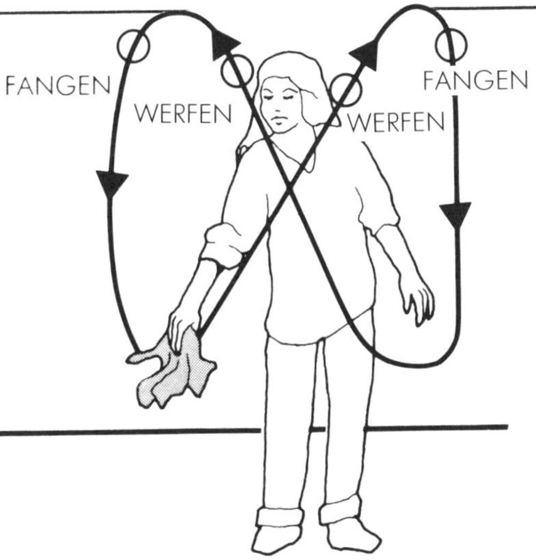

Wiederhole die Bewegung immer wieder, und beschreibe eine liegende 8 oder ein Unendlichkeitszeichen. Wirf hinüber und fang nach unten.

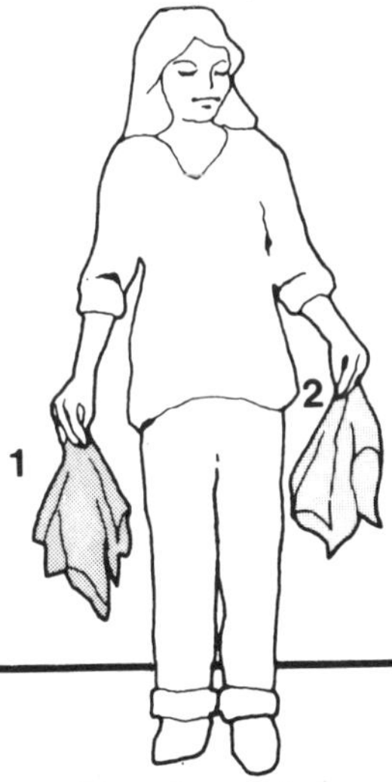

Nun nimm in jede Hand ein Tuch in der ›Gespensterhaltung‹.

Wirf das erste hinüber nach oben, wie du es mit einem Tuch gemacht hast. Wenn es oben angelangt ist, sieh es an . . .

Und wirf das zweite Tuch in die andere Richtung. Die Tücher beschreiben vor deiner Brust ein ›X‹.

Fang das erste Tuch gerade nach unten, dann fang das zweite. Werfen, werfen, fangen, fangen.

UND GLEICH GEHT'S WEITER

Drei Tücher!

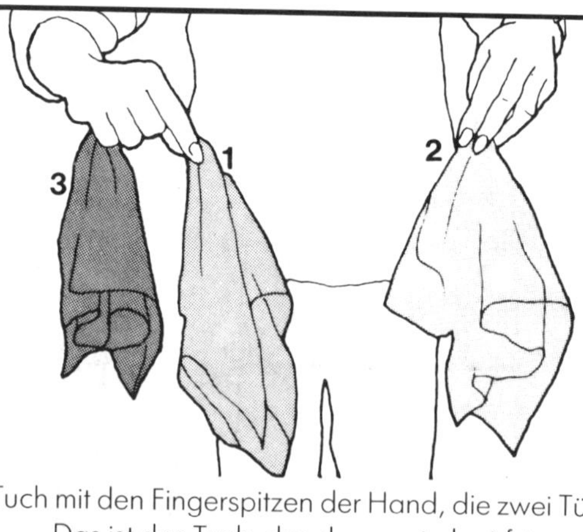

Nimm nun ein Tuch mit den Fingerspitzen der Hand, die zwei Tücher halten soll. Das ist das Tuch, das du zuerst abwirfst.

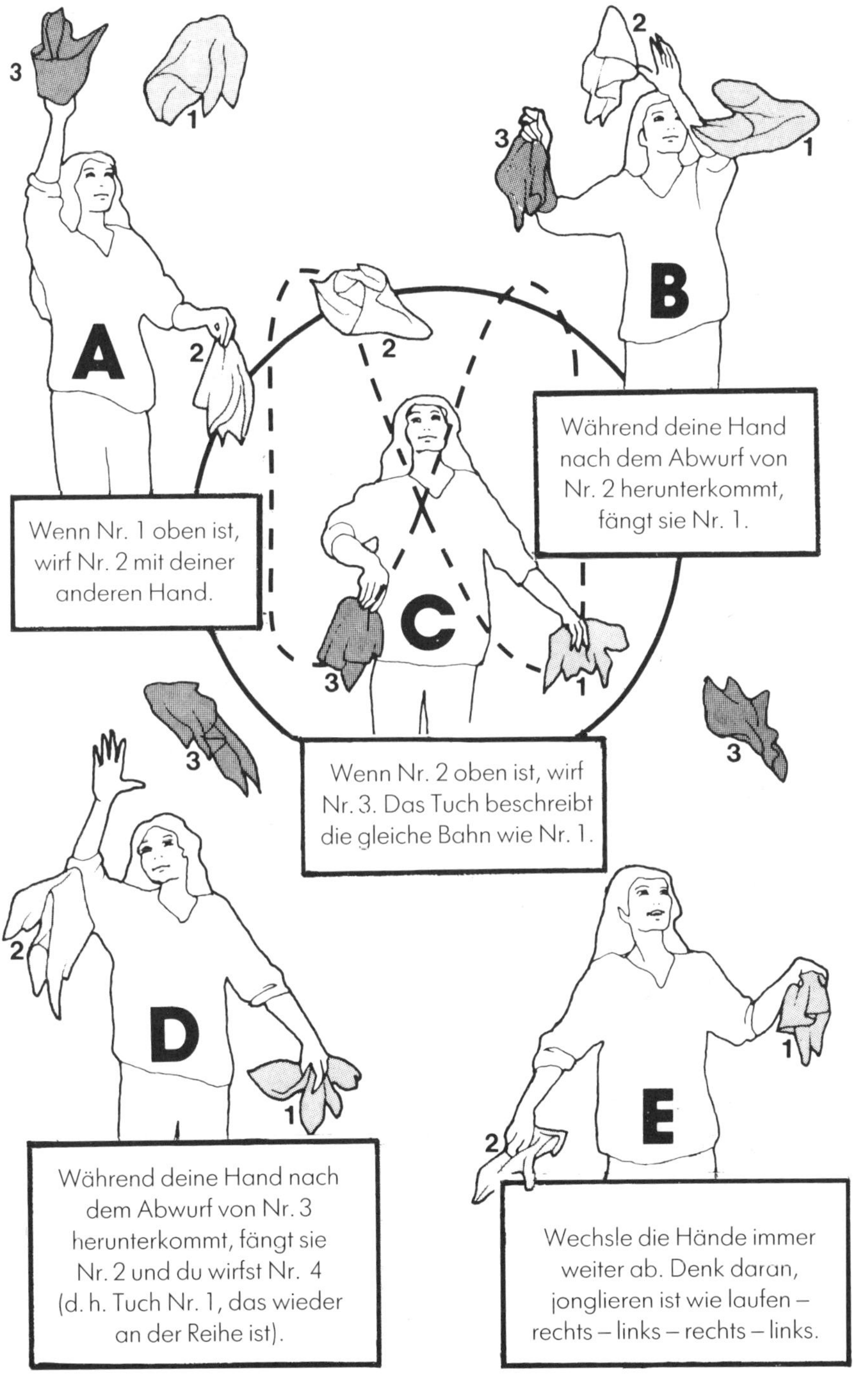

Wenn Nr. 1 oben ist, wirf Nr. 2 mit deiner anderen Hand.

Während deine Hand nach dem Abwurf von Nr. 2 herunterkommt, fängt sie Nr. 1.

Wenn Nr. 2 oben ist, wirf Nr. 3. Das Tuch beschreibt die gleiche Bahn wie Nr. 1.

Während deine Hand nach dem Abwurf von Nr. 3 herunterkommt, fängt sie Nr. 2 und du wirfst Nr. 4 (d. h. Tuch Nr. 1, das wieder an der Reihe ist).

Wechsle die Hände immer weiter ab. Denk daran, jonglieren ist wie laufen – rechts – links – rechts – links.

So lernst du schneller

- Jonglieren ist rhythmisch, also mach doch Musik an. Du lernst in der Tat schneller, wenn du eine Schallplatte mit einem guten gleichmäßigen Rhythmus auflegst.

- Fordere dich heraus. Wenn du drei gute Würfe gemacht hast, mach als nächstes vier, wenn du vier gemacht hast, mach zehn, versuche 20 oder 50. Zähle deine Würfe und übertreffe immer den vorherigen Rekord.

- Gib dich nicht damit zufrieden, nur dieses eine Muster zu können. Lerne alle Tricks in diesem Kapitel, und erfinde dann ein paar neue.

BEACHTE: Die Grundform Kaskade wird oft so wahrgenommen, als würden drei Gegenstände gleichzeitig in die Luft geworfen. Tatsächlich ist meistens nur ein Gegenstand in der Luft, manchmal zwei, aber niemals drei.

Rückwärtskaskade

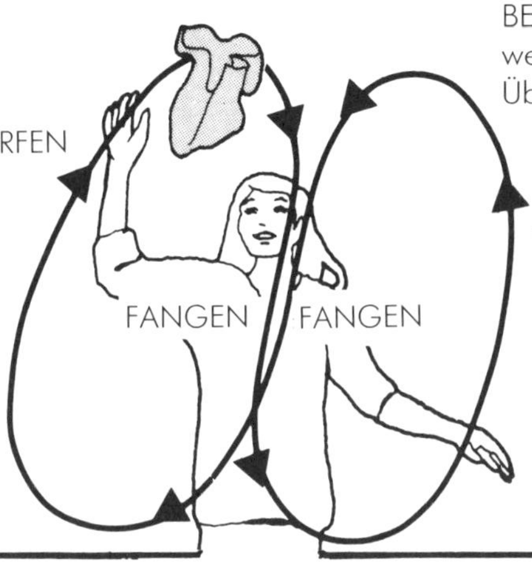

Wirf ein Tuch in der 8er-Figur, aber diesmal geht der Wurf über die Außenseite des Musters oben herum und in der Mitte herunter.

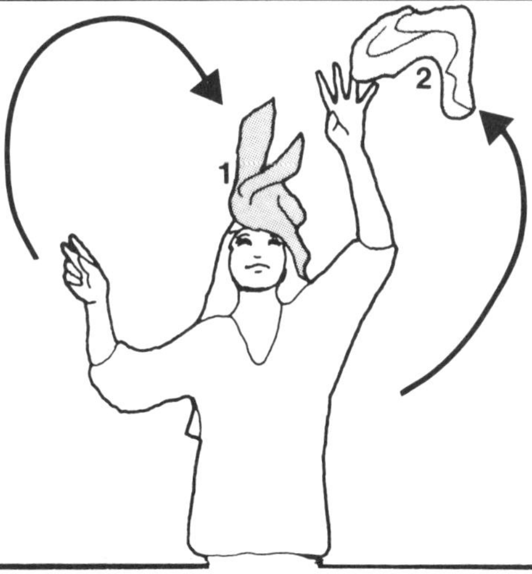

Beginne mit einem Tuch in jeder Hand. Wirf ein Tuch überhand. Wenn es in der Mitte herunterfällt, wirf das zweite mit einem großen Überhandwurf. Fang das erste, fang das zweite.

NUN VERSUCH ES MIT DREI TÜCHERN. Stell dir vor, daß ein Eimer vor deinen Augen schwebt, beginne mit der Hand, die zwei Tücher hält, und wirf sie eins nach dem anderen in den Eimer.
2
1
3

Säulen – DAS EINFACHSTE MUSTER –

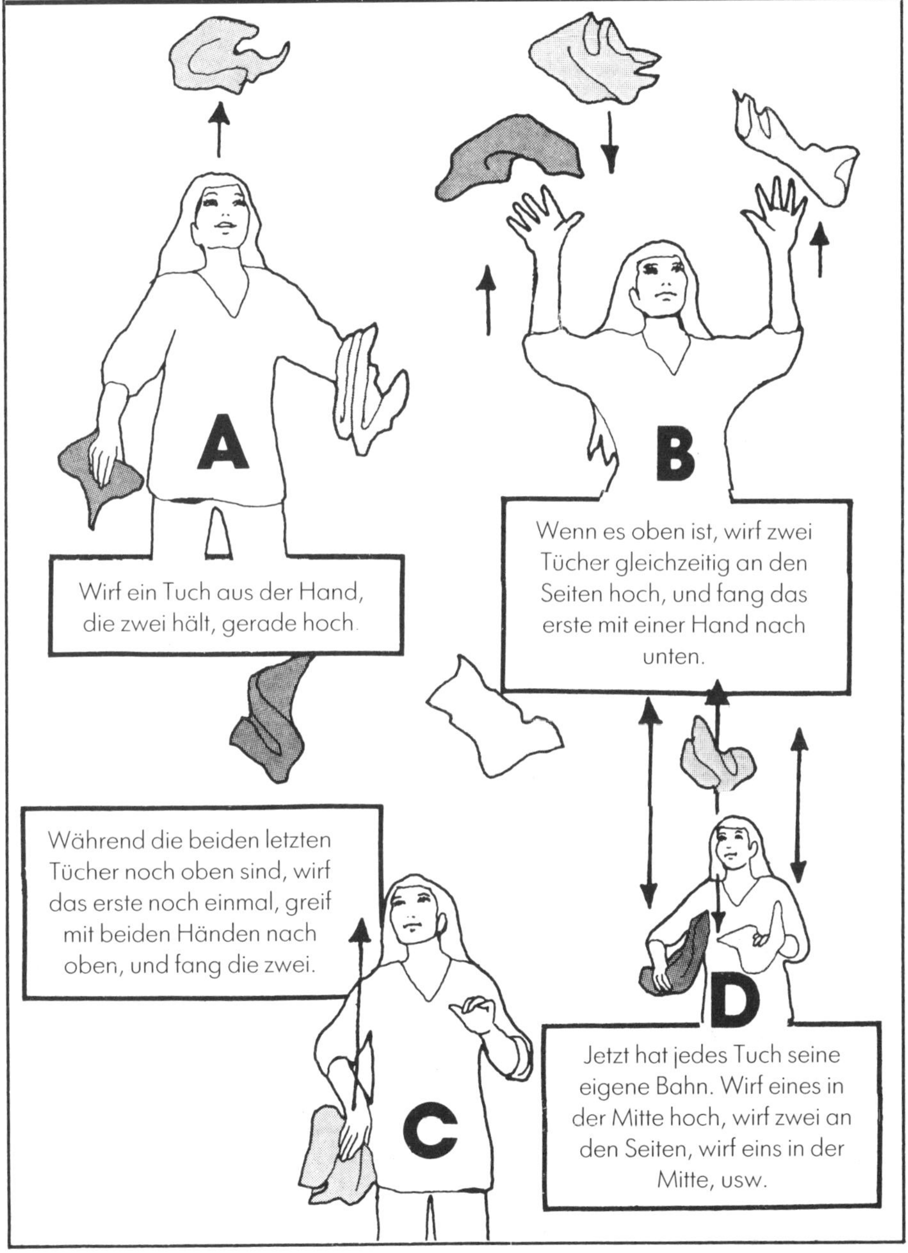

Wirf ein Tuch aus der Hand, die zwei hält, gerade hoch.

Wenn es oben ist, wirf zwei Tücher gleichzeitig an den Seiten hoch, und fang das erste mit einer Hand nach unten.

Während die beiden letzten Tücher noch oben sind, wirf das erste noch einmal, greif mit beiden Händen nach oben, und fang die zwei.

Jetzt hat jedes Tuch seine eigene Bahn. Wirf eines in der Mitte hoch, wirf zwei an den Seiten, wirf eins in der Mitte, usw.

Trickfolgen

Nachdem du nun drei Tücher auf drei verschiedene Arten jonglieren kannst, versuche, die Tricks zu verbinden. Beginne mit der Kaskade, mach ohne anzuhalten mit der Rückwärtskaskade weiter, geh dann auf die Säulen über und zurück zur Kaskade.

AUSGEFALLENE TRICKS mit der Kaskade

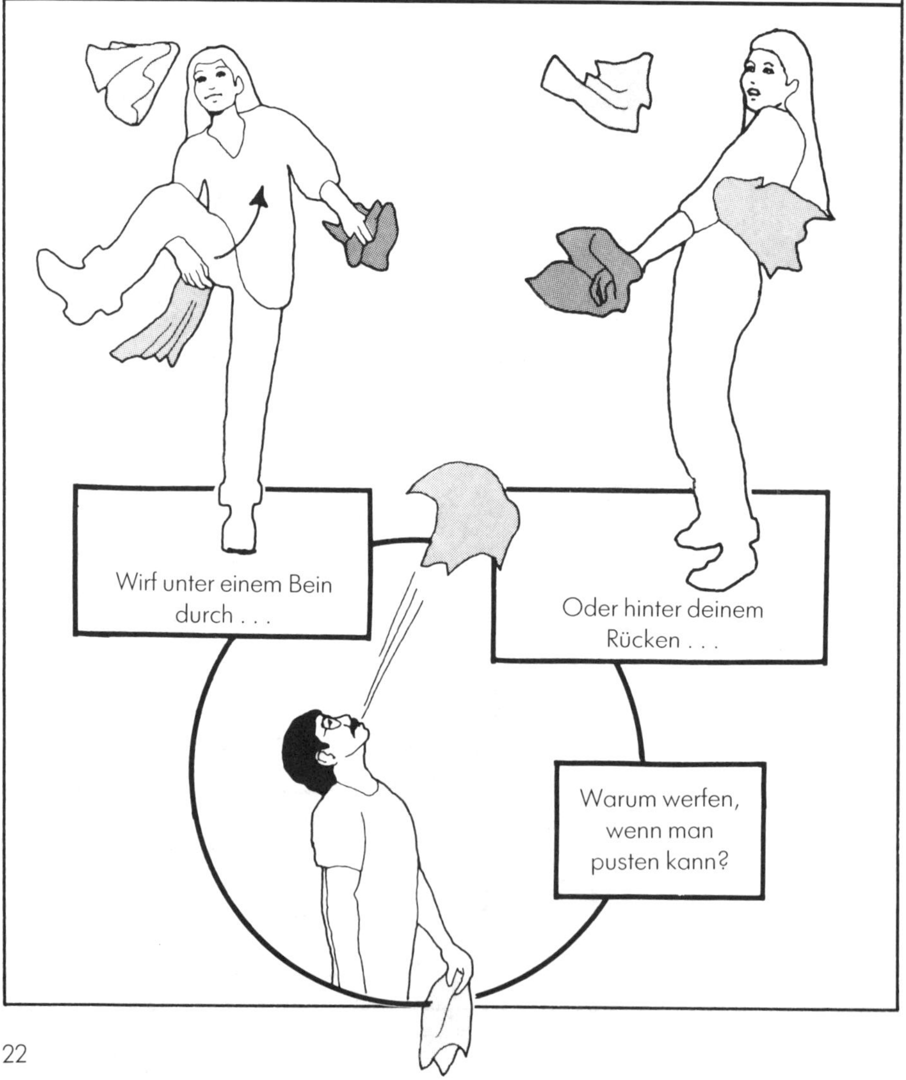

Oder versuche den schwarzen Gürtel der Tuchjonglage – drei in einer Hand.

TIP: Sei schnell, fang nur jeweils ein Tuch. Nimm immer das tiefste. Es gibt kein festgelegtes Muster. Laß sie nur nicht auf den Boden fallen. Versuche Kaskade, Rückwärtskaskade und Säulen.

Heb auf . . .

Mit dem Fuß!

TIP: Wenn das gekickte Tuch hochkommt, wirf ein anderes los und jongliere.

Pirouette: Jongliere die Säulen, wirf dabei ein Tuch hoch, halte die beiden anderen fest, dreh dich um und jongliere weiter.

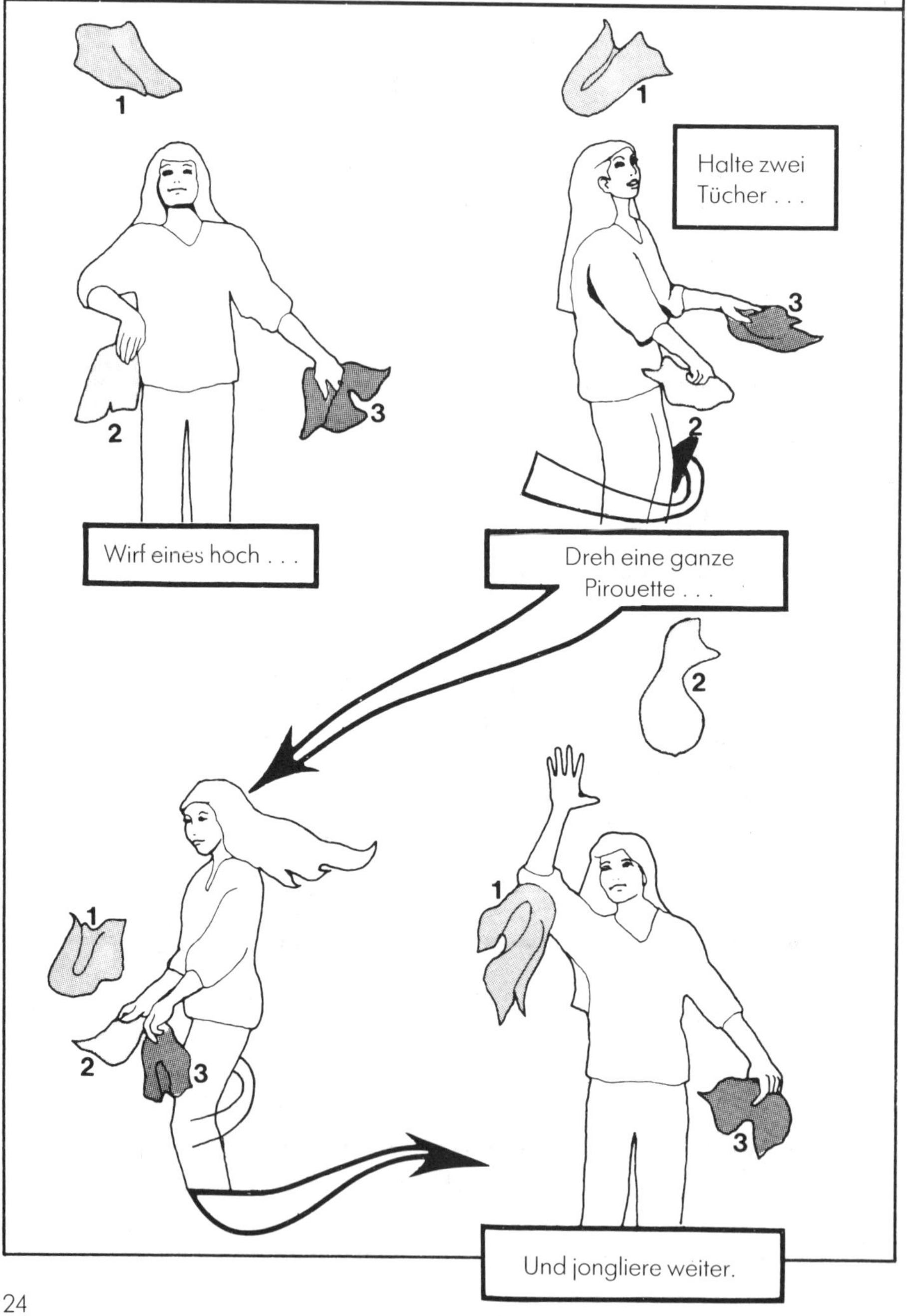

Der Shower

Wirf zuerst zwei Tücher aus deiner rechten Hand. Gib das dritte Tuch von der rechten in die linke, und wirf es in derselben Bahn.

Wirf ein Tuch hoch. Während es herunterkommt, zieh mit dem Tuch in der rechten Hand einen großen Kreis, einmal, zweimal oder dreimal. Wirf das Tuch und jongliere weiter.

Spagat

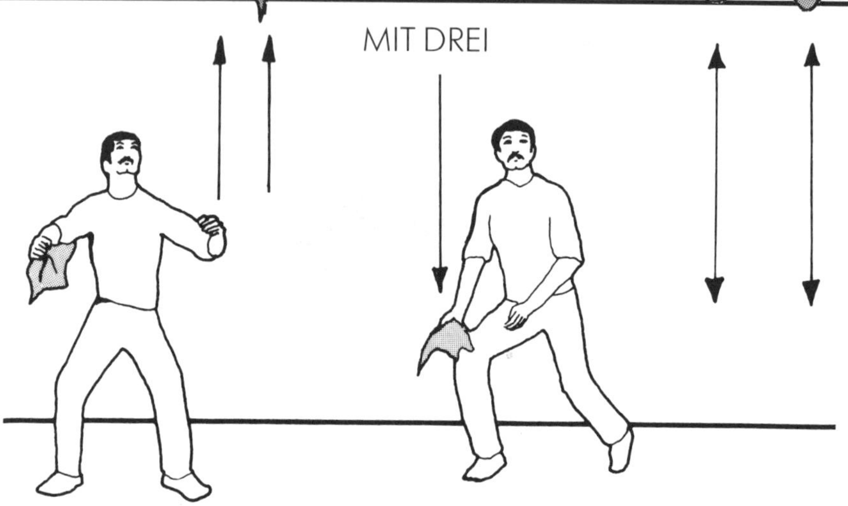

Wirf aus jeder Hand ein Tuch auf derselben Seite hoch. Wenn sie oben angekommen sind, wirf ein Tuch auf der anderen Seite hoch. Geh nun zurück, fang die zwei und wirf sie wieder ab. Dann das eine, die zwei, . . . usw.

Nun mach dasselbe mit vier Tüchern. Dreh dich nach rechts und wirf eines aus jeder Hand. Dann dreh dich nach links und wirf die anderen zwei gerade hoch. Geh schnell zurück nach rechts, fang die ersten beiden und wirf sie wieder ab. Greif schnell nach links, fang diese beiden und wirf sie wieder ab.

Vier Tücher gleichzeitig

Wirf zwei Tücher durch die Mitte hoch, so daß sie im Bogen nach außen fliegen. Wenn sie oben sind, wirf die nächsten zwei in der gleichen Bahn. Fang die ersten beiden.

Vier Tücher versetzt

Wirf das erste Tuch der rechten Hand und sofort danach das erste der linken. Wirf so schnell wie möglich ein zweites mit rechts und fang das erste, wirf ein zweites mit links und fang das erste. Nun mußt du nur abwechseln. Wirf und fang rechts – wirf und fang links.

Dreituchjonglage mit Partner

Jede Person ist wie eine Hand eines Jongleurs.

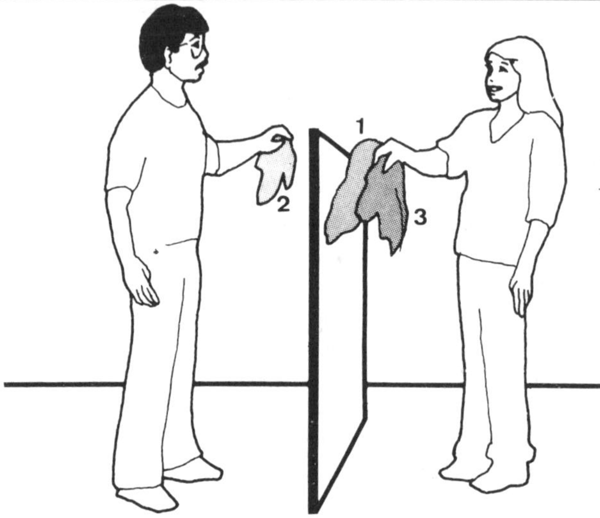

Wirf unter dem Tuch, das in der Luft ist, entlang, aber über ein imaginäres Netz in Brusthöhe.

Die Partner stehen sich gegenüber. Jeder legt eine Hand an seine Seite und läßt sie dort. Einer beginnt mit zwei Tüchern, einer mit einem.

Es ist immer noch die 8er-Figur.

Derjenige mit zwei Tüchern beginnt. Wenn das Tuch fast oben ist, wirft der andere. Und dann immer abwechselnd Nr. 1, Nr. 2, Nr. 1, Nr. 2.

Nebeneinander

Steht nebeneinander. Einer nimmt zwei Tücher, der andere eines. Derjenige mit zweien beginnt.

Jetzt seid ihr ein zweiköpfiges, zweihändiges, vierbeiniges Jonglierwesen.

Sechstuchjonglage mit Partner

Nun benutzt ihr beide Hände, einer hält vier Tücher, der andere zwei.

ÜBER-
RASCHUNG! ES
IST IMMER NOCH
DIE 8ER-FIGUR

Die Partnerin mit vier Tüchern fängt an und wirft zwei.

DENK AN DAS NETZ

Wenn sie in der Mitte sind, wirft der andere zwei. Immer abwechselnd; Ich – Du – Ich – Du – Ich – Du.

Hiermit wird bescheinigt, daß

....

das Jonglieren mit drei Tüchern gelernt hat und berechtigt ist, den ›Spaß am Jonglieren‹ im ganzen bekannten Universum zu verbreiten.

Professor Confidence

Die Grundform Kaskade

Lernziele

Jongliere mit drei Bällen oder Stoffbällen 20 oder mehr Würfe ohne fallenzulassen. Mach einen sauberen Abschluß. Führe zwei oder mehr Zuschauern dein Können vor. Laß sie eine Kopie der Bestellung für die Anfänger-Plakette unterschreiben und schick diese mit $2 an JUGGLEBUG, 7506 J Olympic View Drive, Edmonds, WA 98020, USA. Deine erste Plakette wird in zwei bis drei Wochen ankommen, und schon bist du auf dem Weg zur Meisterschaft.

Der Anfang

Die Kaskade

Die erste Jonglierbewegung heißt ›Kaskade‹. Sie ist so grundlegend und einfach wie gehen, und bedeutet eine Ruheposition, zu der der Jongleur immer zurückkehren kann. Wie alles Neue lernt man Jongliertricks am besten Schritt für Schritt, und das Wichtigste ist dabei Ausdauer und Wiederholung. Hab keine Angst vor dem nächsten Wurf, versuch es weiter, bis es klappt.

1. SCHRITT

Ein Ball

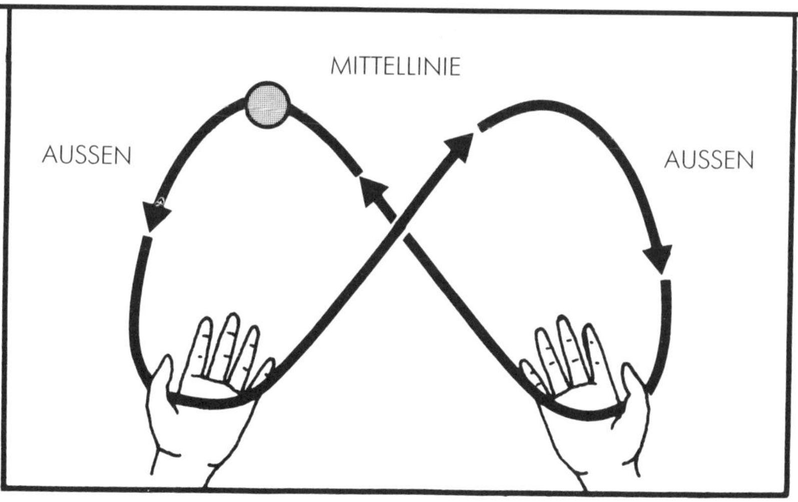

Fang mit einem Ball an. Wirf ihn in der 8er-Figur, oder der Linie des Unendlichkeitszeichens folgend, mit kreisenden Bewegungen von Hand zu Hand. Laß den Ball vor der Mitte deines Körpers los und fang ihn außen, trag ihn zurück zur Mittellinie und wirf wieder.

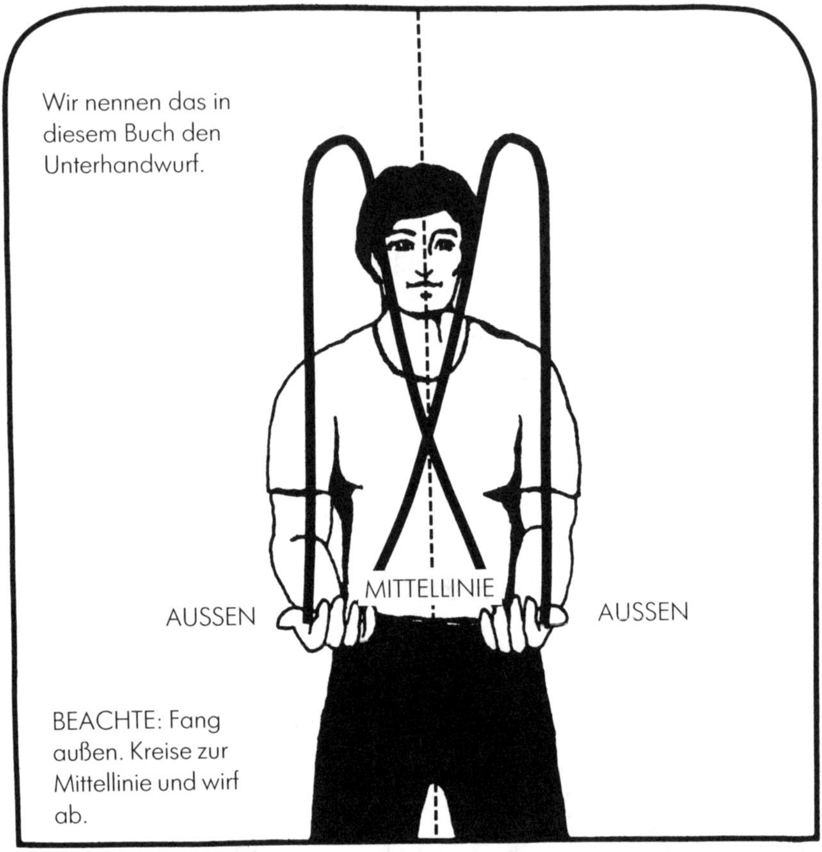

Diese 8er-Figur sollte auf beiden Seiten etwa 30 cm über deine Schultern hinausgehen. Halte deine Hände unten. Greife zum Fangen oder Werfen nicht höher als Brusthöhe. Halte den Ball vor dir auf einer Ebene.

Sobald du eine runde 8er-Figur ohne Pause und ohne vor dem Wurf mit der Hand zu stocken kannst, hast du den Jongliertest bestanden. Wiederhole sie zehnmal und geh weiter zum 2. Schritt.

2. SCHRITT

Anfang und Ende

Nimm zwei Bälle und halte sie wie oben abgebildet in der Handfläche, so daß du in dem ›Nest‹, das Daumen, Zeige- und Mittelfinger bilden, Platz für einen weiteren Ball hast.

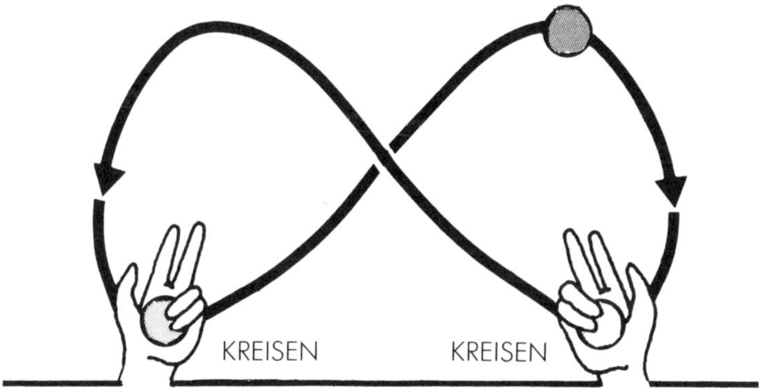

Nimm einen dritten Ball und wirf ihn in der im 1. Schritt beschriebenen Bahn von Hand zu Hand, von ›Nest‹ zu ›Nest‹.

Denk an die 8er-Figur. Du jonglierst noch nicht. Dies ist nur eine Aufwärmübung, um dir den Anfang und das Ende einer Jongliernummer zu zeigen.
Wenn du einen Ball zehnmal von ›Nest‹ zu ›Nest‹ werfen kannst, ohne ihn fallenzulassen, geh weiter zum 3. Schritt.

3. SCHRITT

Zwei Bälle vertauschen

Halte zwei Bälle in deiner stärkeren Hand und einen in deiner schwächeren Hand. Wirf den Ball aus dem ›Nest‹ der stärkeren Hand los, und sag laut: »eins«. Verfolge die 8er-Figur.

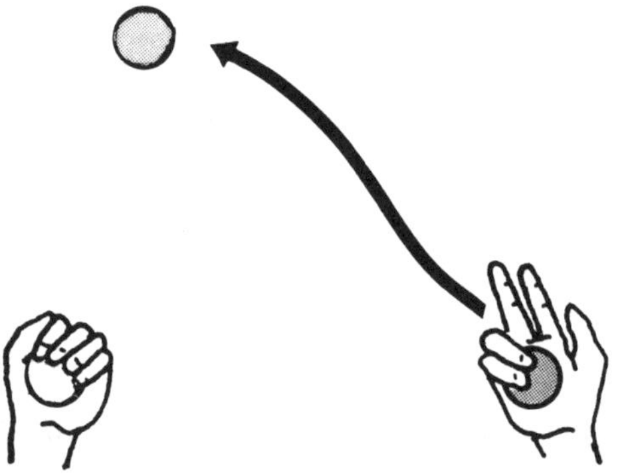

Wenn dieser Ball seinen Höhepunkt erreicht, sag »zwei« und wirf den Ball aus deiner schwächeren Hand in der 8er-Figur hoch, unter dem ersten Ball durch.

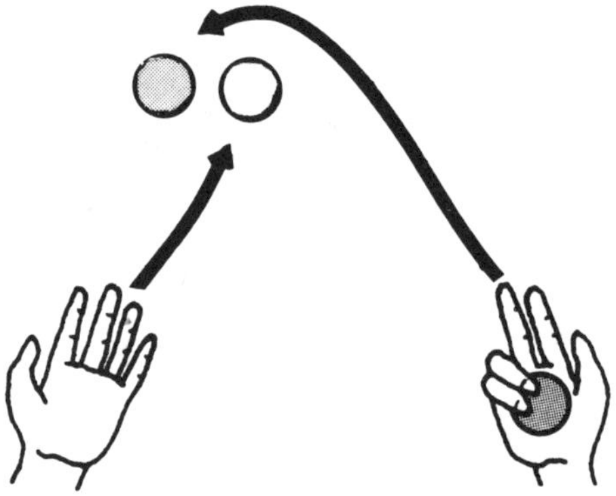

Die beiden Bälle kreuzen in der Luft und wechseln die Hände.

Wenn du zwei Bälle zehnmal hintereinander wechseln kannst, ohne sie fallenzulassen, geh zum 4. Schritt.

4. SCHRITT

Fortlaufendes Jonglieren

Fang nochmal an. Wirf den ersten Ball aus deiner stärkeren Hand wie beim vorhergehenden Schritt und sag laut: »eins«.

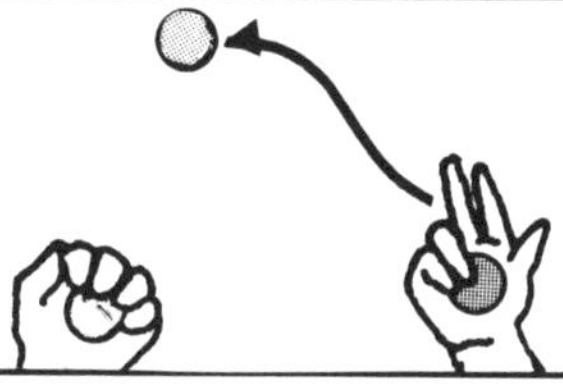

Wenn Ball Nr. 1 seinen Höhepunkt erreicht, wirf den Ball aus der schwächeren Hand und sag: »zwei«.

Wenn Ball Nr. 2 seinen Höhepunkt erreicht, wirf den zweiten Ball aus der stärkeren Hand und sag: »drei«.

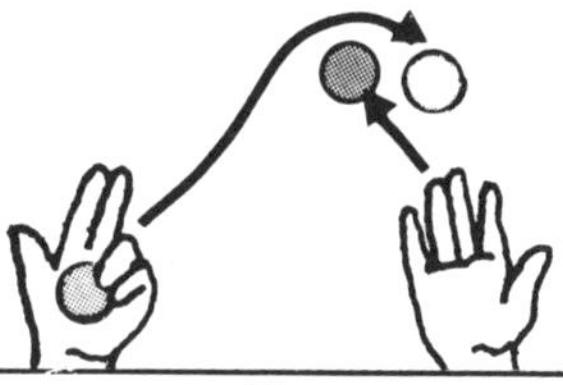

Wenn der Ball Nr. 3 seinen Höhepunkt erreicht, wirf den Ball aus der schwächeren Hand und sag: »vier«.

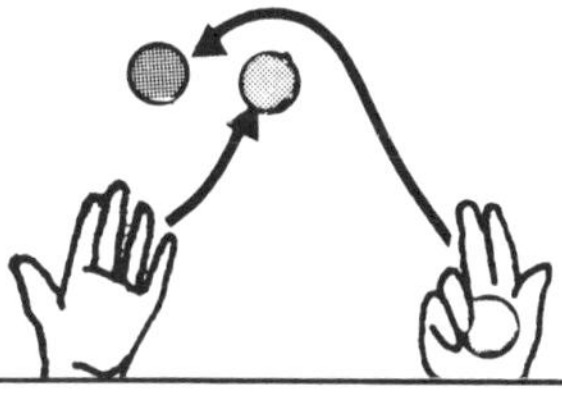

Wenn Ball Nr. 4 seinen Höhepunkt erreicht, wirf den Ball aus der stärkeren Hand und sag: »fünf«.

Wirf und zähl immer weiter.

BEACHTE: Du solltest auch lernen, mit zwei Bällen in der schwächeren Hand anzufangen. Den Anfang und den Abschluß solltest du sowohl mit der schwächeren als auch mit der stärkeren Hand ausführen können.

Merke

1. Beginne mit der Hand, die zwei Bälle hält.
2. Jedesmal, wenn ein Ball an seinem Flughöhepunkt ankommt, wirfst du einen anderen mit einem kreisenden Unterhandwurf ab.
3. Wechsle die Hände links – rechts – links – rechts.
4. Wirf auf beiden Seiten gleich hoch.
5. Schau auf die Höhepunkte, nicht auf deine Hände.
6. Zähle laut oder sage: »rechts – links – rechts – links«.
7. Wenn du stoppen willst, höre sauber auf, indem du den letzten Ball in deinem Dreifingernest auffängst.
8. Denk daran, daß jeder Ball der gleichen Bahn in der 8er-Figur folgt.
9. Halte die Bälle vor dir in einer Ebene, wirf sie nicht nach vorne.
10. Es sollte immer ein Ball in der Luft sein und einer auf dem Weg nach oben.
11. Mach langsam, warte auf den höchsten Punkt, denk nicht daran, daß du etwas fallenlassen könntest – ein heruntergefallener Ball ist ein Zeichen von Fortschritt.
12. Hör mit der Zeit auf zu zählen und verkleinere das Muster bis unter Augenhöhe. Hier beginnt das kontrollierte Jonglieren.

Mit der Grundform ›Kaskade‹ hast du den schwierigsten Schritt zum Jonglieren bewältigt. Ruh dich nicht auf deinen Lorbeeren aus, lerne neue Tricks!

Dreiballjonglage

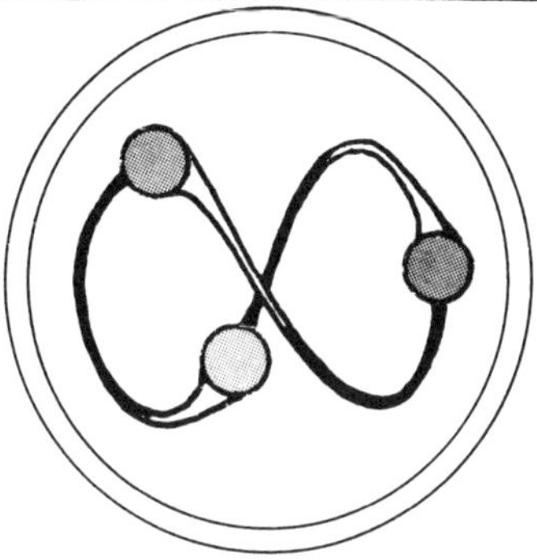

Lernziele

(Benutze Bälle oder Stoffbälle)

1. Kaskade (20 Würfe, bei denen du dein Muster in Breite und Höhe variierst)
2. Rückwärtskaskade (20 Würfe, bei denen du dein Muster in Breite und Höhe variierst)
3. Krallen (10 Würfe, beide Hände abwechselnd)
4. Shower (10 Würfe, beide Hände abwechselnd)
5. Zwei Bälle in einer Hand, zeige drei verschiedene Muster (9 Würfe aus jeder Hand)
6. Drei Pausen und ein ausgefallener Anfang
7. Zweimal unauffällig aufheben
8. (mit Gummibällen) Laß zehnmal auf den Boden dotzen und geh zurück zur Kaskade
9. Im Nacken fangen und weitermachen
10. Unter dem Bein durch (beide Hände werfen unter jedem Bein durch)
11. Entweder
    a. hinter dem Rücken (beide Seiten) oder
    b. über die Schulter (beide Seiten) oder
    c. das Jo-Jo (beide Seiten) oder
    d. Tennis (beide Seiten)
12. Entweder
    a. Freiheitsstatue (11 Würfe) oder
    b. ins Muster fallen lassen (12mal) oder
    c. Holzhacker (12mal)

Fortgeschrittene Dreiballjonglage

Dieses Kapitel zeigt die wichtigsten Tricks mit drei Bällen. Die Variationen sind eigentlich endlos, aber unser Ziel ist, dir genug Material zu geben, um deine eigenen Jongliernummern zusammenzustellen, bei denen du diese Tricks vorführen kannst.

Stoffbälle sind, außer bei Dotztricks, leichter zu handhaben als Bälle. Besorg dir welche in drei verschiedenen Faben, damit du sie während eines Tricks verfolgen kannst.

Weich ausgestopfte Würfel sind zum Lernen am besten geeignet, weil du sie an einer Ecke fangen kannst und sie liegenbleiben, wo du sie fallen läßt. Später benutzt du vielleicht lieber runde Stoffbälle, die sich genauer werfen lassen.

BEACHTE: Lernen, wie man lernt

In diesem Kapitel werden wir weiterhin die komplizierten Bewegungen in ihre kleinsten Einzelteile zerlegen und sie Schritt für Schritt aufbauen. Aber du mußt irgendwann lernen, das selber zu tun, deshalb lerne diesen Prozeß jetzt. Wenn du das System einmal verstanden hast, wirst du selber zu deinem besten Lehrer, und kein noch so komplizierter Jongliertrick ist zu schwierig zu bewältigen.

Nun hast du die einfache Kaskade unter Kontrolle. Hier sind ein paar Hinweise, die dir helfen werden, deine Übung zu verfeinern:

- Bring jemandem das Jonglieren bei. Du wirst dabei mehr lernen, als dein Schüler.
- Übe, dein Muster zu variieren. Jongliere tief, jongliere ein breites Muster, jongliere ein enges Muster.
- Übe, durch das Muster hindurchzusehen, und visiere ein fernes Objekt an.
- Übe jonglieren, während du gehst oder rennst.
- Übe jonglieren, während du dich mit jemandem unterhältst.

Rückwärtskaskade

Bei der Kaskade wirfst du unterhand von der Mittellinie aus und fängst außen. Bei der Rückwärtskaskade wirfst du von außen und fängst an der Mittellinie. Die Bälle beschreiben immer noch die 8er-Figur.

Wirf zuerst einen Ball überhand. Laß den Ball auf Schulterhöhe los, und fang ihn mit der anderen Hand in Hüfthöhe.

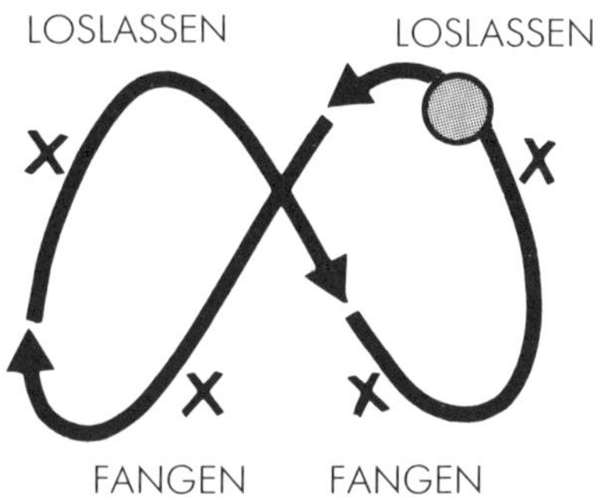

Sobald du einen Ball von Hand zu Hand werfen kannst, versuch es mit zweien. Halte einen in jeder Hand. Wirf den ersten, und wenn er oben ist, wirf den zweiten darüber. Die Bälle kreuzen in der Luft und wechseln die Hände.

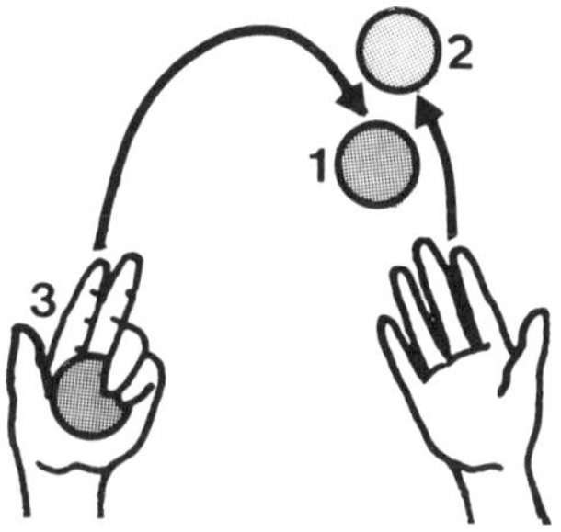

Nun mach einfach weiter. Jedesmal, wenn ein Ball oben ist, wirf einen anderen darüber, der die gleiche Bahn beschreiben soll. Schau auf die Höhepunkte.

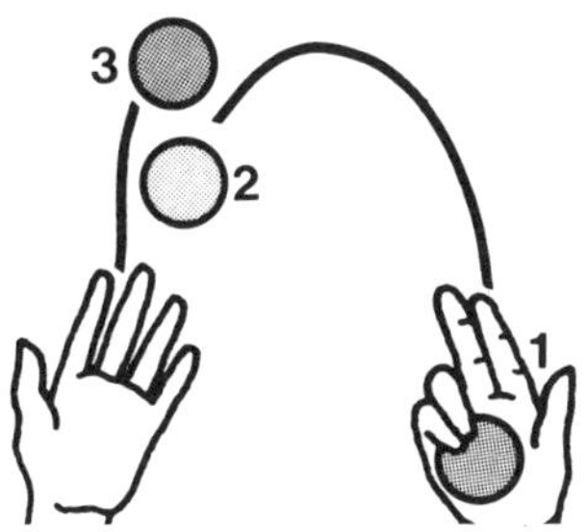

Krallen

Krallen heißt, daß du den herunterkommenden Ball von oben greifst und mit umgedrehter Hand abwirfst (Handfläche nach unten). Beginne mit einem Ball das Krallen zu lernen. Wirf ihn mit umgedrehten Handflächen von Hand zu Hand. Wenn der Ball auf halbem Weg vom Höhepunkt nach unten ist, nimmst du deinen Unterarm und deine Hand herunter, um ihn zu fangen.

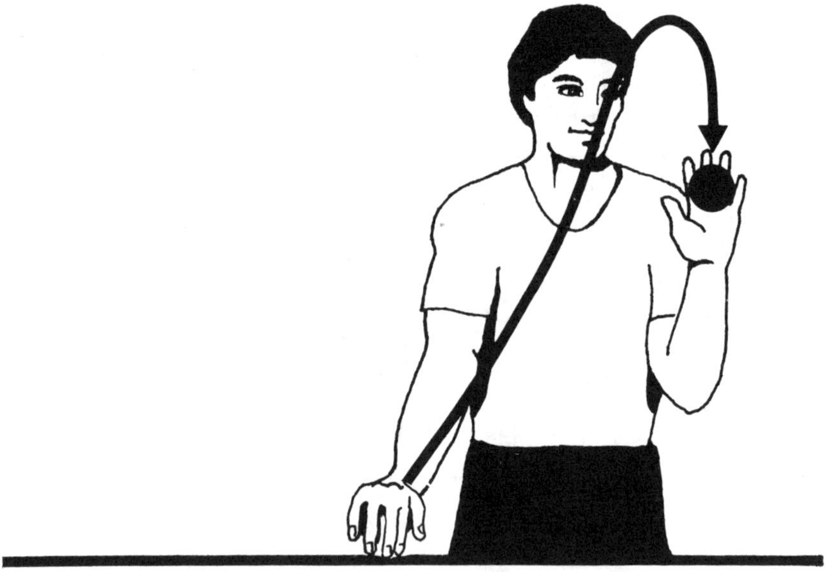

Dreh dein Handgelenk leicht nach innen und wirf den Ball mit der Handfläche nach vorne gerichtet zurück. Deine Wurfhand steigt quer vor deinen Körper, die Handfläche nach vorn, als würdest du winken.

Sobald du einen Ball ziemlich gleichmäßig hin- und herwerfen kannst, versuch es mit drei Bällen.

Während du an diesem Trick arbeitest, ist es wichtig, daß du deine Arme und Hände so tief wie möglich und den Ball nah an deinem Körper hältst. Laß ihn nicht wegfliegen! Du wirst wahrscheinlich merken, daß es eine sehr rhythmische Bewegung ist, die auf jeden Fall das Fangen außen und das Werfen innen akzentuiert.

Du bist nun so weit gekommen, daß du langsam die Wirkung des Jonglierens zu spüren beginnst. Diese alte Kunst ist eine schöne Reise für Geist, Körper und Seele. Jongliere weiter, hör jetzt nicht auf. Es gibt noch viele Tricks zu lernen.

Zwei Bälle in einer Hand

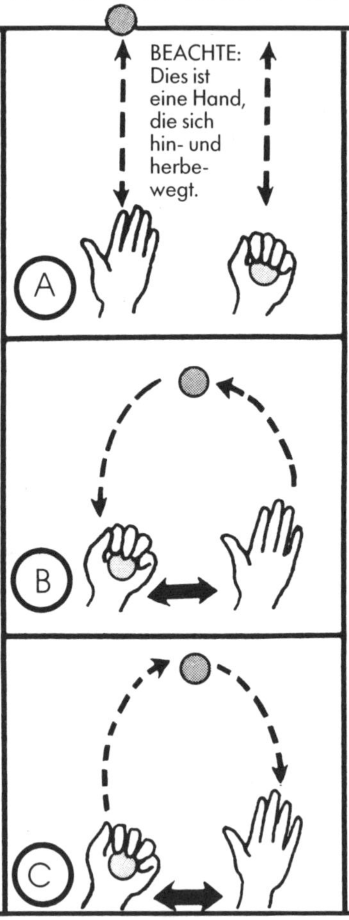

Die Zeitabfolge bei diesem Trick ist die gleiche wie bei der Dreiballjonglage. Jedesmal, wenn ein Ball seinen Höhepunkt erreicht, wirfst du den anderen. Schau deshalb immer auf den höchsten Punkt.

Du kannst jeden Ball in einer Säule (A), einem Außenkreis (B) oder einem Innenkreis (C) werfen.

Bei diesem Trick ist es wichtig, die Bälle in der Ebene vor deinem Körper zu halten. Arbeite mit Höhe und Breite, nicht in die Tiefe. Wirf nicht nach innen auf dich zu, sondern von Seite zu Seite.

Der Shower

In vielen Gegenden der Welt ist das *der* Jongliertrick überhaupt. Eine Hand besorgt das Werfen, die andere das Fangen, und die Bälle bewegen sich in einem Kreis über dem Kopf des Jongleurs.

Beginne mit zwei Bällen in deiner starken Hand. Wirf sie einen nach dem anderen in einem hohen Bogen so schnell ab, daß der zweite Ball längst unterwegs ist, wenn der erste landet. Wiederhole das zehnmal.

Nimm einen Ball in deine schwächere Hand. Wirf die beiden aus deiner starken Hand in rascher Folge ab, gib den dritten Ball in die starke Hand und wirf ihn ab, kurz bevor der erste Ball landet.

Jedesmal, wenn nun ein Ball in deiner schwächeren Hand landet, gibst du ihn sofort an deine starke Hand weiter und wirfst ihn der gleichen Linie folgend ab.

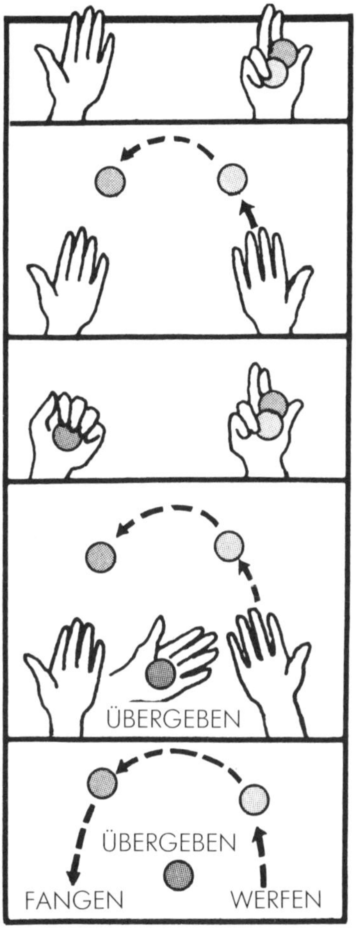

Genauigkeit und Schnelligkeit sind die Schlüssel zu einem erfolgreichen Shower. Wirf nun so schnell wie möglich weiter, fang die Bälle mit der schwächeren Hand und gib weiter.

Tennis

Wenn du Unterhandwürfe (Kaskade) und Überhandwürfe (Rückwärtskaskade) jonglieren kannst, kannst du die beiden kombinieren.

Wirf überhand mit rechts und unterhand mit links,
oder

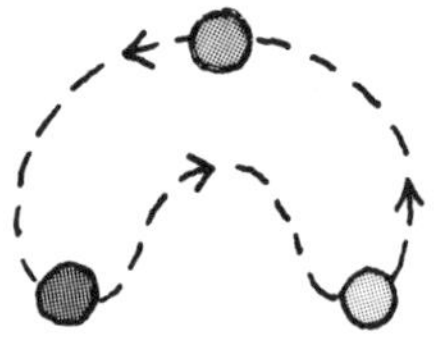

Wirf unterhand mit rechts und überhand mit links.

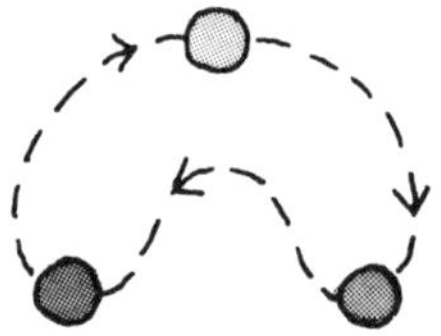

Nun jongliere drei Bälle. Einer davon soll etwas Besonderes sein. Der Trick ist, mit den ersten beiden (Nr. 1 und Nr. 2) eine Kaskade zu jonglieren, aber den besonderen Ball (Nr. 3) darüber hin- und herzuwerfen. Du kannst mit diesem ›Tennisball‹ Lobs und Schmetterbälle werfen.

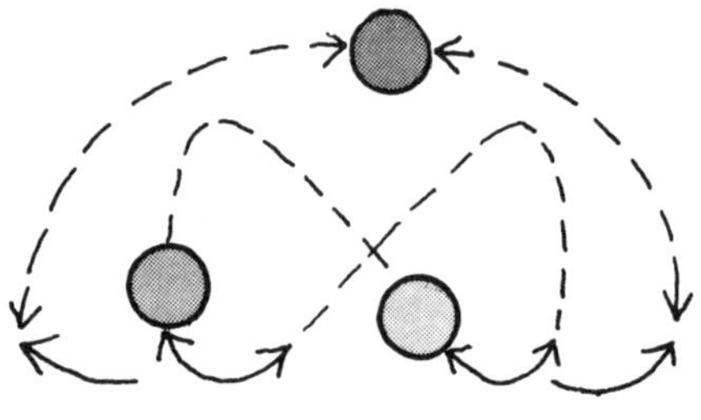

Nr. 1 und Nr. 2 sind das Netz;
Nr. 3 ist der Tennisball.

Einige Übungshinweise

- Denk daran, dir für jede Übungsstunde ein Ziel zu setzen.
- Mach dich am Anfang jeder Übungsstunde warm und locker.
- Achte auf deine Haltung. Der Rücken soll gerade sein, die Schultern zurück.
- Jongliere wenn möglich über Matten oder Sand, um den Verschleiß an Requisiten gering zu halten.
- Übe zu angenehmer Musik mit gleichmäßigem Rhythmus.
- Geh am Anfang einer Übungsstunde immer alle Tricks durch, die du schon kannst. Arbeite dann an etwas Neuem, bis du es kannst.
- Nimm, wenn möglich, ab und zu eine Übungsstunde auf Video auf. Übe so oft wie möglich vor einem Spiegel.
- Behalte diese Sätze im Kopf:
  »Fallenlassen ist ein Zeichen von Fortschritt.«
  »Berühren ist so gut wie Fangen – weil du weißt, wo der Ball entlangflog.«
  »Beende jede Übungsstunde mit einem Erfolgserlebnis.«
  »Mit guter Planung, Übung und Engagement ist alles möglich.«

Das Jo-Jo (und das Oj-Oj)

Wenn du zwei Bälle in einer Hand jonglieren kannst, werden eine Reihe unterhaltsamer Tricks möglich:

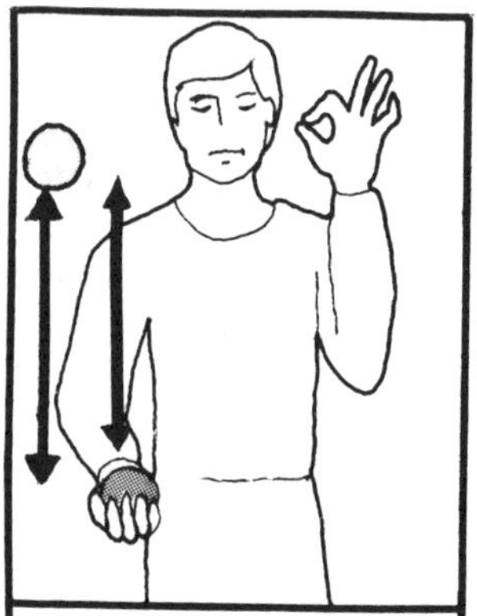

1. Jongliere zwei Bälle in deiner starken Hand in Säulen, jeden in seiner Bahn. Halte deine andere Hand dahin, wo du sie sehen kannst, aber bewege sie noch nicht, gewöhne dich nur daran, sie dort zu sehen.

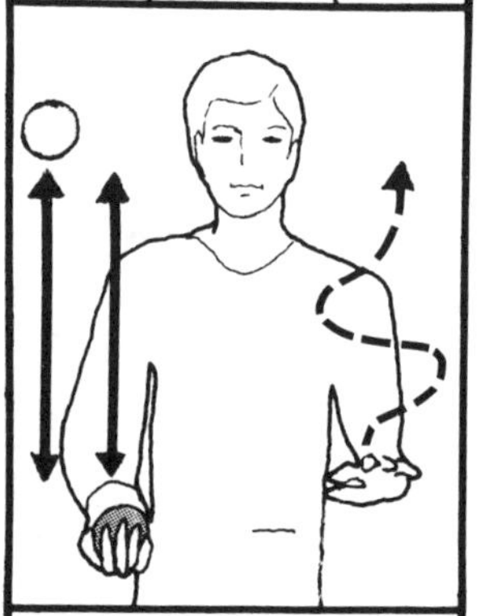

2. Nun bewege diese Hand. Beginne mit beliebigen Bewegungen.

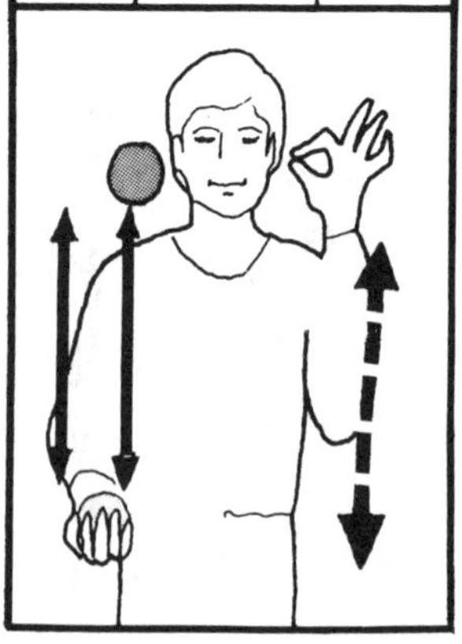

3. Konzentriere dich auf einen der Bälle, die du jonglierst. Hebe deine andere Hand jedesmal, wenn du ihn abwirfst. Die Bewegungen dieses einen Balls und deiner leeren Hand sollen parallel verlaufen.

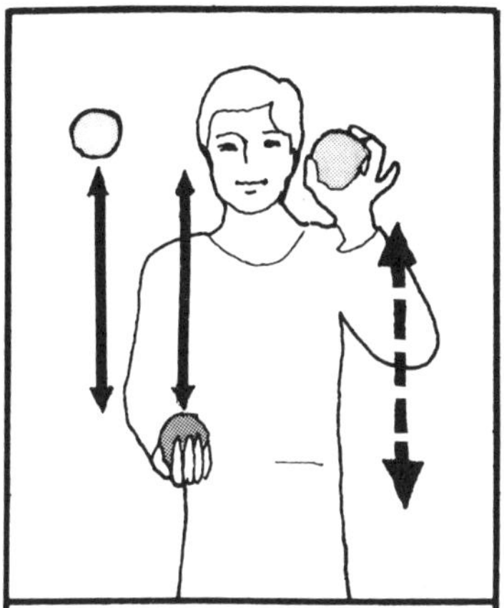

4. Wiederhole nun den letzten Schritt, aber halte einen Ball in deiner schwächeren Hand. (Du könntest diese Bewegung die ›Hantel‹ nennen, da die zwei Bälle aussehen, als wären sie durch eine unsichtbare Stange verbunden.)

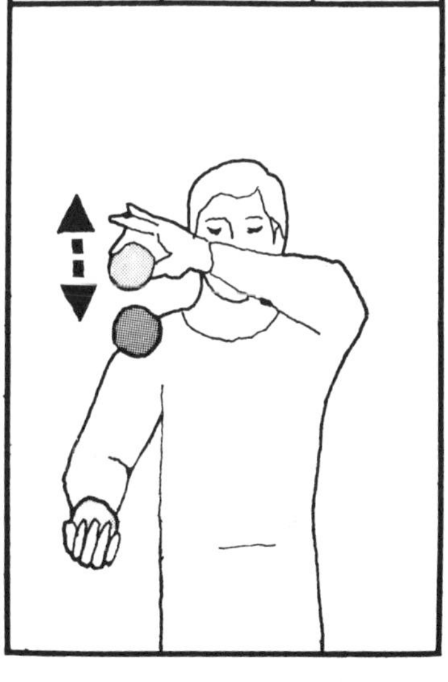

5. Nun bewege die schwächere Hand über dem einen Ball auf und ab. Halte immer den gleichen Abstand zwischen dem Ball in deiner schwächeren Hand und dem, den du an einem unsichtbaren Faden hochzuziehen und herunterzudrücken scheinst.

Diese Variationen der einhändigen Jonglage sind relativ einfach, aber keiner weiß das; und besonders Kinder werden an dieser Stelle deiner Nummer kichern und »ooh« und »aah« rufen.

Säulen

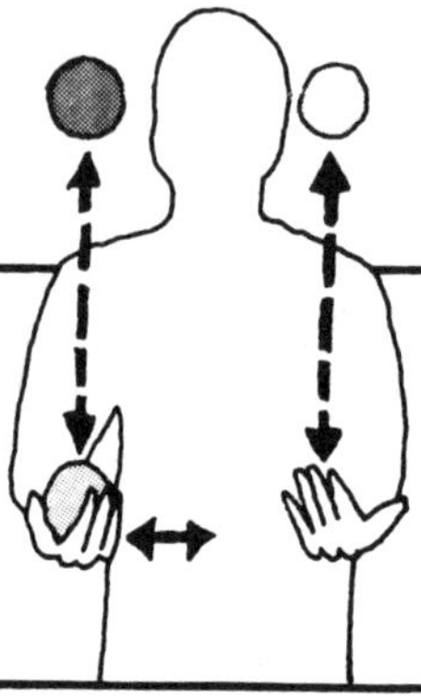

Beginne mit zwei Bällen in deiner starken Hand und einem in deiner schwächeren. Wirf gleichzeitig einen Ball aus jeder Hand.

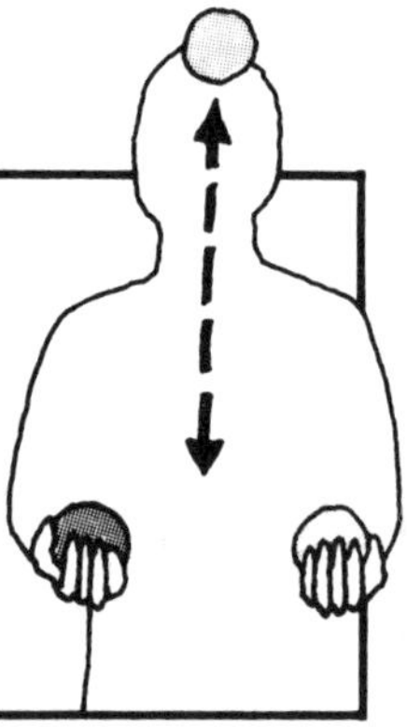

Wenn die beiden Bälle oben sind, wirfst du den dritten in der Mitte hoch. Jedesmal, wenn ein Ball oben ist, wirf zwei und jedesmal, wenn zwei oben sind, wirf einen.

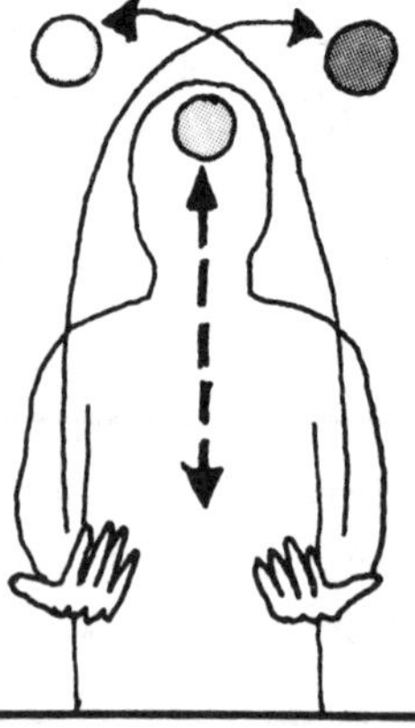

Als Variation kannst du die zwei Bälle im Bogen zur Mitte werfen, so daß sie in der Luft kreuzen und die Hände wechseln. Wenn du eine Hand etwas vor- und eine zurückziehst, treffen sich die beiden Bälle nicht. Oder du kannst jedesmal einen Ball höher und einen niedriger werfen.

Nun kannst du gerade hochwerfen und die Bälle beliebig kreuzen lassen. Versuch ein paar Variationen.

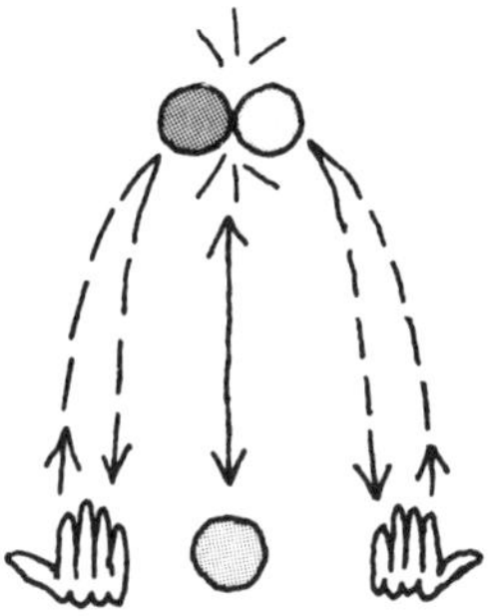

Wirf zwei Bälle im Bogen, aber diesmal mit gleicher Kraft. Sie werden aneinanderstoßen und in ihre jeweilige Wurfhand zurückfallen.

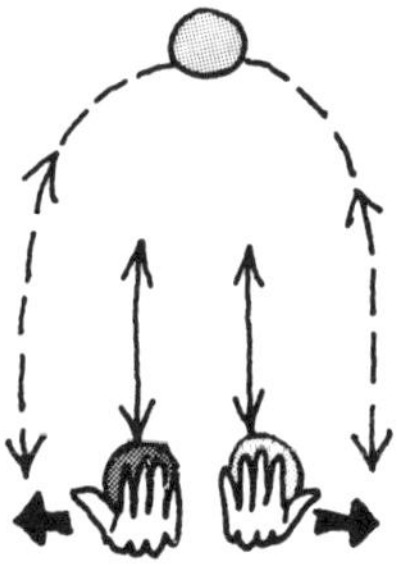

Wirf zwei Bälle gerade hoch und den dritten hin und her über diese beiden hinweg. Das ist eine Variation des Tennis.

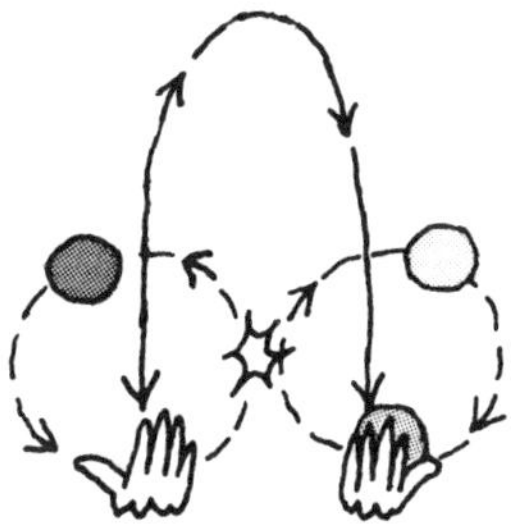

Eine einfachere Form ist eine geplante Kollision auf dem Weg nach oben. Übe mit zwei Bällen, wirf sie nach innen aufeinander zu und leicht nach oben.

Die Wippe

Beginne mit zwei Bällen in der rechten Hand und einem in der linken.

Wirf den Ball von den Fingerspitzen der rechten Hand aus gerade hoch.

Wenn er oben ist, wirf den einzelnen Ball aus der linken Hand gerade hoch, und

Wirf den dritten Ball von rechts nach links hinüber.

Sobald der erste Ball landet, wirfst du ihn wieder gerade hoch, und sofort

Wirfst du den dritten Ball von links nach rechts zurück, während der zweite Ball landet.

Nr. 1 und Nr. 2 fliegen nun gerade auf und ab, Nr. 3 fliegt zwischen den Händen hin und her.

Laß uns jetzt die Wippe mit dem Shower verbinden und sehen, was daraus wird.

1. Beginne den Shower von rechts nach links.
2. Wirf deinen letzten Ball gerade hoch.
3. Wechsle plötzlich zu einem Shower von links nach rechts.

Du kannst aus diesen verschiedenen Teilen eine schöne Trickfolge kreieren. Zuerst den Shower viermal nach rechts, dann viermal nach links. Wirf als nächstes den Shower zweimal nach rechts, dann zweimal nach links. Jongliere dann die Wippe etwa dreimal auf jeder Seite – rechts hoch – links hoch – hinüber – rechts hoch – herüber – links hoch – hinüber – rechts hoch – herüber – links hoch.

Tragen und Plazieren

Statt einen Ball zu einem bestimmten Punkt zu werfen, kannst du ihn dahin führen und entweder fallenlassen, weitergeben oder in die andere Hand werfen. Vier Beispiele folgen:

Führ den Ball unter deinem anderen Arm entlang, und wirf ihn gerade hoch in das Muster.

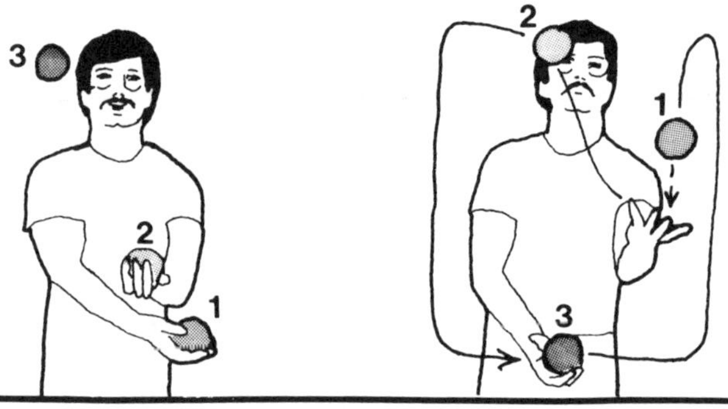

Heb den Ball über dein Muster hinweg, und laß ihn in die Jonglage fallen.

Sobald du Ball Nr. 1 fallenläßt, greif nach rechts und fang Ball Nr. 2, Handfläche nach unten. Mittlerweile hast du Ball Nr. 3 geworfen und Ball Nr. 1 gefangen. Trag nun Ball Nr. 2 hinüber und laß ihn fallen, greife dann schnell zurück und fang Nr. 3.

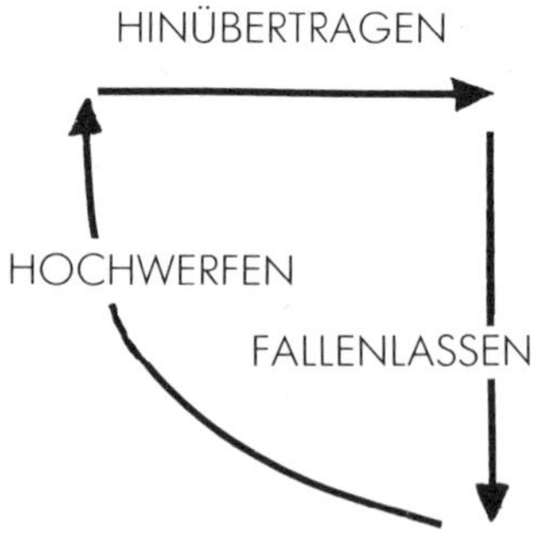

Jeder Ball verfolgt diese Bahn.

Leg den Ball auf deinen Kopf und laß ihn in das Muster fallen.

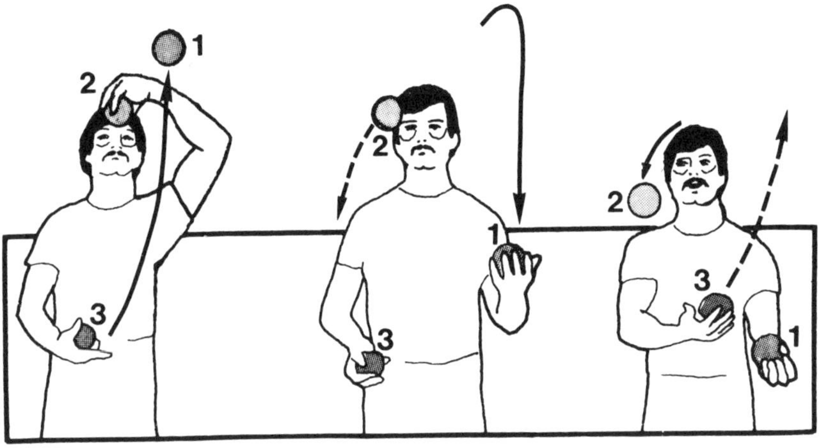

Wirf Ball Nr. 1 mit deiner rechten Hand. Heb den linken Arm, leg Nr. 2 auf deinen Kopf und greife zurück, um mit deiner linken Hand Nr. 1 zu fangen. Wenn Nr. 2 fällt, wirf Nr. 3 darunter hoch, Ball Nr. 1 hinterher.

Du kannst die Freiheitsstatue darstellen, indem du zu deinem ausgestreckten Arm hochwirfst und den Ball gerade herunterfallen läßt, um ihn wieder zu fangen und abzuwerfen.

Du lernst die Freiheitsstatue genauso, wie du den Shower gelernt hast. Beginne mit zwei Bällen in deiner rechten Hand. Wirf sie schnell ab. Nachdem du beide geworfen hast, läßt du den Ball aus deiner linken Hand fallen. Wirf nun jedesmal, wenn ein Ball rechts landet, und laß sofort jeden Ball fallen, der links landet.

Holzhacker

Ein besonders herausfordernder und beeindruckender Trick ist der Holzhacker, der darauf beruht, daß die Bälle schnell durch das Muster getragen werden.

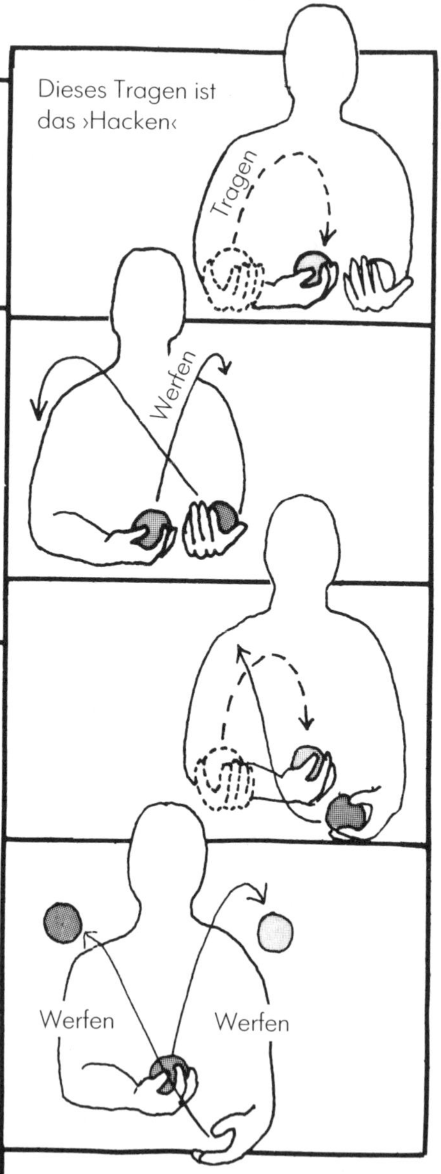

Beginne mit einem Ball in jeder Hand. Trage den Ball in deiner rechten Hand in einem hohen Bogen in die Mitte neben deine linke Hand.

Sobald deine rechte Hand in dieser neuen Position ist, wirf den Ball aus dieser Hand in einer kurzen Kaskadeform nach links. Wirf dann den Ball aus der linken Hand im Kaskademuster. Die Bälle kreuzen.

Nun benutze drei Bälle, zwei in der Rechten, einen in der Linken. Hacke mit der rechten Hand wie oben und wirf den Fingerspitzenball aus der rechten Hand, sobald sie in Wurfposition kommt, und beginne die Kaskade.

Nun versuche den Trick, während du jonglierst. Hacke mit der rechten Hand in einem großen Bogen, wirf dann rechts, links, rechts, links und jongliere weiter.

Jongliere. Jedesmal, wenn du mit der rechten Hand fängst: hacke, wirf, geh zurück, nimm den nächsten Ball, hacke, wirf und geh zurück.

Jeder Ball folgt dieser Bahn.

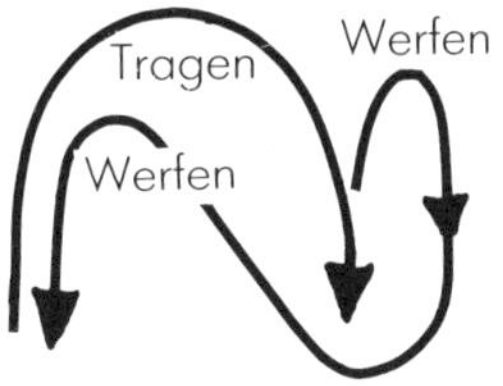

- Alle rechten Würfe werden erst von rechts nach links getragen, dann gerade hochgeworfen.
- Alle linken Würfe fliegen im normalen Kaskademuster.

Hast du's? Es wird Zeit, den ganzen Ablauf nun von der anderen Seite zu lernen.

Wenn du einmal auf jeder Seite hacken kannst, solltest du eine ganze Serie üben. Erst auf einer Seite, dann auf der anderen, dann auf beiden Seiten, d. h. jeden Ball erst hacken, dann werfen.

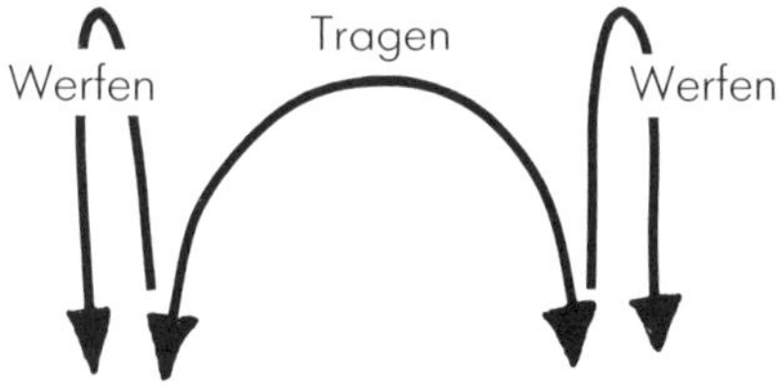

- Jeder Ball, der deine Brust kreuzt, wird getragen.
- Alle Würfe fliegen gerade hoch und kommen gerade herunter.

Und nun kommt die Stunde der Wahrheit. Sobald du mit der rechten Hand gehackt hast, wirf mit der rechten und hacke mit links, dann wirf mit links und hacke mit rechts.

Gekreuzte Arme

Kreuze Deine Arme und übe, so zu jonglieren. Wirf zu Beginn einen Ball von Hand zu Hand. Benutze die Rückwärtskaskade. Dann nimm zwei und drei Bälle. Obwohl dieser Trick allein schon sehr beeindrucken kann, wird er am besten innerhalb einer Reihe von Tricks präsentiert, wobei du deine Arme kreuzt und öffnest.

Einer der einfachsten dieser Tricks ist dem Tennis ähnlich, nur geht der ›besondere‹ Ball *unter* dem Netz entlang. Beginne mit einem Ball in jeder Hand. Kreuze die rechte unter der linken Hand. Wirf den rechten Ball gerade hoch, und laß einen linken Wurf wie abgebildet folgen. Öffne deine Arme, und fang den mit rechts geworfenen Ball in der linken, und den mit links geworfenen in der rechten Hand.

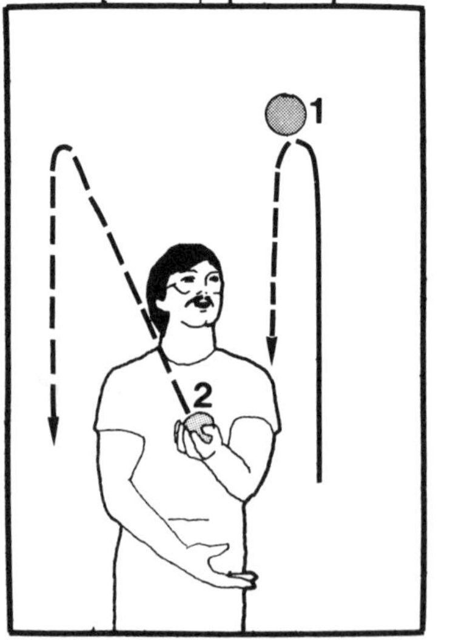

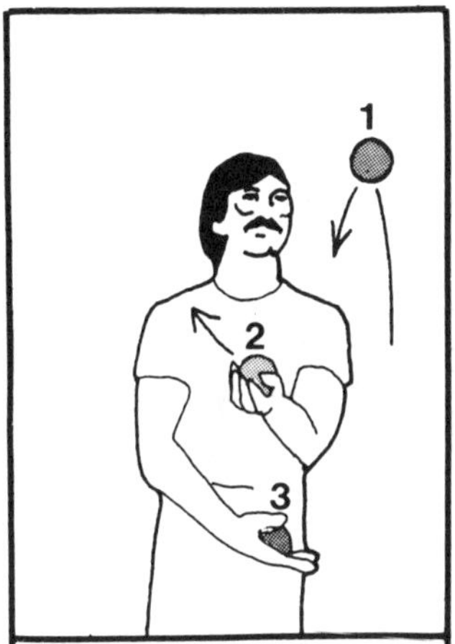

Nun halte zwei Bälle in deiner rechten Hand und einen in deiner linken. Führe deine rechte Hand unter deinem linken Arm durch, wirf den ersten Ball gerade hoch und den zweiten in der Kaskade, so wie du es im letzten Schritt getan hast. Wirf den dritten, wenn der zweite Ball oben ist und jongliere.

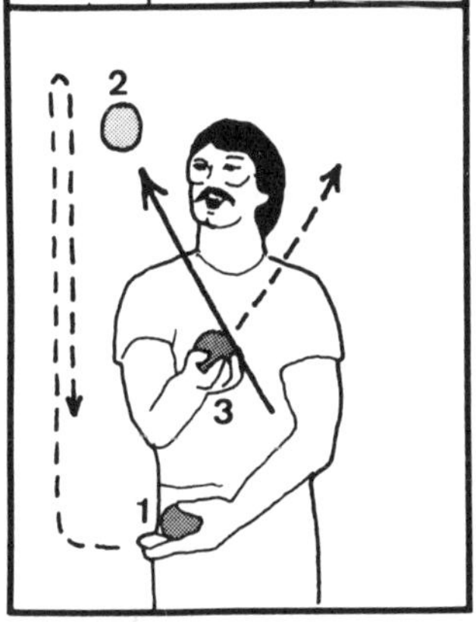

Nun lerne die gleiche Folge auf der Gegenseite, kreuze deine linke Hand unter deiner rechten.

Jetzt solltest du in der Lage sein, ›Tennis auf dem Kopf‹ zu spielen. Der besondere Ball (Nr. 1) wird in einer Richtung unten entlanggetragen, gerade hochgeworfen, und in der anderen Hand gefangen. Dann wird er in der anderen Richtung unten entlanggetragen, auf der anderen Seite gerade hochgeworfen und mit der gegenüberliegenden Hand gefangen.

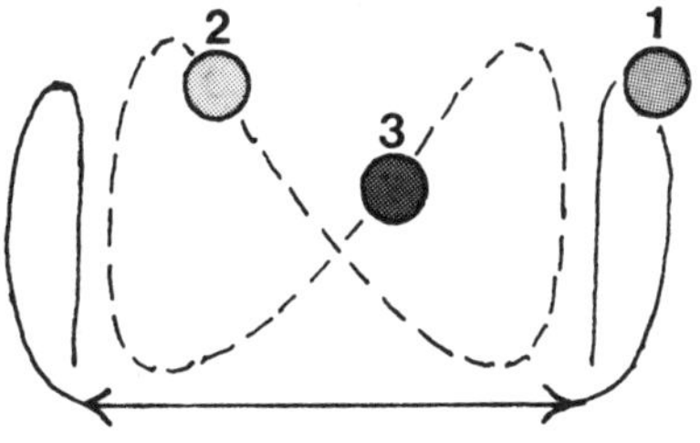

Trage den Ball in beiden Richtungen

Ein Ball beschreibt unter dem Muster ein »U«, während die anderen beiden darüber tanzen.

Pausen

Du kannst deinen Applaus selber steuern, indem du mitten in deiner Nummer pausierst. Es hilft, wenn deine Pause wie ein ›Schock‹ mitten in einer schnellen Jonglage kommt. Die Überraschung der Zuschauer ist deine Verbündete. Während du immer kreativer wirst, Wechsel einbaust und erstaunliche Tricks machst, bauen sie eine Spannung auf, die sie irgendwie auch wieder abbauen müssen. Pausiere also, schau sie an, winke oder lächle, und fang dann wieder an. Hier kannst du einen Stoffball fangen:

Der Arm

Benutze zum Üben einen Stoffball. Gib mit dem Unterarm nach.

Die Schulter

Wirf den Ball auf deine Schulter und klemm ihn ein.

Der Fuß

Hebe deine Zehen leicht an, und gleiche den Aufprall mit dem Knie aus.

Der Handrücken

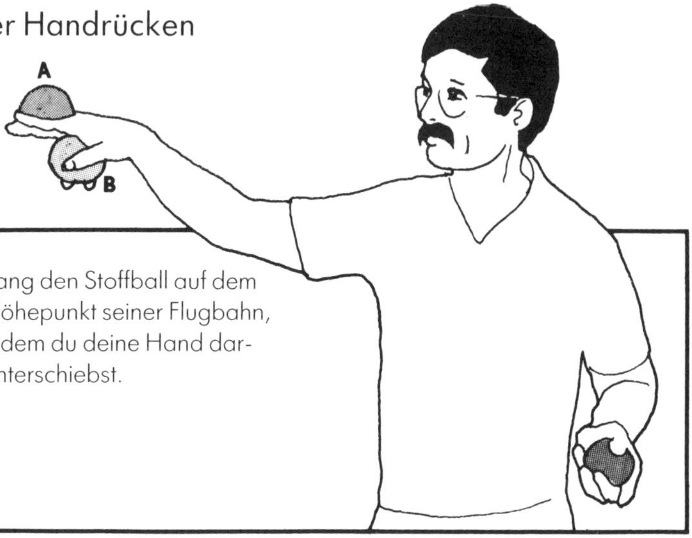

Fang den Stoffball auf dem Höhepunkt seiner Flugbahn, indem du deine Hand darunterschiebst.

Verwandle die Pause in einen Trick, bevor du weiter jonglierst. Zum Beispiel: Vom Handrückenfang . . .

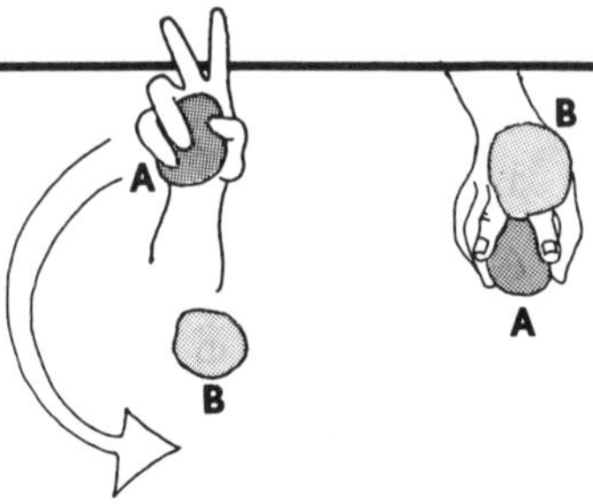

Wirfst du die zwei Stoffbälle hoch und krallst den oberen.

Um den zweiten Ball noch stilvoller zu fangen, führe die Hand mit dem ersten Ball unter den zweiten.

Fang den Ball auf deinem Hut . . .

Rolle mit den Augen und seh überrascht aus.

Oder im Nacken

Weitere schwierige Pausenvariationen

Tausche durch eine schnelle Bewegung den Ball, den du auf dem Unterarm gefangen hast, mit dem in der Hand.

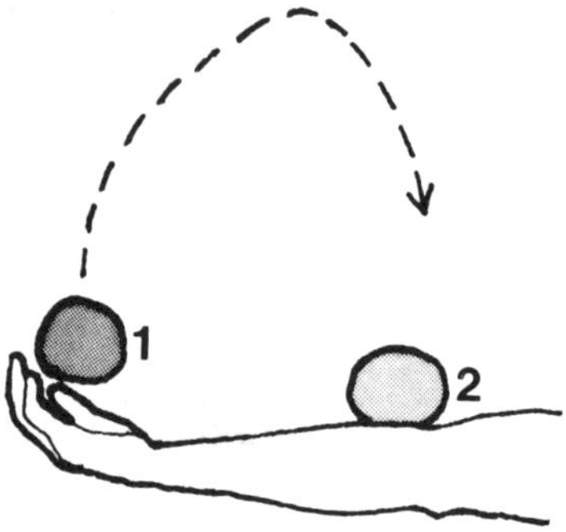

Wirf den Stoffball in einem großen Bogen aus der Hand.

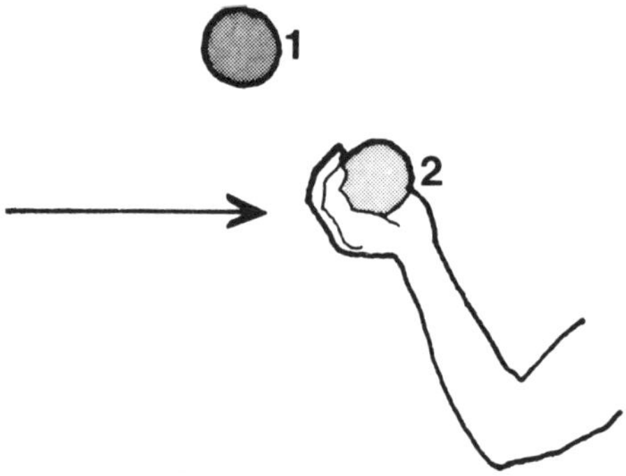

Schnelle deinen Arm wie einen Kolben zurück, greif den anderen Stoffball, und schieß zurück in die erste Position.

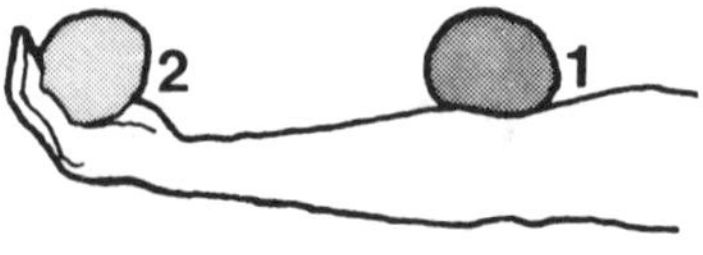

Fang den Aufprall des herunterkommenden Balls wieder mit deinem Arm ab.

Wirf von einem Fuß . . .

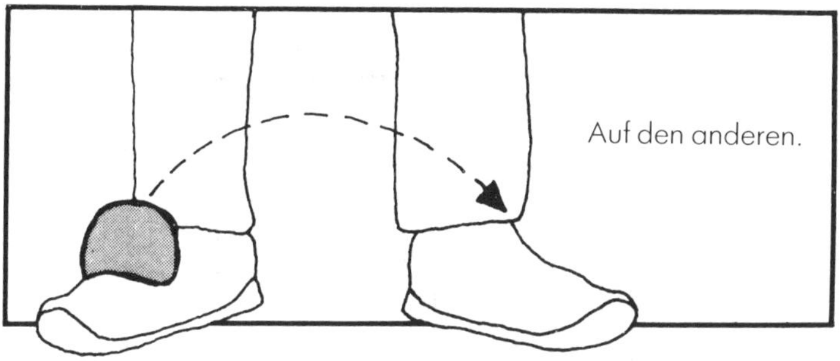

Oder wirf hinter dem Rücken los,
und fang auf der Schulter.

Oder setze deine Pausen zusammen. Zum Beispiel könntest du vom Handrükken zum Handgelenk werfen, dann zum Fuß, zum Knie, zum anderen Fuß und schließlich mit einer automatischen Verbeugung im Nacken fangen.

Rettungsmanöver

Verwandle einen Fehler in Applaus.

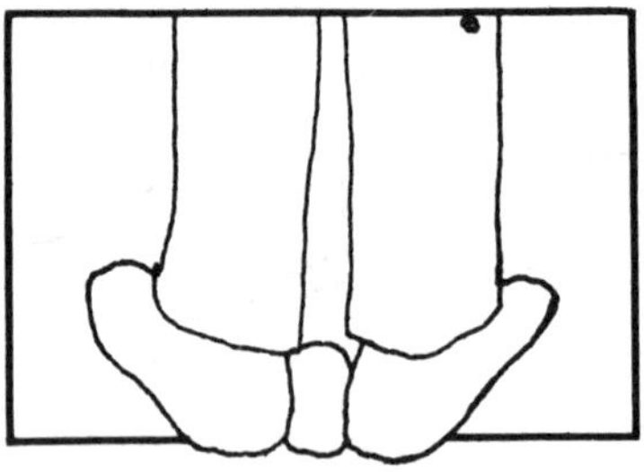

Klemm den am Boden liegenden Stoffball zwischen deine Absätze . . .

Spring ab und hebe beide Füße dabei seitlich hoch, so daß der Stoffball über deine Schulter fliegt . . .

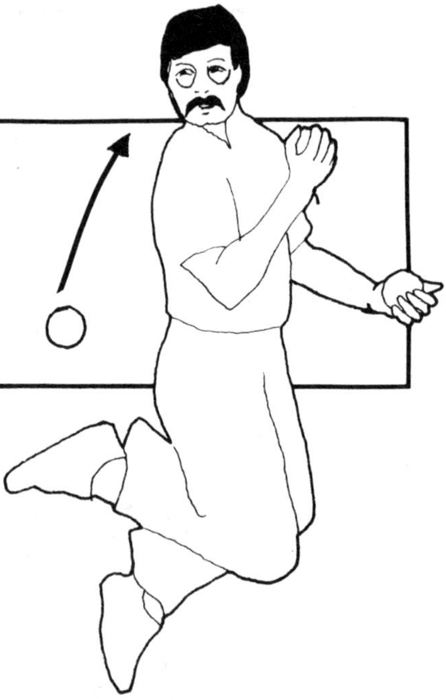

Und jongliere weiter!

Oder rolle den Stoffball mit einem Fuß auf die Zehen des anderen, und kicke ihn in das Muster zurück.

Oder laß die anderen beiden Stoffbälle fallen und alle drei auf dem Boden in einer Kaskade übereinander hüpfen.

Über dem Kopf

Leg dich mit dem Rücken auf den Boden und halte drei Stoffbälle. Nun lerne Schritt für Schritt die Kaskade, während du auf dem Rücken liegst. Wirf einen Stoffball von Hand zu Hand. Lerne zwei zu kreuzen. Dann lerne drei zu jonglieren.

Steh nun auf und jongliere. Wirf einen Stoffball besonders hoch. Leg deinen Kopf zurück und jongliere genauso, wie du es im Liegen getan hast. Um zur normalen Jonglage zurückzukehren, wirf einen Stoffball hoch, bring deine Finger nach vorn, und mach weiter.

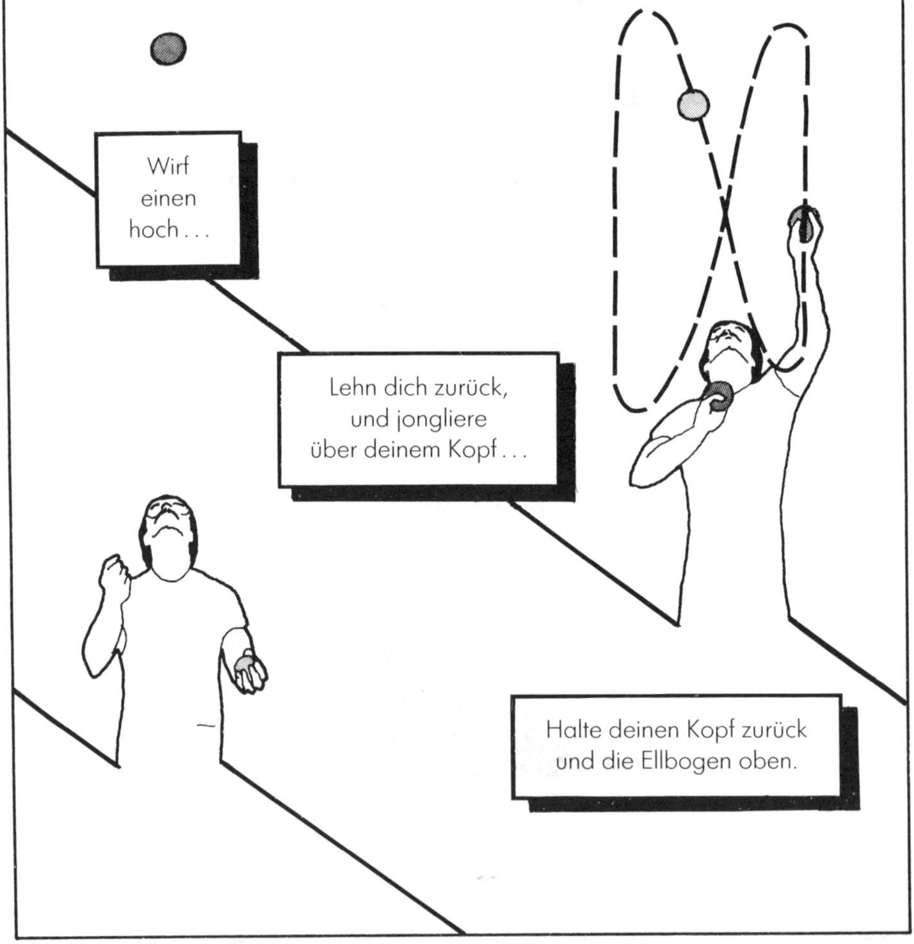

Jongliere mit nach außen gerichteten Händen

Dieses spezielle Fangen und knifflige Werfen kann als Überraschungswurf oder als ein erstaunlicher Abschnitt einer längeren Nummer benutzt werden. Hier sind die Schritte, diesen schwierigen Trick zu lernen:

Lerne, einen Ball mit der nach außen gerichteten Hand zu fangen.

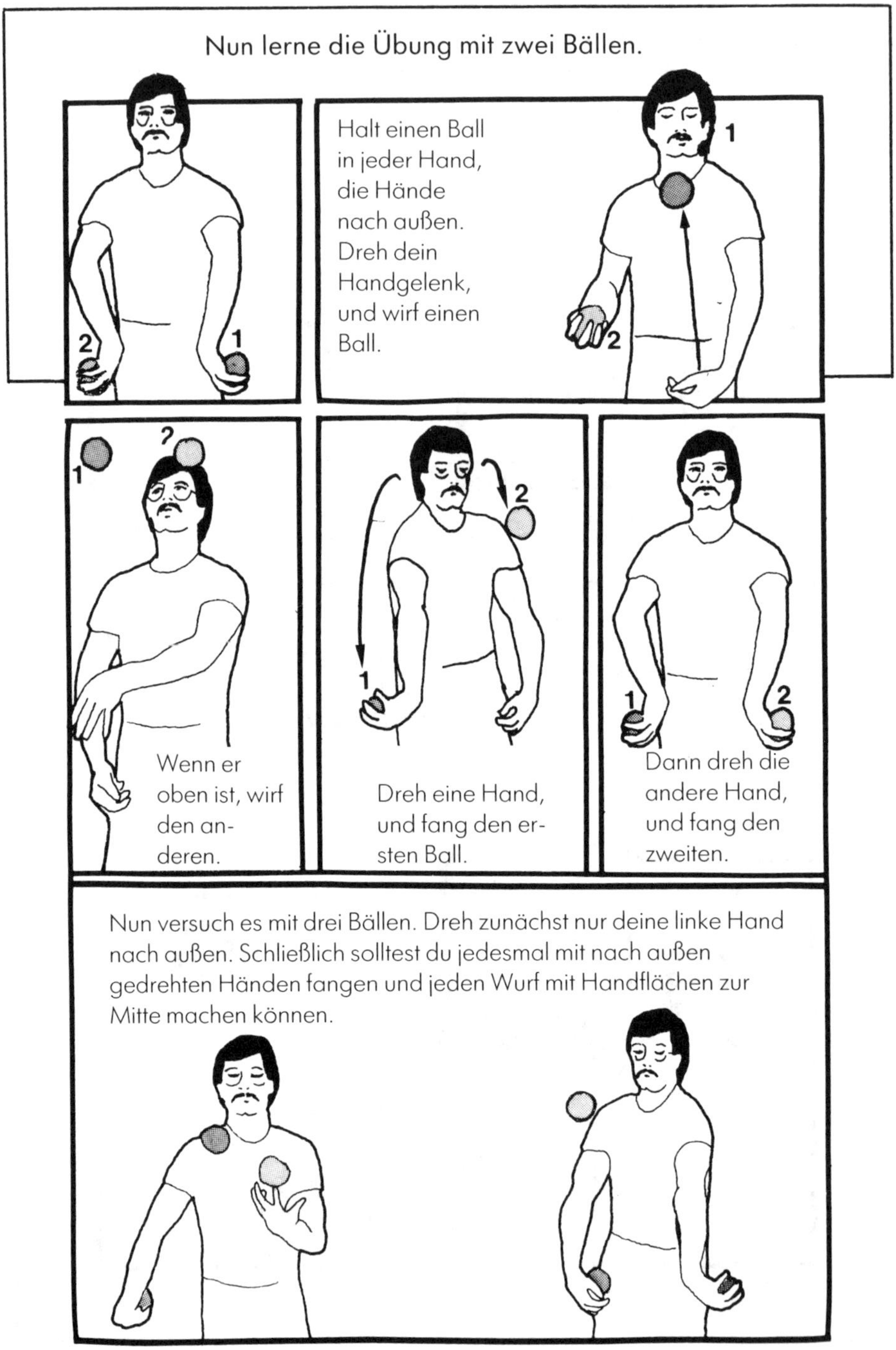
Nun lerne die Übung mit zwei Bällen.
Halt einen Ball in jeder Hand, die Hände nach außen. Dreh dein Handgelenk, und wirf einen Ball.
Wenn er oben ist, wirf den anderen.
Dreh eine Hand, und fang den ersten Ball.
Dann dreh die andere Hand, und fang den zweiten.
Nun versuch es mit drei Bällen. Dreh zunächst nur deine linke Hand nach außen. Schließlich solltest du jedesmal mit nach außen gedrehten Händen fangen und jeden Wurf mit Handflächen zur Mitte machen können.

Körperwürfe

Du kannst ab und zu einen oder mehrere Bälle unter oder hinter einem Körperteil entlangwerfen. Einige der gebräuchlichsten Würfe sind:

Unter dem Bein durch

Um es leicht zu lernen, hebst du dein Knie, wirfst deinen ersten Ball unter diesem durch, und fängst an zu jonglieren.

Hebe dein Knie.

Wirf den ersten Ball darunter durch.

Nun kannst du mitten in der Jonglage unter deinem Bein durchwerfen. Sobald du mit deiner rechten Hand geworfen hast, heb dein Knie und wirf den nächsten Ball aus der rechten Hand unter dem Knie durch. Stell dein Bein wieder hin und jongliere weiter.

Hinter dem Rücken entlang

Übe mit einem Ball. Wirf ihn aus deiner rechten Hand quer hinter deinem Rücken entlang über deine linke Schulter. Fang ihn vorne mit der linken Hand. Wirf ihn dann hinter deinem Rücken entlang über deine rechte Schulter, und fang ihn mit deiner rechten Hand.

Nun mach mit zwei Bällen weiter.

Du hast einen Ball in jeder Hand. Wirf mit rechts hinter dem Rücken entlang, und wenn der Ball über deiner linken Schulter erscheint, wirf den Ball aus deiner linken Hand in einer normalen Kaskade in deine rechte.

Nun versuche die gleiche Bewegung während der Jonglage. Konzentriere dich auf einen Ball. Wenn dieser Ball zu deiner rechten Hand kommt, führ ihn hinter dich, und wirf quer über deinen Rücken, so daß er über deine linke Schulter fliegt.

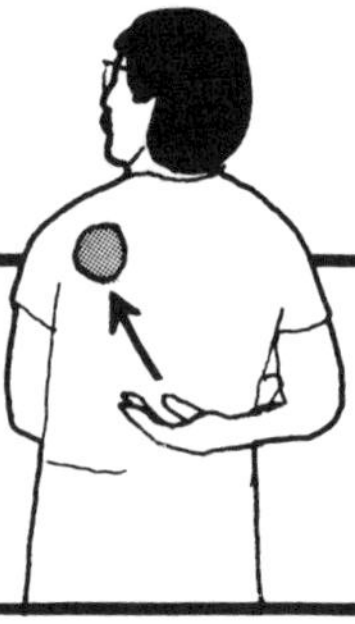

Greife, während du jonglierst, nach hinten, und wirf mit deiner rechten Hand.

Nun greife wieder nach vorn, und fang den Ball, der zu deiner rechten Hand fliegt. Warte, . . .

Bis der erste Ball erscheint, dann wirf mit links und mach weiter.

Sobald du ununterbrochen über jede Schulter werfen kannst, kannst du abwechselnd über beide Schultern werfen. Das ist ein ›Back Cross‹.

Wirf mit rechts, guck nach links.

Wirf mit links, guck nach rechts.

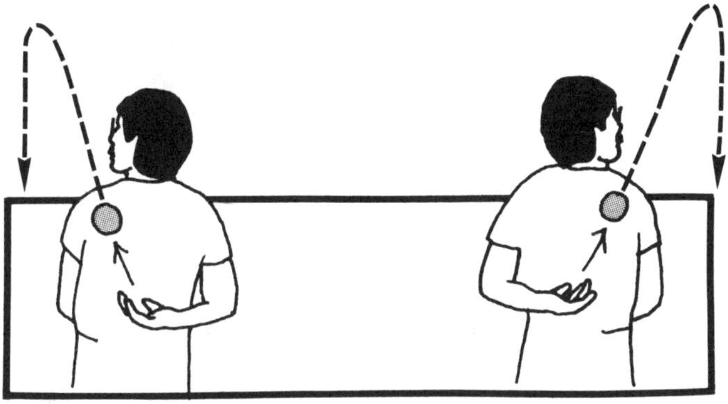

Wenn du zwei Würfe hintereinander machen kannst, versuche drei Bälle und drei Würfe. Dann mach vier Würfe, fünf, sechs und sieben. Arbeite dich Wurf für Wurf nach oben, bis du ewig weitermachen könntest.

BEACHTE:

- Wirf hoch ab und übe mit einem und zwei Bällen, bis du sicher und genau bist.
- Übe, deinen Kopf von einer Seite zur anderen zu drehen, während du deine Arme bewegst, aber nicht wirfst.
- Wirf höher als normal, um dir mehr Zeit zu geben.
- Du fängst immer vorne und blind, da dein Kopf in die entgegengesetzte Richtung zeigt.
- Deine Würfe kommen immer von hinten und müssen genau sein, um das Fangen zu erleichtern.

Über die Schulter

Lerne diesen Trick wie den vorherigen mit jedem Ball einzeln. Die einzigen Unterschiede sind:

1. Der Ball fliegt über die Schulter, aus deren Hand er kommt.
2. Der nächste Wurf kommt aus derselben Hand.

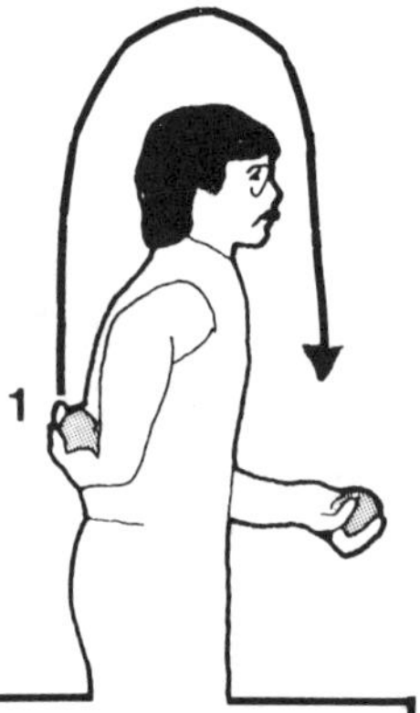

Wirf hoch und über die gleiche Schulter. (Das wird sich zuerst sehr verdreht anfühlen.)

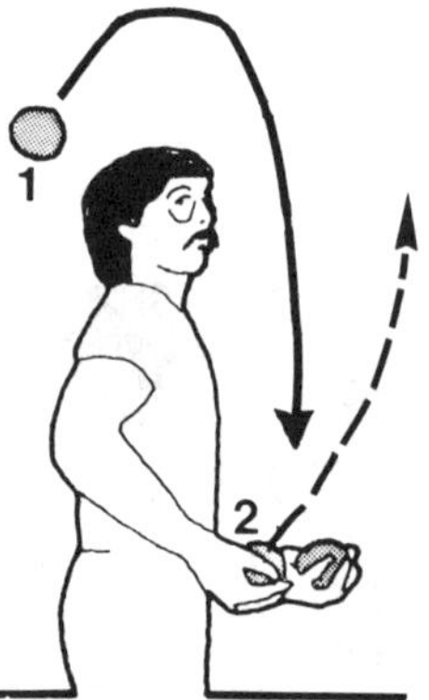

Wenn der Ball erscheint, wirf den nächsten aus derselben Hand. Jongliere weiter.

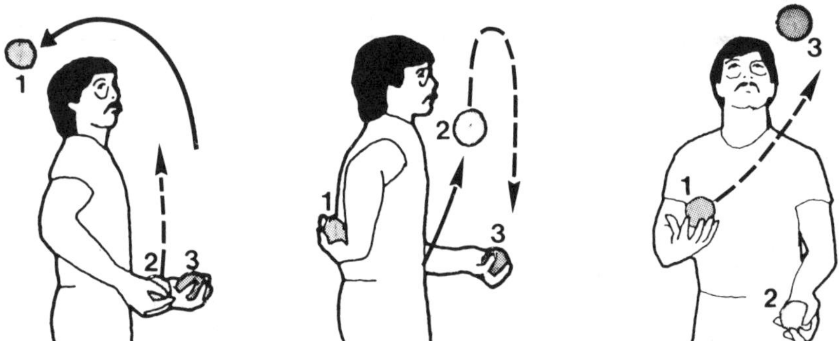

Natürlich kannst du es auch in umgekehrter Richtung machen. Wirf über die Schulter nach hinten. Der nächste Wurf geht aus derselben Hand vor der Brust entlang; greife dann nach hinten und fang. Bring die Hand zurück nach vorne und jongliere weiter.

Unter dem Arm

Wiederhole die einzelnen Schritte des Jonglierenlernens, aber diesmal mit einem Arm hinter dem Rücken. Sobald du einen Ball von einer Hand zur anderen werfen kannst, lerne es mit zweien. Sobald du es mit zweien kannst, lerne, mit dreien zu jonglieren. Dabei mußt du das Muster sehr klein halten.

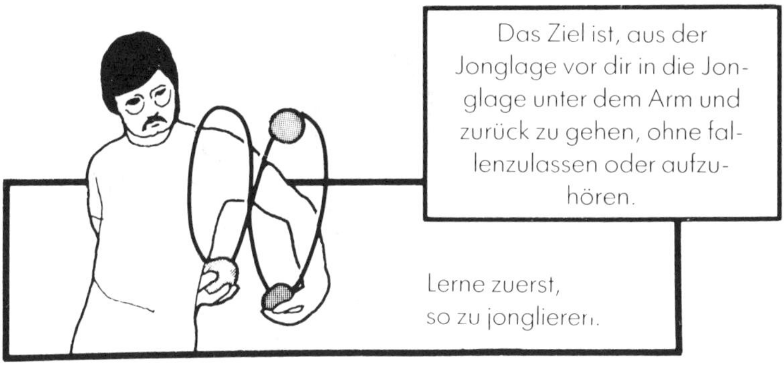

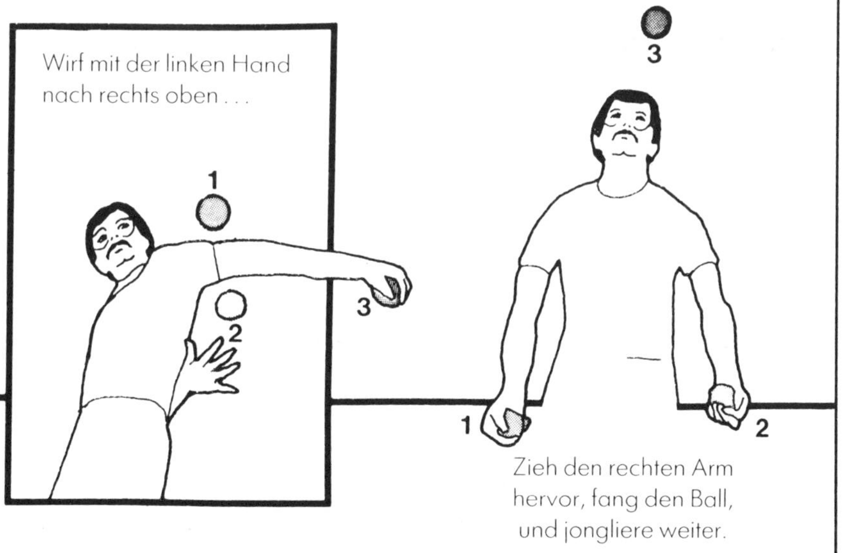

Nimm nun zwei Bälle, einen in jede Hand. Wirf Ball Nr. 1 aus der linken Hand kürzer als sonst. Bring die rechte Hand blitzschnell in die Unterarmstellung und wirf Ball Nr. 2 aus dieser Hand nach links. Fang Nr. 1 in der rechten Hand, Nr. 2 in der linken. Dann wirf aus der normalen Dreiballjonglage mit links kürzer als sonst, greife mit rechts nach hinten, und jongliere unter dem Arm.

Schließlich wirst du es schaffen, von der Jonglage unter dem rechten Arm zur Jonglage unter dem linken Arm zu wechseln. Ja, es ist so schwierig, wie es aussieht, aber es ist ein hochkarätiger Jongliertrick, den zu lernen sich die Anstrengung lohnt.

Auf den Boden dotzen

Lerne das Dotzen genau wie die Kaskade. Dotz einen Ball vor dir hin und her, bis du es gut kannst. Wirf einen Ball herunter, und sobald er auf den Boden trifft, wirf den zweiten, so daß er außen um den ersten herumfliegt, denselben Punkt trifft und in die andere Hand springt. Nun probiere drei Bälle.

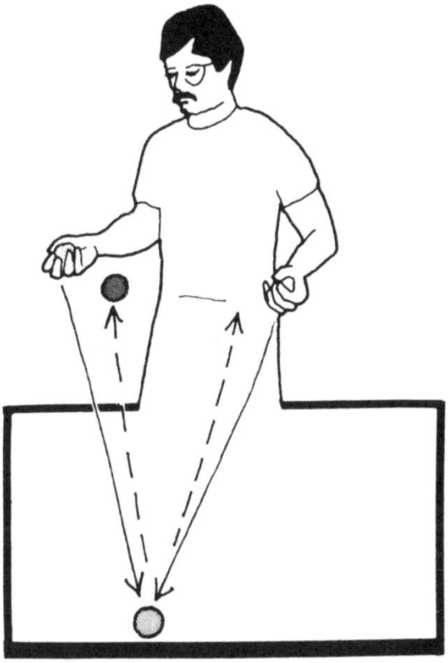

Arbeite jetzt daran, dein Bein durch das Muster zu schieben, so daß ein Ball unter dem Bein durchfliegt.

BEACHTE: Lerne das auf beiden Seiten, wechsle dann deine Beine schnell ab, und dotze abwechselnd von beiden Seiten.

1. Wirf herunter.
2. Hebe dein Knie.
3. Der Ball springt unter dem Bein durch.
4. Streck dein Bein wieder.

Laß einen Ball besonders hoch fliegen und aufspringen, während du jonglierst. Warte. Wenn er wieder an deinen Händen vorbeikommt, stell dir vor, er sei der erste Ball in einem Kaskademuster und jongliere weiter.

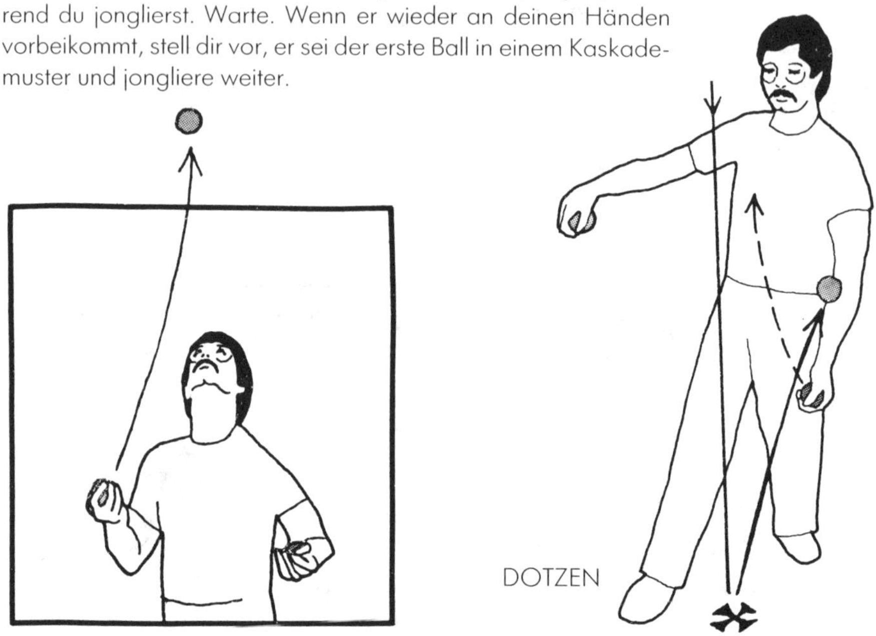

DOTZEN

Versuche nun den gleichen Trick mit zwei besonders hohen Würfen und zwei Dotzern. Merke dir, welchen Ball du zuerst geworfen hast. Wenn er oben ist, wirf Nr. 3 darunter hoch. Fang und wirf dann Nr. 1, fang und wirf dann Nr. 2, fang und wirf dann wieder Nr. 3.

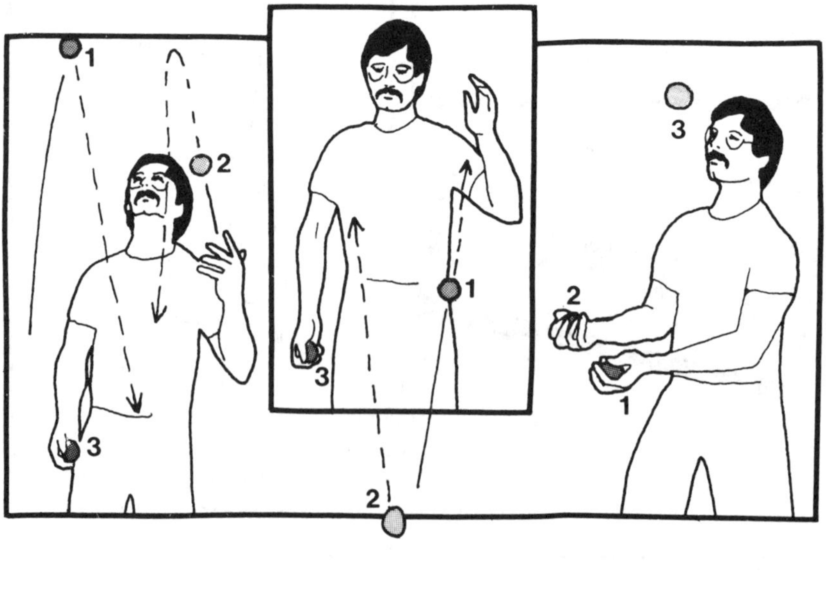

Nun kannst du alle drei Bälle nacheinander werfen und fangen. Merk dir nur die Farben der Bälle. Wenn du rot, gelb, blau wirfst, fang rot, gelb, blau, und jongliere weiter.

Einfach werfen, werfen, werfen, dotzen, dotzen, dotzen, fangen, fangen, werfen und fangen.

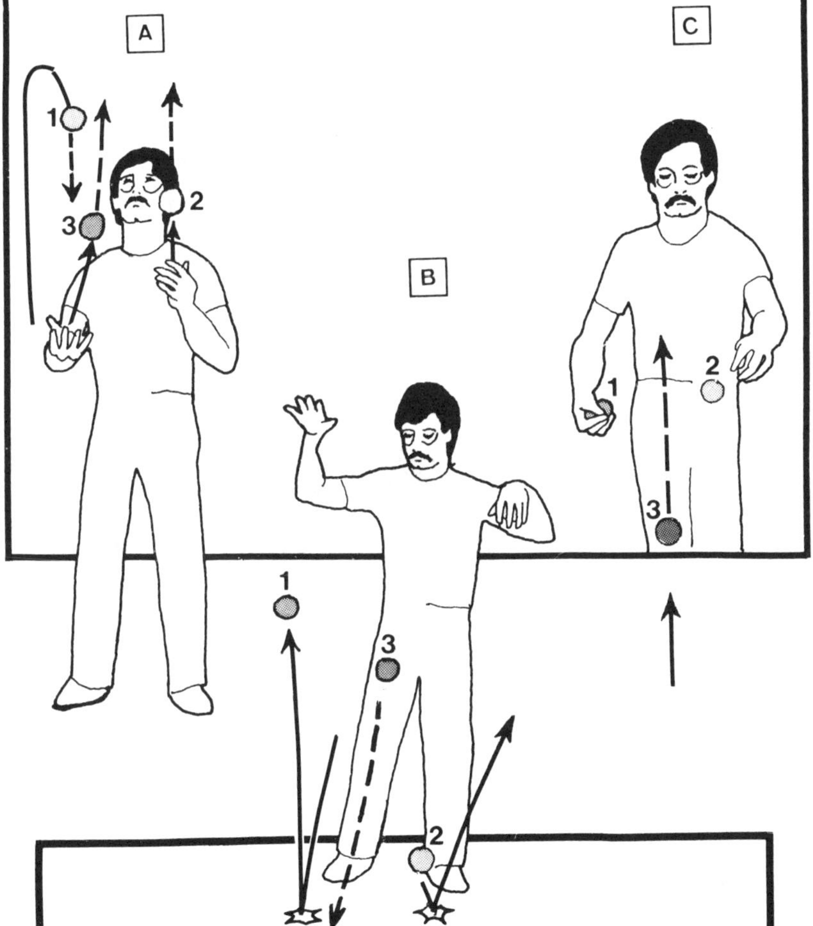

Nr. 1 war auf dem Boden und ist auf dem Weg nach oben.
Nr. 2 wird gleich unten sein.
Nr. 3 fällt noch.

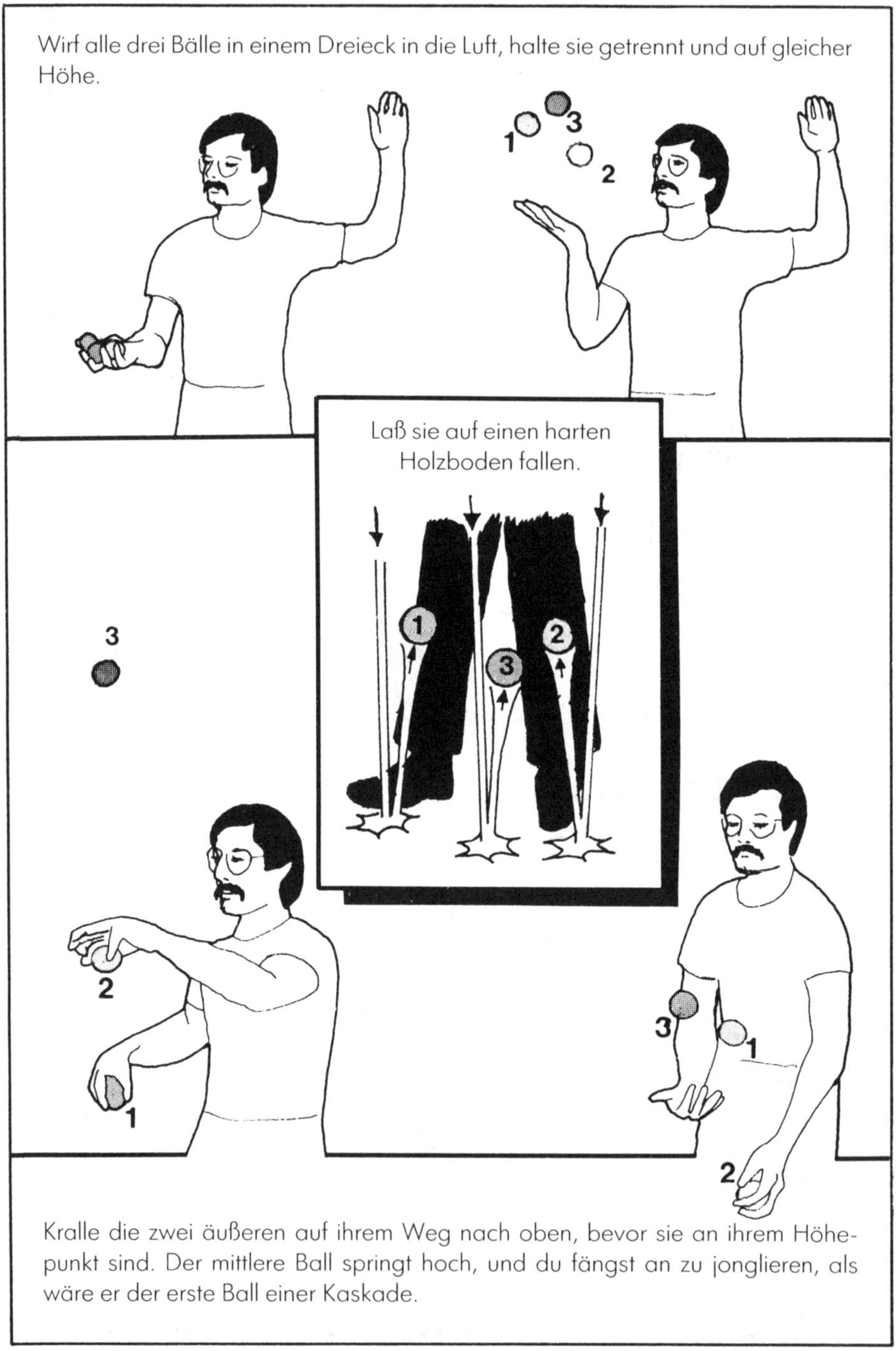
Wirf alle drei Bälle in einem Dreieck in die Luft, halte sie getrennt und auf gleicher Höhe.
1
3
2
Laß sie auf einen harten Holzboden fallen.
1
3
2
3
2
1
3
1
2
Kralle die zwei äußeren auf ihrem Weg nach oben, bevor sie an ihrem Höhepunkt sind. Der mittlere Ball springt hoch, und du fängst an zu jonglieren, als wäre er der erste Ball einer Kaskade.

BEACHTE: Es gibt zwei Dotzmethoden, mit Kraft und ohne. Beim Kraftdotzen wirfst du den Ball nach unten, und er fliegt so hoch zurück, wie du ihn losgelassen hast, oder höher. Das ist die gebräuchlichste Methode für drei Bälle. Dotzen ohne Kraft wird normalerweise für fünf oder mehr Bälle gebraucht. Du wirfst sanft in einem kleinen Bogen. Die Bälle dotzen in deine nach oben gerichteten Handflächen zurück.

MIT KRAFT
Handflächen nach unten. Wirf kräftig nach unten. Jeder Ball trifft den gleichen Punkt. Die Bälle fallen außen herunter. Sie fliegen innen nach oben.

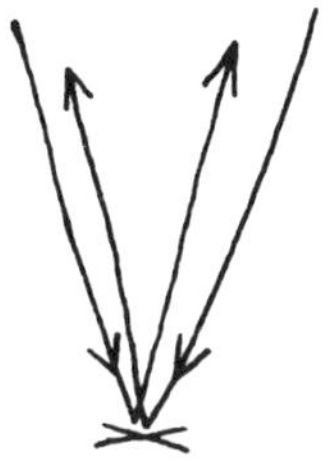

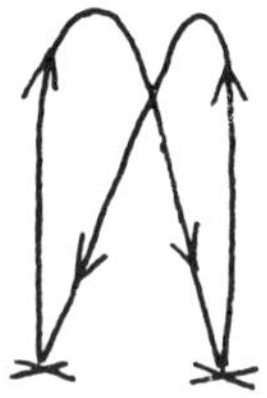

OHNE KRAFT
Handflächen nach oben. Wirf nach oben. Es gibt zwei Dotzpunkte. Die Bälle kreuzen auf dem Weg nach unten. Sie fallen innen herunter. Sie fliegen außen hoch.

›Anschneiden‹

Normalerweise fliegt der Ball im gleichen Winkel hoch, in dem er heruntergefallen ist. Als speziellen Prelleffekt kannst du den Ball anschneiden (ihm eine Drehung geben). Das läßt den Ball unberechenbar springen. Du kannst den angeschnittenen Ball von dir wegwerfen und ihn zu dir zurückkommen lassen.

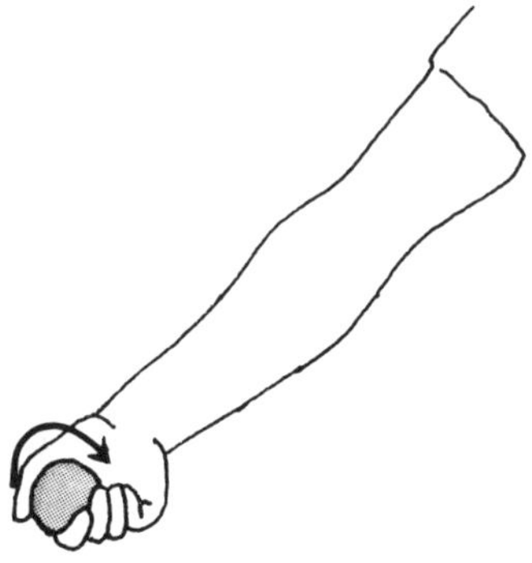

Wirf den Ball mit einer Rückwärtsdrehung nach vorne. Der Ball springt ins Muster zurück.

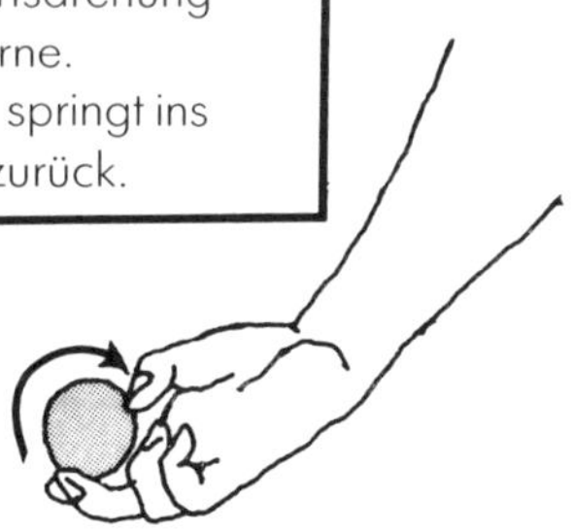

Zieh deinen Daumen während des Abwurfs über den Ball, um ihm eine Rückwärtsdrehung zu geben.

Um dem Ball eine Vorwärtsdrehung zu geben, zieh während des Abwurfs nur deine Hand unter ihm hervor, und laß ihn abrollen.

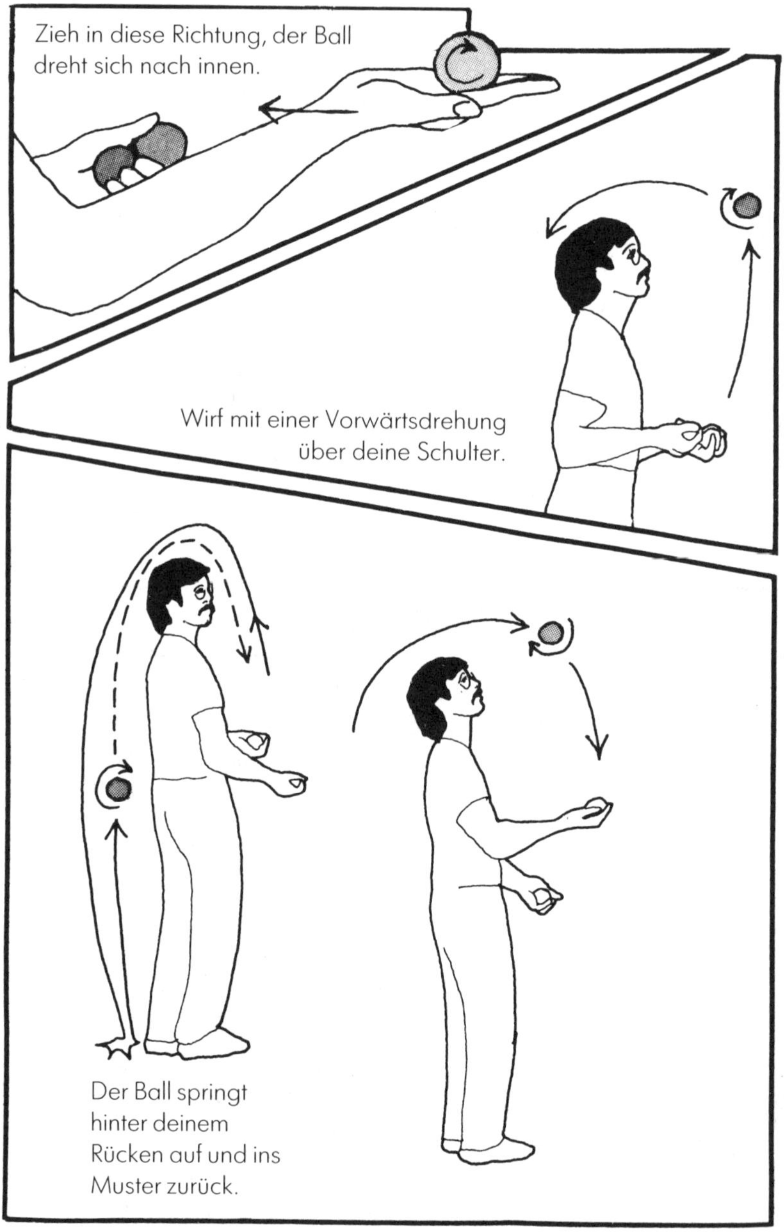

Körperdotzer

Denk mal an alle Teile deines Körpers, auf denen ein Ball oder ein Stoffball gedotzt werden kann. Wirf einen Ball zu dem Punkt, laß ihn aufspringen und fang ihn. Dann wirf einen Ball, laß ihn aufspringen und jongliere. Wirf schließlich aus der Jonglage heraus, laß aufspringen und jongliere weiter.

Der Ball kann abspringen von

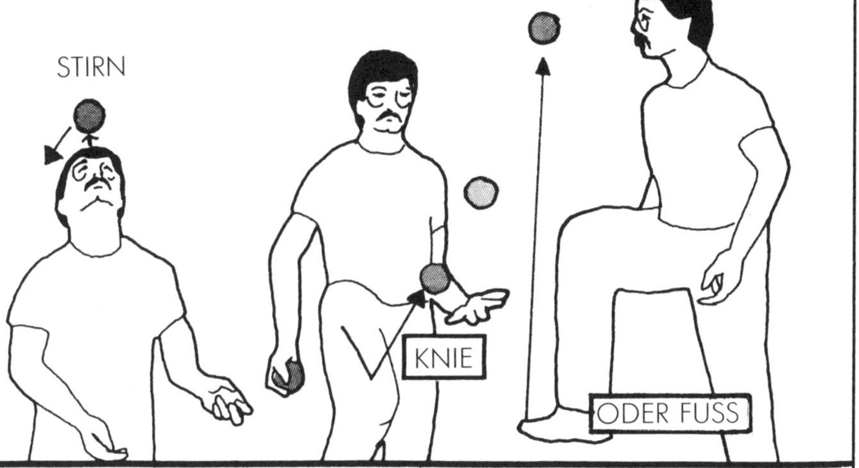

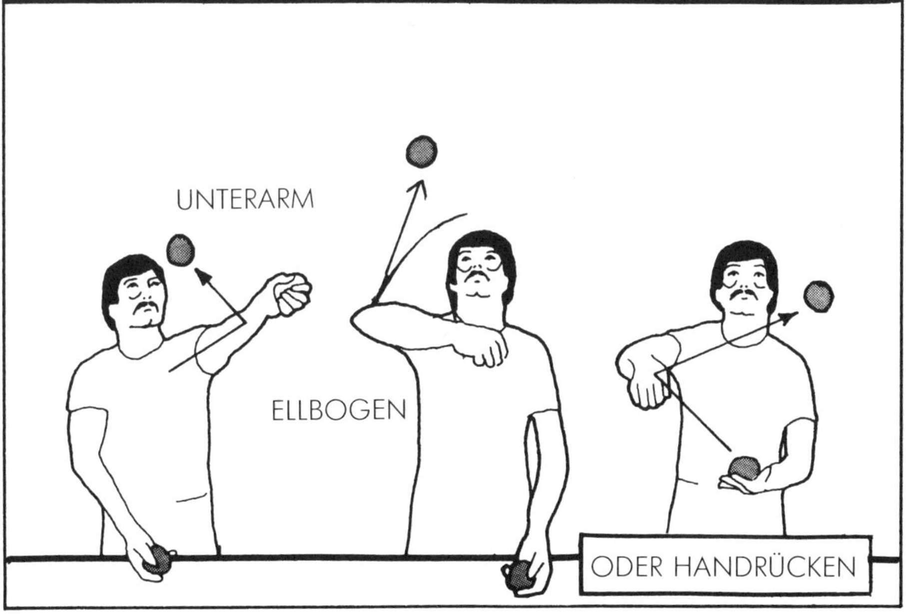

Wenn du eine Zeitlang übst, kann der Ball ständig springen. Von . . .

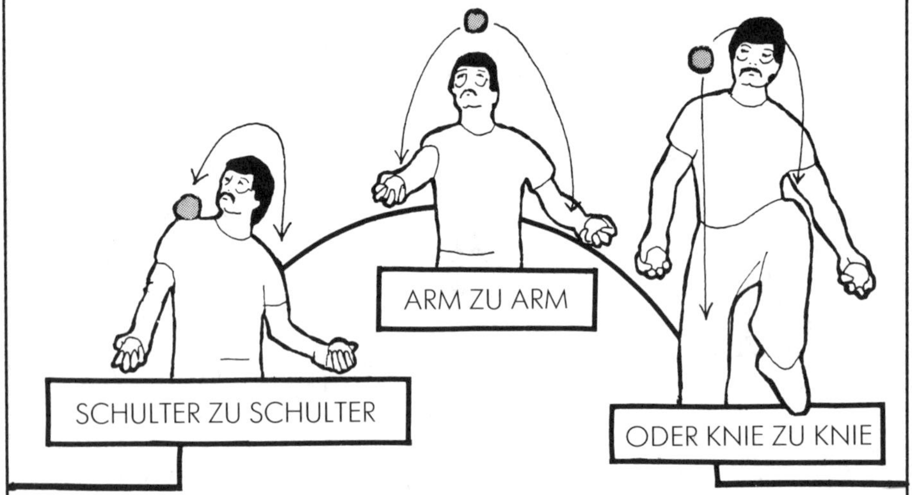

Und wenn du die Tricks der Fußballenthusiasten abguckst, kannst du auch in dein Muster zurückkicken. Benutze

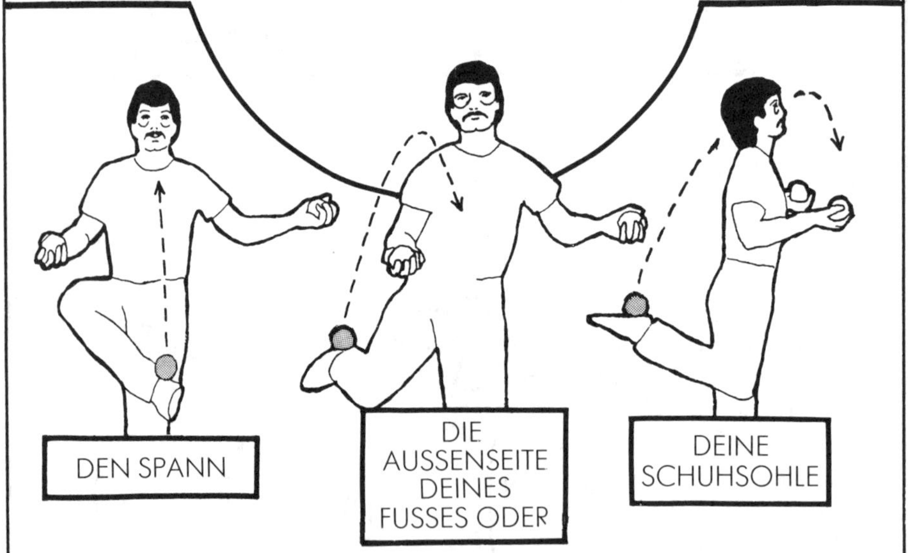

Der Schlüssel zu all dem ist, immer kleinere Dotzer und leichtere Anschläge zu üben. Geschicklichkeit ist wichtiger als Kraft.

Ausgefallene Anfänge

Noch eindrucksvoller ist es, wenn du alle drei Bälle in deiner starken Hand hältst (1. Schritt).

1

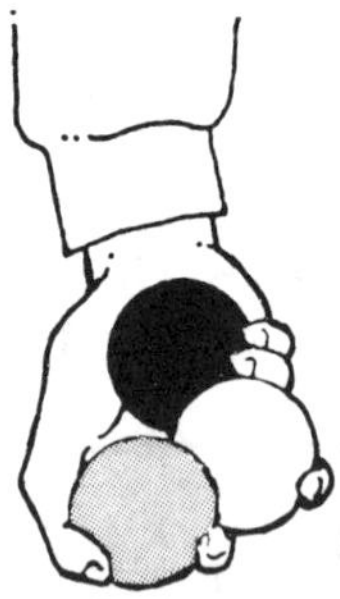

Wirf alle drei gleichzeitig. Der mittlere Ball fliegt höher als die anderen beiden (2. Schritt).

2

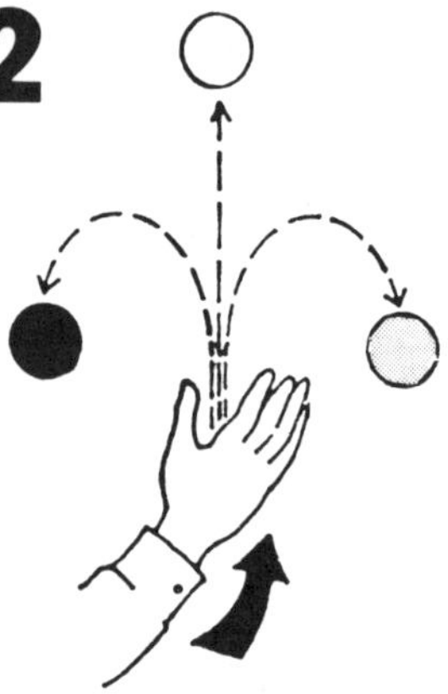

Greif nach oben und kralle die beiden äußeren Bälle an ihren Höhepunkten (3. Schritt), während der mittlere Ball weiter steigt.

3

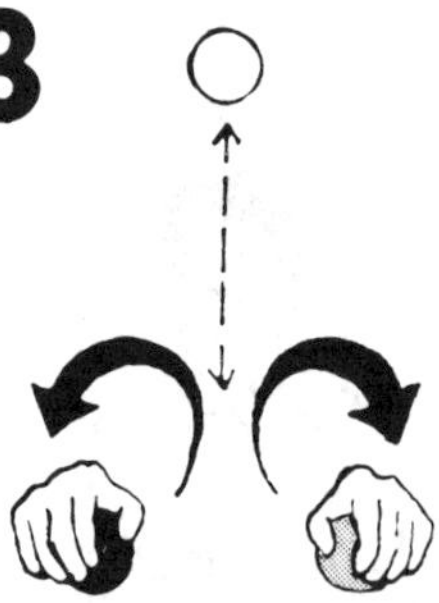

Wenn der mittlere Ball zu fallen beginnt, wirfst du den rechten Ball in der Kaskade hoch (4. Schritt) und beginnst zu jonglieren.

4

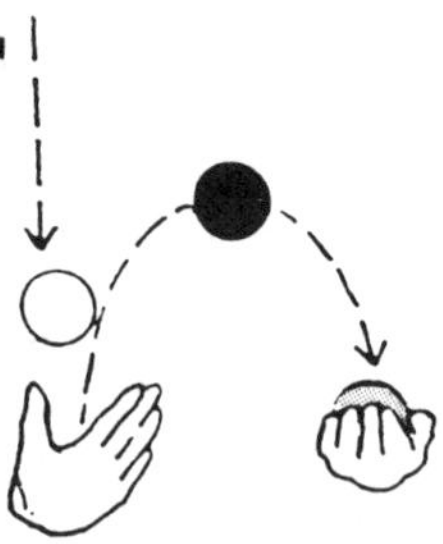

Der Tritt nach hinten

Wenn du mit Gummibällen jonglierst, kannst du einen abtrünnigen Ball zurückholen. Sobald ein Ball wegspringt, trittst du fest auf ihn und ziehst gleichzeitig deinen Fuß zu dir. Der Ball wird hoch genug zurückspringen, um sich in deine Jonglage einzufügen. Während er zu dir kommt, wirf den Ball aus der Hand, die den weggesprungenen Ball fangen wird, los, und beginne wieder deine Nummer.

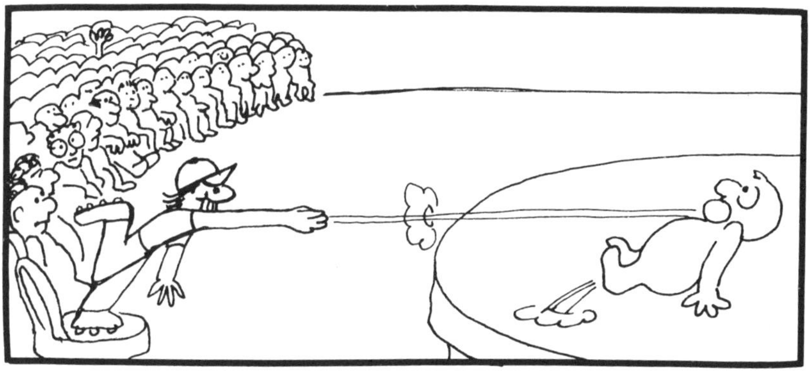

Wenn du einen Ball verlierst und er so weit wegfliegt, daß du ihn nicht zurückholen kannst, hast du immer noch eine Chance, deine Nummer zu retten. Sobald ihn jemand aus dem Publikum berührt, zeig auf denjenigen und ruf: »Mein erster Freiwilliger«. Laß ihn den Ball zu dir werfen, und jongliere gleich weiter.

Was immer du tust, reagiere nie nervös, wenn du etwas fallenläßt. Es gehört zur Nummer. Mach einfach weiter!

Apfelessen

Dieser Trick ist der gefragteste und einer der einfachsten im Repertoire eines Jongleurs. Wie alles in diesem Buch lernst du ihn Schritt für Schritt.

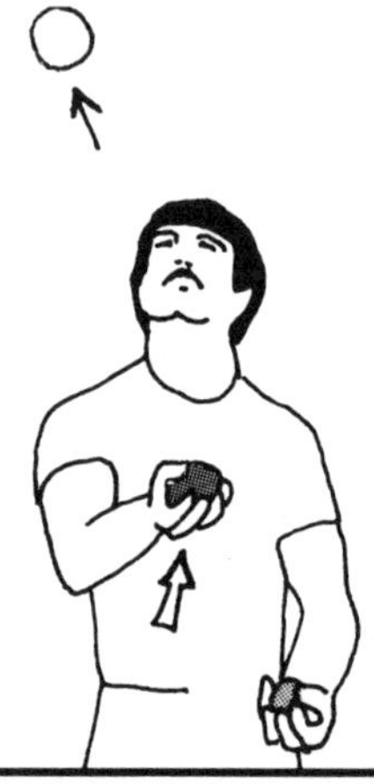

Wasch zuerst einen Ball und benutze ihn als imaginären Apfel. Führe diesen Ball jedes dritte Mal, das er in deine starke Hand fällt, zu deinem Mund und küsse ihn. Wirf den nächsten Ball besonders hoch, um dir etwas mehr Zeit zu geben.

Bring deine Hand schnell wieder tiefer, sobald du den Ball geküßt hast, und wirf den Ball in der üblichen Kaskadenbahn.

Übe, den folgenden Ball immer niedriger zu werfen, bis er nicht mehr höher fliegt als ein normaler Wurf. Sobald du einen Ball bei jedem Wurf küssen kannst, benutze einen Apfel und beiß hinein.

BEACHTE: Wenn du mit dem Apfel beginnst, beiß zunächst nur bei jedem dritten Wurf hinein. Dann versuche jeden zweiten Wurf und beiß schließlich jedesmal, wenn er in deiner rechten Hand landet. Wenn du es mit rechts kannst, lerne es mit links. Der absolute Apfeltrick ist, drei Äpfel mit beiden Händen zu essen. Auf jeden Wurf folgt ein Biß. Denk daran, es gibt außer Äpfeln viele Dinge zu essen, und einige davon können sehr komisch wirken.

Drei in einer Hand

BEACHTE: Die meisten Zuschauer sind von drei Bällen in einer Hand beeindruckt. Erzähle ihnen auf jeden Fall, daß drei in einer Hand unwahrscheinlich schwierig ist. Denn das ist es auch.

Der Shower

Es gibt drei relativ einfache Muster, drei Bälle mit einer Hand zu jonglieren. Das schnellste ist der Shower. Der Trick ist, sehr schnell zu sein und die drei Bälle im Kreis zu werfen. Dein zweiter Ball muß deine Hand verlassen, bevor der erste oben ist. Wirf von der Mittellinie deines Körpers nach außen. Wirf so schnell wie möglich, und behalte trotzdem den Bogen bei.

Wirf Nr. 3, bevor Nr. 2 oben ankommt. Wirf hoch und schnell. Mach immer weiter.

Dann versuche den Shower von außen nach innen.

Die Kaskade

Wirf den ersten Ball in einem leichten Winkel zur anderen Hand hoch. Wirf sofort den nächsten ebenso hoch, aber nach außen.

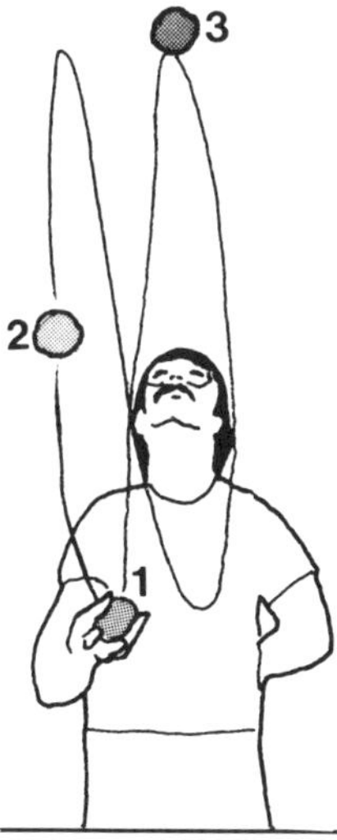

Wirf Nr. 3, bevor Nr. 2 oben ist, in der gleichen Bahn wie Nr. 1. Nun mach weiter. Wirf innen – außen – innen – außen. Die Bälle fliegen in der Mitte hoch und gehen abwechselnd nach rechts und links. Sobald du die Kontrolle und Geschwindigkeit hast, laß dein Muster kleiner werden, bis es schnell und sicher ist.
Deine Hand bewegt sich schnell hin und her. Sie übernimmt die Arbeit von zwei Händen. Fang außen, wirf aus der Mitte. Fang dann auf der anderen Seite und wirf in die andere Richtung.

Versuche nun die Rückwärtskaskade und Säulen.

Multiplex (Drei in einer Hand)

BEACHTE: Weiter hinten im Buch ist ein ganzes Kapitel über Multiplex. Wenn du diesen Trick jetzt lernst, wird Multiplex später einfacher sein.

Halte drei Bälle in einer Hand.

Wirf einen, und wenn er oben ist, wirf die zwei anderen. Sie sollten so geworfen werden, daß sie eine senkrechte Linie bilden.

Fang und wirf den einen. Fang dann die beiden anderen nacheinander in der gleichen Hand. Wirf sie wieder ab. Wirf einen, wirf zwei, fang und wirf einen, fang und wirf zwei, fang und wirf einen, usw.

Vier- und Fünfballjonglage

Lernziele

1. Zeige eine Vierballjonglage im simultanen und versetzten Rhythmus (je 20 Würfe)
2. Zeige eine Vierballtrickfolge mit:
   a. 10 oder mehr Würfen im Außenkreis und
   b. 10 oder mehr Würfen im Innenkreis und
   c. 10 oder mehr Würfen in Säulen
3. Zeige ein Kreuzmuster mit vier Bällen (10 Würfe)
4. Geh von einem Dreiballmuster auf vier Bälle über und zurück auf drei
5. Entweder
   a. Wirf unter beiden Beinen durch aus dem Vierballmuster, oder
   b. Wirf über die Schulter auf beiden Seiten aus dem Vierballmuster
6. Zeige einen fließenden Übergang zum Vierballspagat und zurück
7. Zeige eine Fünfballkaskade (20 Würfe) mit Nackenstop als Abschluß
8. Geh von der Fünfballkaskade zum Halbshower über (10 Würfe) und zurück zur Kaskade
9. Zeige die Rückwärtskaskade mit fünf Bällen (20 Würfe)
10. 20 Würfe Vierballshower (nur in eine Richtung)
11. Wirf aus der Fünfballkaskade entweder
    a. einen oder mehrere Bälle unter dem Bein durch, oder
    b. einen oder mehrere Bälle hinter dem Rücken, oder
    c. einen Ball über das Muster hin und her (Tennis)

Vier Bälle

Vierballjonglage bedeutet lediglich, zwei Bälle in jeder Hand zu jonglieren. Deshalb solltest du zuerst folgende Tricks mit jeder Hand einzeln üben:

1. Zwei Bälle im Kreis von der Mitte nach außen werfen

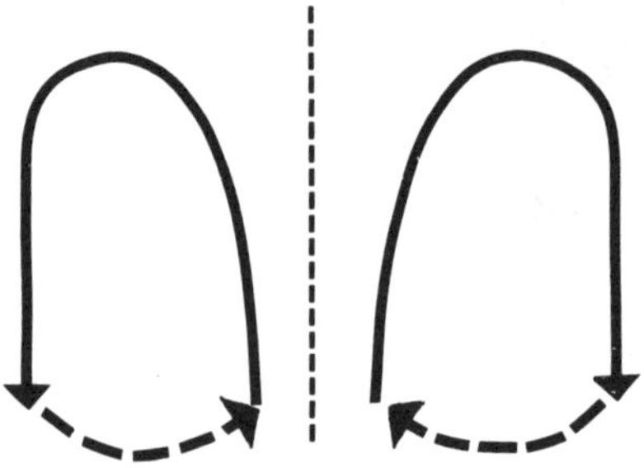

BEACHTE: Deine Hand fängt außen, kreist nach unten zur Mitte und wirft.

AUSSENKREISE

2. Zwei Bälle im Kreis von außen zur Mitte werfen

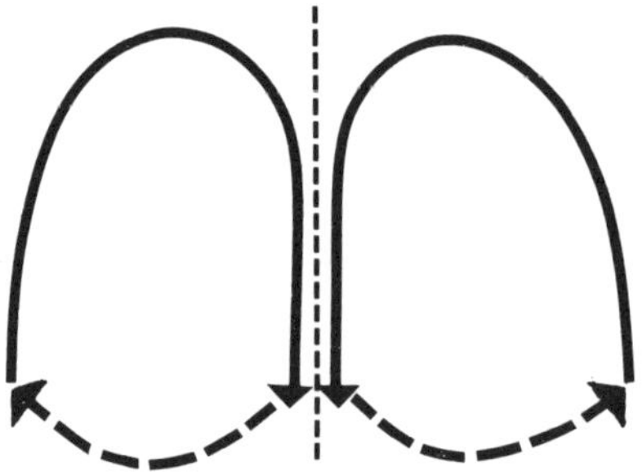

BEACHTE: Deine Hand fängt neben der Mittellinie, kreist nach unten und außen, wirft dann zur Mitte.

INNENKREISE

3. Zwei Bälle gerade hoch in getrennten Flugbahnen werfen

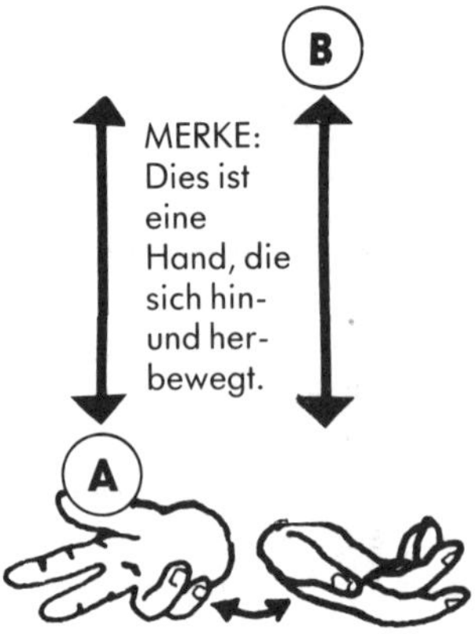

BEACHTE: Jeder Ball hat seine eigene Flugbahn. Deine Hand bewegt sich hin und her.
Wirf A, wirf B
Fang und wirf A
Fang und wirf B
Fang und wirf A
Fang und wirf B

SÄULEN

Simultanwürfe

AUSSENKREISE

Wirf zwei Stoffbälle, einen aus jeder Hand. Laß sie nach außen kreisen. Wenn sie oben sind, wirf die anderen beiden. Mach einfach weiter. Jedesmal, wenn zwei oben sind, wirfst du die zwei anderen.

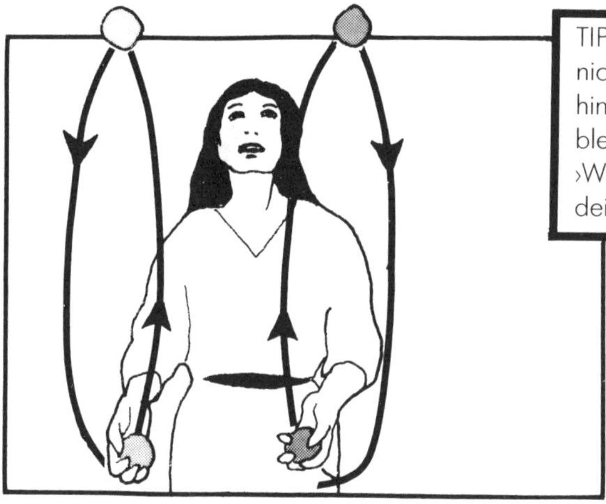

TIP: Kreise die Bälle nicht von vorne nach hinten. Die Bälle bleiben auf einer ›Wandebene‹ vor deinem Körper.

INNENKREISE

Wirf zwei Stoffbälle, einen aus jeder Hand. Laß sie zur Mittellinie kreisen. Wenn sie oben sind, wirf die beiden anderen. Mach immer weiter.

ACHTUNG: In diesem Stadium kann leicht ein Zusammenstoß oder ein Überkreuzen der Bälle passieren. Halte zwei Bälle der gleichen Farbe in jeder Hand, und laß gleichfarbige Bälle nicht von Hand zu Hand wechseln.

Würfe im versetzten Rhythmus

Du kannst die Vierballjonglage sehr kompliziert erscheinen lassen, wenn eine Hand nach der anderen im versetzten Rhythmus spielt. Amy hat hier mit der linken Hand angefangen.

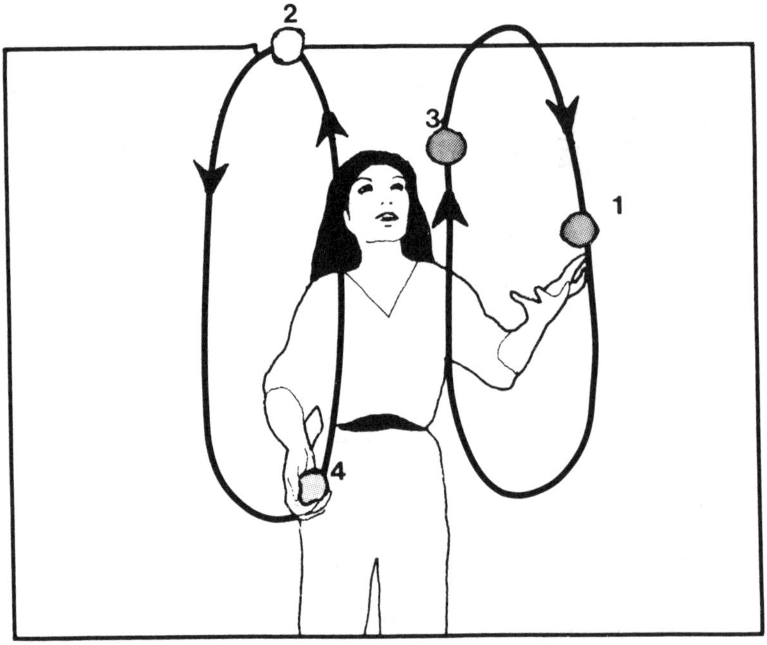

Wirf links, rechts, links, rechts. Halte an und versuche es wieder, aber mach diesmal zwei Würfe mehr – links, rechts, links, rechts, links, rechts. Die Würfe folgen schnell aufeinander. ***Merke*** – kein Ball überschreitet die Mittellinie. Jede Hand arbeitet *getrennt*. In der Abbildung bleiben die Bälle Nr. 1 und 3 in der linken Hand, Nr. 2 und 4 in der rechten.

Säulen und Spagat

Es sieht toll aus, wenn auf einer Seite zwei Bälle gleichzeitig hochfliegen, dann zwei auf der anderen. Sobald sie in ihren eigenen ›Fahrstühlen‹ rauf- und runtergehen, greifst du hin und her und kannst das Spagat jedesmal ein bißchen breiter machen.

So sieht ein breites Spagat aus:

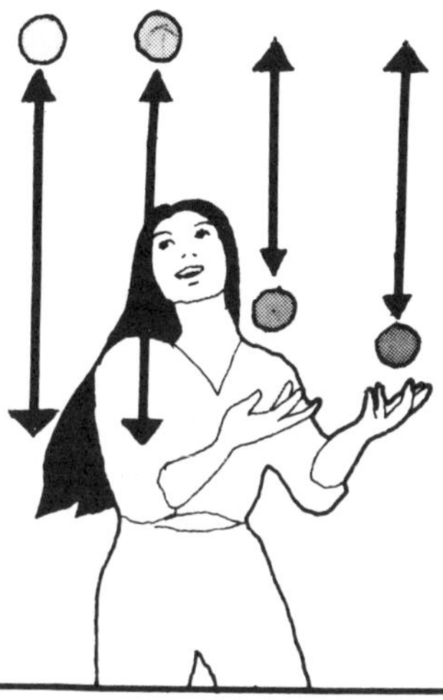

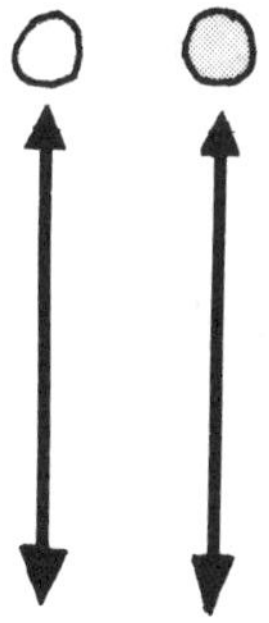

Wirf beide rechten Bälle. Wirf beide linken Bälle. Fang und wirf die beiden rechten. Fang und wirf die beiden linken. Fang und wirf die beiden rechten. Usw.

Kreuzmuster mit vier Bällen

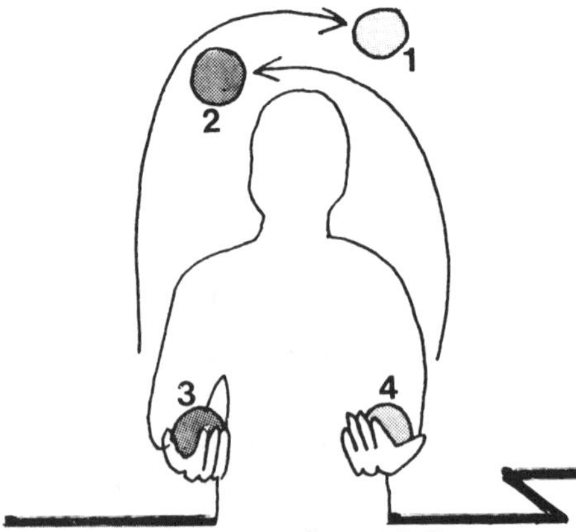

Wirf zwei Bälle so, daß sie sich kreuzen. Deine stärkere Hand wirft etwas höher. Wirf rechts und links gleichzeitig.

Jetzt immer weiter. Jedesmal, wenn sich zwei Bälle kreuzen, wirf die anderen beiden ab. Alle Wurfpaare sind gleichzeitig.

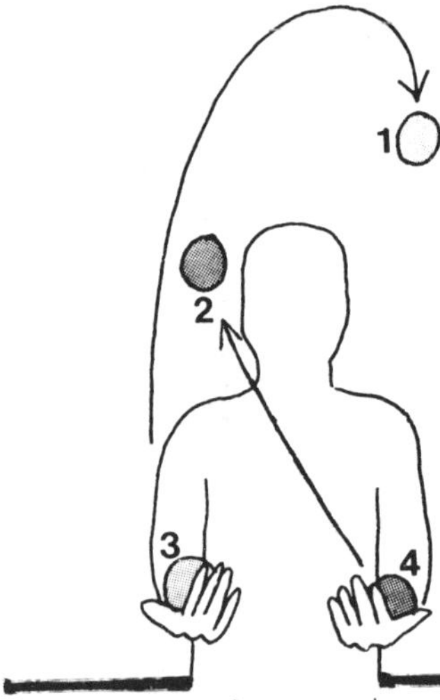

Wirf jetzt mit der schwächeren Hand niedriger. Das ist ein ›Halbshower‹.

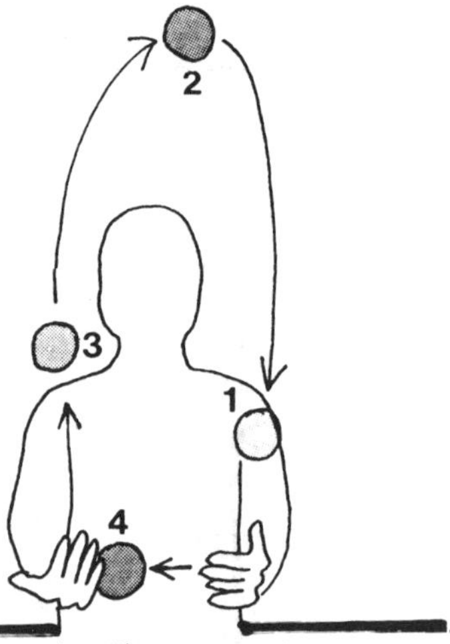

Um den Shower mit vier Bällen zu lernen, beginnst du mit dreien in der starken Hand. Wirf diese drei schnell ab. Übergib Nr. 4, kurz bevor der erste Ball landet, in die leere Hand.

Vierballtricks

Jongliere vier Bälle im versetzten Rhythmus, heb ein Bein, und wirf darunter durch. Heb drei Takte später das andere, und wirf darunter durch.

Über die Schulter

Du kannst lernen, simultan von hinten nach vorne zu werfen. (Noch schwieriger, aber möglich, ist der Schulterwurf von vorne nach hinten.)

Wirf mit nach hinten gedrehten Händen.

Greife hoch und fang vor dir.

Fünf Bälle (leicht gemacht)

Ein besonderer Dank gilt Roger Dollarhide, der mir diese mühelose Lernmethode für fünf Bälle zeigte.

Übe mit einem Partner, der drei Bälle jonglieren kann.

Beginne mit fünf Stoffbällen wie abgebildet.

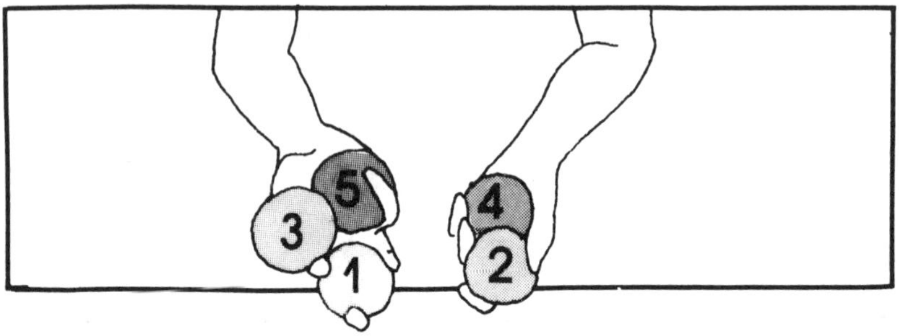

Stell dich vor deinen Partner. Ihr werdet die fünf Stoffbälle teilen. Wirf deinem Partner langsam nacheinander in der oben gezeigten Reihenfolge die Bälle zu. Zähle beim Werfen laut mit.

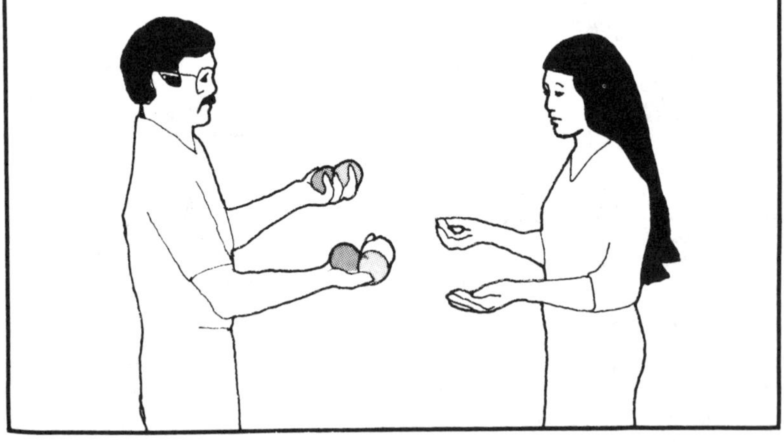

Alle Bälle kreuzen, wie bei der Kaskade. Das heißt, die drei aus deiner rechten Hand landen in der linken deines Partners.

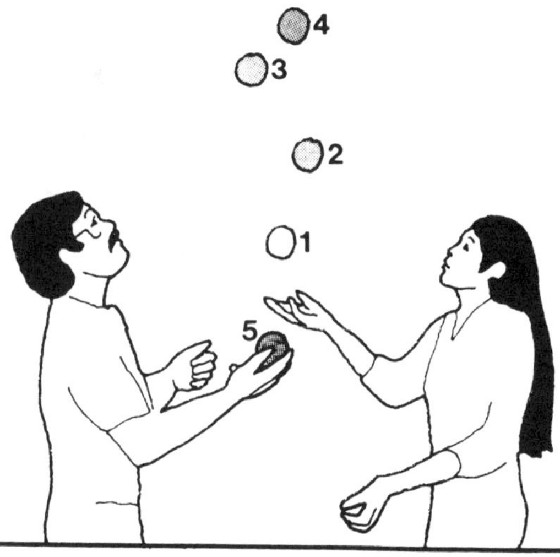

Dein Partner fängt einfach nacheinander die Bälle auf.

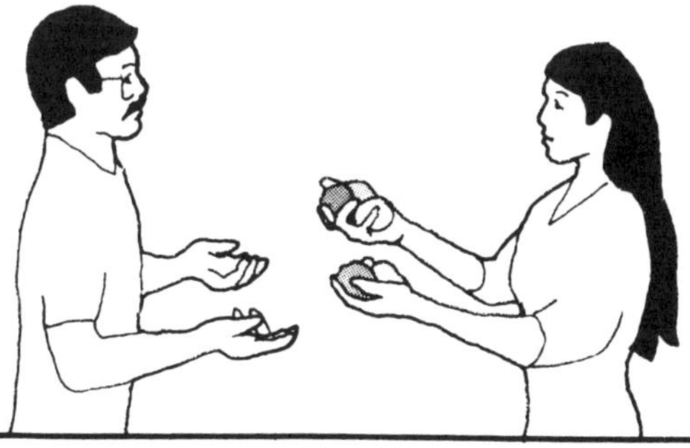

Dann wirft er sie dir auf gleiche Weise zurück.

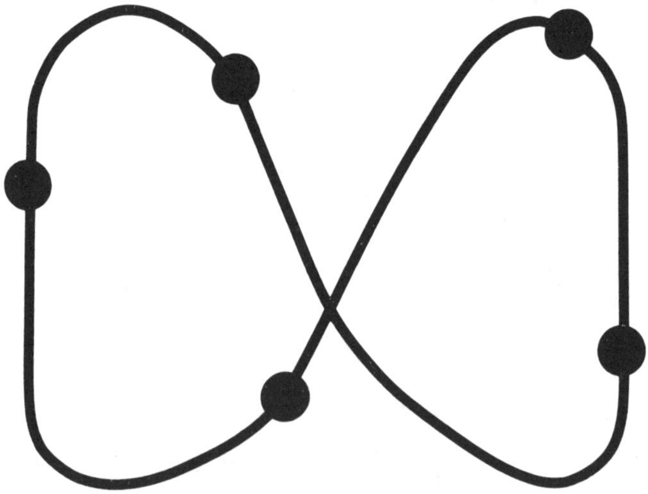

Werdet allmählich schneller, aber ohne die schöne, hohe 8er-Figur zu verlieren oder die Höhepunkte zu variieren.

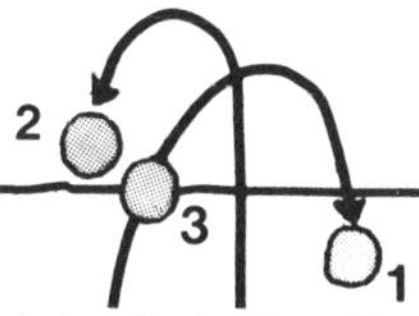

Sobald du alle fünf Stoffbälle abwerfen kannst, bevor dein Partner den ersten fängt, bist du soweit – versuche es allein. Wirf jetzt alle Bälle so schnell wie möglich ab.

Höre auf die ›Plop‹-Geräusche, und beobachte die Position der Bälle auf dem Boden.

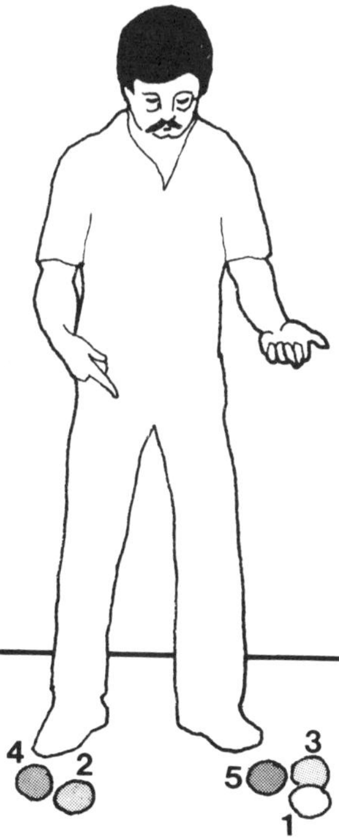

BEACHTE: ›Plops‹ in gleichmäßigen Abständen deuten auf einen guten Rhythmus hin.

BEACHTE: Wenn alle Bälle wie in der Abbildung nahe beieinander liegen, heißt das, daß das Muster gut war.

Jetzt kannst du beginnen, Werfen *und* Fangen zu üben!

- Hol dir fünf verschiedenfarbige Stoffbälle.
- Wirf alle fünf in der richtigen Reihenfolge schnell ab, fang Nr. 1, aber laß Nr. 2, 3, 4 und 5 auf den Boden fallen.
- Wiederhole, aber fang diesmal Nr. 1 und 2.
- Wiederhole, aber fang nun Nr. 1, 2 und 3 in der richtigen Reihenfolge.
- Wiederhole, fang Nr. 1, 2, 3 und 4, laß nur Nr. 5 fallen.
- Wiederhole, und fang alle fünf Bälle in der richtigen Reihenfolge. Jetzt kannst du werfen, fangen und noch einmal werfen.
- Merke dir die Nr. 1. Beginne zu werfen und zu fangen. Sobald du Ball Nr. 1 fängst, wirfst du ihn wieder ab. Er soll da landen, wo er seine Reise angefangen hat: im ›Nest‹ der Fingerspitzen der rechten Hand.

Sechsmal werfen, sechsmal fangen

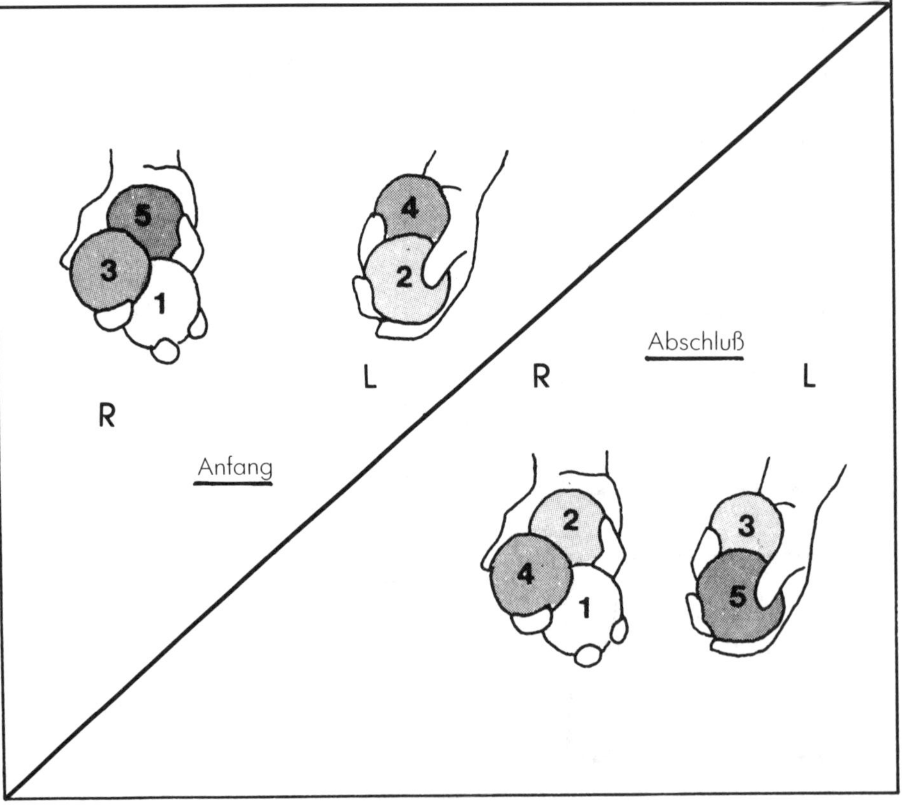

Versuche jetzt jedesmal einen Wurf mehr. Verfolge Nr. 1 durch das Muster. So soll der jeweilige Abschluß aussehen:

Nach 7mal Werfen und Fangen

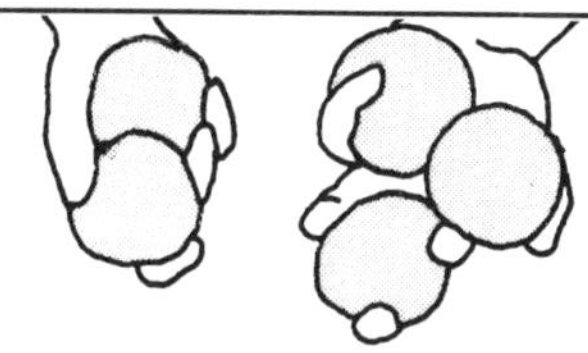

Nach 8mal Werfen und Fangen

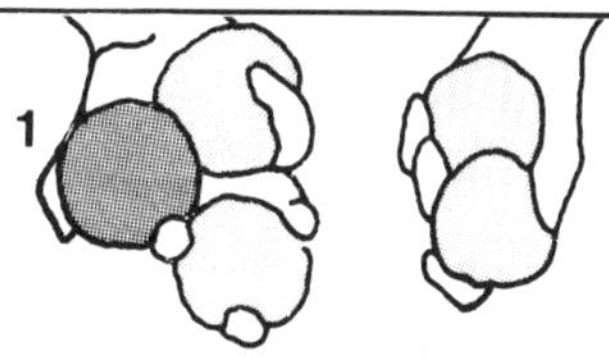

Nach 9mal Werfen und Fangen

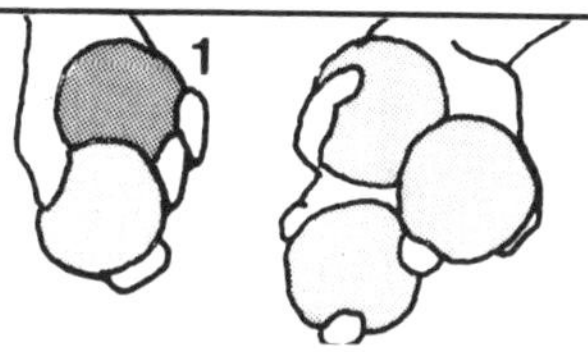

Nach 10mal Werfen und Fangen

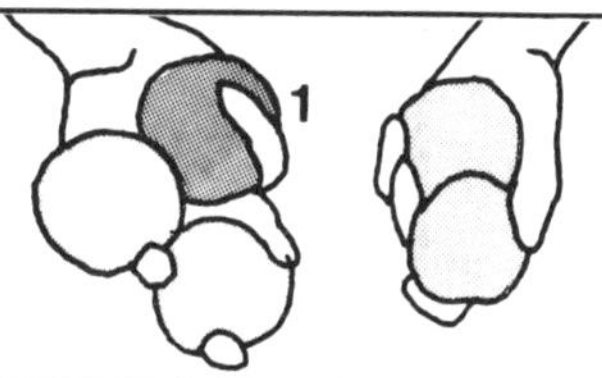

Nach 11mal Werfen und Fangen

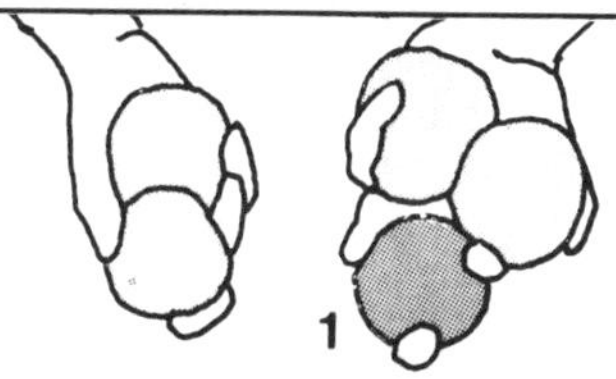

Du brauchst dich nur auf die Flugbahn der Nr. 1 zu konzentrieren. Verfolge sie durch das Muster, und füge jedesmal einen Wurf hinzu.

Jetzt bist du in der Lage, immer weiterzumachen. Die Methode ist relativ einfach – zähle jeden Wurf aus rechts. Wenn du 20 Würfe aus rechts schaffst, kannst du wahrscheinlich unendlich weitermachen. Zusätzliche Tips über das Jonglieren mit fünf Gegenständen kannst du im Kapitel über Ringjonglage nachlesen.

Halbshower mit fünf Bällen

Beginne mit drei Bällen in der starken und zwei in der schwächeren Hand. Die ersten fünf Würfe sind schnell und versetzt: rechts, links, rechts, links, rechts. Sobald du den ersten Ball zum Fangen berührst, schickst du ihn auf seine Bahn zurück.

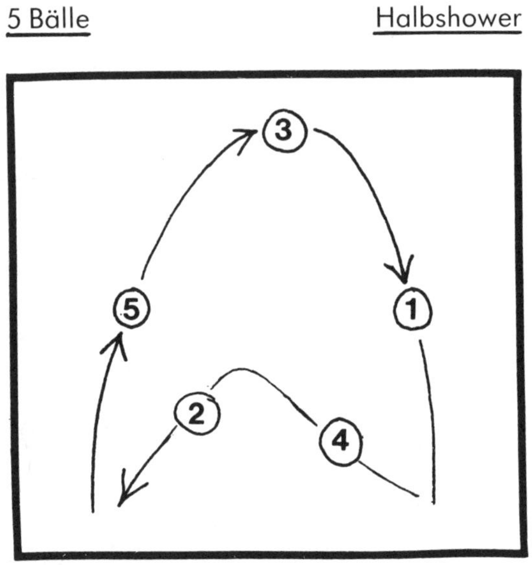

Nun lerne diesen Trick umgekehrt, von der schwächeren in die stärkere Hand.

Rückwärtskaskade mit fünf Bällen

Wenn du den Halbshower von beiden Seiten aus beherrschst, ist die Rückwärtskaskade relativ leicht zu lernen. Das Problem besteht darin, nicht den Überblick zu verlieren, wenn die Bälle in der Mitte herunterkommen.

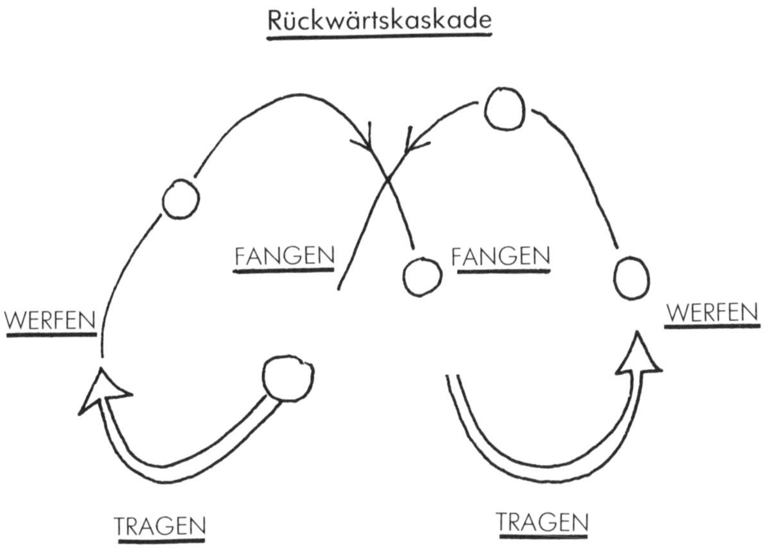

Benutze, um diesen Trick zu lernen, verschiedenfarbige Bälle. Wenn du den Überblick über die Farben behältst, kannst du die Bälle in der richtigen Reihenfolge fangen.

Tennis mit fünf

Wenn du den Halbshower von beiden Seiten aus beherrschst, ist Tennis möglich. Beginne mit der Fünfballkaskade. Dann wirf einen Ball über das Muster hin und her.

Du mußt das Loch beibehalten.

Du jonglierst vier Bälle im Fünfballmuster.

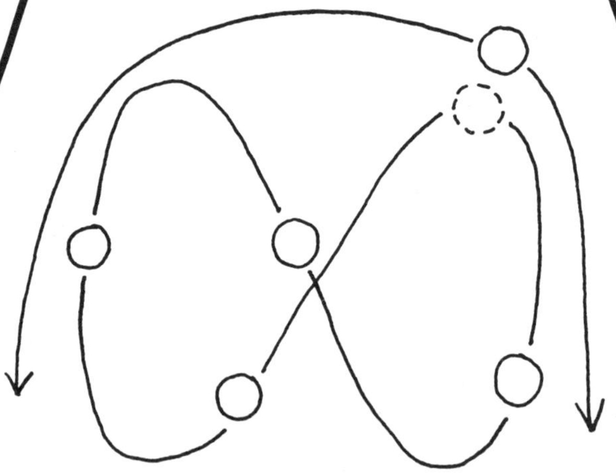

Der volle Shower mit fünf

Beginne mit vier Bällen in der starken Hand, die schwächere ist leer. Wirf die vier in gleichmäßiger Flugbahn schnell hintereinander ab, und fang sie alle mit der schwächeren Hand. Werfen, werfen, werfen, werfen, fangen, fangen, fangen, fangen.

Versuche dann, jedesmal wenn du mit der schwächeren Hand gefangen hast, den Ball in die stärkere Hand zu übergeben und wieder zu werfen.

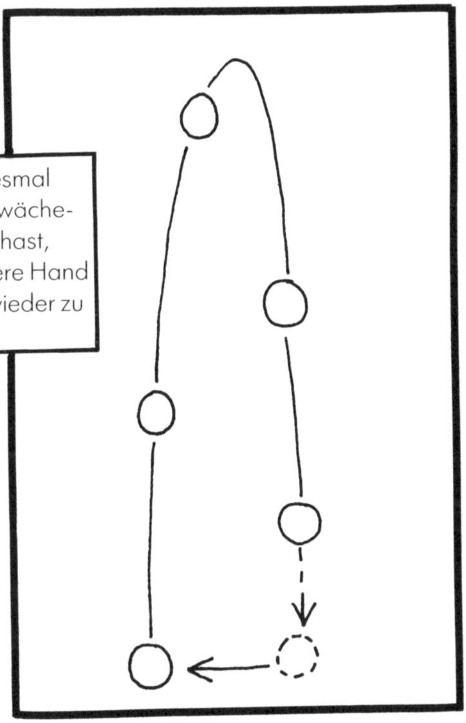

Schließlich beginnst du mit vier Bällen in der starken Hand und einem in der schwächeren. Sobald die starke Hand leer ist, übergib Nr. 5. Von nun an wirfst du, sobald etwas deine starke Hand berührt, und übergibst, sobald etwas deine schwächere Hand berührt!

Unter dem Bein durch

Der Schlüssel zu diesem Trick ist, die stabile Fünfballkaskade nicht von der Beinbewegung stören zu lassen. Der Rhythmus und das Muster dürfen sich nicht ändern.

TIP: Eine weite Hose hilft!

ERSTENS: Beginne mit dem Wurf unter dem Bein durch. So bekommst du ein Gefühl für den Trick. Heb das Bein hoch.

ZWEITENS: Versuche den Wurf während der stabilen Fünfballjonglage. Der Fuß muß den Boden wieder berühren, und die nächsten zwei Würfe sollen gelingen, dann kannst du ruhig alles zusammenbrechen lassen.

DRITTENS: Jetzt gilt's!

Hinter dem Rücken

Du wirfst aus der stabilen Jonglage einen Ball über die andere Schulter und jonglierst weiter.

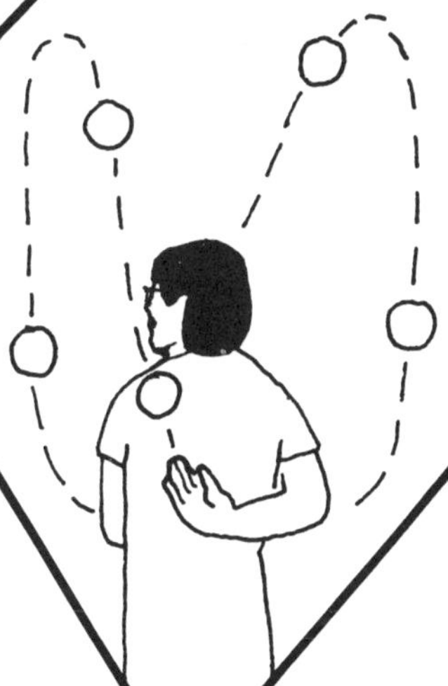

Der Schlüssel zu diesem Trick ist die Vorübung mit nur einem Ball, damit dieser Spezialwurf das Gleichgewicht deiner Jonglage nicht stört. Wenn du höher und langsamer als sonst jonglierst, hast du mehr Zeit, diesen Trick auszuführen. Er verlangt eine große, aber *präzise* Armbewegung in sehr kurzer Zeit.

Meisterhafte Balljonglage

Lernziele

Diese Leistungsplakette bekommt ihr für die vollkommene Beherrschung folgender Bereiche:

I. Dreiballpartnerspiele

1. Zeigt das Abnehmen von vorne, sowohl mit der Handfläche nach oben als auch durch Krallen
2. Nehmt einen Ball aus der Jonglage heraus, und werft ihn von beiden Seiten wieder hinein
3. Nehmt von der Seite aus ab, und geht zum Rundlauf über
4. Zeigt den Rundlauf mit einem vierten Gegenstand, z. B. Hut, Handtuch oder Möhre
5. Übergebt drei Bälle mit einem ›Flash‹ nach hinten
6. Entweder
   a. Krabble entweder zwischen den Beinen deines Partners hindurch und nimm ab, oder
   b. Spring ihm über die Schultern (Bocksprung) und nimm ab
7. Jongliert drei Bälle nebeneinander und zeigt fünf Tricks
8. Zeige ›Halbjonglieren‹ mit einem Freiwilligen, der nicht jonglieren kann
9. Zeigt das Sechsballpassing, benutzt aber nur drei Bälle. (›Dreierlauf‹)

II. Passing mit sechs Bällen

1. Zeigt Diagonalpassing mit fünf Bällen
2. Zeigt 3-3-10 mit sechs Bällen

3. Entweder
   a. 3-3-10 mit links, oder
   b. 3-3-10 nur durch Krallen
4. Passt im Vierertakt (jeden zweiten rechten Wurf) entweder
   a. Hintereinander (10 Würfe), oder
   b. Rücken an Rücken (10 Würfe), oder
   c. Nebeneinander (10 Würfe)
5. Passt im Einsertakt, beide Hände ohne Selbstwürfe (6 Würfe)
6. Entweder
   a. Dotzlpassing mit sechs Bällen (10 Würfe), oder
   b. Passing mit sechs verschiedenen Gegenständen (12 Würfe), oder
   c. Apfelessen beim Passing
7. Fünfballpassing mit Loch. Benutzt das Loch, um einen sechsten Ball aufzuheben und in die Jonglage einzufügen
8. Entweder
   a. Siebenballpassing (20 Würfe mit sauberem Abschluß), oder
   b. Passing mit fünf Bällen und einem Hut. Setzt den Hut beim Passing auf. Oder
   c. Sechsballpassing mit 10 aufeinander folgenden Würfen entweder unter beiden Beinen durch oder über die rechte Schulter

III. Multiplex

1. Zeige Vier- und Fünfball-Multiplex, je 20 Würfe
2. Geh von Drei- und Vierballmustern zu Multiplex über und wieder zurück
3. Zeige vertikale und diagonale Zweiballtrennungen im Fünfball-Multiplex
4. Baue Dreiball-Multiplex in eine Fünf- oder Sechsballjonglage ein
5. Wirf Zweiball-Multiplex aus der Jonglage unter dem Bein durch oder hinter dem Rücken (an beiden Seiten)
6. Jongliere sechs Bälle als Dreiballkaskade (10 Würfe)
7. Entweder
   a. Dreiball-Multiplex mit beiden Händen gleichzeitig, oder
   b. Siebenball-Multiplex als Kaskade (10 Würfe), oder
   c. Bring jemandem Fünfball-Multiplex bei

Partnerspiel mit drei Bällen

Wenn du mit drei Bällen jonglieren kannst, ist es an der Zeit, einen Partner zu finden – vielleicht mußt du erst jemandem das Jonglieren beibringen. Die Zusammenarbeit erfordert Geduld, aber sie lehrt auch Geduld. Vergiß nicht, manchmal zu lachen, und wirf dir oder deinem Partner ***niemals*** vor, einen Fehler verursacht zu haben. Nobody's perfect!

Abnehmen

Stell dich so vor deinen Partner, daß ihr eine gemeinsame Jonglage teilen könntet. Dein Partner jongliert langsam los. Einer der drei Bälle hat eine Kontrastfarbe. Beobachte nur diesen andersfarbigen Ball. Wenn dein Partner ihn aus der rechten Hand wirft, greifst du mit deiner rechten Hand hoch und fängst ihn an seinem Höhepunkt.

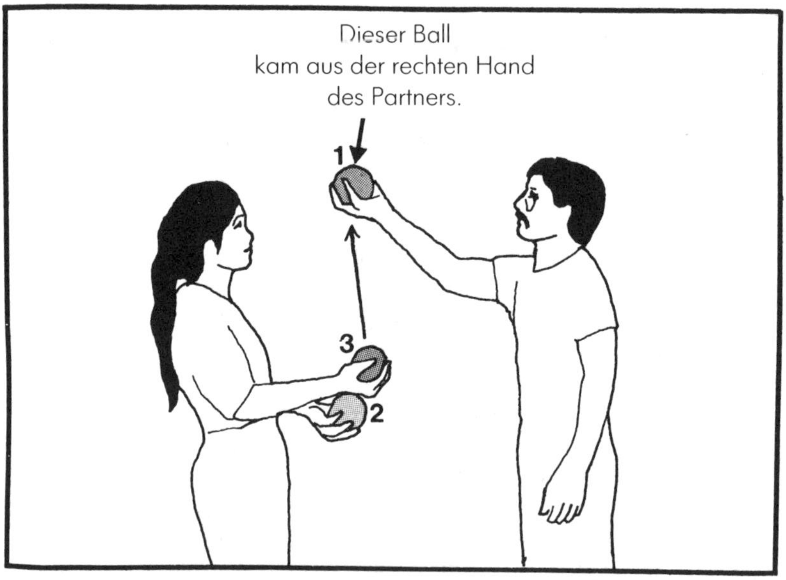

Jongliert am Anfang schön hoch.

Jetzt mußt du alle drei Bälle übernehmen. Sobald du den ersten angenommen hast, greif mit deiner linken Hand hoch, um den zweiten zu übernehmen, d. h. den nächsten aus der linken Hand deines Partners. Fang ihn ebenfalls an seinem Höhepunkt.

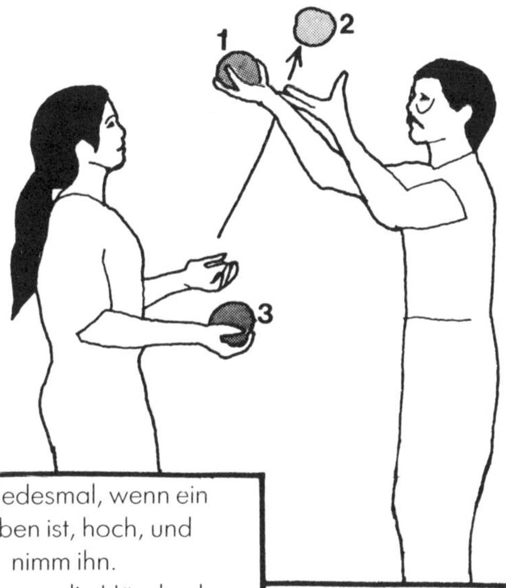

Greife jedesmal, wenn ein Ball oben ist, hoch, und nimm ihn.
Denk daran, die Hände abzuwechseln. Nimm mit rechts, dann links, dann rechts.

Jetzt hast du in jeder Hand einen Ball. Warte, bis der dritte Ball deines Partners oben ist, wirf dann deinen ersten in der Kaskadeform unter diesem hoch, und übernimm die ganze Jonglage. Du kannst die Bälle eine Weile behalten, oder dein Partner kann sie gleich beim nächsten Wurf zurücknehmen.

Drei Bälle kannst du auf verschiedene Weise von vorne abnehmen: mit den Handflächen nach oben, mit den Handflächen nach unten (Krallen) oder mit einer Holzhackerbewegung von innen oder außen.

Sobald das Abnehmen aller drei Bälle problemlos geworden ist, nimm nur einen heraus und wirf ihn wieder in die Jonglage zurück. Dein Partner jongliert zwei Bälle im normalen Rhythmus weiter und läßt ein Loch für den fehlenden Ball offen. Finde es möglichst schnell, und wirf den Ball hier in das Muster zurück oder laß ihn hineinfallen.

Der Rundlauf

Wenn du und dein Partner beide von der Seite eingreifen und die Jonglage übernehmen könnt, könnt ihr umeinander herumlaufen und dabei drei Gegenstände teilen.

Lerne zuerst, forsch hineinzugreifen und die Jonglage zu übernehmen. Dein Partner jongliert drei Bälle. Du kommst von links, greifst mit deiner linken Hand hoch und nimmst den Ball, der zu seiner linken Hand geflogen wäre. Nimm ihn am Höhepunkt.

Sobald du den Ball in der linken Hand hast, langst du mit rechts ganz frech vor deinen Partner, um den nächsten Ball, der ihm sonst in die rechte Hand geflogen wäre, zu fangen.

Jetzt hast du einen Ball in jeder Hand. Friere die Bewegung ein und warte, bis dein Partner den dritten Ball zwischen deinen ausgestreckten Armen durch in seiner normalen Flugbahn nach links hochgeworfen hat.

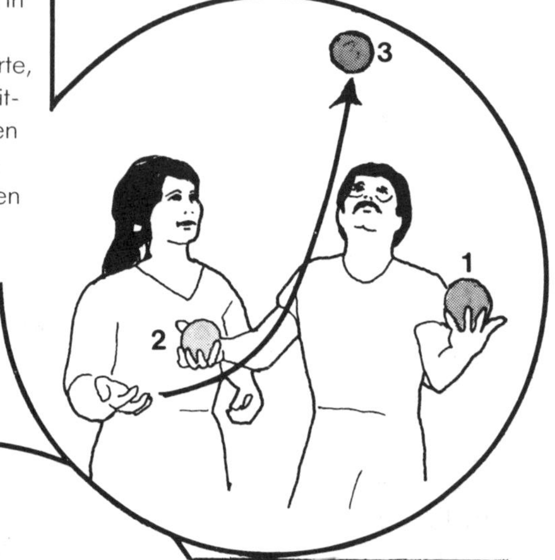

Sobald dieser Ball oben ist, wirf den ersten aus deiner linken Hand, und setze die Jonglage fort. Dein Partner zieht sich zurück, und du gehst vor.

Jetzt geht er um dich herum, kommt von links und nimmt dir ebenfalls die Bälle ab.

Wenn ihr eine Runde schafft, könnt ihr immer schneller weitermachen. Ihr greift schließlich so schnell wieder ein, daß dein letzter Ball aus rechts der erste ist, den du mit links fängst. Wenn ihr diesen Trick unter Kontrolle habt, könnt ihr das Tempo verlangsamen, um neue Elemente einzubauen, z. B.:

Du kannst dem Partner den Hut klauen .

Seinen Schal und seine Möhre . . .

Und dann die Bälle abnehmen.

Jetzt könnt ihr eine Geschichte mit zwei Charakteren und einem dramatischen Abschluß erarbeiten. Versucht es doch!

Nebeneinander

Ihr könnt nebeneinander stehen und euch gegenseitig den Arm um die Schulter legen. Eure äußeren Arme ersetzen die beiden Hände eines einzelnen Jongleurs.

Wenn ihr Jongliertricks nebeneinander ausführen könnt, könnt ihr auch eure freien Hände dazu benutzen, einen Hut oder eine Zigarre hin- und herzutauschen.

Flash-Passing

Es gibt viele Möglichkeiten, deinem Partner drei Gegenstände zu übergeben. Eine schnelle Methode ist der ›Flash-Pass‹. Ein ›Flash‹ bedeutet, daß alle Gegenstände gleichzeitig in der Luft sind, bevor der erste wieder gefangen wird.

Stell dich vor deinen Partner, und jongliere drei Bälle. Wirf die Bälle deinem Partner in möglichst schneller Folge zu – rechts, links, rechts.

Dein Partner fängt die auf ihn zufliegenden Bälle rechts, links, rechts und jongliert gleich weiter.

Wenn ihr den Flash-Pass nach vorn beherrscht, versuch es, wenn dein Partner hinter dir steht. Als Zeichen, daß er bereit ist, zu fangen, kann er in die Hände klatschen.

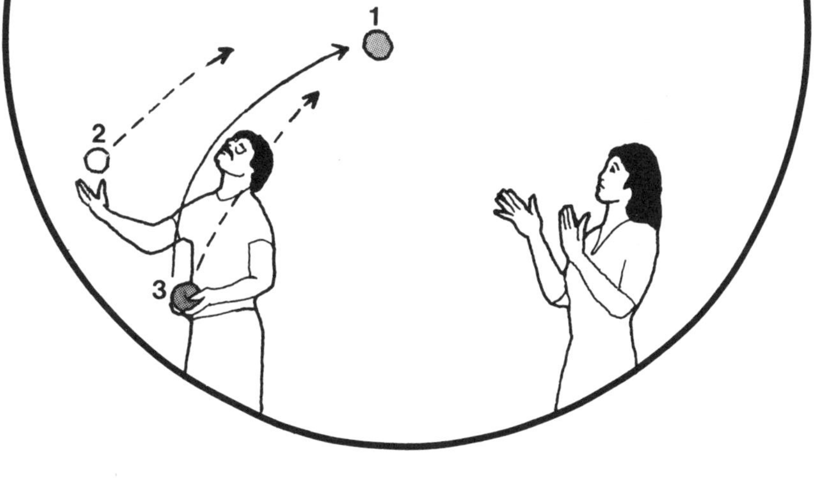

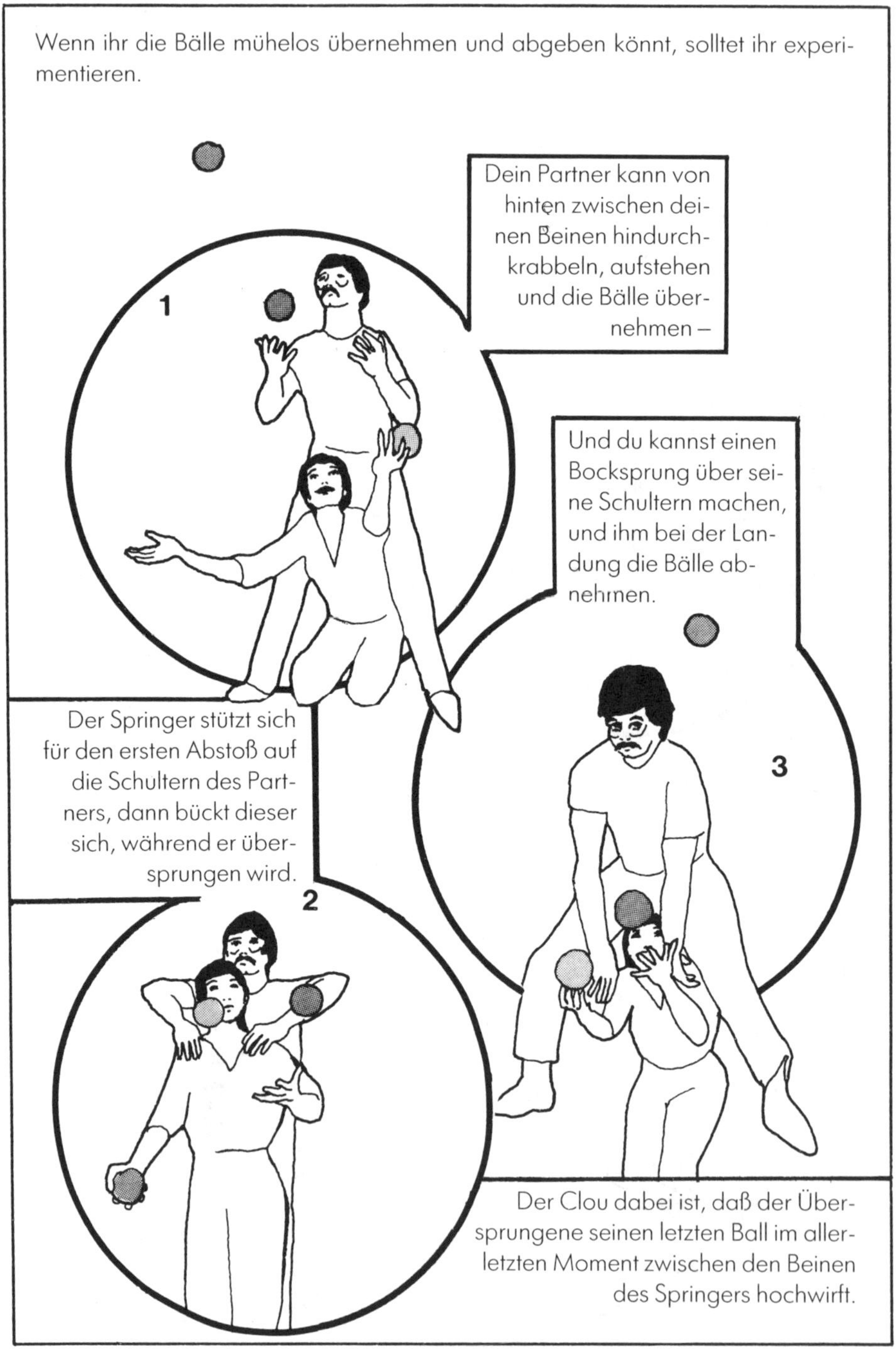
Wenn ihr die Bälle mühelos übernehmen und abgeben könnt, solltet ihr experimentieren.
Dein Partner kann von hinten zwischen deinen Beinen hindurchkrabbeln, aufstehen und die Bälle übernehmen –
1
Und du kannst einen Bocksprung über seine Schultern machen, und ihm bei der Landung die Bälle abnehmen.
Der Springer stützt sich für den ersten Abstoß auf die Schultern des Partners, dann bückt dieser sich, während er übersprungen wird.
3
2
Der Clou dabei ist, daß der Übersprungene seinen letzten Ball im allerletzten Moment zwischen den Beinen des Springers hochwirft.

Der Dreierlauf

Dies ist zugleich eine Einführung ins Passing mit sechs Gegenständen und bietet eine hervorragende Gelegenheit, Passingtricks zu üben, ohne Angst haben zu müssen, etwas fallenzulassen.

Beginne, drei Bälle zu jonglieren. Dein Partner steht dir in etwa zwei Meter Abstand gegenüber. Wenn deine Jonglage stabil ist, wirf einen der Bälle aus rechts zur linken Hand deines Partners.

Von nun an geht jeder Wurf aus der rechten Hand zur Linken des Partners. Alle Würfe aus links gehen in der normalen Flugbahn vor deiner Brust in deine Rechte. Vergiß nicht, abwechselnd rechts und links zu werfen.

Dein Partner fängt die auf ihn zufliegenden Bälle einen nach dem anderen mit der linken Hand und wirft sie vor dem Körper in der normalen Flugbahn nach rechts.

Sobald seine Jonglage stabil ist, kann er dir die Bälle mit rechts zurückwerfen.

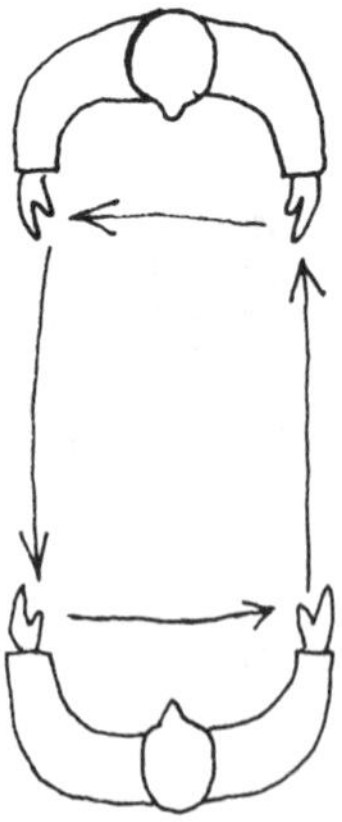

Die Bälle beschreiben ein Rechteck: von deiner Linken zu deiner Rechten zu seiner Linken zu seiner Rechten zu deiner Linken. Vergeßt nicht, abwechselnd links und rechts zu werfen, mit links immer vor dem Körper.

Passing mit fünf, sechs, sieben und mehr Bällen

Wenn du drei Bälle mit deinem Partner teilen kannst, beginnst du, die Freuden des Partnerjonglierens zu genießen. Du kannst wahrscheinlich erahnen, wie Sechsballpassing schließlich zu Passing mit sechs oder mehr Keulen führen wird. Partnerarbeit ist im allgemeinen viel publikumswirksamer als eine Solonummer.

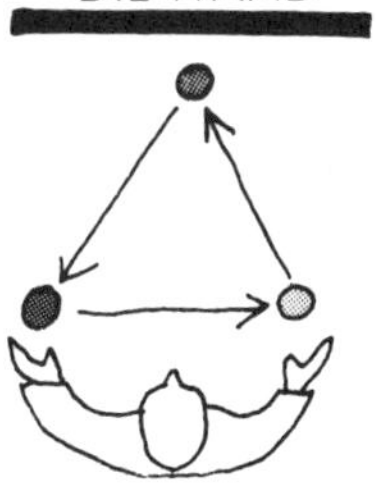

Alle Rechtswürfe springen von der Wand zurück und werden links gefangen.

Du kannst von links oder rechts passen, aber rechtshändiges Passing ist beliebter und leichter zu lernen.

Du kannst die Anfänge des Ballpassings lernen, indem du einen Ball gegen eine Wand springen läßt. Obwohl der Wurf zur Wand diagonal (statt gerade, wie mit einem reellen Partner) ist, bietet sie eine große Lernhilfe, wenn du allein üben mußt.

3-3-10

Das am häufigsten praktizierte Sechsgegenstand-Passingmuster nennt sich ›3-3-10‹. Jeder dritte Ball aus rechts wird dreimal zum Partner gepasst; dann wird jeder zweite dreimal gepasst; und schließlich wird jeder Ball aus der rechten Hand zehnmal so schnell wie möglich gepasst.
Vor jeder Passingnummer stellt ihr euch mit etwa zwei Meter Abstand gegenüber. Haltet die Bälle wie am Anfang der normalen Kaskade, d. h. zwei Bälle in der rechten und einen in der linken Hand (auch wenn einer oder beide linkshändig sind).

Hebt beide Arme auf Schulterhöhe, und wenn derjenige von euch, den ihr zum Spielleiter ernennt, »Los!« sagt, nehmt ihr die Hände gleichzeitig herunter und beginnt zu jonglieren. Wenn ihr nicht gleich schnell und gleich hoch jongliert, werden eure Muster asynchron. Versucht also, euer Muster dem des Partners anzugleichen.
Bevor ihr mit dem eigentlichen Passing anfangt, sprecht den Rhythmus laut zusammen. Die ersten ›3‹ klingen folgendermaßen (alle Zahlen und »Pass« und »Stop« entsprechen Würfen aus rechts, während »und« allen Linkswürfen entspricht):

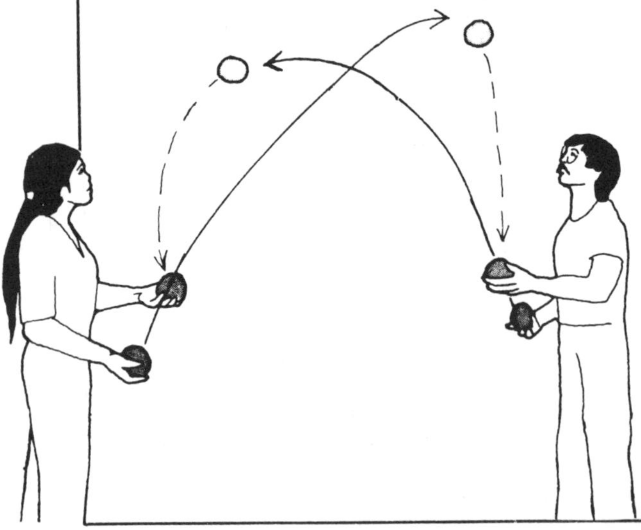

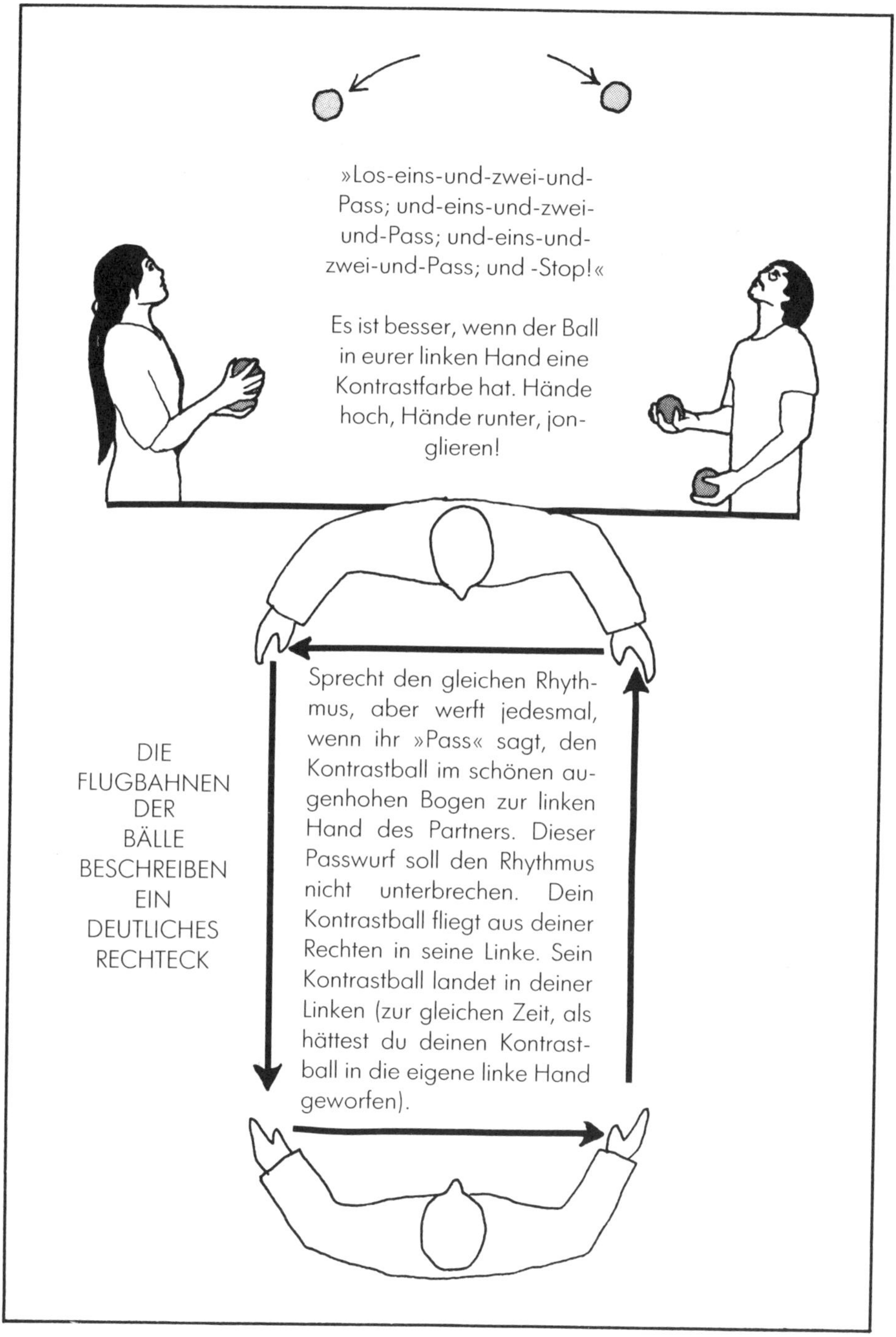
»Los-eins-und-zwei-und-Pass; und-eins-und-zwei-und-Pass; und-eins-und-zwei-und-Pass; und -Stop!«
Es ist besser, wenn der Ball in eurer linken Hand eine Kontrastfarbe hat. Hände hoch, Hände runter, jonglieren!
Sprecht den gleichen Rhythmus, aber werft jedesmal, wenn ihr »Pass« sagt, den Kontrastball im schönen augenhohen Bogen zur linken Hand des Partners. Dieser Passwurf soll den Rhythmus nicht unterbrechen. Dein Kontrastball fliegt aus deiner Rechten in seine Linke. Sein Kontrastball landet in deiner Linken (zur gleichen Zeit, als hättest du deinen Kontrastball in die eigene linke Hand geworfen).
DIE FLUGBAHNEN DER BÄLLE BESCHREIBEN EIN DEUTLICHES RECHTECK

Bei diesem ersten Abschnitt des 3-3-10-Musters sind es die Kontrastbälle, die die Plätze tauschen. Im nächsten Abschnitt fliegt jeder zweite Ball hinüber. Der Takt ändert sich nach dem dritten Pass im ersten Abschnitt: »...; und-eins-und-Pass; und-eins-und-Pass; und-eins-und-Pass; und-Stop.«

Übt jetzt den zweiten Abschnitt in direktem Anschluß an den ersten. Vielleicht stellt ihr fest, daß eure linke Hand die Würfe eurer rechten nachmachen will, indem sie die Bälle immer weiter nach vorne wirft, und eure rechte Hand und rechte Schulter mit nach vorne gehen. Diesen Fehler könnt ihr korrigieren, indem ihr jeder für sich allein dicht vor einer Wand übt. Konzentriert euch darauf, zu verhindern, daß die Bälle aus links (oder die rechte Hand selbst) die Wand berühren. Nur die Bälle aus rechts dürfen nach vorne fliegen, Linkswürfe sollen parallel zur Brust in die rechte Hand fliegen.

Die volle Zählweise des 3-3-10-Musters ist: »Los, eins-und-zwei-und-Pass; und-zwei-und-zwei-und-Pass; und-drei-und-zwei-und-Pass; und-eins-und-Pass; und-zwei-und-Pass; und-drei-und-Pass; und-Pass; und-Pass; und-Pass; und-Pass; und-Pass; und-Pass; und-Pass; und-Pass; und-Pass; und-Pass; und-Stop.«

Auf dieser Abbildung haben wir einen Ball zur Außenhand gewechselt und den letzten Selbstwurf mit der Innenhand gefangen. Sieht gut aus, oder?

Selbstverständlich könnt ihr ›3-3-10‹ variieren. Aber erstmal werdet ihr wahrscheinlich feststellen, daß ›3-3-3‹ das höchste der Gefühle ist. Für die einfachste Variation stellst du einen schlanken Freund in die Mitte zwischen dir und deinem Partner, und ihr passt um ihn herum. Oder ihr könnt jeden Ball krallen, anstatt normal zu fangen. Dafür müssen die Passwürfe hoch und fest sein. Eine weitere, viel schwierigere Variation zeigt euch eure Grenzen: Ihr dreht alle Gewohnheiten um und führt die Passwürfe mit links, die Selbstwürfe mit rechts aus.

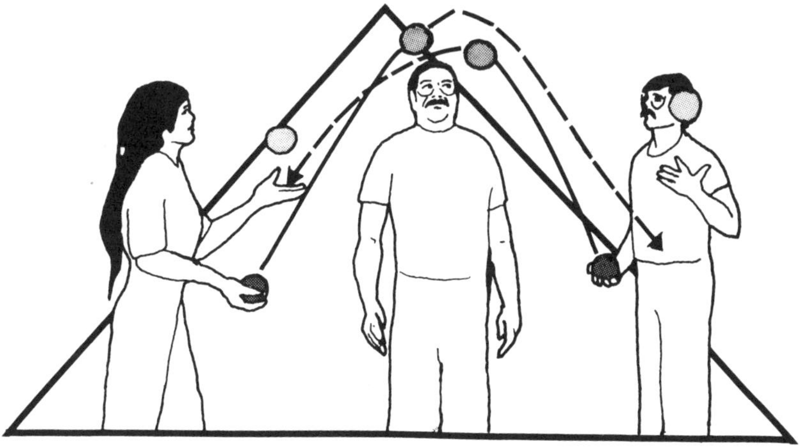

Zählen

Nachdem wir uns jetzt in die wunderbare Welt des Passings begeben haben, wird es Zeit, das Zählen zu lernen. Das Zählen beschreibt den Takt oder den Rhythmus eines Passingmusters. Der Takt (engl.: ›the count‹) sagt dir, wann du zu werfen hast, und ist gleichzeitig ein guter Weg, mit anderen Jongleuren zu kommunizieren. Der Takt eines jeweiligen Musters wird ermittelt, indem jeder Wurf beginnend nach dem letzten Pass gezählt wird. Bei dem oben beschriebenen 3-3-10-Muster sind zum Beispiel drei verschiedene Takte im Spiel. Der erste wird als *SECHSER* (engl.: ›6 count‹) bezeichnet, d. h. jeder sechste Wurf ist ein Pass. Zähle einfach die Worte. Jedes Wort entspricht entweder einem Selbstwurf oder einem Pass. Dieser Takt wird auch *JEDER DRITTE* (engl.: ›every thirds‹) genannt, weil jeder dritte Wurf aus der rechten Hand ein Pass zum Partner ist. Der zweite Takt ist ein *VIERER* (engl.: ›4 count‹), d. h. jeder vierte Wurf ist ein Pass. Dieser Takt wird auch *JEDER ZWEITE* (engl.: ›every others‹) genannt. Der letzte Abschnitt des 3-3-10, bei dem jeder Wurf aus der rechten Hand zum Partner gepasst wird, ist im *ZWEIER*-Takt (engl.: ›2 count‹). Diese Form wird oft als ›*SHOWER-PASSING*‹ oder *JEDER RECHTE* bezeichnet. Nach dem oben beschriebenen Zählsystem wäre ein Muster, bei dem beide Hände jeden Ball ohne Selbstwürfe zum Partner werfen, als *EINSER* (engl.: ›1 count‹) zu bezeichnen. Und wenn du zuerst mit einer Hand, dann drei Würfe später mit der anderen Hand einen Pass zum Partner ausführst, wäre das ein *DREIER* (engl.: ›3 count‹). Kennst du die geläufigen Zählsysteme, wirst du mit Fremden passen können. Wo auch immer du in der Welt herumreist, wirst du auf Jongleure treffen, die ›deine Sprache sprechen‹, wenn es um Passing geht.

Diagonalpassing mit fünf Bällen

Dies ist eine gute Methode, dein Selbstbewußtsein zu stärken und deine Passingfähigkeiten auszubauen. Es ist viel einfacher als das oben beschriebene 3-3-10-Muster, und kann von einem erfahrenen Jongleur zusammen mit einem Anfänger geübt werden.

Der erfahrene Jongleur wirft einen Ball aus seiner rechten Hand im hohen Bogen zur linken des Partners. Wenn dieser Ball seinen Höhepunkt erreicht, wirft der Anfänger Ball Nr. 2 aus seiner linken Hand diagonal zur linken Hand des Jongleurs.

Wenn Ball Nr. 2 oben ist, wirft der Jongleur Ball Nr. 3 geradeaus von links zur rechten Hand des Partners, und wenn Ball Nr. 3 oben ist, wirft der Anfänger wieder diagonal, diesmal mit rechts auf rechts.

Mit anderen Worten: Derjenige, der anfängt, passt immer geradeaus, der andere passt immer diagonal. Die Bälle fliegen nacheinander, zuerst ich, dann du, dann ich, dann du. Der nächste Ball wird immer abgeworfen, wenn der vorherige oben ist. Versucht dieses Muster mit Fußbällen oder Basketbällen, wenn ihr eine Herausforderung sucht.

1 Von meiner Rechten auf deine Linke
2 Von deiner Linken auf meine Linke
3 Von meiner Linken auf deine Rechte
4 Von deiner Rechten auf meine Rechte

Formationen

Die Formation bezeichnet die Aufstellung der Jongleure im Verhältnis zueinander. Es folgen einige Passingpositionen für zwei Jongleure:

TIP: Benutzt beim Lernen dieser Formationen den Vierer-Takt (jeden Zweiten), um es euch leichter zu machen.

Hintereinander

Diese Aufstellung gibt euch Gelegenheit, zwei häufige Würfe zu üben. Der Drop-Back (Wurf nach hinten über die Schulter) und der Drop-Up (Wurf nach vorne) werden so ausgeführt:

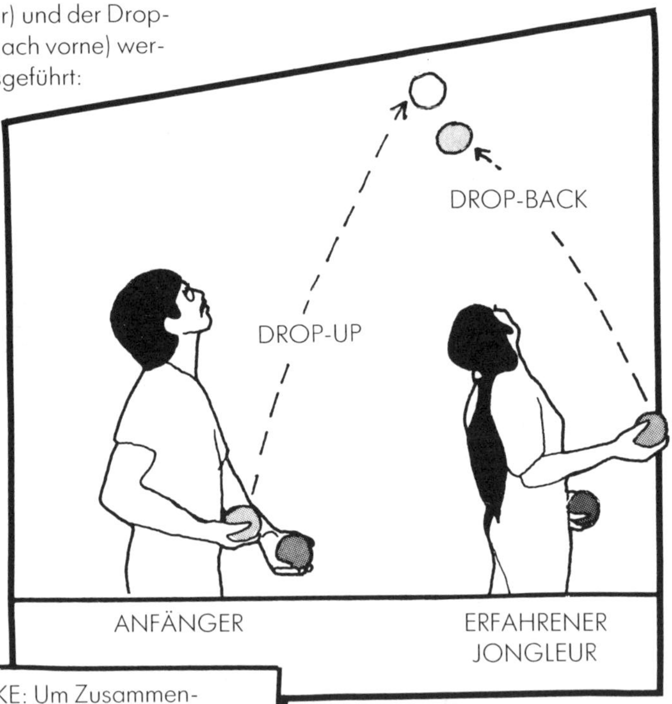

MERKE: Um Zusammenstöße zu vermeiden, soll der hinten Stehende höher werfen als der Vordermann.

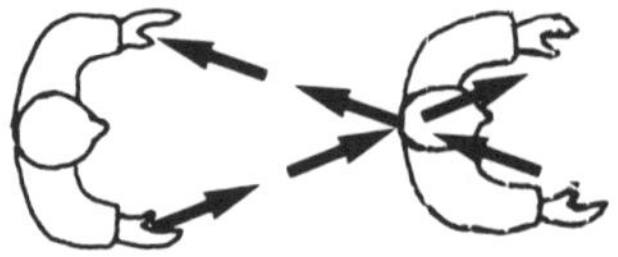

Rücken an Rücken

Diese Formation ist einfacher, als sie aussieht, aber zuerst müßt ihr lernen, nach oben links zu schauen, um die heranfliegenden Bälle zu fangen. Werft zu Beginn mit nur einem Ball. Dann mit zweien, die ihr gleichzeitig hinüberwerft.

Dann versucht den Dreierlauf, genauso als stündet ihr voreinander. Schließlich passt ihr sechs Bälle. Stellt euch Rücken an Rücken, so daß ihr die Berührung gerade spüren könnt, und haltet die Hände hoch. Zählt und werft gleichzeitig. Schaut über die linke Schulter.

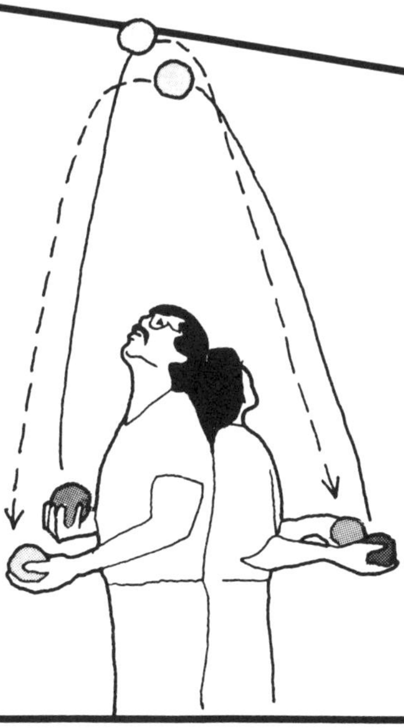

TIP: Eine hohe, langsame Jonglage und hohe Passwürfe mit großen Bällen vereinfachen die Sache.

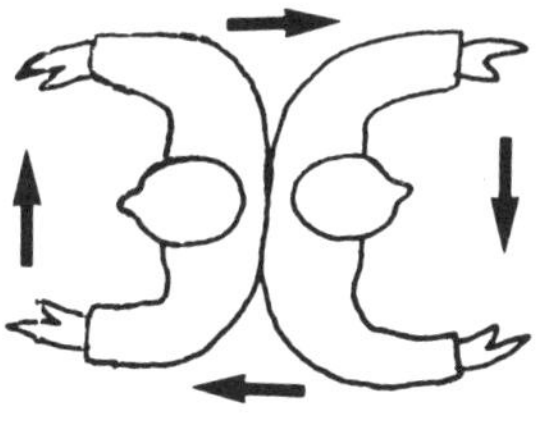

Nebeneinander

Bei diesem Passingmuster kann eine ganze Reihe Jongleure mitmachen. Sie können sogar im Kreis, mit dem Gesicht zur Mitte oder nach außen gerichtet, stehen. Wir gehen hier von zwei Jongleuren aus, Experimente mit mehr Teilnehmern überlassen wir euch.

Stellt euch in etwa einem Meter Abstand nebeneinander auf, und beginnt im vorher festgelegten Rhythmus zu passen. (Der Vierer-Takt ist wahrscheinlich am einfachsten.)

Der rechte Partner passt hoch und lang über das ganze Muster hinweg. Der linke Partner passt flach und kurz nach rechts.

Für große Gruppen

Versucht es im Kreis. Jetzt passen *alle* flach und kurz zum rechten Nachbarn. Kapiert? Stellt euch jetzt hintereinander im Kreis auf. Alle passen über den Kopf nach hinten. Wenn du einen Ball fallenläßt, heb ihn einfach auf und mach weiter.

Anfänge

Es gibt bestimmte Normen, ein Passingmuster anzufangen. Wenn du deinem Partner gegenüberstehst, schau ihn an und lächle ihm zu. Einigt euch über die Art des Anfangs und auf einen Rhythmus. Legt auch fest, was ihr macht, wenn einer etwas fallenläßt. Jongliert ihr irgendwie weiter, oder haltet ihr an, um neu anzusetzen? Jetzt könnt ihr entweder mit dem schnellen oder dem langsamen Anfang beginnen.

Langsamer Anfang

Diese Methode nennt sich auch Fünfer-Anfang. Du hast sie schon beim 3-3-10 geübt. Der Ball, den du zunächst in der linken Hand hältst, ist der erste, der zum Partner gepasst wird.

Schneller Anfang

Bei diesem ›lebendigen Start‹ jonglierst du vor dem ersten Passwurf überhaupt nicht. Der erste Wurf ist ein Passwurf aus der rechten Hand, die am Anfang zwei Bälle hält. Du passt geradeaus auf die linke Hand des Partners, und es geht gleich los.

Wenn ihr Passing-Neulinge seid, ist der langsame Anfang einfacher. Er bietet auch eine gute Gelegenheit, deine Jonglage der des Partners anzugleichen, und führt zu langsamem, entspanntem Passing.

Später, wenn ihr weiter seid (oder eine Show macht und eure Fehler vertuschen wollt), kann der schnelle Anfang nützlich sein. Um mit sieben oder mehr Gegenständen zu passen, fangen fast alle Jongleure schnell an. Also solltet ihr euch sowieso daran gewöhnen.

Einser-Takt

Jeder Wurf ein Passwurf – das ist schnell, aber nicht unmöglich. Deine rechte Hand und die linke Hand deines Partners arbeiten wie die zwei Hände eines Solojongleurs zusammen. Deine linke Hand und die rechte deines Partners entsprechen einem anderen Jongleur. Es empfiehlt sich deshalb, zuerst eine Seite, dann die andere zu lernen.

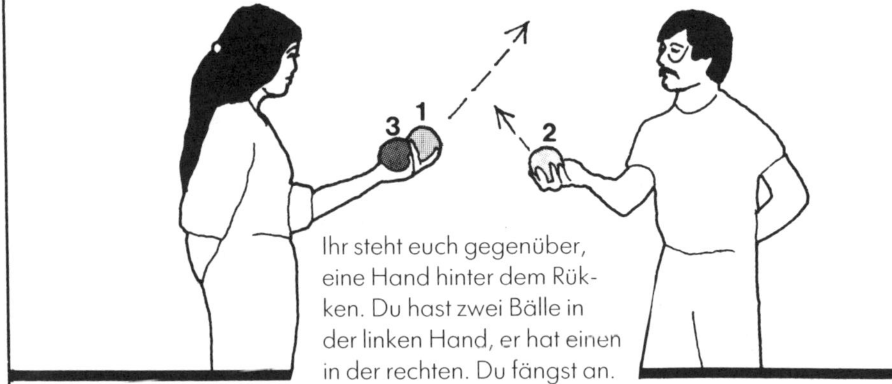

Ihr steht euch gegenüber, eine Hand hinter dem Rükken. Du hast zwei Bälle in der linken Hand, er hat einen in der rechten. Du fängst an. Wenn dein Ball oben ist, wirft er seinen. Wechselt euch ab.

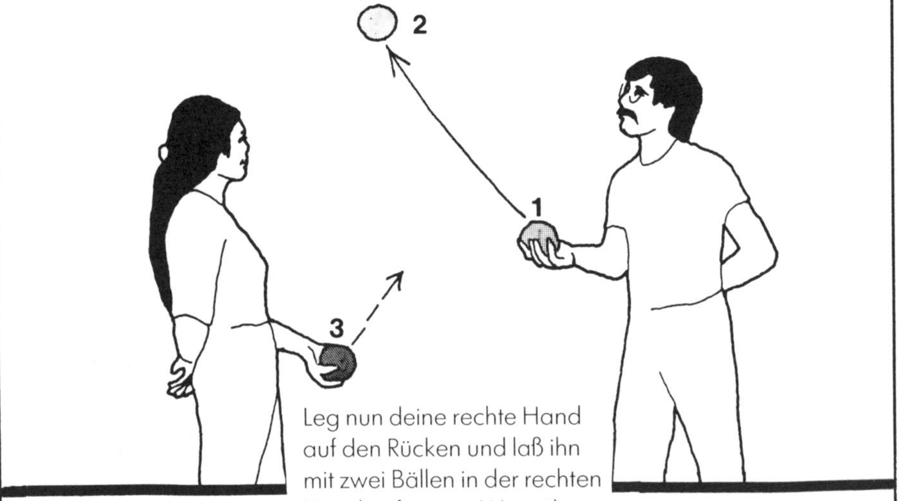

Leg nun deine rechte Hand auf den Rücken und laß ihn mit zwei Bällen in der rechten Hand anfangen. Wenn ihr es mit jeder Hand einzeln könnt, versucht es mit beiden Händen gleichzeitig.

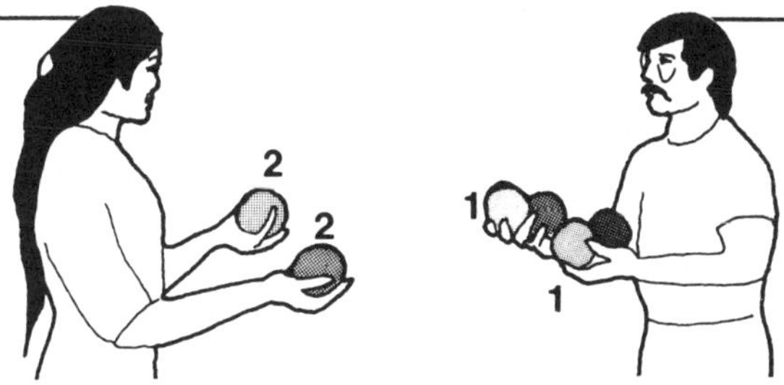

Wenn ihr rechts und links im simultanen Rhythmus werfen wollt, ist es am besten, wenn einer vier Bälle hat und der andere zwei.

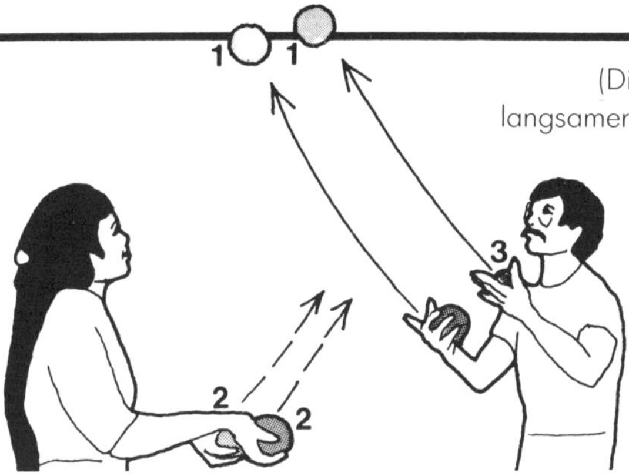

(Dieses Muster ist langsamer und einfacher.)

Ich werfe 2, du wirfst 2, ich werfe 2, usw.

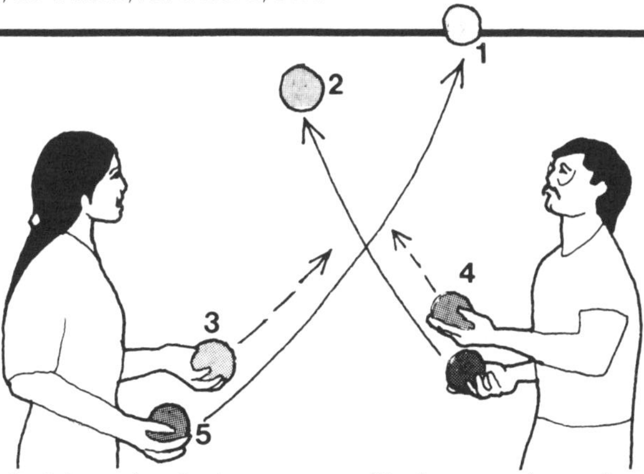

Aber wenn ihr links und rechts im versetzten Rhythmus werfen wollt, ist es einfacher, wenn ihr beide mit zwei Bällen in der rechten Hand anfangt: Ich werfe rechts – du wirfst rechts – ich werfe links – du wirfst links. (Dieses Muster ist schneller und schwieriger und nennt sich ›echtes‹ Einser-Passing [engl.: ›true 1 count‹ oder ›thunder shower‹]).

Dotzpassing

Es versteht sich von selbst, daß alles, was ihr in der Luft machen könnt, auch über den Boden (oder eine Trommel) möglich ist. Werft einfach nach unten statt nach oben. (Das geht nur mit Gummibällen, nicht mit Stoffbällen!)

Passing mit verschiedenen Gegenständen

Passing mit verschiedenen Gegenständen kann eine großartige Herausforderung sein. Nehmt als Ersatz für einen Stoffball immer einen neuen Gegenstand hinzu. Beginnt mit etwas Einfachem, z. B. fünf Stoffbällen und einem Apfel. Dann versucht es mit vier Stoffbällen, einem Apfel und einem Basketball. Fügt einen Hut, einen Handschuh, einen Schuh hinzu, oder was euch sonst noch einfällt. Es hilft enorm, wenn jeder neue Gegenstand einen Testflug in Verbindung mit fünf Stoffbällen macht, bevor er in die gemischte Jonglage eingefügt wird. Fordert euch mit ›unmöglichen‹ Gegenständen heraus, z. B. einer Wasserbombe, einer Flunder oder einer brennenden Dynamitstange (nur ein kleiner Scherz!).

Da wir gerade beim Passing mit ungewöhnlichen Gegenständen sind, warum teilt ihr euch beim Passen nicht einen Apfel? Jedesmal, wenn der Apfel bei dir landet, beißt du hinein. Es kann Spaß machen, den besten Rhythmus und einen entsprechenden Text auszuarbeiten.

Das Loch

Im Laufe der Zeit möchtet ihr sicher ohne Unterbrechung weiterjonglieren können, auch wenn ein Ball herunterfällt. Dazu müßt ihr lernen, fünf Bälle im Sechsballmuster zu jonglieren.

Beginnt mit sechs Bällen im Zweier-Takt. Laßt einen fallen und macht im gleichen Rhythmus weiter. Das bedeutet, daß ein Loch in dem Muster herumwandert, so wie der fehlende Ball es getan hätte.

Um das Loch zu markieren, kannst du, wenn es in deiner linken Hand ›landet‹, in die Finger schnipsen, und wenn es zur rechten Hand wechselt ebenfalls.

Den sechsten Ball aufheben

Wenn du das Loch aufrechterhalten kannst, kannst du auch einen Ball aufheben. Anfangs kommt es dir bestimmt sehr schnell vor, aber später machst du es fast automatisch.

Sobald das Loch bei deiner linken Hand ist, blicke nach unten und orte den verlorenen Ball. Schau wieder hoch und beweg dich zum Ball hin, so daß er dann neben deinem rechten Fuß liegt.

Wenn das Loch wieder herumkommt und einen Takt von deiner rechten Hand entfernt ist, geh schnell in die Hocke, greife mit rechts nach dem Ball (die Linke macht indessen einen Selbstwurf). Heb den Ball auf, passe ihn zum Partner, steh auf, und fang den vom Partner gepassten Ball.

Den Hut herumgehen lassen

Wenn du ein Loch aufrechterhalten kannst, hast du Zeit für alle möglichen Einlagen. Du kannst dem Publikum zuwinken, auf den Oberschenkel schlagen, den Hut lüften oder die Brille zurechtrücken. Du könntest den sechsten Ball einfach liegenlassen und stattdessen deinen Hut abnehmen und ihn in die Jonglage einfügen.

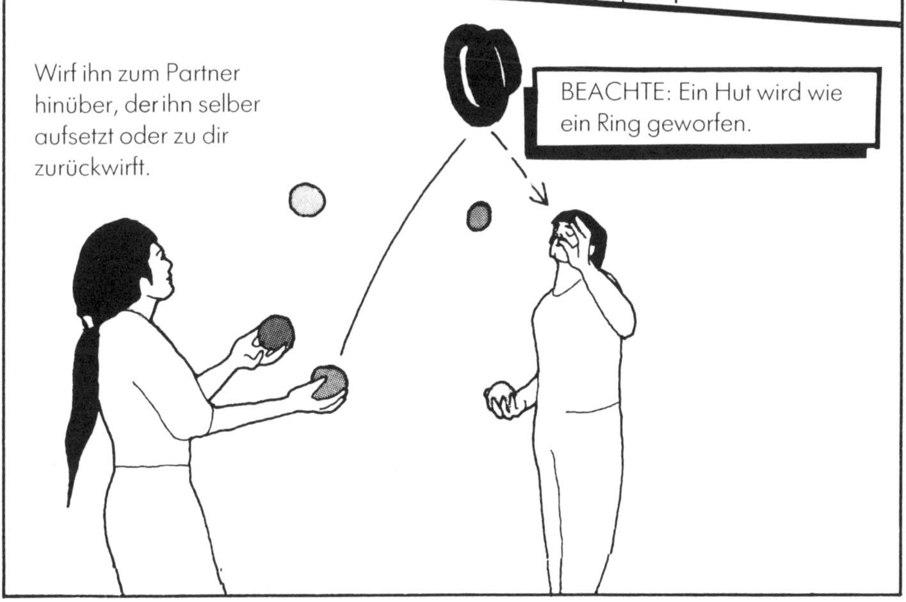

Passing mit sieben (oder mehr) Bällen

Zu hoch gegriffen? Nein, wenn du mit sechs Bällen passen kannst, kannst du es auch mit sieben. Der Rhythmus ist lediglich ein bißchen schneller, bleibt aber sonst unverändert. Wenn ihr sechs (oder acht oder zehn) passt, wirfst du gleichzeitig mit deinem Partner, die Bälle kreuzen in der Mitte und landen gleichzeitig in euren Händen. So könnt ihr den Rhythmus hören und euch danach richten. Wenn ihr sieben oder neun passt, werft ihr versetzt, d. h. während du rechts wirfst, wirft dein Partner links.

Du beginnst mit vier Bällen, zwei in jeder Hand. Dein Partner beginnt mit dreien, zwei rechts, einer links. Ihr braucht die Hände nicht zu heben, da ihr nicht gleichzeitig anfangt.

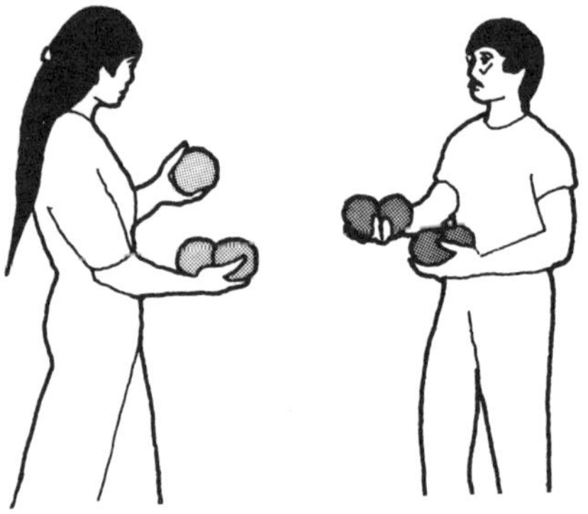

Derjenige mit vier Bällen fängt an. Er wirft von seiner rechten Hand aus im hohen Bogen (etwa 30 cm höher als sonst) geradeaus auf die linke Hand des Partners.

Dieser fängt einen halben Takt später an. Er wirft ebenso hoch. Nach eurem jeweiligen ersten Wurf jongliert und passt ihr einfach weiter. Jeder Rechtswurf geht zum Partner.

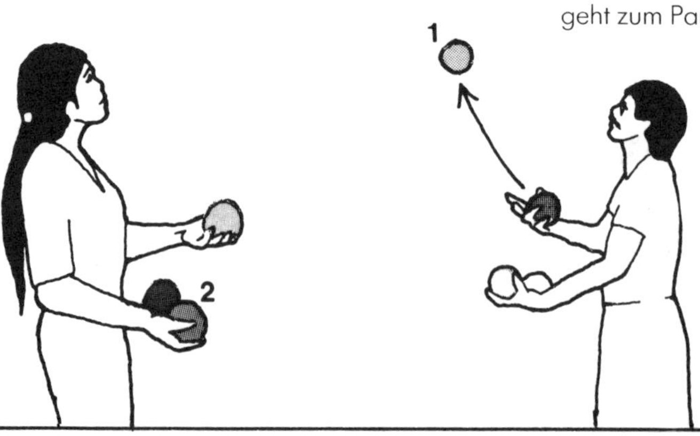

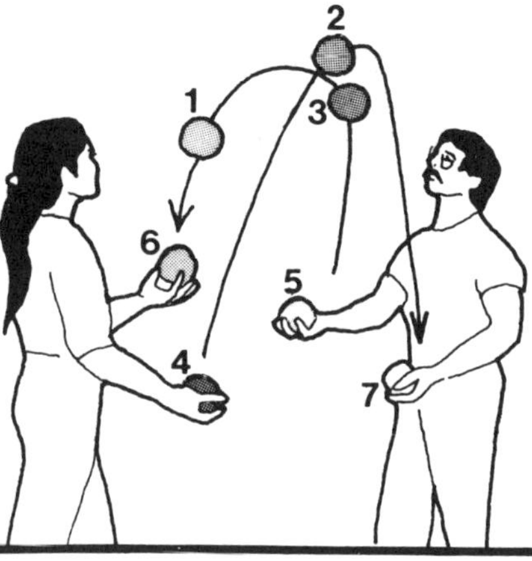

VORSICHT: Gerate nicht in Versuchung, mit beiden Händen gleichzeitig zu werfen. Zähle leise vor dich hin – »rechts, links, rechts, links« –, um den Takt einzuhalten.

BEACHTE: Unsere Neunballjonglage sah bis zum neunten Wurf so aus. Danach kam das Chaos, aber wir üben fleißig weiter.

Multiplex

Multiplex bezeichnet die Methode, mehrere Gegenstände zu jonglieren, indem du zwei, drei oder mehr Bälle aus einer Hand gleichzeitig wirfst. Durch Multiplex kannst du schon bald vier oder fünf Bälle jonglieren, obwohl du es gerade erst mit dreien gelernt hast. Amy zeigt dir hier erst die Grundlagen, dann besprechen wir die unendlichen Möglichkeiten dieses einzigartigen Jongliersystems.

Beginne mit zwei Stoffbällen in der rechten Hand.

Wirf die zwei Bälle gleichzeitig. Der Ball, der auf den Fingerspitzen lag, fliegt höher und weiter.

Fang einen in jeder Hand.

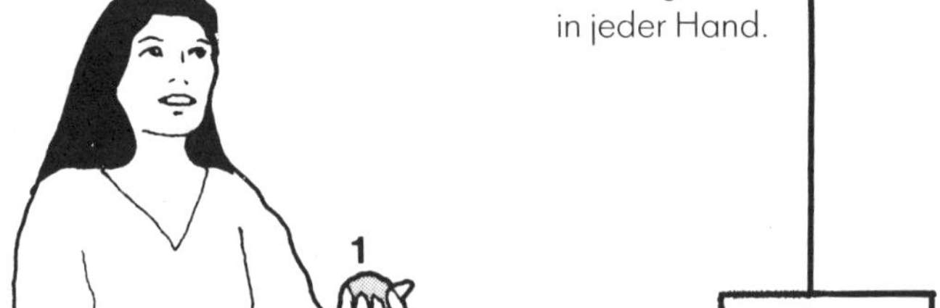

Leg nun einen Ball
in dic linke Hand
und nimm zwei in
die rechte.
1
2
3
1
2
Wirf die zwei Bälle
so, daß sie ausein-
anderfliegen.
3

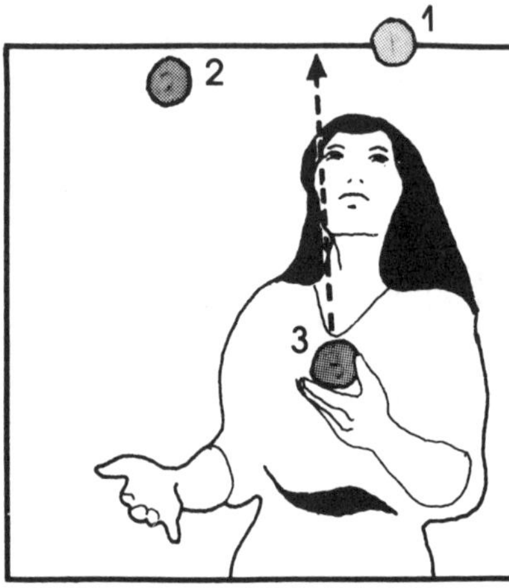

Wirf den Einzelball aus der linken Hand zwischen den beiden anderen in der Mitte hoch, wenn diese oben sind.

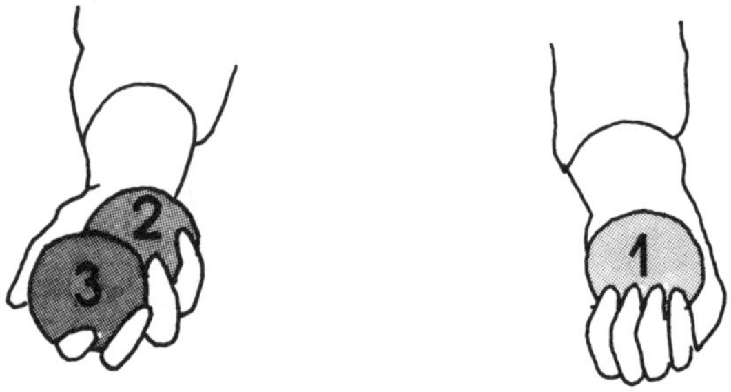

Fang
zwei rechts,
einen links.

Wiederhole den Vorgang von der anderen Seite.

1. Beginne mit zwei Bällen in der linken Hand
2. Wirf sie auseinander, fang einen in jeder Hand
3. Lege zwei in die linke und einen in die rechte Hand
4. Wirf die zwei auseinander, und wenn sie oben sind, wirf den Einzelball aus rechts zwischen den zweien hoch
5. Fang zwei links und einen rechts
6. Wiederhole

Jetzt bist du bereit für vier Bälle. Beginne mit zweien in jeder Hand.

Wirf die beiden aus links auseinander.

Dann fang links, rechts, Pause, rechts, links.

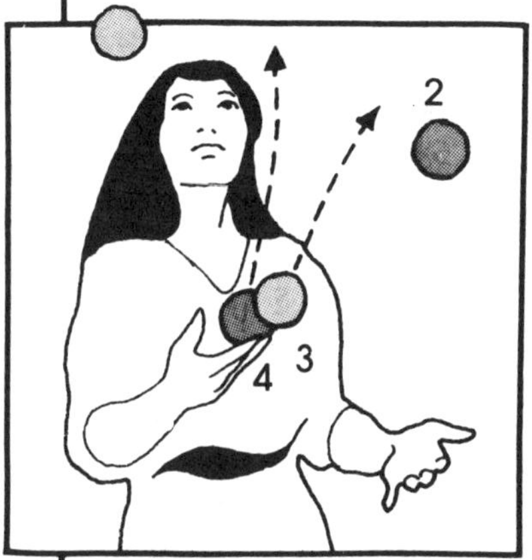

Wenn sie oben sind, wirf die zwei aus rechts auseinander. Diese beiden fliegen zwischen den zuerst geworfenen Bällen hoch.

MERKE: Der Rhythmus ist: Links werfen, Pause. Rechts werfen. Links fangen, rechts fangen, Pause. Rechts fangen, links fangen.

WICHTIGER HINWEIS: Versuche nicht, das zu verstehen, sondern **MACH ES EINFACH!**

Mit fünf geht's weiter

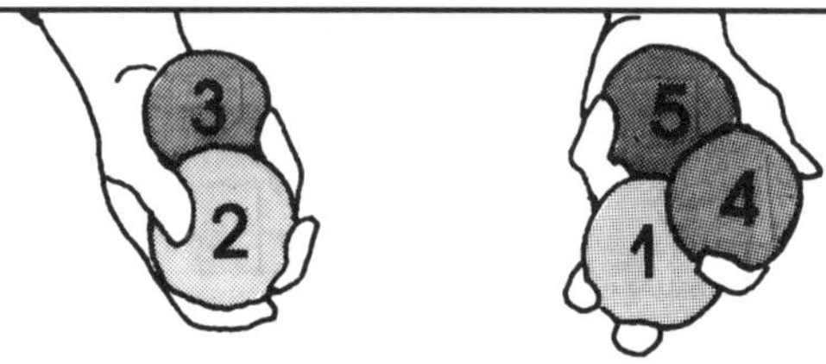

Halte fünf Bälle so.

So sieht es aus, wenn du fertig bist.

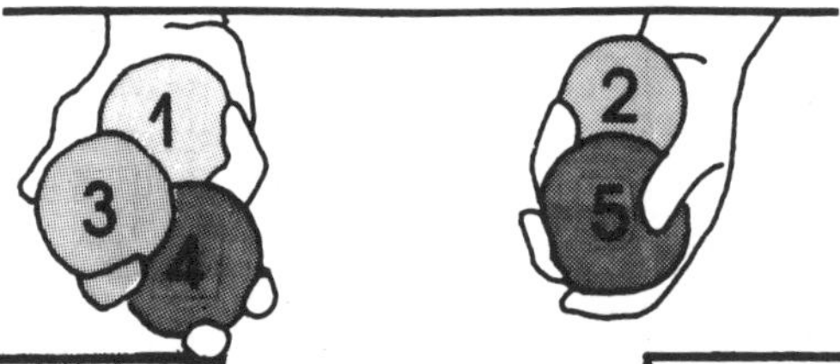

Verwirrt? Es hilft nicht, diesen Trick verstehen zu wollen. EINFACH WERFEN!

BEACHTE: Nr. 1, 2 und 4 kreuzen, Nr. 3 und 5 fliegen gerade hoch und herunter.

Fortlaufendes Multiplex mit fünf Bällen

- Wirf Nr. 1
- Wenn Nr. 1 oben ist, wirf Nr. 2 und 3
- Wenn Nr. 2 und 3 oben sind, wirf Nr. 4 und 5
- Mach einfach abwechselnd links und rechts weiter
- Jedesmal, wenn zwei Bälle oben sind, wirfst du die zwei aus der anderen Hand auseinander
- Zwei sind immer in der Luft, zwei sind auf dem Weg nach oben
- Wirf immer zwischen den herunterkommenden Bällen hoch

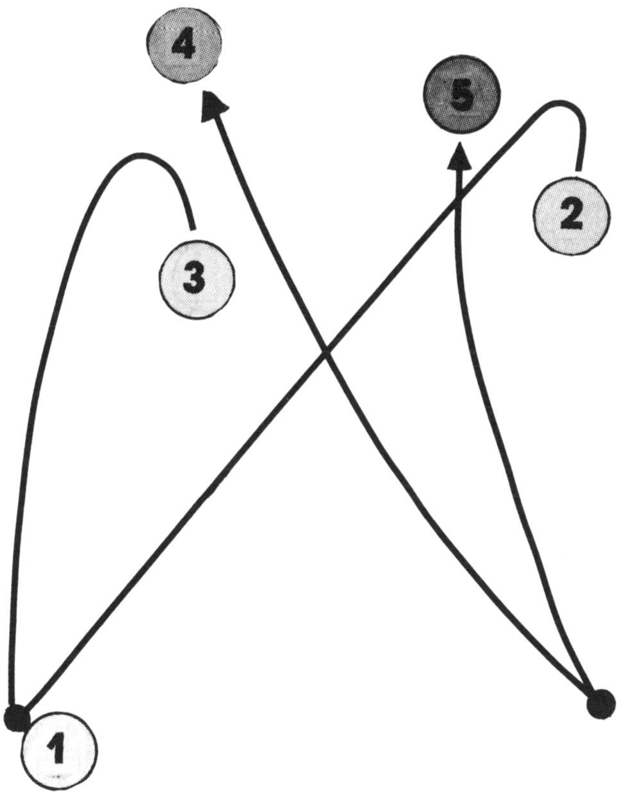

Vertikales Multiplex

Wirf die Bälle, anstatt sie auseinanderzuwerfen, senkrecht übereinander zusammen hoch. Wirf zwei aus der rechten Hand parallel zueinander hoch und fang sie links. Dann wirf mit links und fang rechts.

Auf diese Weise kannst du fünf Bälle im Dreiballmuster jonglieren. Wirf einen aus rechts, zwei aus links, zwei aus rechts, einen aus links, zwei aus rechts, usw.

Sechs Bälle im Dreiballmuster

Beginne mit vier Bällen in der rechten, zweien in der linken Hand. Wirf zwei parallel zueinander aus rechts. Von nun an ist jeder Wurf aus beiden Händen vertikales Multiplex.

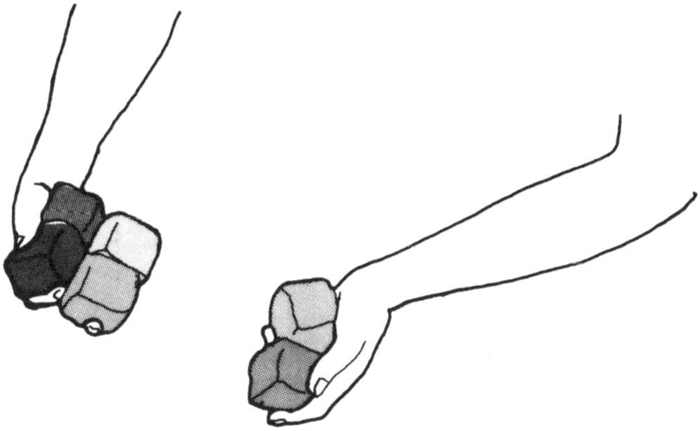

Deine Jonglage ist eine Art Kaskade, aber du fängst jedesmal zwei Bälle kurz hintereinander mit der gleichen Hand und wirfst jedesmal zwei Bälle senkrecht übereinander in die andere Hand.

Nun noch ein Geheimnis, dann überlassen wir dich deiner eigenen Fantasie, um mit Multiplex zu spielen und zu experimentieren!

Drei Auseinanderwerfen

Beginne mit drei Stoffbällen in der rechten Hand.

Wirf sie wie abgebildet auseinander.

BEACHTE: Nr. 1 fliegt schräg hoch zur linken Hand.
Nr. 2 und 3 fliegen gerade hoch und herunter.

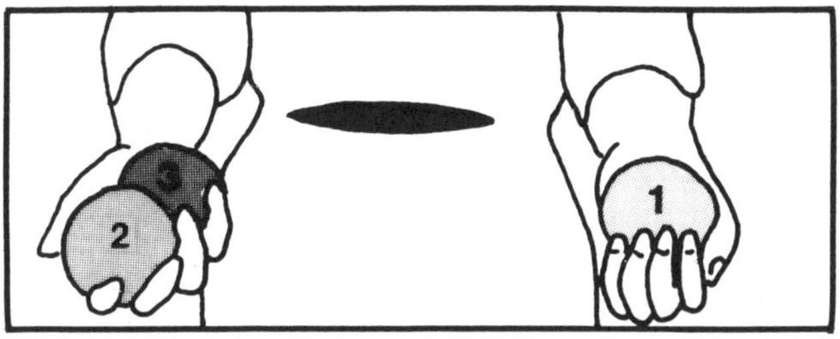

Fang sie so auf.

Übe den gleichen Wurf von der anderen Seite...

Mit der gleichen Konstellation beim Fangen.

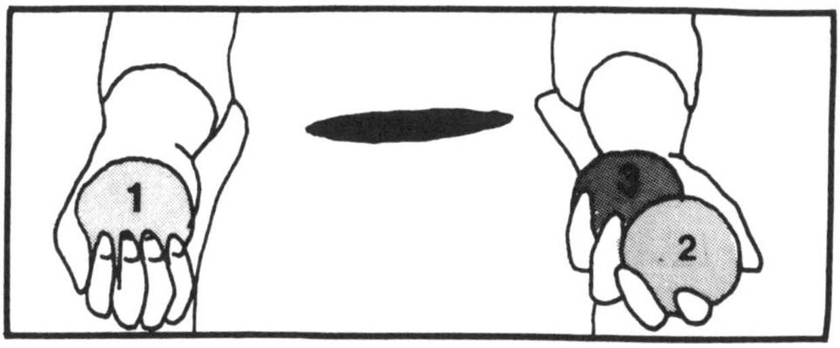

Halte jetzt vier Stoffbälle wie abgebildet.

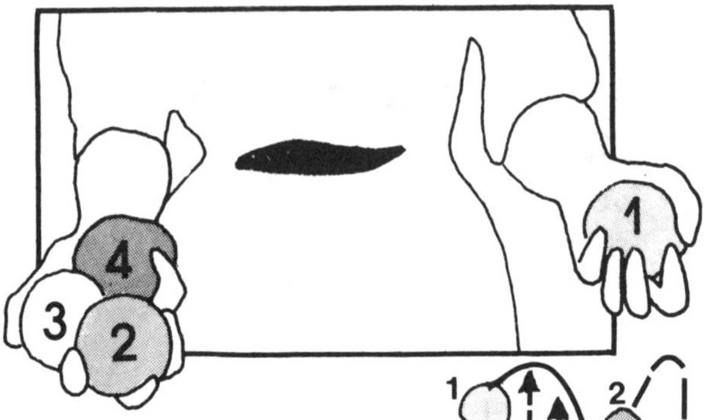

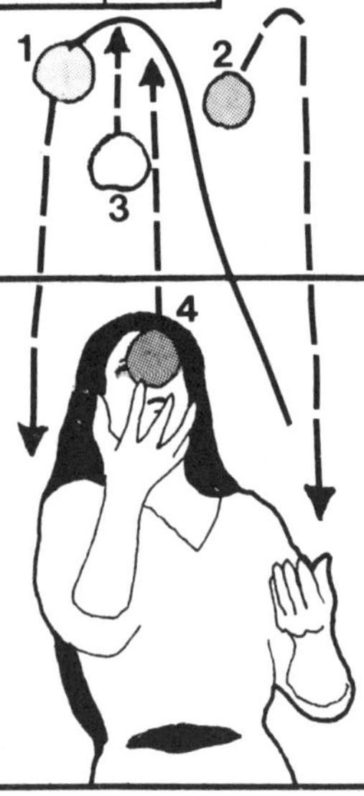

Wirf den einzelnen Ball aus der linken Hand. Wenn er oben ist, wirf die anderen drei darunter hoch und auseinander. Fang Nr. 1. Fang dann Nr. 4, 3 und 2 schnell hintereinander.

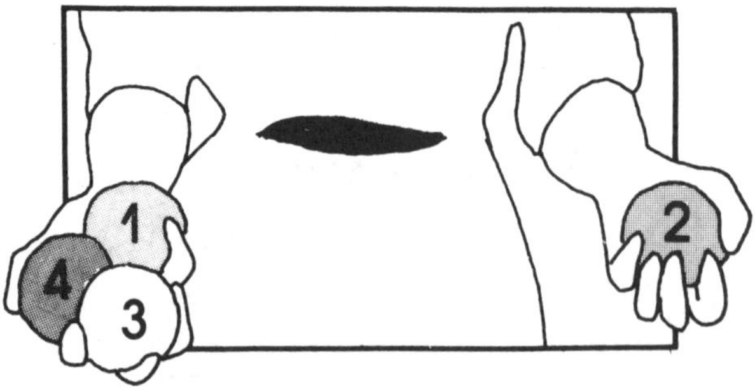

Halte wieder vier Stoffbälle, aber diesmal . . .

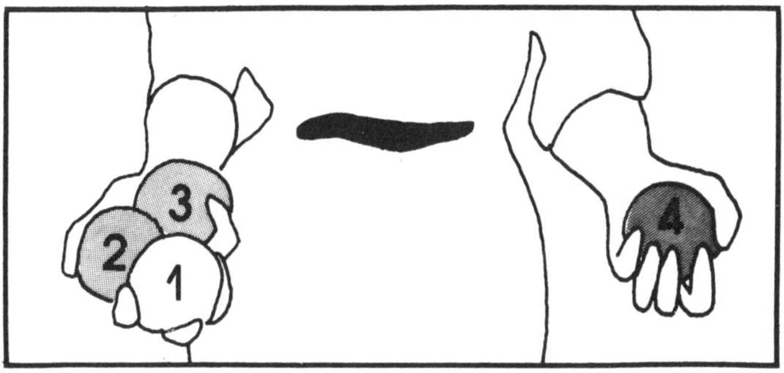

Wirfst du zuerst die drei aus der rechten Hand auseinander.

Wenn die drei oben sind,
wirf Nr. 4 zwischen Nr. 1
und 2 hoch.

Fang die Bälle in dieser Reihenfolge:

Drei, Zwei, Eins – Pause – Vier.
So sieht es zum Schluß aus:

Die Überraschung

Wenn du drei Bälle auseinanderwerfen und wieder auffangen kannst, kannst du auch *sieben* Bälle jonglieren.

Überrascht? So fängt es an:

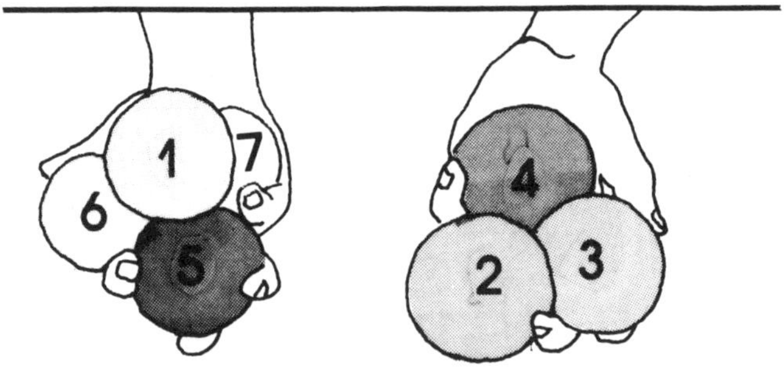

- Wirf Nr. 1
- Wirf Nr. 2, 3, 4 auseinander
- Fang Nr. 1
- Wirf Nr. 5, 6, 7 auseinander
- Fang Nr. 4, 3, 2, 7, 6, 5

Ab jetzt ähnelt der Rhythmus dem Fünfball-Multiplex.

- Wirf einen Ball aus rechts
- Wirf drei Bälle mit links auseinander
- Fang den einen mit links
- Wirf drei mit rechts auseinander
- Wirf drei mit links auseinander, und sobald drei in der Rechten sind, wirf diese drei auseinander
- Sobald drei in der Linken sind, wirf diese drei auseinander.

Ja, ich weiß, es klingt verrückt, aber:

MEIN TIP: Versuche nicht, das zu verstehen, sondern **TU ES EINFACH!**

Albert Lucas

Jonglieren mit Ringen

Lernziele

1. Kaskade
2. Rückwärtskaskade (12 Würfe)
3. Pfannkuchen (6 Würfe)
4. Dreh einen Ring auf einem anderen und geh zur Kaskade zurück
5. Jongliere die Ringe mit der Breitseite zum Publikum
6. Wirf auf beiden Seiten unter dem Bein durch
7. Jongliere zwei Ringe in jeder Hand
8. Wirf ein Spagat mit drei Ringen
9. Wirf drei Ringe im Showermuster
10. Wirf einen Ring um deinen Hals
11. Ende mit drei Ringen um deinen Hals
12. Lerne einen zusätzlichen Dreiringtrick:
    a. Farbwechsel
    b. Einen Flash mit halber Drehung
    c. Fingerdrehung
    d. Wirf einen Ball durch einen Ring

Der Anfang

Das Jonglieren mit Ringen geht genauso wie das Jonglieren mit Bällen, nur kannst du höher werfen.

Ein Ring

Wirf einen Ring von Hand zu Hand so hoch du möchtest. Ringe können höher fliegen als Bälle.

TIPS

- Dreh die Ringe beim Abwurf, das stabilisiert sie.
- Du kannst zum Fangen und Werfen der Ringe nach oben greifen.
- Lege deinen Kopf zurück und schaue nach oben.

MERKE:
Wirf schön und hoch, ziele auf zwei Höhepunkte.

Zwei Ringe

Einer in jeder Hand

FERTIG?

Wirf den ersten Ring. Wenn er oben ist, wirf den zweiten.

Halte drei Ringe

Halte zwei Ringe in deiner starken Hand. Als ersten wirfst du den, der auf deinen Fingerspitzen liegt.

Halte ihn locker. Dein zweiter Ring ist in der anderen Hand.

Los gehts! Jedesmal, wenn einer oben ist, wirfst du einen anderen!

Wenn Nr. 1 oben ist, wirf Nr. 2

Wenn Nr. 2 oben ist, wirf Nr. 3

Farbwechsel

Mit Ringen, die verschiedenfarbige Seitenflächen haben, kannst du beim Publikum die Illusion erzeugen, daß die Ringe ihre Farbe wechseln. Es gibt mindestens zwei Methoden, diesen Effekt zu erzielen. Eine wird hier beschrieben, eine andere in dem Abschnitt über fünf Ringe.

Fang beim Jonglieren mit der Handfläche nach oben und dem Daumen nach außen gerichtet.

Drehe den Ring nach innen und wirf wieder. Mach immer weiter.

Das vertauscht die Seiten des Rings.

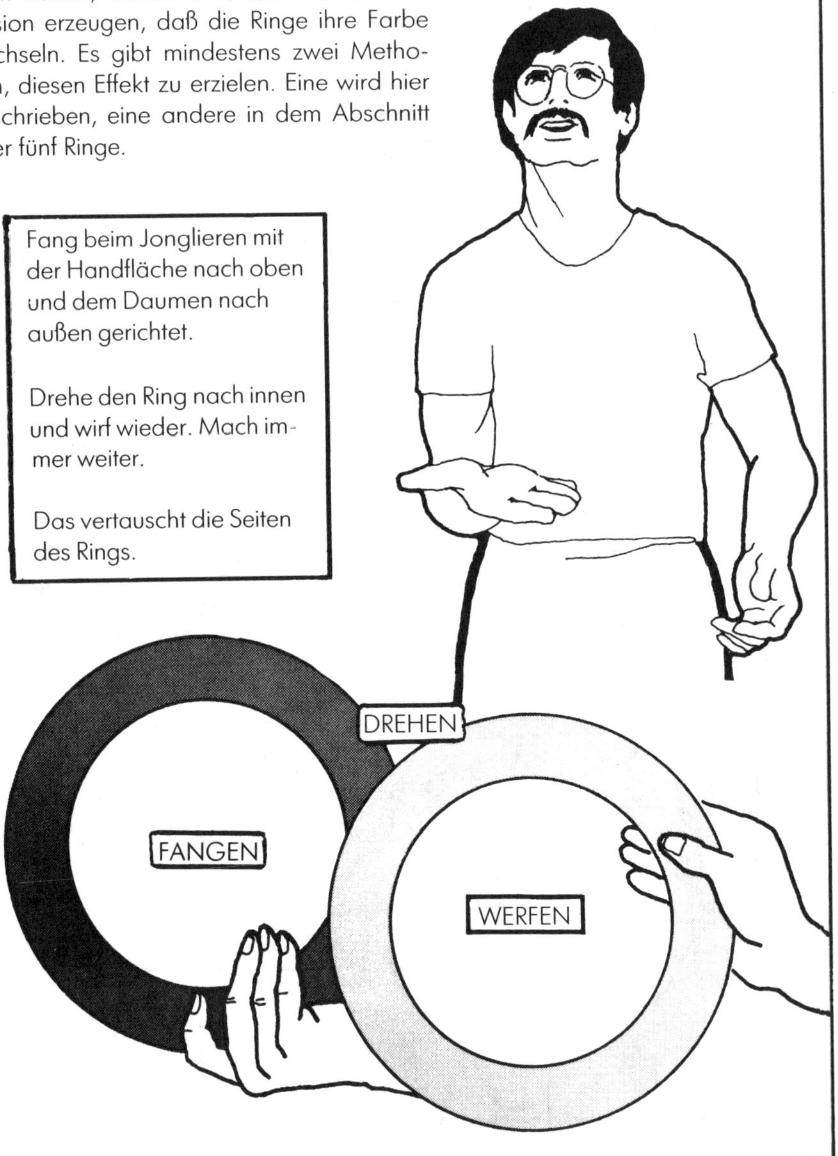

Ringdrehen

Um einen Ring auf einem anderen zu drehen, halte den Drehring zwischen Daumen und Zeigefinger deiner starken Hand.

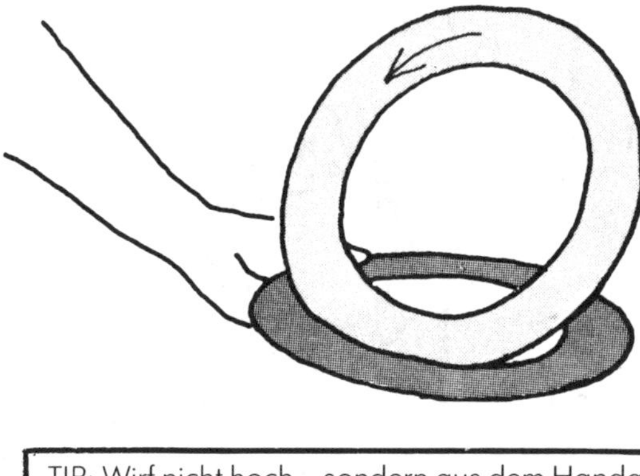

TIP: Wirf nicht hoch – sondern aus dem Handgelenk.

Wenn du frontal zum Publikum stehst, kannst du die Ringe so drehen, daß die Breitseite vor dir fliegt.

Merke:

Du kannst sie wie Pfannkuchen umdrehen.

Jonglieren mit vier Ringen

Jonglieren mit fünf Ringen

Beginne mit drei Ringen in einer Hand, die so gehalten werden:

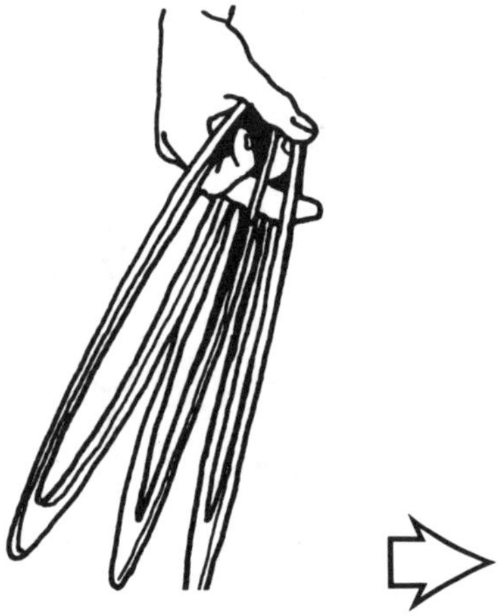

Nun wirf die drei Ringe von Hand zu Hand.

Wirf sie schnell und hoch in die andere Hand.

Der dritte Ring verläßt gerade die Hand, wenn du den ersten fängst.

Wirf rechts –
Wirf rechts –
Wirf rechts –
Fang und wirf links –
Fang und wirf links –
Fang und wirf links –
Fang und wirf rechts –
usw.

Jetzt hast du die richtige Geschwindigkeit für fünf Ringe. Halte drei in einer Hand, zwei in der anderen, und leg los!

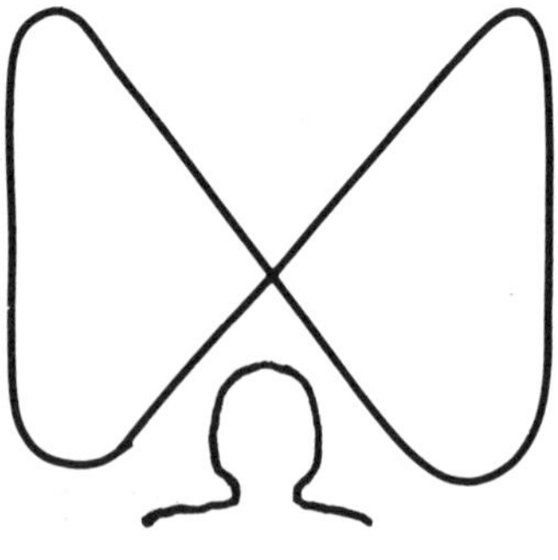

Das Muster soll hoch bleiben und die Ringe im leichten Winkel nach außen geworfen werden.

Farbwechsel mit fünf Ringen

Für diesen Trick brauchst du zweifarbige Ringe.
Sobald du fünf Ringe jonglieren kannst, kannst du einen Farbwechsel versuchen. Greife einfach in den Ring hinein, wenn du ihn fängst, laß den Ring umkippen und wirf wieder.

Ⓐ Jongliere seitlich zum Publikum.

Ⓑ Greife nach innen.

Ⓒ Laß den Ring kippen und dreh ihn gleichzeitig um.

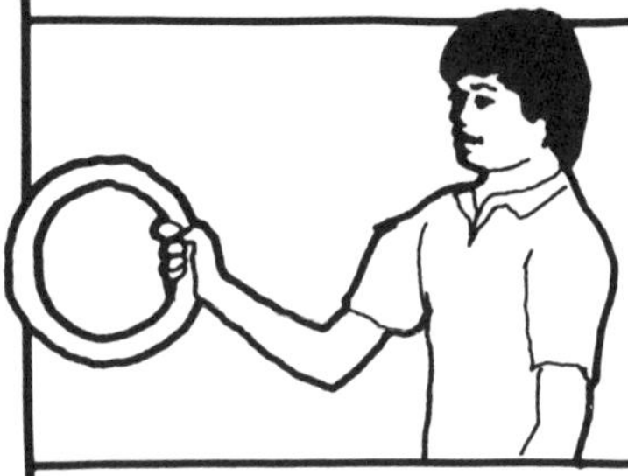

Ⓓ Wirf wieder, nun zeigt die andere Seite zum Publikum.

Ⓔ Versuch es mit einem Ring, dann mit jedem rechts gefangenen, dann mit jedem links gefangenen. Dreh zum Schluß alle Ringe mit jeder Hand.

Von der Stirnbalance zu fünf Ringen

Jongliere vier Ringe im versetzten Rhythmus und Außenkreisen. Übe als nächstes, einen Ring auf deiner Stirn zu balancieren. Dann setze beides zusammen.

Balanciere einen Ring auf der Stirn und jongliere vier.

Geh in das Fünfringmuster über. Wirf ein bißchen höher und schneller.

Dein fünfter Wurf ist der Ring auf deiner Stirn.

›Flash‹ mit Pirouette

1. SCHRITT – Jongliere drei Ringe. Wirf sie schnell hintereinander hoch, und klatsche in die Hände. Fang und jongliere weiter.

2. SCHRITT – Jongliere drei Ringe. Wirf einen Flash, dreh eine Pirouette, fang und jongliere weiter.

3. SCHRITT – Jongliere fünf Ringe. Wirf drei der fünf Ringe hoch, behalte zwei, dreh dich, wirf die zwei, die du behalten hast, und jongliere weiter. (Versuch halbe und ganze Drehungen.)

4. SCHRITT – Jongliere fünf Ringe. Wirf alle fünf im Flash, klatsche, fang und jongliere weiter.

5. SCHRITT – Jongliere fünf Ringe. Wirf alle fünf im Flash, mach eine halbe Drehung, fang und jongliere weiter.

6. SCHRITT – Jongliere fünf Ringe. Wirf alle fünf im Flash, dreh dich ganz herum, fang und jongliere weiter.

HINWEISE:

- Wenn du eine halbe Drehung machst, beginnst du wieder mit der Hand, die zuletzt geworfen hat.
- Um dir Zeit für die Drehung zu geben, mußt du höher und schneller als sonst werfen. Du wirst feststellen, daß die doppelte Höhe dir nur 40 % mehr Zeit gibt.

Ein Superfinale

Wirf einen Ring aus deiner Fünferjonglage mit einer langsamen ›Pfannkuchendrehung‹ besonders hoch. Leg die anderen vier, einen nach dem anderen, um deinen Hals, während du sie fängst, und laß den letzten Ring um deinen Hals fallen.

Sechs und sieben Ringe (oder mehr)

6 Ringe – Die Ringe kreuzen nicht. Übe drei in einer Hand, dann drei in der anderen Hand. Lerne alle drei Muster: Innenkreise, Außenkreise und Säulen. Wenn du alle drei Muster kannst, wird dir das später helfen, schlechte Würfe auszugleichen. Nun versuche den Trick mit beiden Händen gleichzeitig. Benutze den Außenkreis. Dann versuch es im versetzten Rhythmus. Die Würfe kommen dir schneller vor, sind aber einfacher zu kontrollieren.

7 Ringe – Übe fünf Ringe in einer besonders hohen Kaskade. Übe den Flash mit fünf zu dieser Höhe, klatsche unter dem Flash, bevor du fängst und weitermachst. Dazu muß man sechs Meter oder höher werfen. Wirf vier Ringe aus einer Hand, und fang sie in der anderen Hand. Dann wirf sie zurück. Nun halte vier wie abgebildet in der Anfangshand.

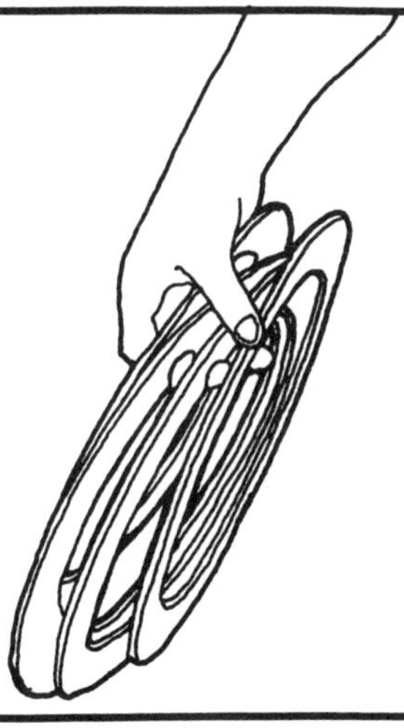

Wirf die ersten sieben Ringe schnell und hoch, und versuche mindestens einen weiteren Wurf. Diese ersten sieben Würfe kommen dir sicher unglaublich schnell vor, aber mit der Zeit bekommst du ein Gefühl dafür und wirfst einfach weiter.

ODER MEHR – Eine gerade Anzahl Ringe kreuzt nicht. Jede Hand macht ihre eigene Arbeit. Eine ungerade Anzahl Ringe kreuzten, und es ist wahrscheinlich auch für die fortgeschrittensten Jongleure schwieriger, solche Muster aufrechtzuerhalten.

Dreikeulenjonglage

Lernziele

1. Jongliere im Kaskademuster (12 Würfe) und schau dabei ins Publikum
2. Wirf mit beiden Händen unter beiden Beinen durch
3. ›Flat‹-Würfe (ohne Drehung) von beiden Seiten
4. Rückwärtsdrehung
5. Ein Balancetrick
6. Ein Wurf hinter dem Rücken entlang auf beiden Seiten
7. Wirf mit einfacher und doppelter Drehung über den Kopf
8. Kick-up auf einer Seite
9. Entweder
   a. Drei-Keulen-Anfang, oder
   b. Kopfkick, oder
   c. Kopfdrehung
10. Entweder
    a. Holzhacker auf beiden Seiten, oder
    b. Doppel-Back-Cross auf beiden Seiten, oder
    c. Auf beiden Seiten zwischen den Beinen durch

Keulenjonglage

Barrett Felker

Der Anfang

Halte die Keule waagerecht in deiner rechten Hand. Die Keule liegt im 45°-Winkel zu deinem Körper. Leg den Daumen auf die Stelle, an der der Griff breiter wird.

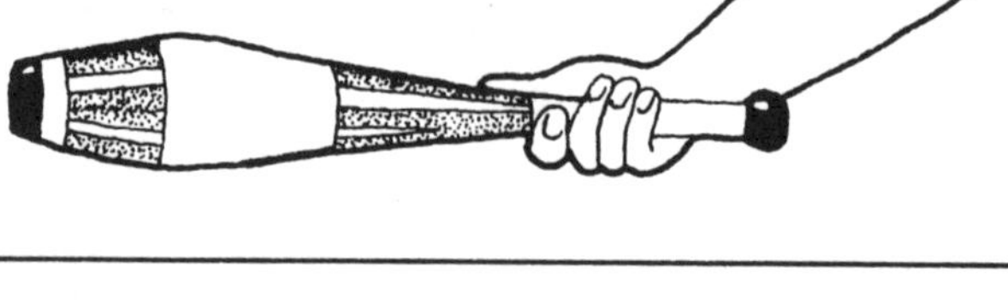

Eine Keule werfen

Keulenjonglage erfordert eine gleichmäßige kreisende Bewegung. Der Keulen-Top beschreibt ein ›U‹ in der Luft.

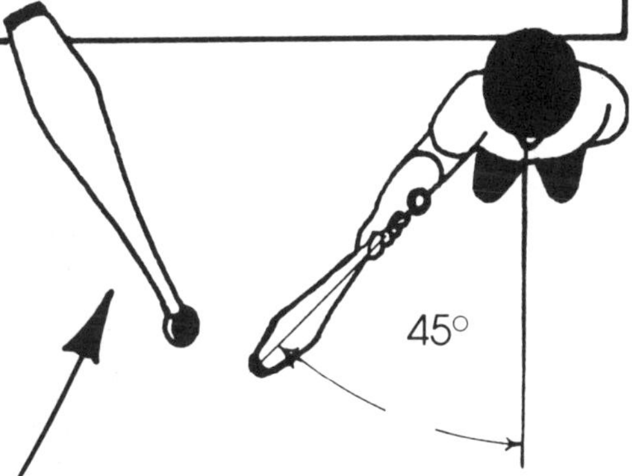

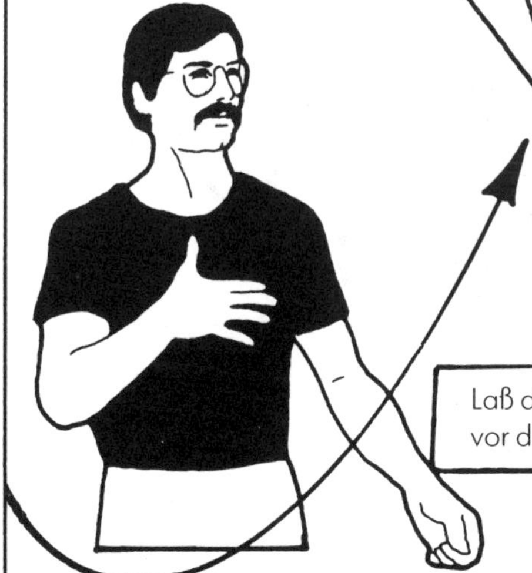

Laß die Keule erst los, wenn deine Hand vor der Körpermitte ist.

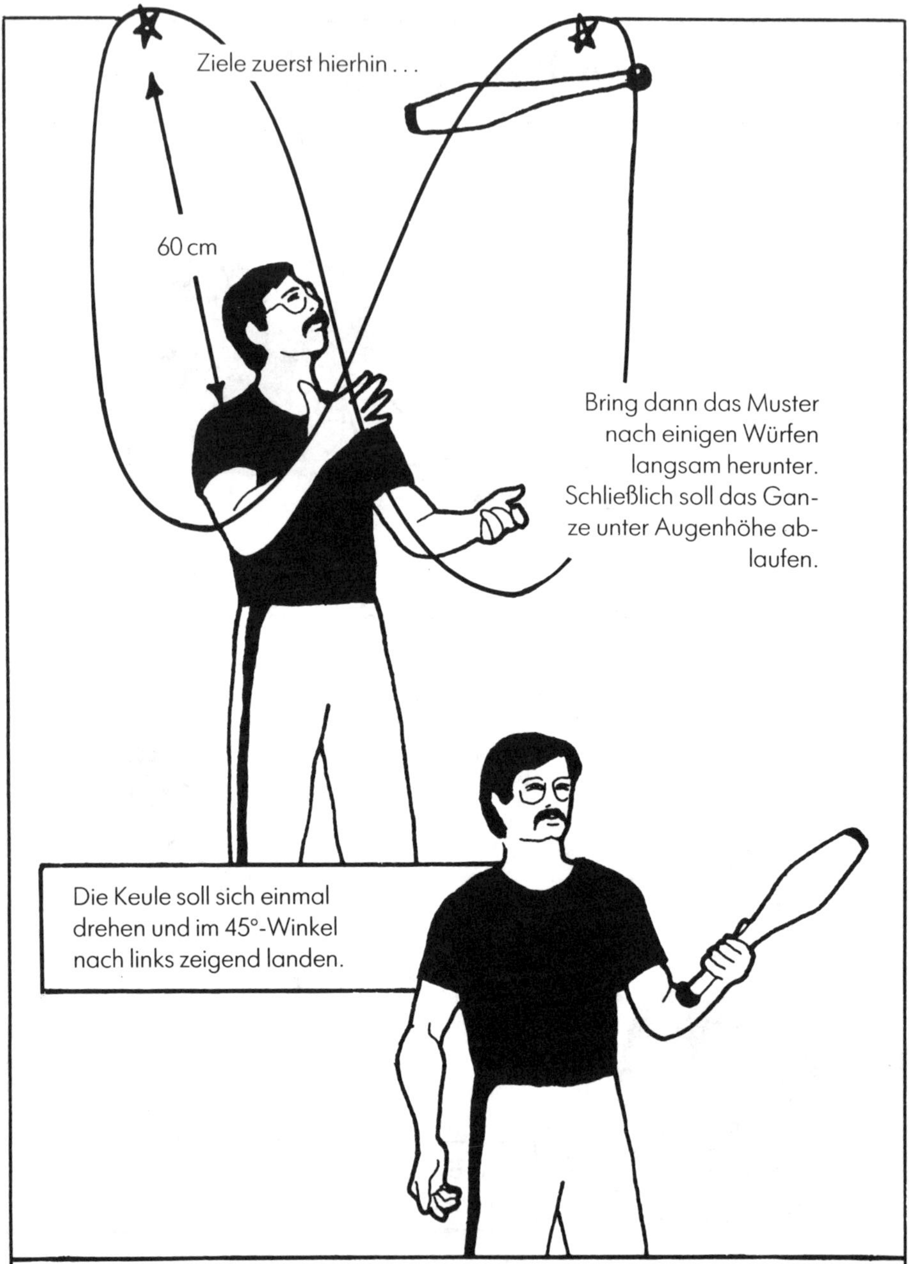

Wiederhole jetzt von links nach rechts, wenn du in beide Richtungen sauber werfen kannst, geh weiter zum nächsten Schritt.

Zwei Keulen vertauschen

Halte in jeder Hand eine Keule im 45°-Winkel.

Wirf die Keule aus deiner rechten Hand . . .

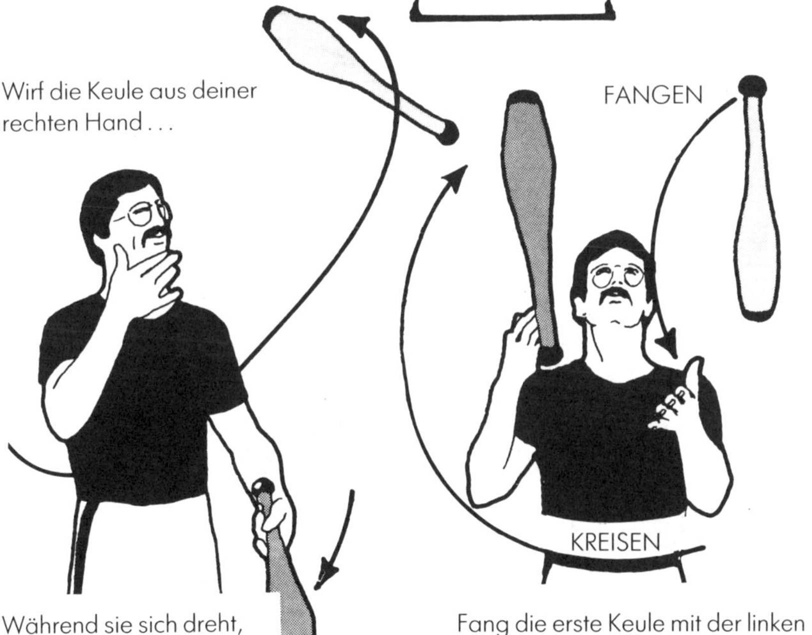

Während sie sich dreht, wirf die zweite mit einer kreisenden Unterhandbewegung.

Fang die erste Keule mit der linken Hand, dann die zweite mit der rechten. Laß zwischen den Würfen eine Pause.

Dreimal werfen, dreimal fangen

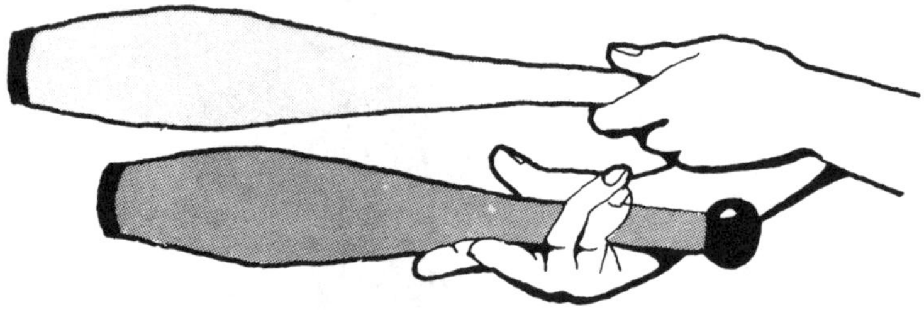

Halte eine Keule in jeder Hand, und lege eine zusätzliche Keule in die rechte, . . .

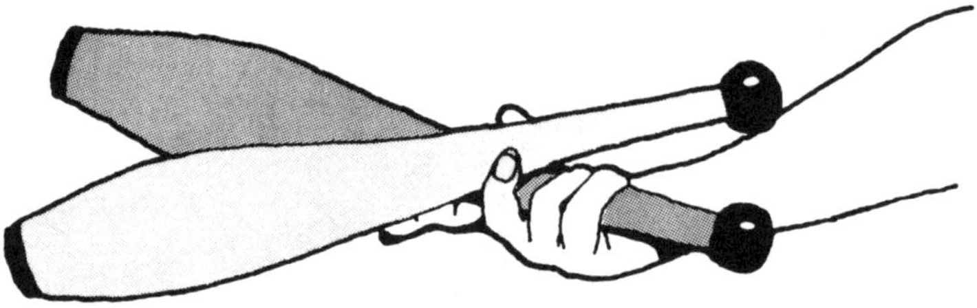

deren geradegestreckter Zeigefinger am Griff dieser Keule liegen soll.

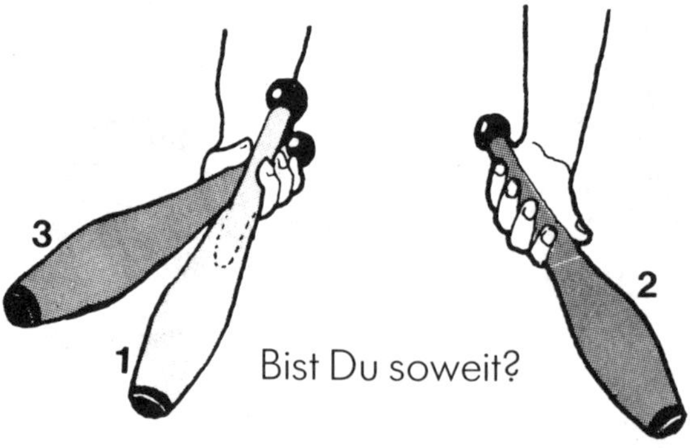

Wirf Keule Nr. 1, wenn sie sich dreht, wirf Keule Nr. 2.

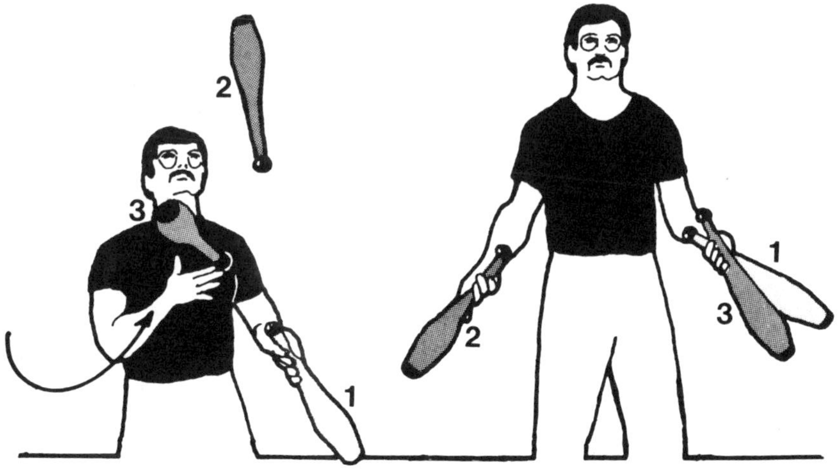

Wenn Nr. 2 sich dreht, wirf Nr. 3.

Ta Dah!

Fortlaufendes Jonglieren

Jongliere hoch, während du noch lernst. Dadurch hast du mehr Zeit.

Jetzt: Wirf jedesmal, wenn sich eine Keule dreht, die nächste los, immer abwechselnd: Rechts-Links-Rechts-Links.

Schließlich solltest du über die Jonglage hinwegschauen können.

Wenn deine Würfe genauer werden, bring die Jonglage herunter, bis die Keulen nicht über Kopfhöhe fliegen.

Einige Hinweise zur Stabilisierung deiner Keulenjonglage

Mache schöne kreisende Bewegungen. Versuche, die Keulen an beiden Seiten bis etwa 30 cm über Schulterhöhe hochzuwerfen – nicht höher. Schließlich solltest du die Jonglage und deine Augen so weit nach unten bringen, daß du geradeaus gucken kannst. Dies wird in dem Moment wichtig, in dem du mit Keulenpassing anfängst. Dabei mußt du deinen Partner angucken, nicht den Luftraum über dir. Lerne jetzt, halb- und anderthalbfachgedrehte Keulen zu fangen und die Jonglage nach diesen unkontrollierten Würfen wieder ins Lot zu bringen. Entspanne Arme und Schultern. Laß die Hände unten, die Unterarme parallel zum Boden. Im Laufe der Zeit solltest du weniger Kraft aus Schulter und Oberarm anwenden, um die Keulen zu werfen, der Hauptimpuls soll aus Unterarm und Handgelenk kommen. Experimentiere mit dem Daumen: Wenn du nach unten drückst, dreht sich die Keule automatisch schneller, und du mußt noch weniger Kraft anwenden.

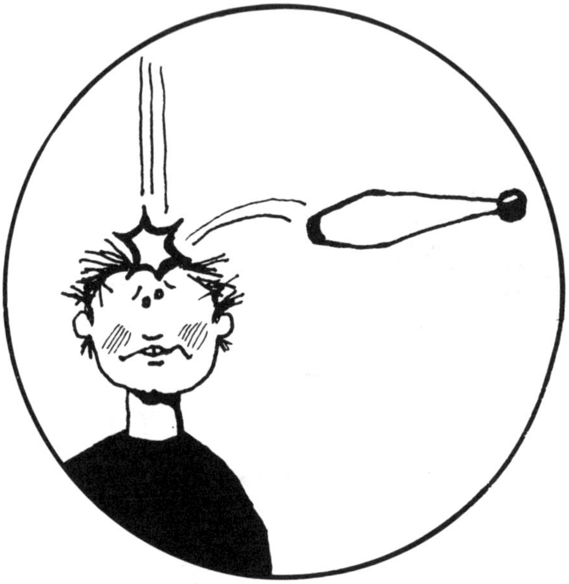

Hast du Probleme?

F: Warum stoßen meine Keulen zusammen?

A: 1. Du Jonglierst nicht breit genug. Zieh deine Kreisbewegung in die Breite, oder ...

2. Das Timing stimmt nicht – sieh zu, daß eine Keule oben ist, wenn du die nächste abwirfst.

F: Seit ich die dritte Keule hinzugenommen habe, fange ich gar nichts mehr.

A: Zuviel oder nicht genug Drehung – Geh auf zwei Keulen zurück und mach deine Würfe präziser.

F: Meine Keulen ›laufen mir davon‹.

A: Vergiß nicht die imaginäre Wandebene vor dir. Mach schönere Kreisbewegungen und wirf zur Seite.

F: Meine Keulen greifen mich an. Sie hauen mir ständig auf die Brust.

A: Bleib standhaft und wirf mehr zur Seite. Mach keinen Schritt nach hinten.

Sammle Pluspunkte

Unter dem Bein durch

Lerne diesen Wurf zuerst mit nur einer Keule.
Lerne, diese eine Keule unter dem rechten und linken Bein mit der rechten und linken Hand durchzuwerfen.

Du kannst unter dem gleichen oder dem entgegengesetzten Bein durchwerfen.

Versuch diesen Trick jetzt aus der Jonglage heraus. Wirf zuerst jede dritte Keule unter dem Bein durch. Vielleicht hilft es, wenn du die vorausfliegende Keule etwas höher als sonst wirfst, um Zeit zu gewinnen. Dann versuch es mit jeder zweiten, dann schließlich mit jeder Keule aus einer Hand.

FLATS

Die Keule dreht sich überhaupt nicht um. Halte die Keule weit oben am Griff, und dreh sie ein wenig um die Längsachse an, um die Flugbahn zu stabilisieren.

Rückwärtsdrehung

Der Griff
fliegt
nach oben von dir weg.

Schieb das Knobende der Keule nach oben und von dir weg. Das erfordert viel Kraft und kommt dir am Anfang sehr umständlich vor, aber später wird der Wurf genauso einfach wie normale Vorwärtsdrehungen.

Balance

Balanciere eine Keule auf dem Kinn oder auf der Nase, halte kurz inne, und laß sie dann wieder in die Jonglage hineinfallen.

Hinter dem Rücken

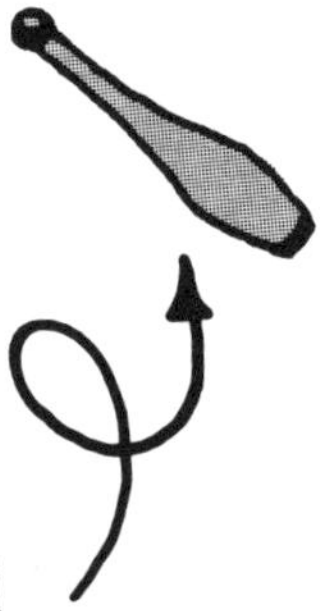

BEACHTE

Es geht auch mit Doppeldrehungen!

Über den Kopf

Wirf in breitem, hohem Bogen . . . entweder einfache oder Doppeldrehungen.

Wie werde ich richtig gut?

- Übe mehrere Stunden täglich
- Führe Buch über deine Fortschritte
- Nimm dir jedesmal, wenn du die Keulen in die Hand nimmst, vor, einen Schritt weiterzukommen
- Deine Motivation muß von innen heraus kommen

Kick-Ups

Um das Aufheben einer Keule mit einem ›Kick-Up‹ (d.h. mit dem Fuß) zu üben, lege die Keule zuerst auf den Fuß. Der Griff zeigt nach innen und liegt in der Beuge zwischen Fuß und Wade. Spann den Fuß an, während du ihn nach oben und hinten ziehst. Der Knob bleibt an der Wade hängen und läßt die Keule einmal drehen, bevor sie in deiner Hand landet.

MERKE:

Um deine Keulen zu schonen, jonglierst du am besten über einem gepolsterten Boden, einem Teppich, Gymnastikmatten oder einem sauberen, trockenen Rasen.

Stil

Schultern hoch, der ganze Arm wirft.

Schultern tief und entspannt, das Handgelenk wirft.

Frage

Was sieht besser aus? Du sollst entscheiden.

Säulen

1. Variante

Aus der Jonglage heraus wirfst du mit links eine Keule gerade hoch. Sie macht eine Doppeldrehung und landet wieder in der Linken.

Wirf die nächste Keule aus links mit einfacher Drehung in die rechte Hand hinüber, während die erste Keule herunterkommt.

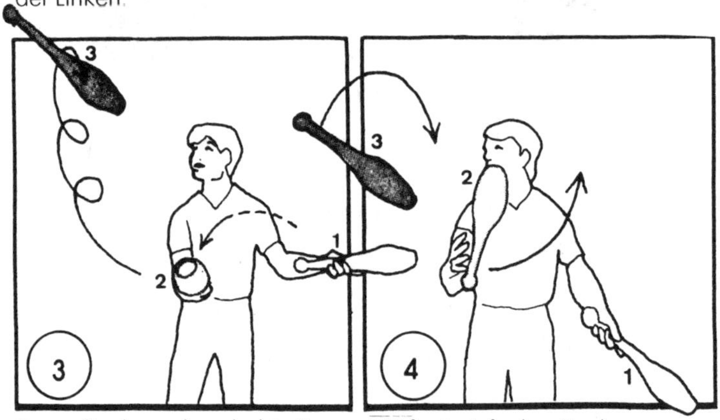

Fang die doppeltgedrehte Keule links, wirf rechts mit Doppeldrehung gerade hoch, fang dann die einfachgedrehte Keule mit der rechten Hand.

Wirf mit einfacher Drehung von rechts nach links, fang die doppeltgedrehte Keule wieder rechts.

BEACHTE: Bei dieser Variante fliegt eine Keule mit einfacher Drehung zwischen den Händen hin und her, während die zwei anderen mit Doppeldrehung im versetzten Rhythmus gerade hoch- und herunterfliegen.

2. Variante

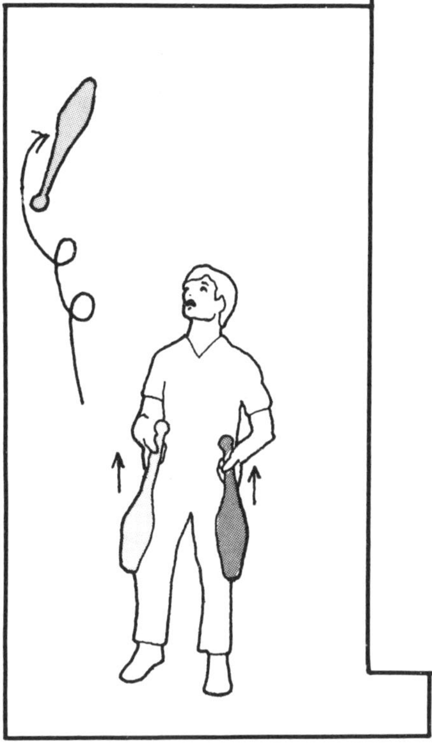

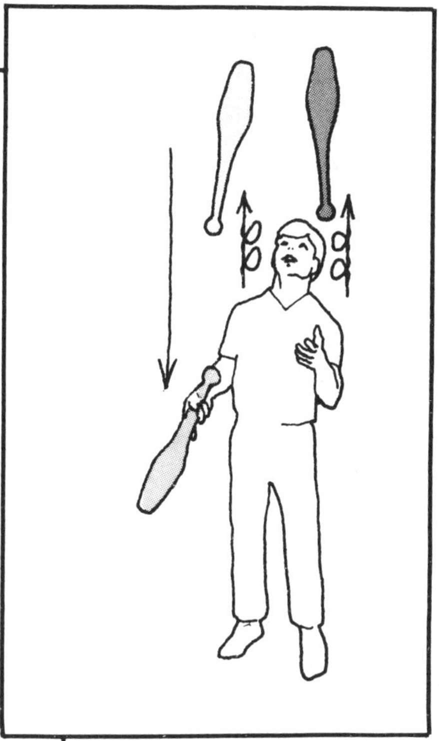

Wirf eine Keule aus rechts mit Doppeldrehung gerade hoch. Wenn sie oben ist, wirf die anderen beiden Keulen mit Doppeldrehung gerade hoch.

Fang die einzelne Keule, und wirf sie rechts wieder hoch, wenn die anderen beiden oben sind. Fang die zwei und wiederhole.

BEACHTE

- Die einzelne Keule kann entweder links außen oder rechts außen gerade hochfliegen, oder auch über die anderen beiden hinweg.
- Halte den Takt ein – eine fangen und werfen, zwei fangen und werfen, eine fangen und werfen, usw.
- Versuch den gleichen Trick mit einfacher und dreifacher Drehung.
- Es sieht gut aus, wenn der Abstand zwischen der Säule der einzelnen und der der zwei Keulen groß ist.

Pirouette

Wirf eine Keule hoch. Fixiere sie, kurz bevor sie oben ist, und dreh dich um 360°, während du die anderen beiden festhältst.

Wenn du herumkommst, wirf eine Keule unter der herunterkommenden durch, fang die Einzelkeule und geh zur Kaskade über.

›Flash‹

Du wirfst einen ›Flash‹, wenn du alle drei Keulen schnell hintereinander im Kaskademuster hochwirfst. Wirf rechts, links, rechts. Sobald du wieder fängst, wirf wieder ab. Links fangen und werfen, rechts fangen und werfen, links fangen und werfen. Nun hast du Zeit, in die Hände zu klatschen, während alle 3 Keulen in der Luft sind. Werfen-werfen-werfen-klatschen-werfen-werfen-werfen-klatschen.

Kopfkick

Balanciere zunächst eine Keule auf der Nase.

Mach eine schnelle Nickbewegung. Die Keule rollt vom Knob zum Körper über deinen Kopf, dreht sich einmal in der Luft und landet wieder vor dir.

Dreikeulenanfang

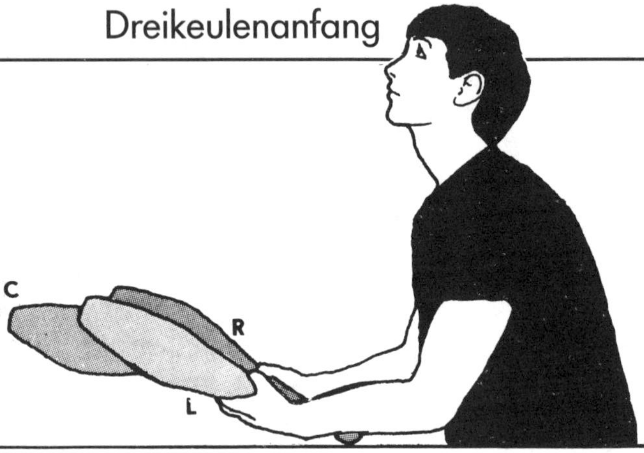

Halte drei Keulen wie abgebildet, zwei oben und eine unten.

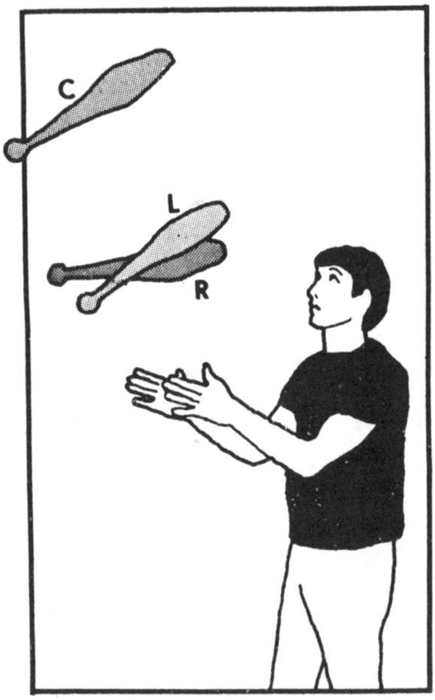

Wirf alle drei los. Die mittlere Keule macht eine hohe, dreifache Drehung. Die äußeren Keulen machen Doppeldrehungen.

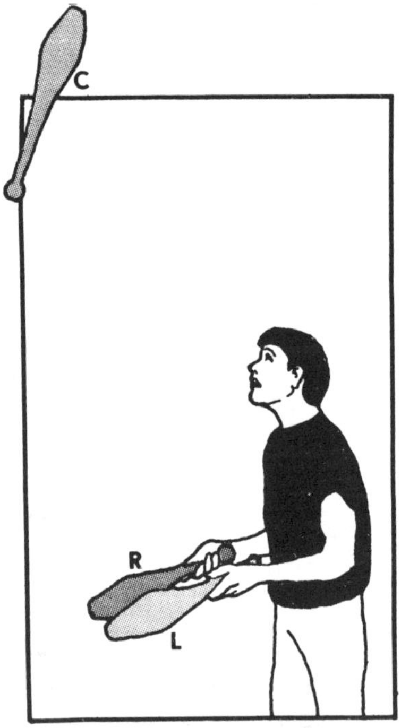

Fang die zwei Keulen gleichzeitig. Wenn die mittlere Keule herunterkommt, beginnst du die Jonglage.

Unter dem Arm

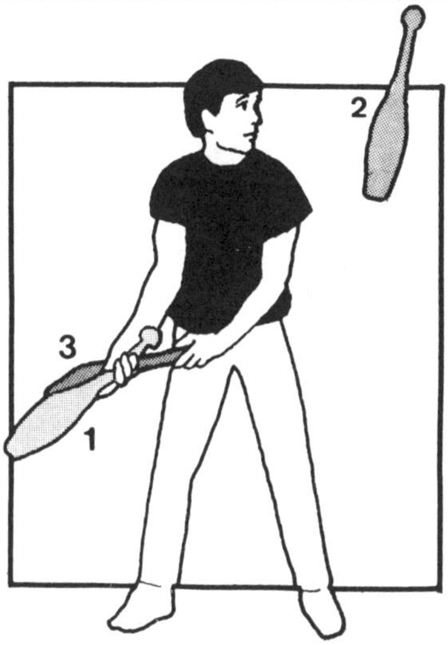

Keulen Nr. 1 und 2 werden mit einfacher Drehung im Kaskademuster jongliert. Nr. 3 wird mit Doppeldrehung aus der linken Hand unter dem rechten Arm

Nr. 3 wird mit rechts gefangen, zur anderen Seite hinübergetragen und mit Doppeldrehung unter dem linken Arm hochgeworfen.

BEACHTE: Keule Nr. 3 wird immer unter den anderen Keulen entlanggetragen und gerade hochgeworfen. Keulen Nr. 1 und 2 werden im normalen Kaskademuster jongliert. Der Rhythmus lautet: rechts-links-rechts Doppel unter dem Arm-links-rechts-links Doppel unter dem Arm-rechts-links-rechts Doppel unter dem Arm.

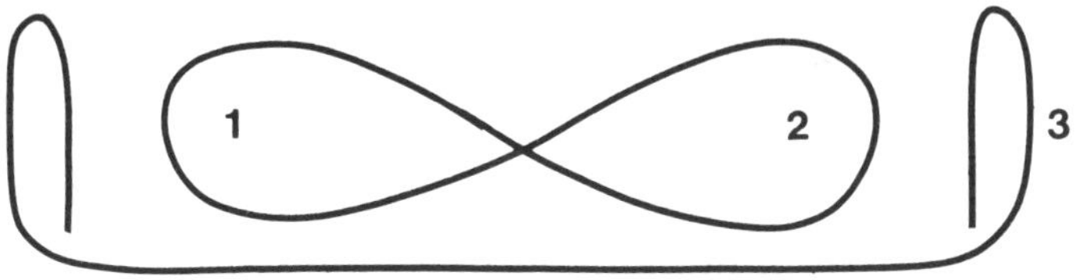

Pluspunkte für den Stil – lehn dich aus der Hüfte nach vorn und betone die seitliche Bewegung.

Holzhacker

Beim ›Holzhacker‹ wird eine Keule schnell nach unten durch das Muster getragen und auf der anderen Seite gerade hochgeworfen. Die rechte Hand wirft auf der linken Seite hoch, die linke wirft rechts hoch.

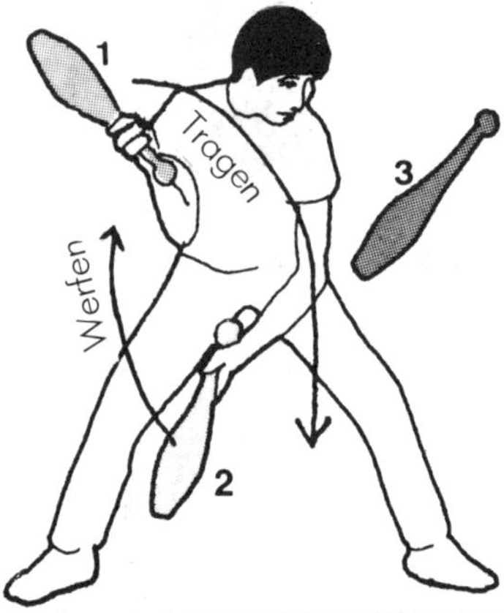

Sobald du Keule Nr. 1 mit rechts fängst, . . .

Bringst du sie schnell vor deiner Brust über die steigende Keule Nr. 2 hinweg nach unten, . . .

Und wirfst sie auf der linken Seite mit einfacher oder Doppeldrehung gerade hoch.

BEACHTE: Steh breitbeinig, halte die Ellbogen nach innen und blicke von links nach rechts und zurück.

Nun trage die soeben mit links gefangene Keule mit einer hackenden Bewegung nach rechts unten, . . .

Und wirf sie unter dem linken Arm mit einfacher oder Doppeldrehung gerade hoch.

Kopfdrehung

Leg dir die Keule, anstatt sie aus der rechten Hand zu werfen, auf den Kopf und dreh sie an.

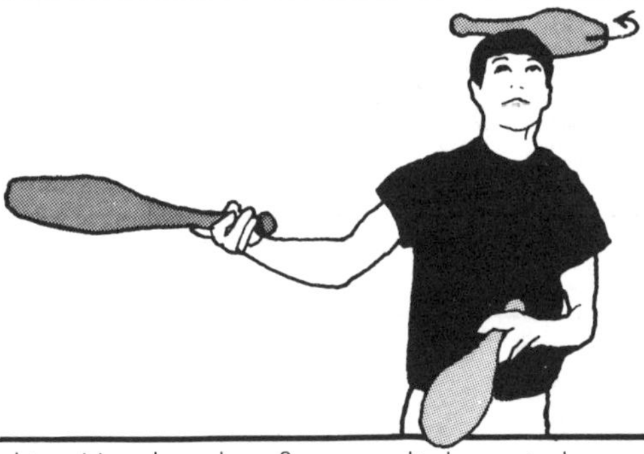

Greife mit der rechten Hand nach außen, um die herunterkommende Keule zu fangen, während sich die Keule auf deinem Kopf dreht.

Die Keule auf dem Kopf fällt nach links. Du setzt die Jonglage fort, indem du die nächste Keule aus der linken Hand wirfst, und dann hochgreifst, um die wirbelnde Keule vom Kopf herunterzunehmen.

Zwischen den Beinen durch

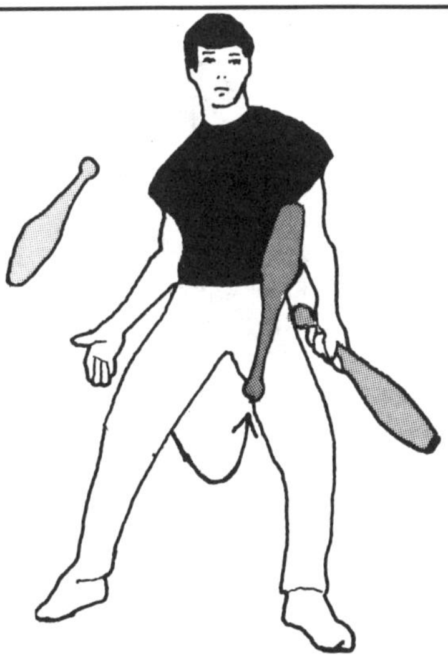

Von hinten nach vorne

Dieser Trick funktioniert wie der Wurf unter dem Bein durch, mit dem Unterschied, daß beide Fußsohlen auf dem Boden bleiben. Du wirfst von tief unten zwischen den Beinen durch. Benutze dazu das Handgelenk.

Von vorne nach hinten

Jede Keule wird zwischen den Beinen durchgetragen und über die andere Schulter hochgeworfen.

TIP: Halte die Keule am Knob und blicke hin und her.

Back-Cross

Du solltest für eine Woche täglich zwei bis drei Stunden Übung einkalkulieren, um diesen Trick zu lernen. Er ist schwierig, aber die Mühe lohnt sich.

Lernschritte:

1. Beginne mit einer Keule. Wirf sie über die Schultern hin und her.
2. Wirf aus der Dreikeulenjonglage gelegentlich mit rechts über die linke Schulter. Steigere dich langsam auf jeden zweiten Rechtswurf über die Schulter.
3. Übe jetzt das gleiche mit links.

4. Übe wieder mit rechts, bis du jeden Rechtswurf über die linke Schulter schaffst.
5. Versuche jetzt aus der Kaskade heraus zwei Würfe hintereinander über beide Schultern.
6. Steigere dich langsam, bis du ständig über die Schultern werfen kannst. Zähle die Würfe und notiere deine Fortschritte.

Wirf abwechselnd hinter dem Rücken. Wirf einfache Drehungen. Bring die Hände beim Abwurf hoch, dreh den Kopf hin und her, und konzentriere deinen Blick auf den Moment, in dem die Keule über deiner Schulter erscheint. Versuche es mit Doppel- und Dreifachdrehungen. Versuche, 100 Würfe ohne Unterbrechung hinzukriegen.

TIP: Übe, den Kopf hin- und herzudrehen, ohne Keulen zu werfen. Übe dann mit den entsprechenden Armbewegungen, aber immer noch ohne zu werfen. Bring die Arme beim Abwurf hoch. Denk dran, daß du die Keule nur für die Tausendstelsekunde sehen kannst, in der sie über der Schulter erscheint – beim Auffangen schon nicht mehr.

Wende auf der Bühne

Um dich langsam umzudrehen, wirf einen Shower aus der rechten Hand und dreh dich langsam nach rechts, indem du nach jedem Wurf einen kleinen Schritt machst.

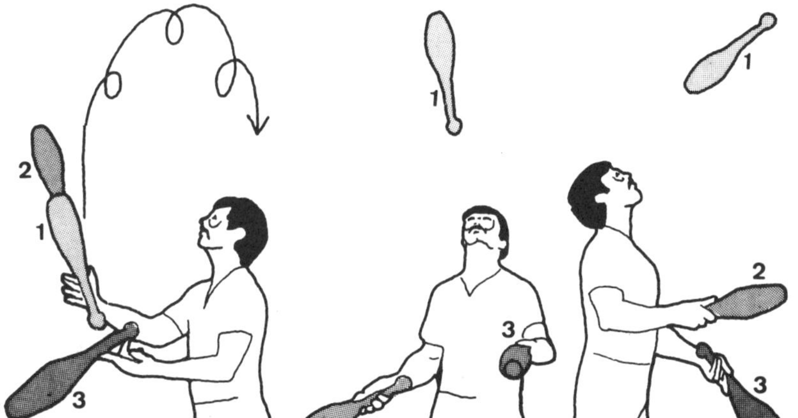

Um dich schnell zu drehen, wirf eine hohe Dreifachdrehung mit rechts über den Kopf, dreh dich nach links, schau hoch und wirf aus der linken Hand, während die dreifachgedrehte Keule herunterkommt, dann jongliere weiter. Beachte: Die herunterfliegende Keule dreht sich jetzt weg von dir.

Trickfolgen

Eine Kombination aus Würfen zwischen den Beinen durch nach vorne und nach hinten wirkt ganz toll. Eine volle Palette solcher Würfe könnte sein:

Von vorne nach hinten rechts –
Selbstwurf links –
Von hinten nach vorne rechts –
Selbstwurf links –
Selbstwurf rechts –
Von vorne nach hinten links –
Selbstwurf rechts –
Von hinten nach vorne links –
Selbstwurf rechts –
Selbstwurf links –
Und nochmal dasselbe ...

> ### *Patzerversicherung*
>
> *Patzer sind peinlich, aber du kannst dich dagegen versichern. Wie? Ganz einfach – wiederholtes Üben und Zählen! Nehmen wir an, du arbeitest am Back-Cross. Es fängt gut an, aber nach einer Weile bricht alles zusammen. Zähle die gelungenen Würfe. Versuche es nochmal, und füge diesmal mindestens noch einen Wurf hinzu. Als Zählmethode könntest du beispielsweise jede Landung in der linken Hand zählen. Setz dir ein Ziel, z. B. 50mal werfen und fangen ohne fallenzulassen. Wenn du das erreicht hast, kannst du dir eine Belohnung gönnen.*
>
> Prof. Confidence

SAMMLE PLUSPUNKTE – Verbinde Würfe unter dem Arm und Back-Cross mit dieser Trickfolge, um eine unglaubliche Wirkung zu erzielen. Du mußt kleine Schritte auf der Stelle machen und den Kopf hin- und herdrehen, um diese Trickfolge aufrechtzuerhalten. Versuch es mal!

Der spektakuläre Abschluß

Wirf eine Keule mit Doppeldrehung hoch. Während sie in der Luft ist, gib die Keule aus der linken Hand in die rechte.

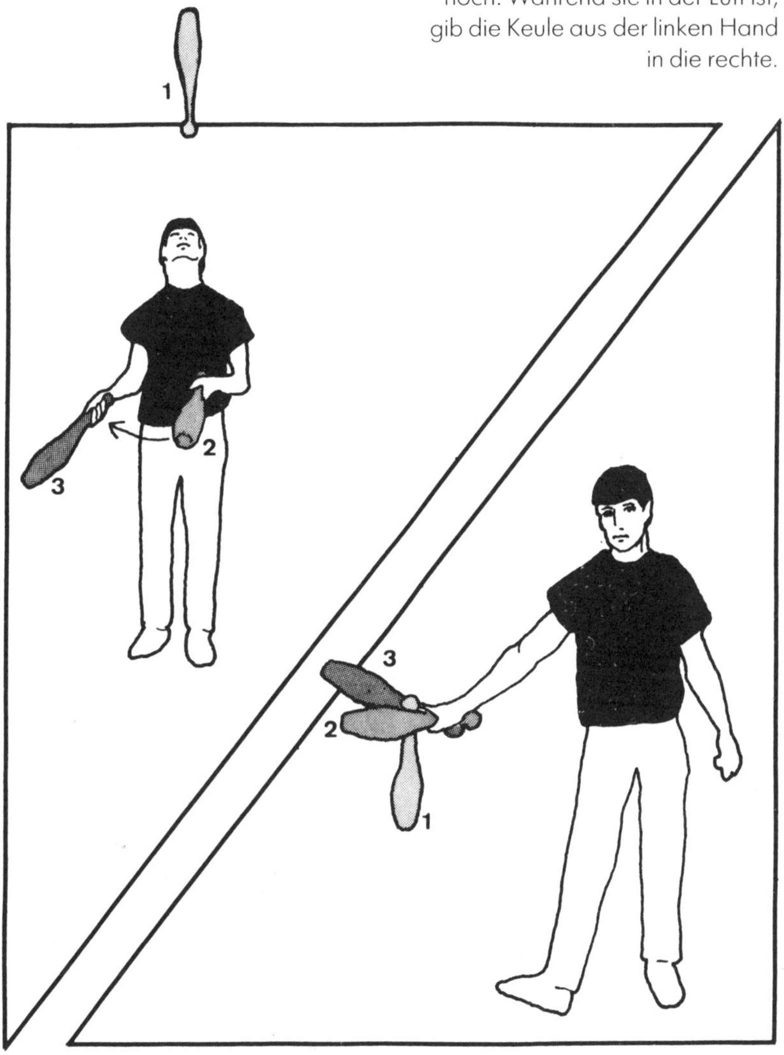

Bilde ein ›V‹ mit den Keulen in der rechten Hand und fange die dritte dazwischen auf. Der Knob bleibt oben hängen.

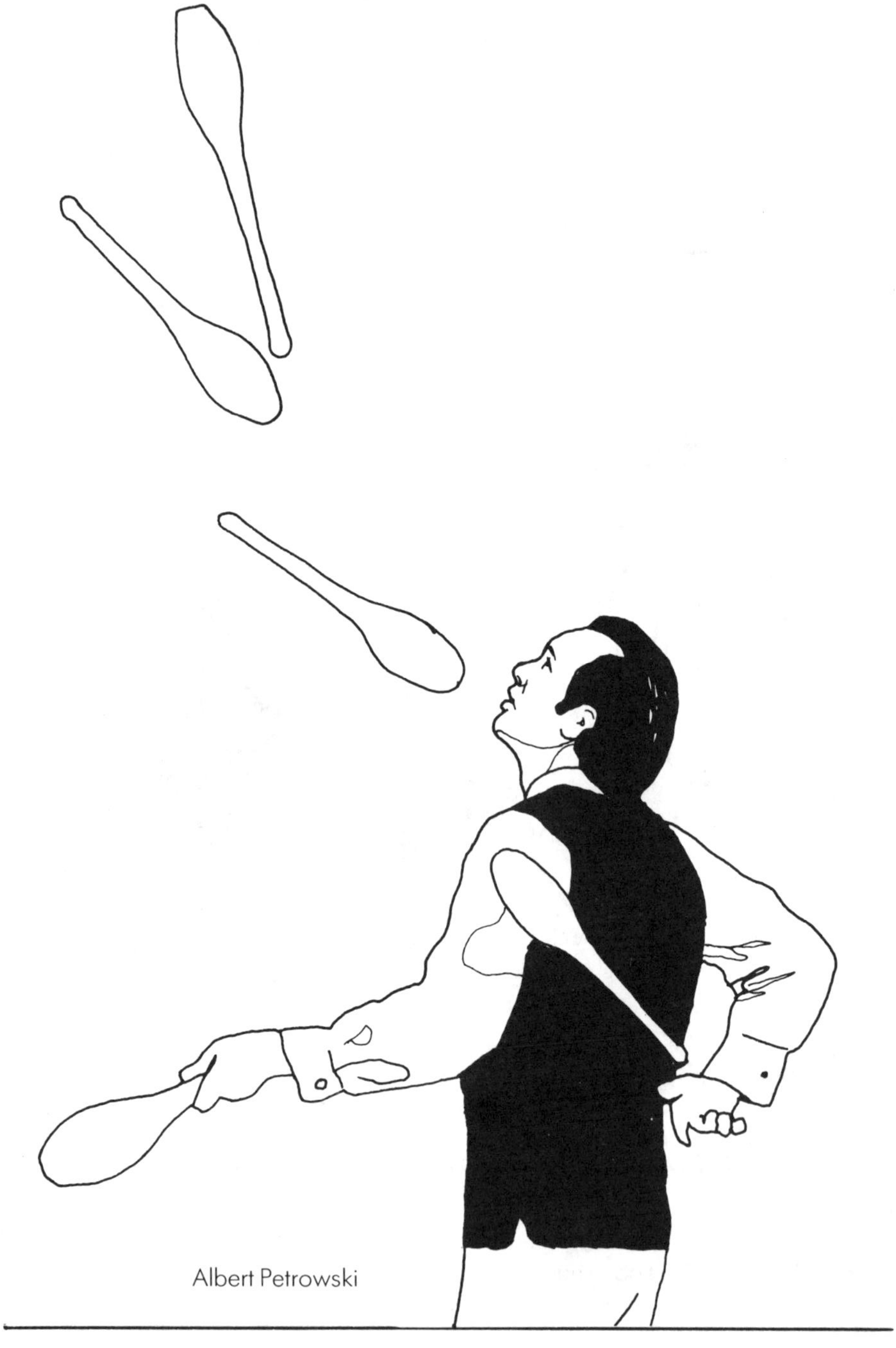

Albert Petrowski

Vier- und Fünfkeulen-Jonglage

Lernziele

1. Wirf vier Keulen in simultanen und versetzten Rhythmen. Wirf Doppeldrehungen, entweder als Außenkreise oder als Säulen
2. Wirf vier Keulen in Säulen mit einfacher Drehung
3. Wirf Vierkeulenspagat (mindestens 8 Würfe)
4. Zeige »Triple/Single« (Dreifach/Einfach) (5 Rechtswürfe)
5. Kick-Up von drei auf vier Keulen
6. Mach 40 Würfe mit fünf Keulen und einen sauberen Abschluß
7. Zeig einen Trick mit fünf Keulen, z. B.
   a. eine Keule unter dem Bein durch, oder
   b. mindestens einen gelungenen Wurf hinter dem Rücken entlang.

Vier Keulen

Wirf mit Doppeldrehungen. Lerne zuerst, zwei Keulen in jeder einzelnen Hand zu jonglieren. Übe entweder Säulen, Außenkreise oder Innenkreise.

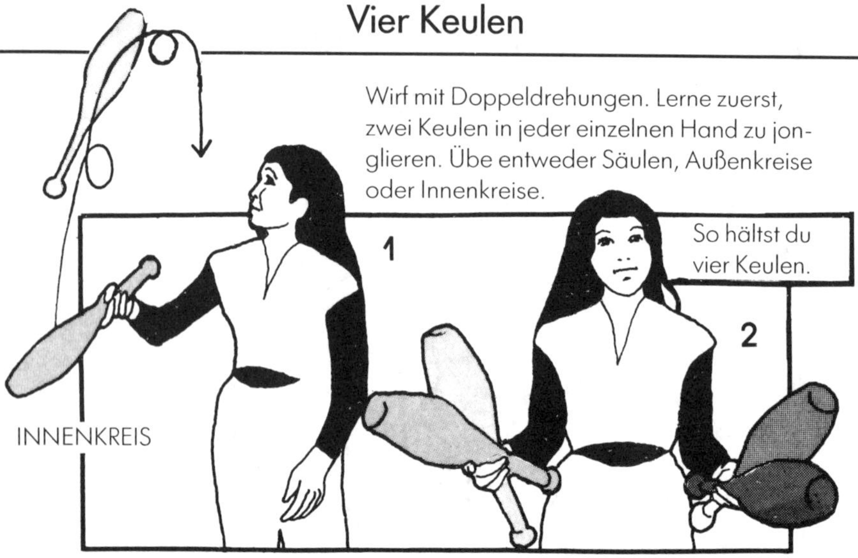

Übe nun den versetzten Rhythmus.

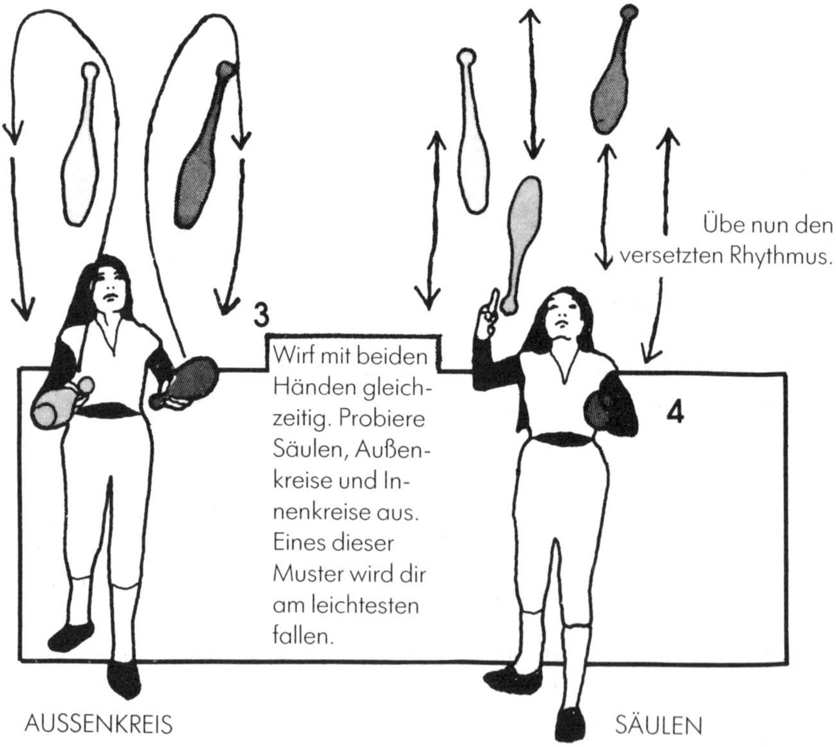

Wirf mit beiden Händen gleichzeitig. Probiere Säulen, Außenkreise und Innenkreise aus. Eines dieser Muster wird dir am leichtesten fallen.

Einfache Drehungen

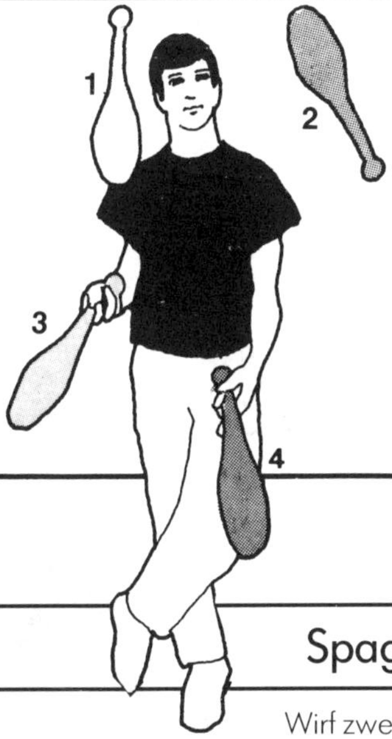

Jede Keule fliegt in ihrer eigenen Säule gerade hoch und herunter. Das leichteste Vierkeulenmuster mit einfacher Drehung ist: Säulen im versetzten Rhythmus.

Spagat

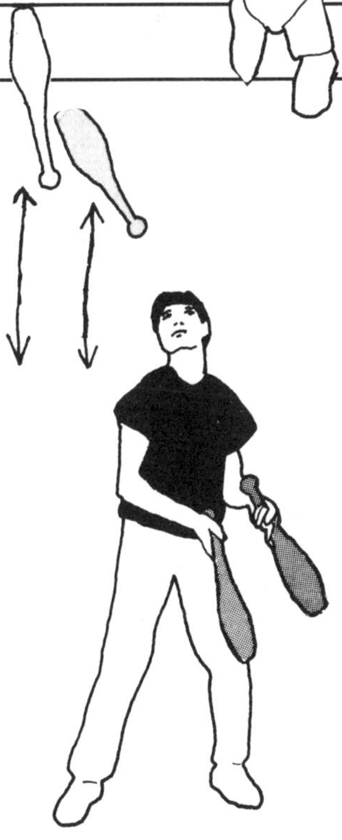

Wirf zwei Keulen auf der rechten Seite gerade hoch. Wenn sie oben sind, wirf zwei links hoch. Geh schnell zurück, um die ersten beiden zu fangen.

Gehe nun schnell hin und her, fang und wirf so schnell du kannst, aber verliere nicht die Kontrolle über die Würfe.

Triple/Single

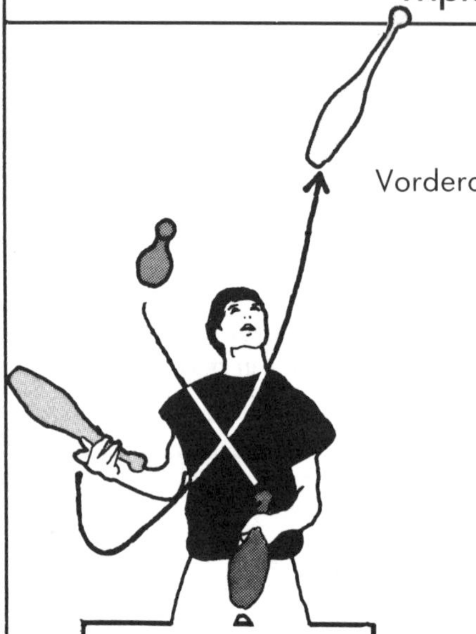

Die linke Hand wirft mit einfacher Drehung, die rechte mit dreifacher Drehung.

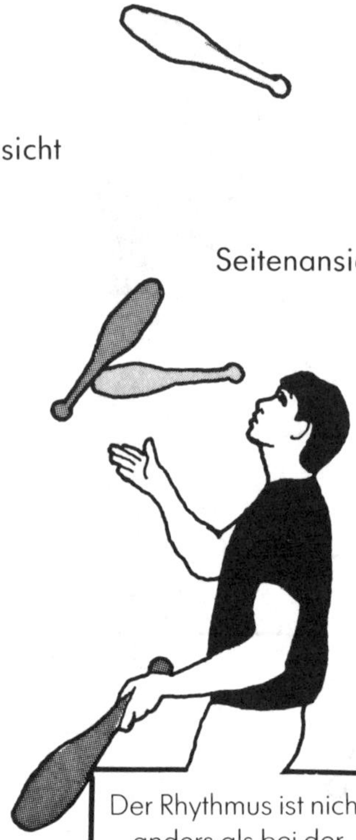

Der Rhythmus ist nicht anders als bei der normalen Dreikeulenjonglage, der Unterschied ist nur, daß die rechte Hand jetzt mit mehr Schwung viel höher wirft.

Der gleiche Trick hinter dem Rücken entlang

Wenn du die dreifache Drehung vorne hochwerfen kannst, versuche einen dreifachen Back-Cross. Der Rhythmus ändert sich nicht.

Kick-up von drei auf vier Keulen

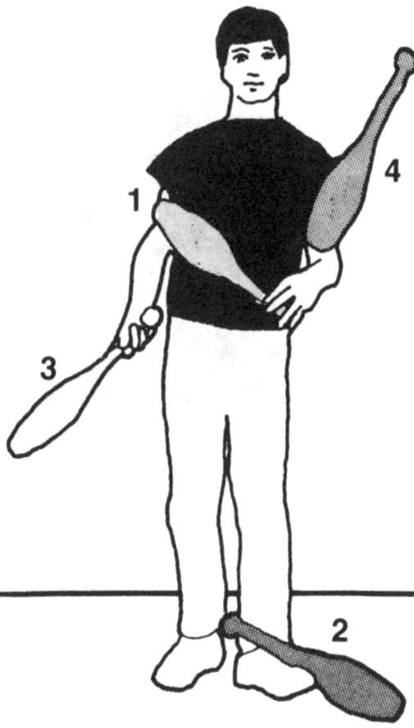

Du jonglierst drei Keulen. Eine vierte liegt auf deinem linken Fuß mit dem Knob an der Wade eingehakt.

Mit der rechten Hand wirfst du in der Mitte gerade hoch statt zur linken. Gleichzeitig kickst du mit dem rechten Fuß die vierte Keule hoch. Wechsle gleich von der Kaskade auf Zwei-in-jeder-Hand, entweder simultan oder versetzt.

Aus der Balance

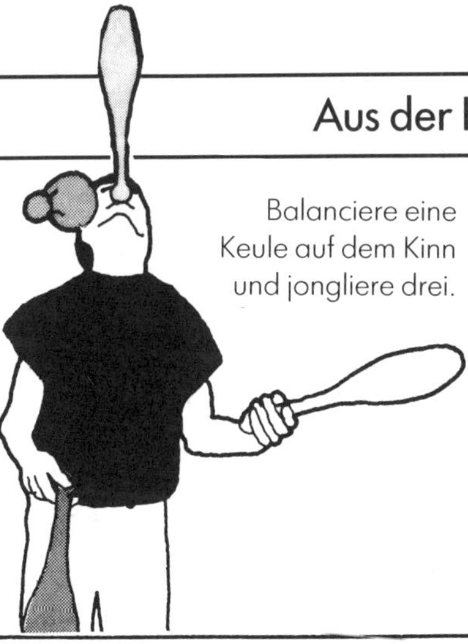

Balanciere eine Keule auf dem Kinn und jongliere drei.

Wirf mit rechts in der Mitte hoch, bring den Kopf nach vorne, und wechsle von der Kaskade auf Zwei-in-jeder-Hand.

Fünf Keulen

Mach dich erst mit drei Keulen warm. Halte sie wie abgebildet.

Fang und wirf alle Keulen ohne Pause von links nach rechts.

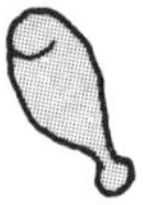

Wirf Doppeldrehungen. Wirf alle drei Keulen schnell hintereinander von rechts auf links. Das ist das Fünfkeulenmuster mit zwei Löchern.

Mach weiter, drei Würfe hintereinander von rechts, dann drei hintereinander von links. Lerne, mit allen drei Keulen in einer Hand aufzuhören. Übe diesen Abschluß mit beiden Händen.

Jetzt gilt's!

Der Anfang mit fünf Keulen ist schwierig. Geh leicht in die Knie, um den Keulen mehr Schwung zu geben.

So sieht John nach ein paar Hundertstelsekunden aus. Er hat Nr. 1, 2, 3 und 4 abgeworfen.

Gleich wird er Nr. 1 fangen und Nr. 5 werfen.

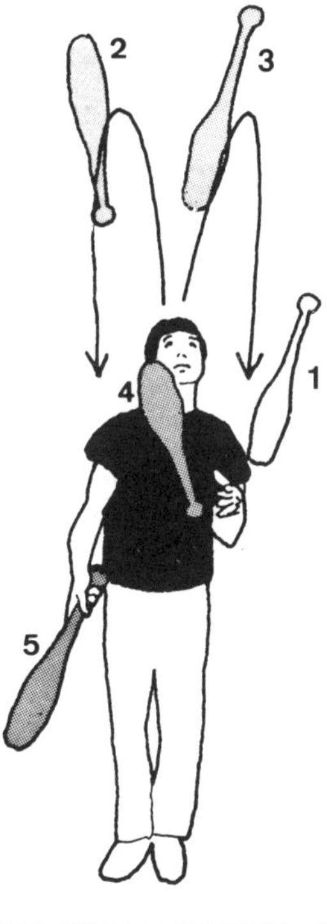

Wirf jetzt mit Schwung hoch, aber halte den Takt ein. Du hast keine Zeit zum Überlegen. Hohe, breite, präzise und rhythmische Würfe sind der Schlüssel zum Erfolg.

Tricks mit fünf Keulen

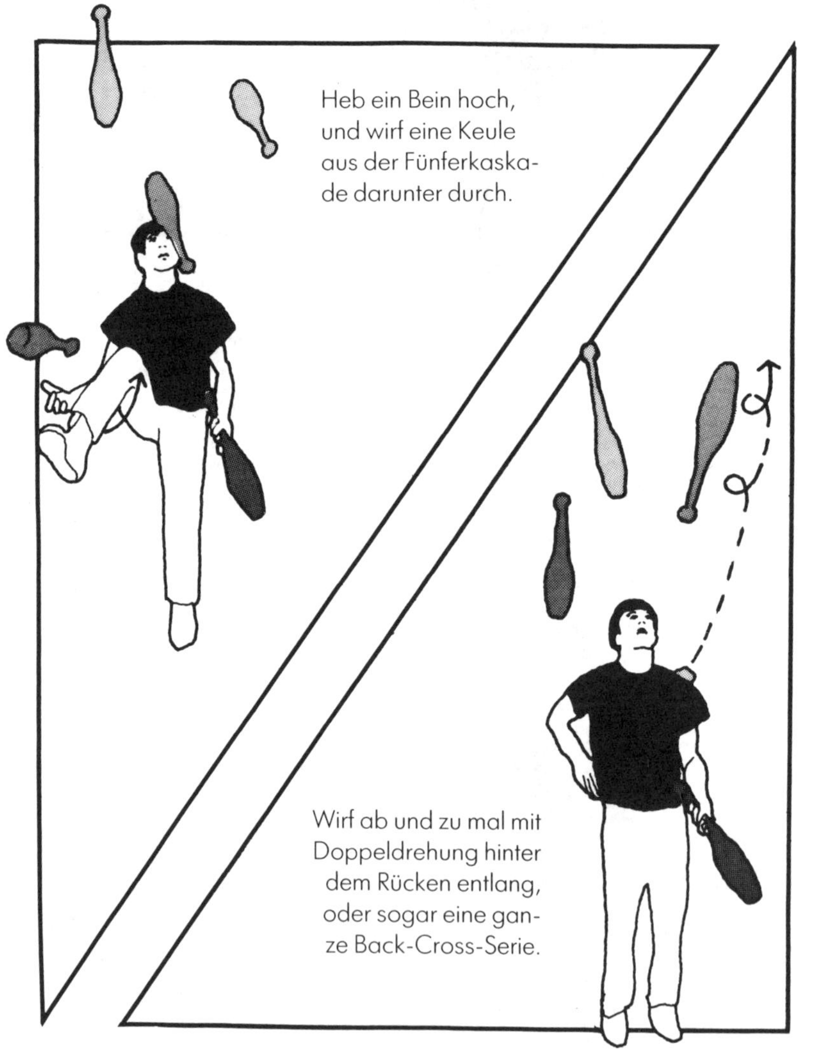

Fünf Keulen einsammeln

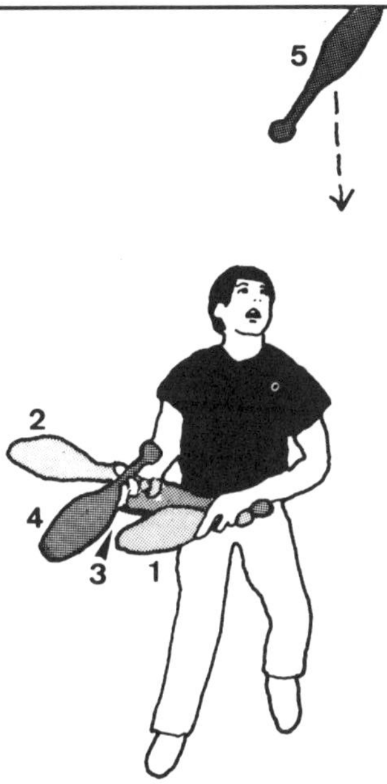

Der Abschluß kann schwierig sein. Wirf die letzte Keule mit dreifacher Drehung. Fang zwei in der linken Hand, und klemm sie dir unter den rechten Arm.

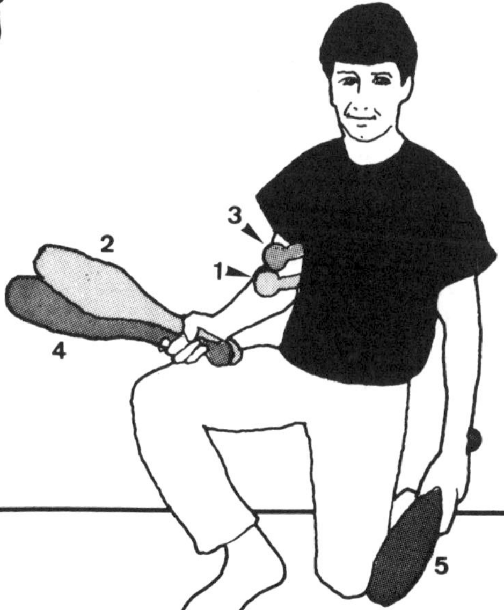

Fang die letzte Keule ganz dramatisch in letzter Sekunde mit der linken Hand auf. Wenn du es richtig gemacht hast, verbeugst du dich schon dabei!

Fortgeschrittene Keulenjonglage

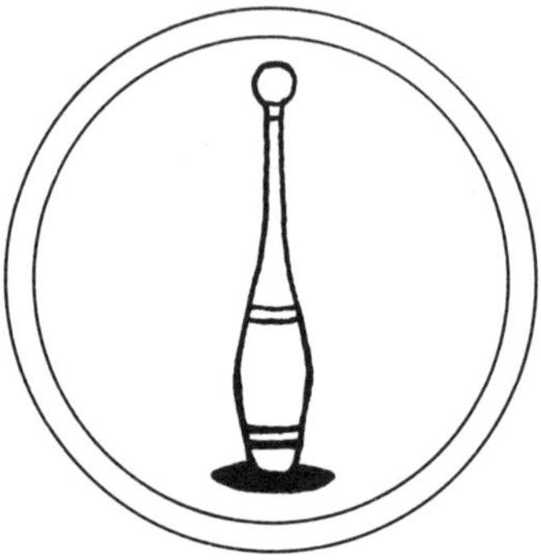

Lernziele

Diese Leistungsplakette erhält der vollkommene Meister folgender Bereiche:

I. Dreikeulen-Partnerspiel

1. Zeigt den Rundlauf (jeder Partner nimmt dreimal ab) und das Nebeneinander mit drei Keulen
2. Zeigt den Dreierlauf mit Keulen unter Anwendung folgender Tricks (mindestens je einmal werfen und fangen):
   a. Flat
   b. Hubschrauber
   c. Doppel- und Dreifachdrehung
   d. Holzhacker
   e. Wurf unter dem Bein durch
   f. Schulterwurf
3. Nutze die Pause nach Abwurf der dritten Keule, um eine Pirouette zu drehen, bevor die Keulen wieder bei dir sind

II. Passing mit sechs Keulen

1. Zeigt 3-3-10 mit sechs Keulen
2. Werft und fangt folgende Tricks beim Vierer-Takt (jeden zweiten):
   a. Flat
   b. Hubschrauber

c. Doppel- und Dreifachdrehung
d. Holzhacker
e. Wurf unter dem Bein durch
f. Schulterwurf

3. Hebt im Sechskeulen-Shower (Zweier-Takt) auf
4. Zeigt mindestens eine Variante des Diagonalpassings (z. B. Doppeldrehung von links zur linken Hand des Partners); tauscht dabei Passer- und Empfängerrolle
5. Zeigt Passing um einen ›Freiwilligen‹ herum (mindestens 10 Würfe)
6. Entweder
   a. Passing Rücken an Rücken, oder
   b. Kick-Up beim Passing, oder
   c. Pass zwischen den Beinen durch und über die Schulter
7. Siebenkeulenpassing (mindestens 20 Würfe). Zum Abschluß sammelt ein Partner alle Keulen ein

III. Keulenpassingformationen

1. Du bist Feeder von zwei oder mehreren Jongleuren (mindestens 40 Würfe ununterbrochen)
2. Als Feeder sollst du:
   a. unter dem Bein durch, Flat und mindestens zwei zusätzliche Tricks werfen, und
   b. eine heruntergefallene Keule aufheben, ohne das Feed zu unterbrechen
3. Zeige Doppel- und Dreifachdrehung beim Feed
4. Jongliert im Dreieck, innen und außen
5. Übernimm jede Position einer aus drei oder mehr Jongleuren bestehenden Linienformation
6. a. Zeige 10 oder mehr gelungene Würfe als Empfänger beim Schulterstandfeed (oben oder unten stehend)
   b. Beteilige dich an einem erfolgreichen Karussell
7. a. Zeigt 3-3-10 im Vierpersonenkreuz, oder
   b. Vierpersonenschwenk
8. Entweder
   a. Vierpersonenlinie, oder
   b. ›Y‹ mit vier Jongleuren, oder
   c. Stern mit fünf Jongleuren, oder
   d. Ein Doppelfeed mit zwei Feedern und drei Empfängern

Keulenpassing

Dreierlauf

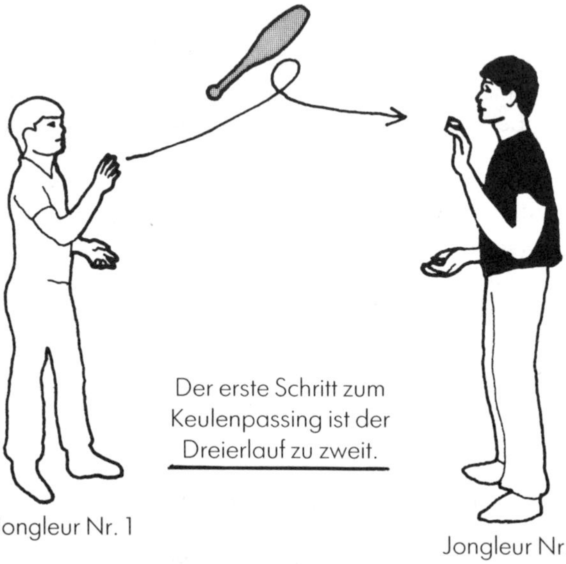

Der erste Schritt zum Keulenpassing ist der Dreierlauf zu zweit.

Beginne mit einer Keule. Wirf sie aus deiner linken Hand mit einfacher Drehung zur eigenen rechten Hand. Dann laß die rechte Hand sinken, bis die Keule parallel zum Bein hängt. Heb den Arm wieder hoch und laß die Keule auf Brusthöhe los (siehe Abbildung oben). Die Keule macht eineinhalb Drehungen und landet mit dem Knob nach unten in der hochgehaltenen linken Hand deines Partners. Jetzt wirft er von seiner linken Hand in die rechte und zurück zu dir. So sieht also beim Passing die ›einfache Drehung‹ aus.

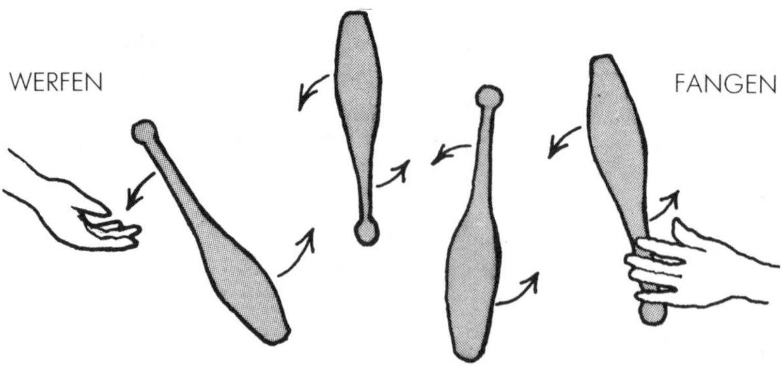

Wenn euch dieser ›Einserlauf‹ gelingt, wird euch die von der Keule vollzogene Bahn deutlich. Von oben betrachtet sieht sie so aus:

Passwurf kommt von rechts auf deine Linke.

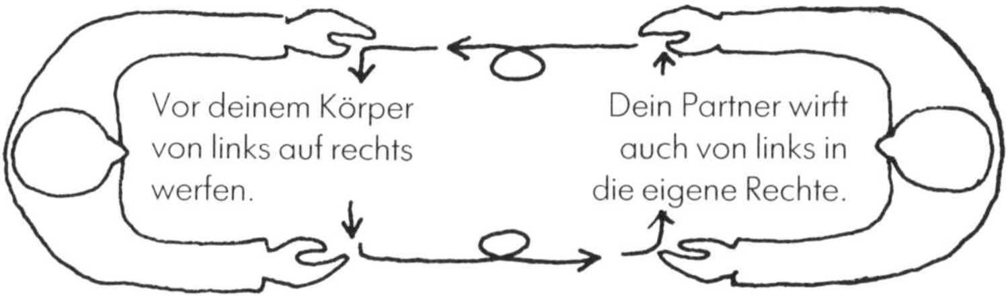

Passwurf von deiner Rechten ... Auf die Linke des Partners.

MERKE: Senk den Arm vor dem Abwurf, heb den Arm zum Fangen.

Nun geht es mit drei Keulen weiter. Wirf eine nach der anderen entlang dieser aufgezeichneten Bahn. Alle Linskwürfe gehen zu deiner rechten Hand. Alle Rechtswürfe gehen zur Linken des Partners.

BEACHTET: Werft mit links und rechts abwechselnd. D. h. der Werfer macht Passwurf Nr. 1 mit rechts, einen Selbstwurf mit links, Passwurf Nr. 2 mit rechts, Loch mit links, Passwurf Nr. 3 mit rechts. Der Empfänger erhält Nr. 1 in der linken Hand. Er wartet, bis Nr. 2 auf ihn zufliegt, dann erst wirft er Nr. 1 in seine Rechte. Jetzt hat er eine Keule in jeder Hand. Wenn Nr. 3 ankommt, kann er mit einem linken Selbstwurf die Kaskade beginnen.

Behalte eine Keule

Statt alle drei Keulen zum Partner zu passen, kannst du zwei abwerfen und die dritte behalten. Jetzt hast du zwei Takte mehr, um dir irgendwelche Faxen einfallen zu lassen. Du könntest beispielsweise:

- einen Wurf antäuschen
- die Keule als Fernrohr oder Holzbein benutzen
- die Keule drehen oder schwingen
- sie balancieren
- sie als Mikrofon benutzen

In diesem Fall ist die zurückbehaltene Keule die neue Nr. 1 bei der nächsten Runde.

Weitere Tips für den Dreierlauf

1. Ihr solltet lernen, alle möglichen und unmöglichen Würfe zu fangen, ohne das Passingmuster zu unterbrechen. Versucht es mit einem langsamen, hohen Wurf, einem Hubschrauber, einer doppel- oder gar eineinhalbfachgedrehten Keule, einer getretenen oder gedotzten Keule, oder einer, die über den Boden schliddert.
2. Vergeßt nicht, daß der Sinn des Dreierlaufs darin besteht, immer weiterzumachen, *was auch immer geschehen mag*. Behaltet den Rhythmus bei, und geht immer bis an eure Leistungsgrenzen. Dieser Wille zum Weitermachen wird euch sehr zunutze kommen, wenn ihr sechs oder sieben oder mehr Keulen passen wollt.
3. Sei geduldig mit deinem Partner. Baut eure Werf- und Fangtechnik langsam aus, zuerst mit einer, dann mit zwei und schließlich mit drei Keulen.

TIP: Übt zuerst mit einer Keule, dann versucht es mit dreien.

Der letzte Schliff

1. Nachdem du alle drei Keulen erhalten hast, jongliere eine Zeitlang für dich und atme normal durch. Wenn du dich wieder stabilisiert hast, wirf sie langsam, eine nach der anderen, zum Partner zurück.
2. Nimm dir Zeit. Das Schöne an dieser Übung ist, daß du zwischen den Würfen eine Pause hast. Beschleunige erst allmählich das Tempo, indem du die Pausen verkürzt.
3. Passe mit der Handfläche nach oben, die Finger sind zur Mittellinie gerichtet. Fang mit der Handfläche nach vorne, die Finger zeigen nach außen.

Und jetzt die Würze

Der Dreierlauf kann sowohl für die Jongleure als auch für das Publikum eine spannende Angelegenheit sein. Wenn du gerade keine Keulen hast, hast du Zeit, etwas anderes zu machen. Du könntest zum Beispiel:

- in die Hände klatschen
- eine Pirouette drehen
- einen Purzelbaum schlagen
- ein Kleidungsstück ausziehen
- einen Kuß ins Publikum werfen
- etwas essen oder trinken

Rechtzeitig zum Fangen der Keulen drehst du dich zu deinem Partner zurück.

Trickwürfe

Es gibt unendlich viele Möglichkeiten, wie du deinem Partner die Keulen zurückwerfen kannst.

Wirf zwischen den Beinen durch . . .

Heb den Arm und wirf überhand (die ›Holzhakker‹ – oder ›Chop‹-Bewegung) .

Wirf über deine eigene Schulter . . .
Oder mit Rückwärtsdrehung . . .
Oder einen Hubschrauber. Die Keule kann sich dabei nach innen oder nach außen drehen.

Fangtechniken

Dein Partner läßt die schwierigen Würfe einfach erscheinen. Du könntest das einfache Fangen schwierig erscheinen lassen!

A In der normalen Fangposition zeigen dein Ellbogen und der Keulenknob nach unten. Du fängst in Bizepshöhe.

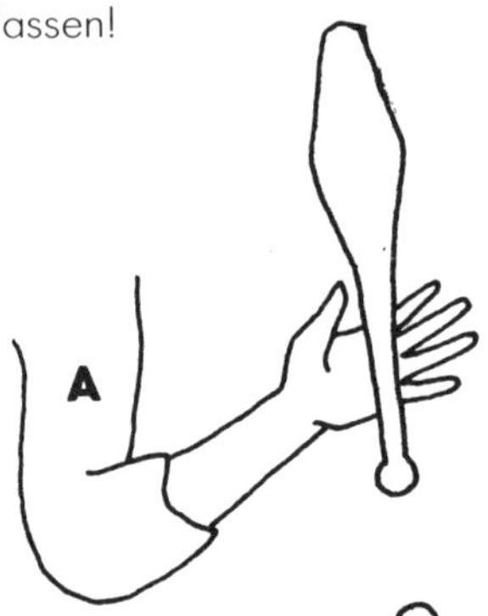

B Wenn dein Partner mit zu viel oder zu wenig Drehung wirft, zeigt der Knob manchmal nach oben. Wenn dein nächster Selbstwurf eineinhalb Drehungen macht, hast du alles wieder im Lot. So kannst du übrigens auch einen Holzhacker-Pass fangen.

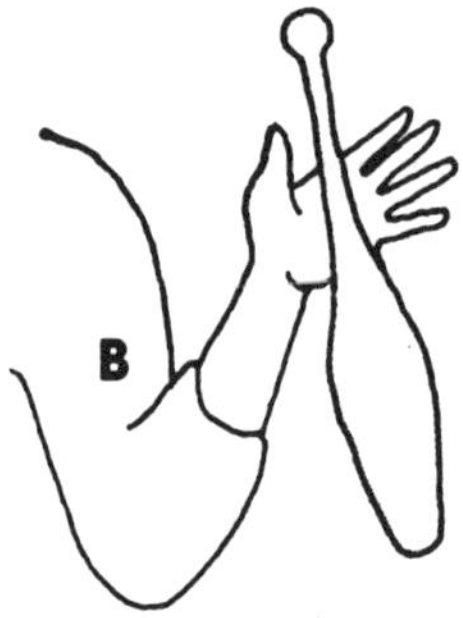

C Wenn der Holzhacker auf Hüfthöhe ankommt, laß die Keule eine Vierteldrehung mehr machen, und fang sie wie auf der Abbildung gezeigt.

D Wenn dein Partner einen Hubschrauber losschleudert, fang ihn je nach Drehrichtung mit den Fingern nach oben oder nach unten.

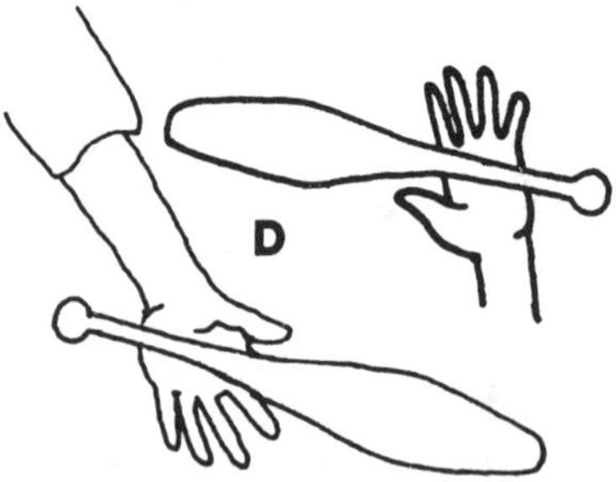

Unglaubliche Fänge

Eine relativ spektakuläre Fangtechnik ist, mit der rechten Hand hinter den Rücken greifen.

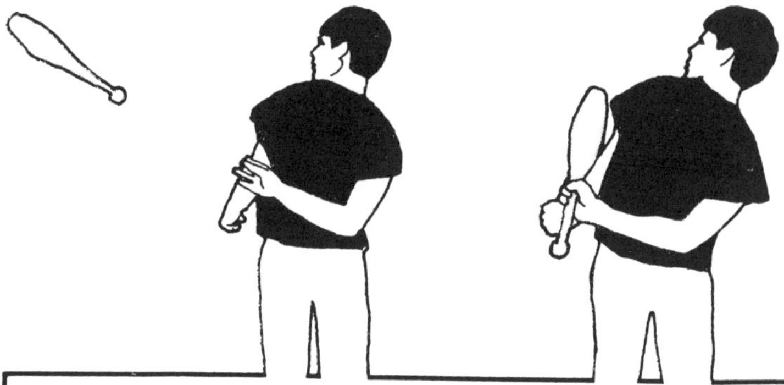

Dreh dich um 90 °, und greife möglichst weit nach vorne.

Dreh dich schnell zurück, um die nächste Keule auf übliche Weise zu fangen.

Regelverstöße

Du weißt schon genug über das Jonglieren, um zu wissen, daß es nur eine Regel gibt – ›WEITERMACHEN, GESCHEHE WAS WOLLE!‹ Diese Regel hat einen Folgesatz – ›MACH AUS ALLEN FEHLERN EINE GELEGENHEIT.‹ Vergiß das nicht, während du eigene originelle Methoden erfindest, deine Partnerin mit Keulen zu beliefern oder ihre Würfe zu fangen. Du könntest z. B. eine Keule hinüberspringen lassen . . .

Oder am Boden entlang hinüberrutschen lassen, oder sogar hinüberlaufen, sie deiner Partnerin in die Hand drücken und auf deine Position zurücklaufen.

Du kannst die letzte Keule übergeben anstatt sie zu werfen. Aber spring rechtzeitig zurück, um die erste Keule wieder zu fangen.

Über den Kopf

Da gerade von drei Keulen die Rede ist, du könntest deinem Partner den Rücken kehren und alle drei Keulen schnell hintereinander . . .

über deinen Kopf nach hinten werfen.

Nebeneinander

Der rechte Jongleur benutzt nur seine rechte Hand.

Der linke Jongleur benutzt nur seine linke Hand.

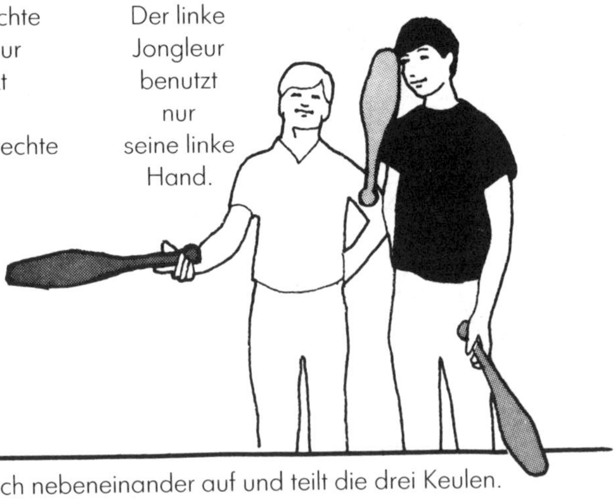

Stellt euch nebeneinander auf und teilt die drei Keulen.

Rundlauf

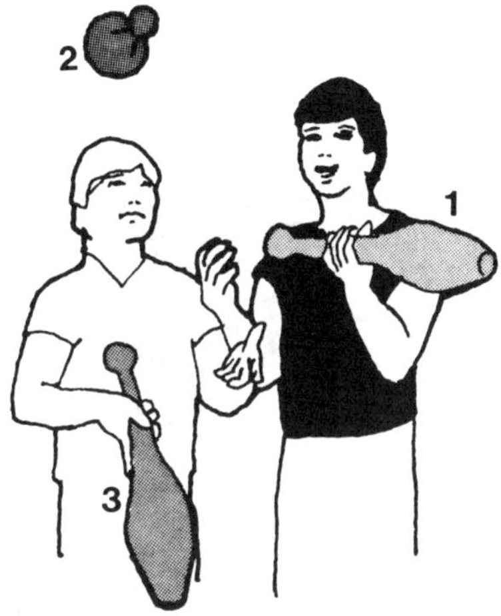

Komm von links, und nimm mit deiner linken Hand die Keule, die sonst in die linke Hand des Partners geflogen wäre.

Greif jetzt frech vor seinen Körper, und nimm die nächste Keule mit rechts, bevor seine rechte Hand sie erreicht.

Die letzte Keule kommt unter deinem langgestreckten rechten Arm hoch, du schreitest hinein und übernimmst die drei Keulen.

Spielt mit dem Rundlauf

- Halte die Arme auseinander, nachdem du Keulen Nr. 1 und 2 bekommen hast, damit dein Partner Keule Nr. 3 dazwischen hochwerfen kann.
- Sobald du nach der ersten Keule greifst, gibt es kein Zurück mehr. Du mußt forsch sein und dir Nr. 2 und 3 auch noch nehmen.
- Wenn ihr präziser und schneller werdet, könnt ihr ständig umeinander herumlaufen und dabei drei Keulen teilen. Schließlich kommst du so schnell herum, daß die letzte Keule, die du abwirfst, zugleich die erste ist, die du fängst.
- Nun könnt ihr andere Gegenstände hinzufügen, z. B. einen Hut. Greife den Hut, setze ihn auf und nimm dann die Keulen ab. Ein Handtuch und eine Zigarre können noch dazukommen. Nimm den Hut, nimm das Tuch, lege es dir auf die Schulter, nimm die Zigarre, stecke sie dir in den Mund, nimm dann die drei Keulen ab.
- Wer behauptet noch, daß Jonglieren keine Kondition erfordert?

Sechskeulenpassing

Es ist soweit!

Lernt zuerst den Dreierlauf, dann das Sechserpassing!

Beginnt mit hochgehaltenen Keulen, zwei in der rechten Hand, eine in der linken. Senkt die Hände und fangt gleichzeitig an zu jonglieren. Zählt »Eins–und–zwei–und–Pass–und–eins–und–zwei-und-Pass« usw.

Werft jede dritte Keule aus rechts zum Partner. Dann versucht es mit jeder zweiten. Werft schließlich jede Keule aus rechts. Das nennt sich Showerpassing.

BEACHTE:

- Beim Passing ist wichtig, wie du stehst. Das rechte Bein steht etwas weiter hinten, das Gewicht ruht gleichmäßig auf beiden Füßen.
- Bring deine rechte Hand kurz vor dem Abwurf nach unten, so daß die zu passende Keule parallel zum rechten Bein hängt.
- Passe mit dem ganzen Arm, aber benutze auch deinen Daumen, um die Keule kurz vor dem Knob nach unten zu drücken. Versuche, jedesmal genau gleich zu werfen. GLEICHMÄSSIGES PASSEN IST DAS A UND O!
- Passe gerade nach vorne. Die Keule darf sich nicht nach innen oder nach außen neigen, sie soll in der senkrechten Ebene bleiben.
- Vermeide überflüssige Körperbewegungen. Behalte das ganze Muster im Auge, aber konzentriere dich darauf, gut zu passen und zu fangen.

Unter dem Bein durch

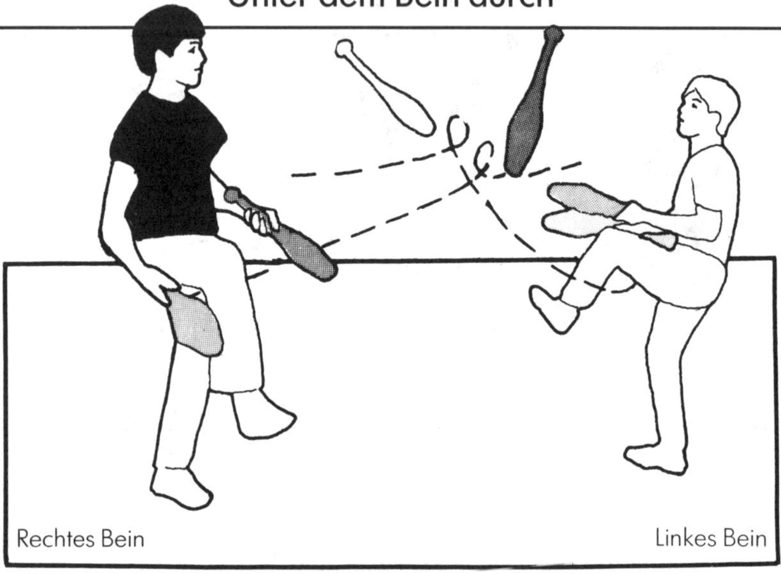

Heb das Bein und wirf darunter durch. Du wirfst unter dem rechten Bein durch, indem du den rechten Fuß nach außen drehst und deinen Stand öffnest, oder unter dem linken Bein durch, indem du es vor deinen Körper bringst und mit dem linken Fuß nach rechts zeigst. Egal wie rum, das Bein muß hoch sein!

Vielfalt

Um euer Passing zu würzen, könnt ihr gleiche Tricks gleichzeitig ausführen, oder euch mit Trickwürfen abwechseln. Wir haben einige dieser Trickwürfe bei dem ›Dreierlauf‹ behandelt. Probiert:

- Holzhacker
- Schulterwurf
- Hubschrauber
- Rückwärtsdrehung

TIPS

- Habt Geduld miteinander.
- Erfindet neue Trickwürfe.
- Jeden zweiten Wurf zu passen ist leichter als jeden.
- Zuerst lernt es der eine, dann der andere. Macht es gleichzeitig oder abwechselnd.

Kick-up beim Passing mit sechs Keulen

Beginnt das Showerpassing mit nur fünf Keulen. Während die fünf gepasst werden, liegt die sechste auf deinem linken Fuß mit dem Knob an der Wade. Orte das Loch, wo Nr. 6 fehlt. Jedesmal, wenn es bei deiner linken Hand ist, hebe diese, um es deutlich zu machen.

Kurz bevor das Loch bei deiner linken Hand ankommt, kickst du die Keule hoch und wirfst mit der linken Hand zur rechten. Die nächste Keule, die in deiner linken Hand landet, ist die hochgekickte. Jongliert einfach weiter.

Wahnsinn!

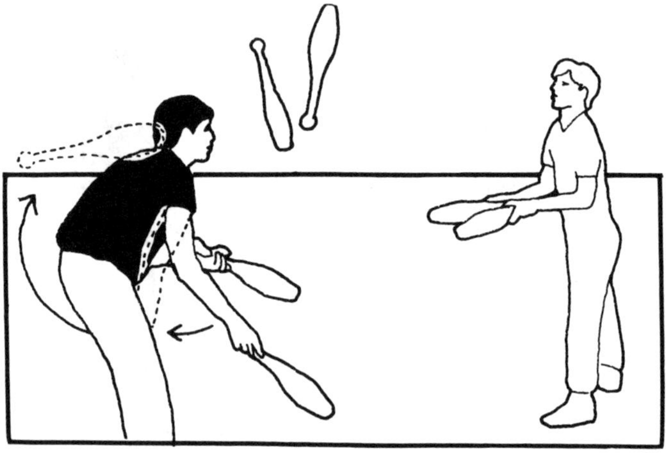

Ein besonders schwieriger und eindrucksvoller Trick ist der Schulterwurf zwischen den Beinen durch.

- Greife weit zwischen den Beinen nach hinten
- Halte die Keule am Knob
- Beuge dich nach vorne, so daß die Keule deine rechte Schulter fast streift

Rücken an Rücken

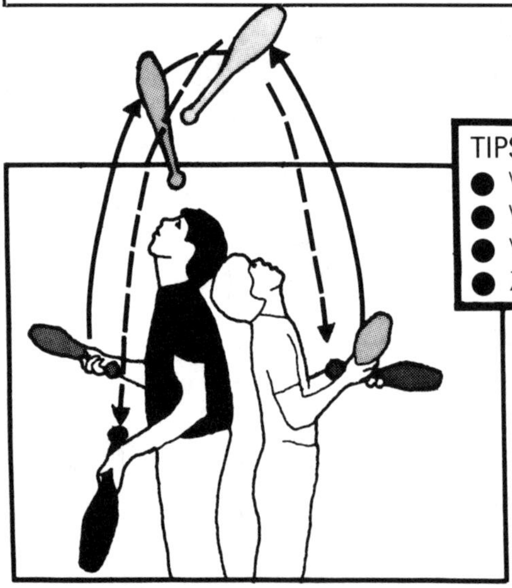

TIPS:

- Werft jede dritte Keule
- Werft Doppeldrehungen
- Visiert die herunterkommende Keule an
- Zählt zuerst laut mit

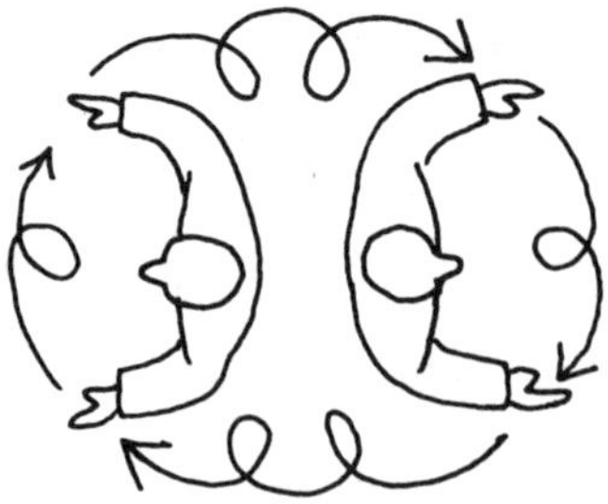

Das Aufregendste überhaupt

Außer dem Passing mit brennenden Dynamitstangen oder lebenden Stinktieren gibt es noch eine Sache, die unheimlich spannend werden kann: alles rückwärts machen. Das bedeutet, daß die Selbstwürfe von rechts nach links gehen und die Passwürfe von links zur rechten Hand des Partners. Beide passen links und fangen rechts. Es kann ein sehr ernüchterndes Erlebnis sein, zu sehen, wie die Keulen um euch herum zu Boden fallen.

Eine weitere Übung, die Geduld und Geschicklichkeit fördert, ist das Passing mit beiden Händen. Hier gibt es keine Selbstwürfe vor dem Körper. Alle Würfe sind Pässe zum Partner. Um Zusammenstöße zu vermeiden, müßt ihr unter der ankommenden Keule entlang werfen (Vgl. ›Einsertakt‹ beim Ballpassing).

Einserpassing

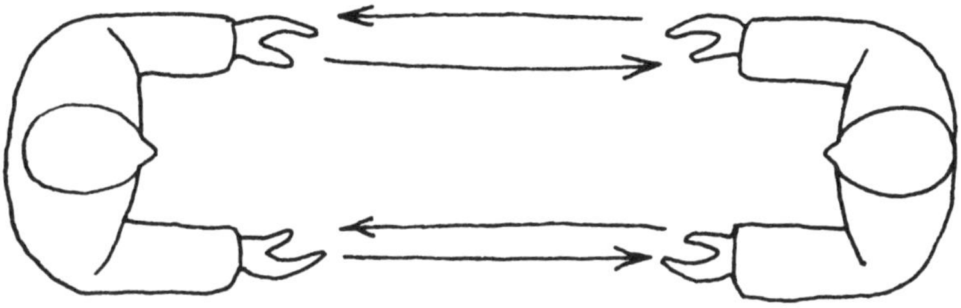

MERKE:

Es ist viel einfacher, links und rechts im versetzten Rhythmus zu werfen als mit beiden Händen gleichzeitig.

Doppelt und dreifach

TIP: Jongliert langsamer und schaut nach oben. Werft höher, aber nicht fester. Die zusätzlichen Drehungen ergeben sich durch die Höhe.

Beginnt mit jedem dritten Wurf als Doppeldrehung, dann versucht es mit jedem zweiten. Schließlich ist jeder rechte Wurf eine Doppeldrehung.

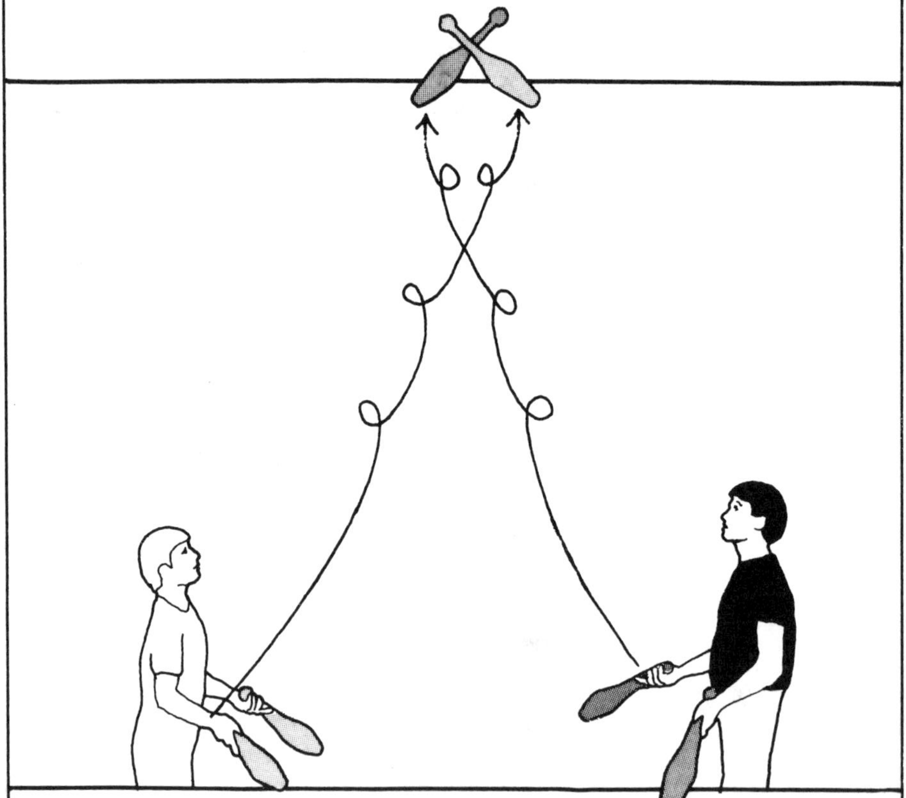

Doppel- oder Dreifachdrehungen könnt ihr beide gleichzeitig werfen.

Einfach, zweifach, dreifach

UND JETZT ... werft einen Sechskeulenshower. Hier wird es wirklich kompliziert! Eine Doppeldrehung dauert einen Takt länger, eine Dreifachdrehung zwei Takte länger als normal. Das heißt, du kannst aus rechts mit normaler einfacher Drehung passen, dann beim nächsten Takt eine diagonale Doppeldrehung aus deiner Linken werfen. Die Doppeldrehung landet genau in dem Moment, in dem eine normale einfache Drehung aus rechts angekommen wäre, in der linken Hand des Partners. Und um alles noch verwirrender zu machen, kann dein nächster Wurf eine Dreifachdrehung aus rechts sein, die genau dann beim Partner ankommt, wenn er sonst die nächste normale einfache Drehung gefangen hätte. Mit anderen Worten, der Empfänger muß seinen Rhythmus gar nicht ändern, aber der Absender wirft rechts (Einfach, geradeaus), links (Doppel, diagonal auf links), rechts (Dreifach, geradeaus).

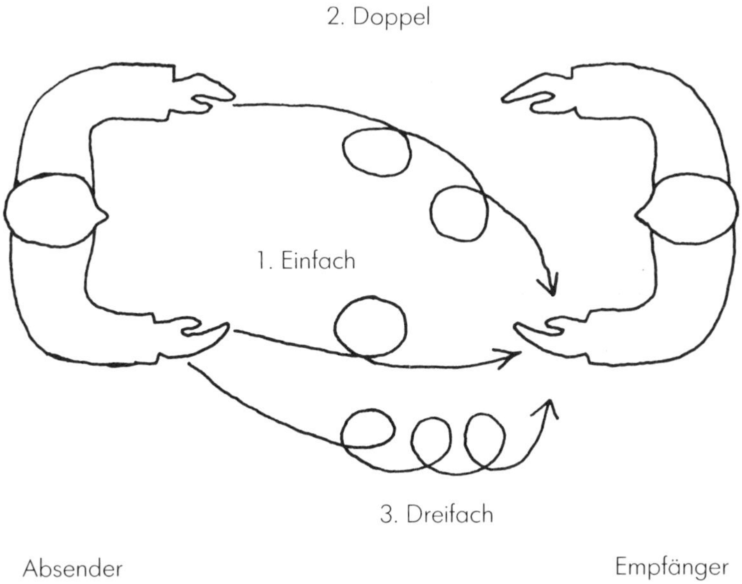

Sieben Keulen

TIP: Lernt zuerst den Sechskeulenshower mit Doppeldrehungen.

Der Jongleur mit vier Keulen beginnt mit einer hohen Doppeldrehung.

Der Jongleur mit drei Keulen wartet.

MERKE: Für jeden einzelnen ist der Rhythmus nicht anders als beim Sechskeulenshower mit Doppeldrehungen. Der Unterschied ist nur, daß du jetzt in dem Moment mit rechts wirfst, in dem dein Partner mit links wirft.

Wenn die erste Keule oben ist, wirft der zweite Jongleur herüber. Macht einfach weiter. Ihr seht, daß ihr NICHT gleichzeitig mit dem Partner passt.

Versucht einige Tricks mit sieben Keulen, z. B.

- Passwurf unter dem Bein durch
- Laßt ein Loch und hebt die siebte Keule mit der Hand oder dem Fuß auf
- Bringt das Muster von Doppel- auf einfache Drehungen herunter und wieder auf Doppeldrehungen hoch
- Einer von euch sammelt zum Schluß alle Keulen ein (ziemlich schnell und schwierig, aber ein großartiges Finale!)

BEACHTET: Siebenkeulenpassing ist langsamer, als ihr denkt. Vergeßt nicht, abwechselnd mit der rechten und linken Hand zu jonglieren. Laßt euch Zeit und werft nicht mit rechts und links gleichzeitig.

Die Gentleman-Jongleure
John Webster und Robert Stuverud

Acht Keulen

BEACHTET: Das Muster ist das gleiche wie bei sechs Keulen – rechts, links, rechts, links. Nur das Tempo ist etwas schneller.

Passt gleichzeitig mit hohen Doppeldrehungen. Das ist schnell, aber wenigstens werft ihr wieder synchron.

The Philippine Pride Jugglers

Regina
Irlo
Emily
Victoria

Passingformationen mit Keulen

Das Jonglieren beginnt als Einzelunternehmen. Wenn du drei Gegenstände unter Kontrolle hast, ist der nächste Schritt das Teilen und Passen mit einem Partner. Dann werdet ihr mehr Leute ins Spiel integrieren wollen, um mit neun oder mehr Gegenständen und drei oder mehr Jongleuren zu spielen.

Das Feed

Der Feeder passt abwechselnd zu jedem der anderen Jongleure. Die Empfänger passen also abwechselnd zum Feeder. Der Feeder macht doppelt so viele Passwürfe wie jeder der beiden Empfänger.

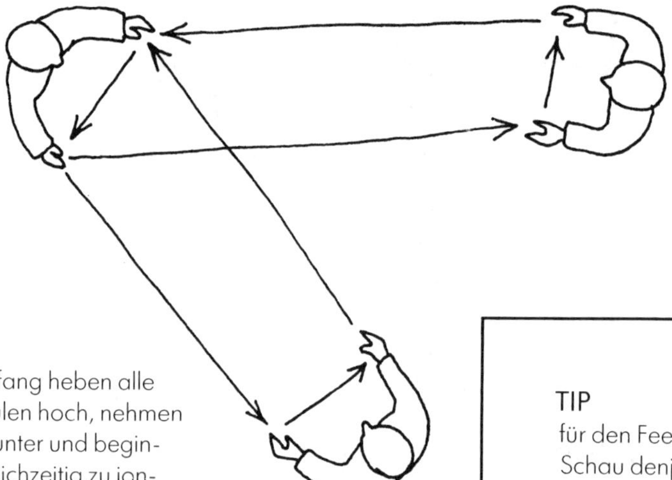

Am Anfang heben alle die Keulen hoch, nehmen sie herunter und beginnen gleichzeitig zu jonglieren. Der Feeder zählt »eins und zwei und Pass«, indem er mit rechts zur linken Hand des Jongleurs A passt. Sein nächster Wurf aus rechts geht zu Jongleur B, usw.

TIP
für den Feeder: Schau denjenigen an, zu dem du gerade passt. Zähle laut oder sage abwechselnd die Namen der Partner.

Variationsmöglichkeiten

Sobald ihr die Grundbegriffe verstanden habt, könnt ihr z. B. folgendes ausprobieren:

TEMPO Der Feeder passt jede zweite Keule aus rechts, was den Empfängern mehr Zeit zwischen ihren Passwürfen läßt (genau vier Takte statt zwei).

DREHUNG Statt mit einfacher Drehung zu werfen, können alle Partner mit Doppel- oder Dreifachdrehungen passen. Solange alle das gleiche machen, ist es nicht schwer, den Rhythmus aufrechtzuerhalten.

TRICKS Wenn ihr passen könnt, ohne fallenzulassen, versucht einige Trickwürfe. Würfe unter dem Bein durch und Flats sind am einfachsten, aber wer sagt, daß wir nur einfache Tricks probieren wollen? Du kannst selbstverständlich auch beim Selbstwurf einen Trick einbauen, während der Feeder zum anderen Empfänger passt, oder eine Pirouette drehen, bis du wieder dran bist.

Wie komplex kann das noch werden?

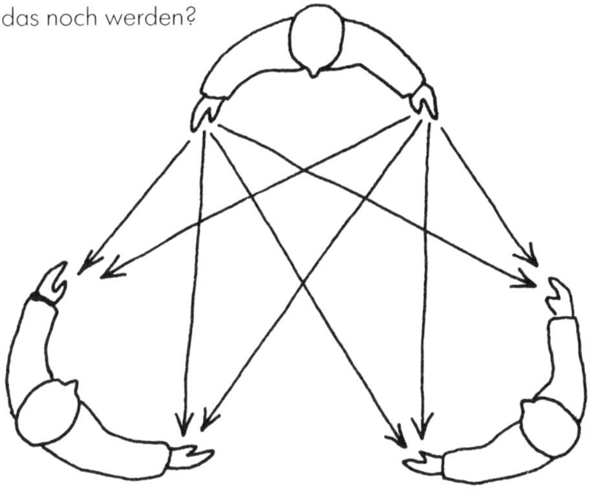

Betrachten wir allein die vielfältigen Möglichkeiten des Feeders: mit der rechten Hand kann er auf vier verschiedene Empfängerhände werfen, mit der linken Hand ebenfalls. Wenn ihr das mit den Tempo-, Dreh- und Trickvariationen kombiniert, könnt ihr irrsinnige, verwirrende Feedmuster erfinden.

Das Dreieck

Drei Mitspieler können außenherum passen.

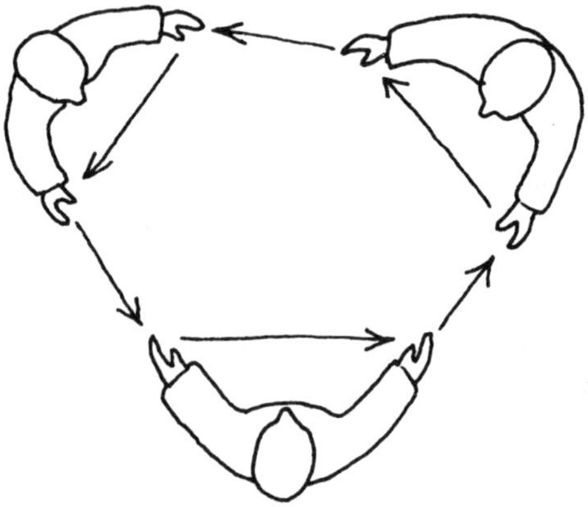

TIP

Beginne mit jedem dritten Wurf. Guck nach rechts, wirf, dreh den Kopf, guck nach links, fang die anfliegende Keule, guck nach rechts, wirf, usw. Wenn alle gut werfen, ist das Fangen kein Problem.

Oder ihr könnt innen herum passen.

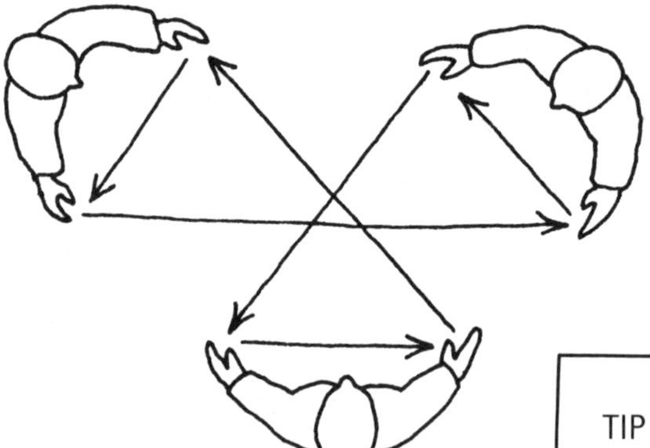

TIP

Steht weit auseinander, um Zusammenstöße zu vermeiden. Ihr müßt gleichzeitig und möglichst präzise werfen.

Die Linie

C sollte höher und weiter nach außen werfen, damit der Wurf an Bs Schulter vorbeikommt. Oder B könnte einen halben Schritt weiter links stehen.

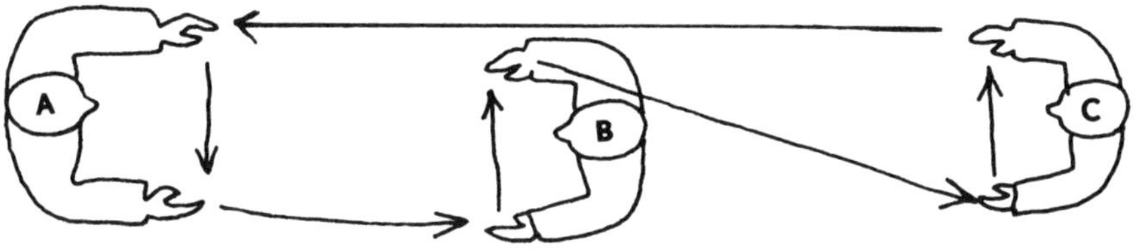

A passt kurze einfache oder Doppeldrehungen zu B.
B passt ›Drop-Back‹ (Überkopf nach hinten) mit Doppeldrehung zu C.
C passt lange Würfe zu A.

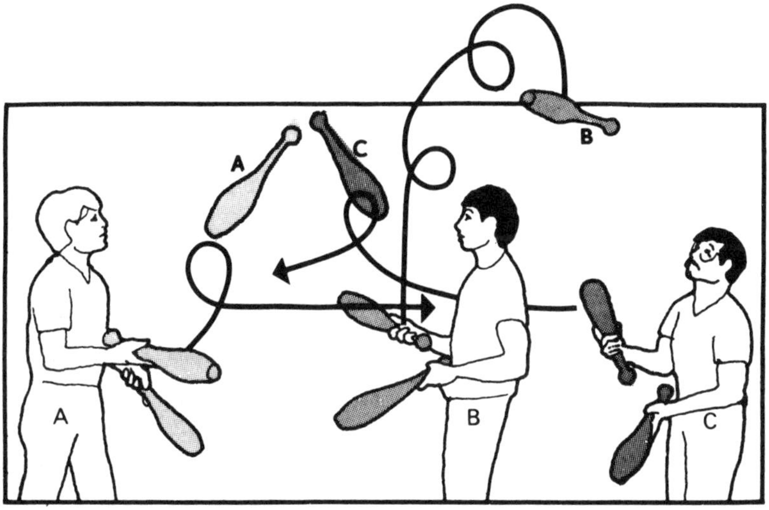

TIP

C wirft weiter nach außen, um an Bs Ellbogen vorbeizukommen.

Menschenjonglage

Jetzt könnt ihr zu dritt neun Keulen jonglieren, als Feed, Dreieck oder Linie. Es wird Zeit, mit Bewegung zu experimentieren. Hier sind einige Ideen:

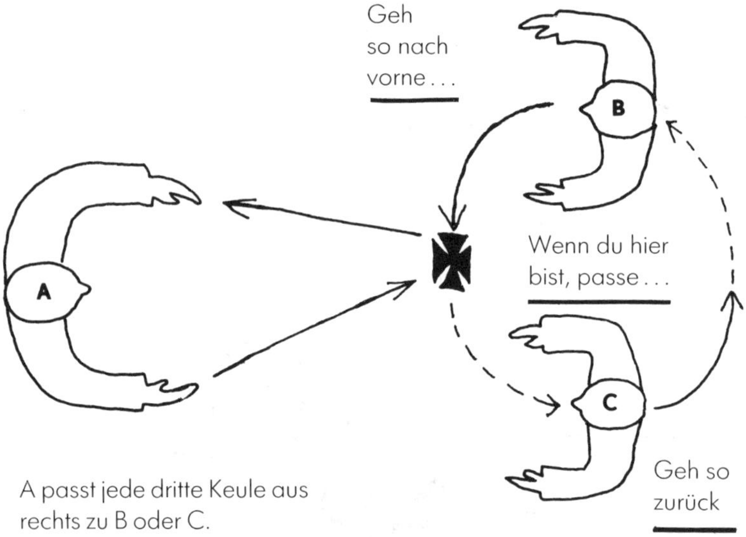

A passt jede dritte Keule aus rechts zu B oder C.
B und C laufen schnell im Kreis umeinander herum, ohne ihre Jonglage zu unterbrechen. Jeder passt jede sechste Keule aus rechts zu A. Versucht, genau von Punkt ›X‹ aus abzuwerfen.

Anmerkung: Jetzt stellt sich die Frage, wie du auf das ›X‹ kommst, wenn du dran bist. Kannst du deinem Partner zwischen den Beinen hindurchkrabbeln, oder über ihn hinwegspringen? Du mußt die Keulen vielleicht einige Takte festhalten statt weiterzujonglieren, aber möglich ist es.

Passt im Dreieck. Das ganze Dreieck dreht sich langsam im Kreis. Es hilft, wenn ihr die Anzahl der Schritte zwischen den Passwürfen vorher festlegt.

In einer Linie kann sich der mittlere Jongleur um 180 ° drehen. Sein Rhythmus wäre in dem Fall: »Eins und zwei und Pass und Wende und zwei und Pass«. Bei ›Wende‹ wirft er mit rechts eine Doppeldrehung über die Schulter, dreht sich und fängt sie selbst mit der linken Hand, ohne seine Jonglage zu unterbrechen. Sein nächster Wurf aus rechts geht über die Schulter zum vorherigen Kopfende der Linie, das jetzt hinten ist.

B passt über die Schulter zu C.

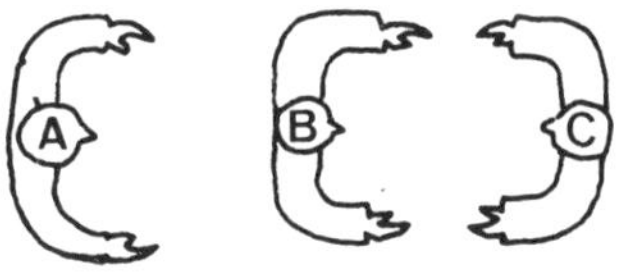

Alle machen Selbstwürfe, während sich B dreht

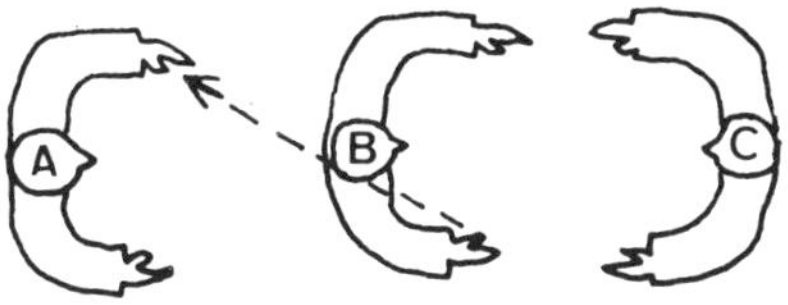

B passt über die Schulter zu A

Schulterstandfeed

DER AUFSTIEG

Der Untermann geht leicht in die Knie und hält die Hände des Partners über Kreuz, links über rechts. Der Obermann setzt den rechten Fuß hoch auf den Oberschenkel des Untermanns.

Der Obermann verlagert sein Gewicht auf rechts, schwingt sich um den Rücken des anderen und setzt den linken Fuß aut dessen linke Schulter. Der Untermann zieht ihn gleichzeitig hoch. Laßt eure Hände noch nicht los.

Der Untermann senkt seine Hände bis kurz unter die Kniekehlen des Obermanns und zieht nach unten. Der Obermann geht leicht in die Knie und drückt seine Waden gegen den Kopf des anderen.

Der Untermann läßt die Beine des Obermanns los. Ein dritter gibt euch die Keulen, und ihr beginnt zu jonglieren. Übt zuerst den Aufstieg, dann das Jonglieren und schließlich das Passing.
Wenn der Obermann die Balance verliert, soll er nach vorne springen!
Zuerst passt der Feeder jede dritte Keule, das heißt für Ober- und Untermann jede sechste. Schließlich kann der Feeder jede und die Empfänger jede zweite passen.

Das Karussell

Das ist eine schnelle, aber relativ einfache Sechskeulenjonglage zu dritt.

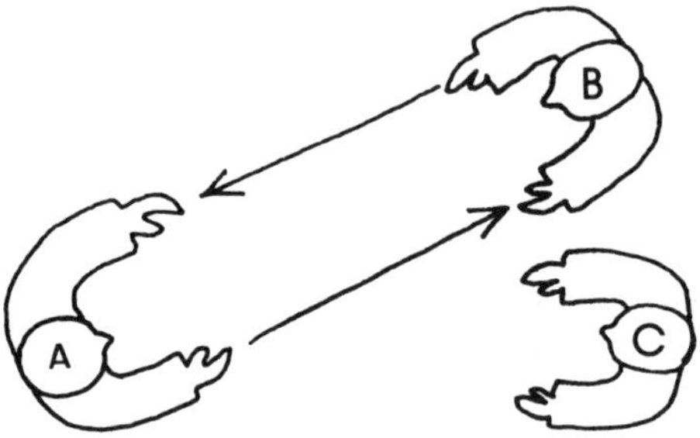

A und B passen im Shower. C kommt an Bs linke Seite und hebt die linke Hand.

Nun passt A zu C und bekommt Keulen von B, bis B keine mehr hat. Dann . . .

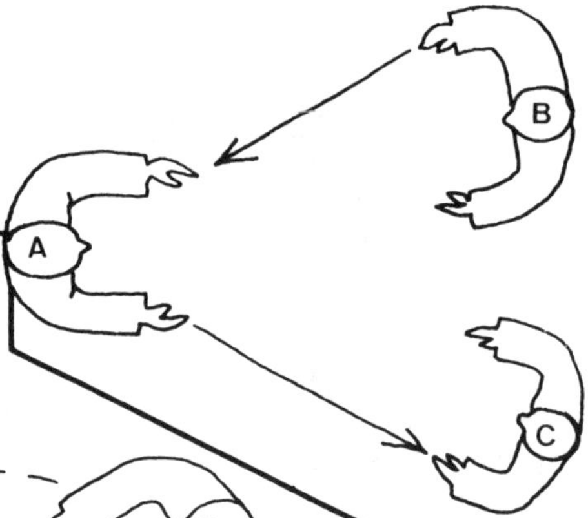

läuft B an As linke Seite, hebt die linke Hand und fängt den nächsten Passwurf von C.

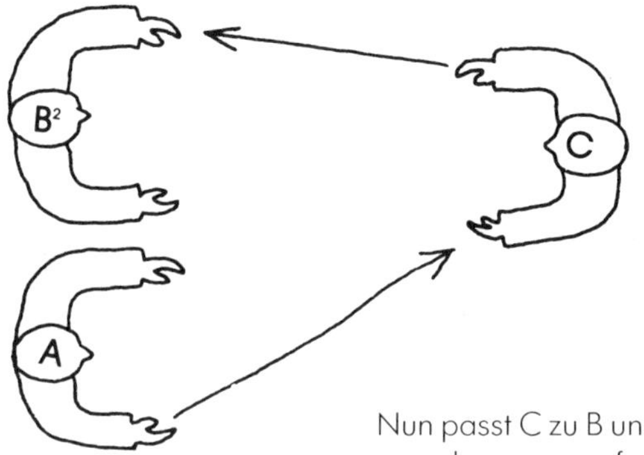

Nun passt C zu B und bekommt von A Keulen zugeworfen, bis A keine mehr hat, dann ...

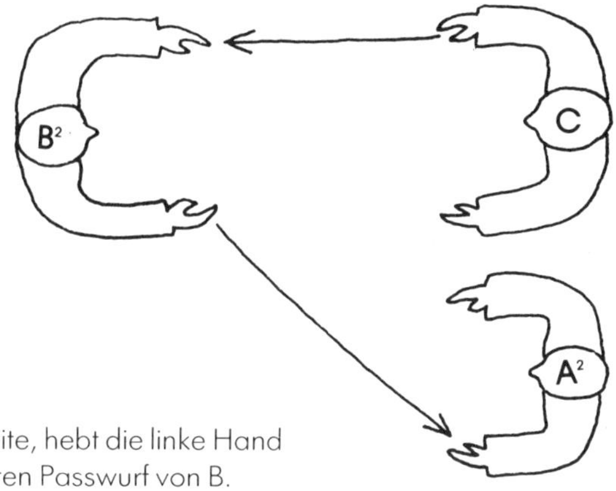

läuft A an Cs linke Seite, hebt die linke Hand und fängt den nächsten Passwurf von B.

Um das Karussell in Gang zu halten ...

- Lauf weiter, sobald du keine Keulen mehr hast, dreh dich um und fang.
- Wenn jemand eine Keule fallenläßt, kann der nächste Läufer sie auf dem Weg zur neuen Position aufheben.
- Mach nach der Übernahme einen Schritt nach rechts, um genau die Position deines Vorgängers einnehmen zu können. Das bietet dem Publikum ein sauberes Bild.

Vierpersonenformationen

Feed

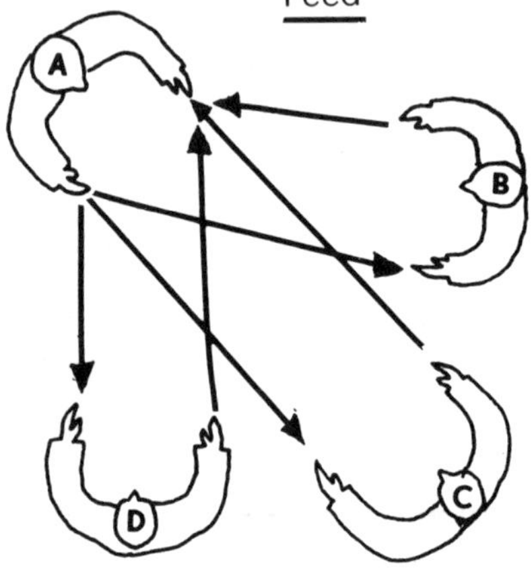

DIE SCHRITTE

1. Alle heben ihre Keulen und beginnen gleichzeitig.
2. A schaut B an und passt mit dem dritten rechten Wurf zu B.
3. As nächster Rechtswurf geht zu C, dann zu D, dann wieder zu C, dann zu B, dann zu C.
4. B und D passen jeden dritten Wurf, C passt jeden zweiten.
5. A schaut jeden der Reihe nach an und ruft den Namen.

FALLENLASSEN: Wenn B oder D eine Keule fallenläßt, hat er viel Zeit, sie aufzuheben und weiterzumachen. Wenn A fallenläßt, kann er einfach seinen Pass zu B oder D auslassen, und dieser kann die Keule aufheben.

WEBEN

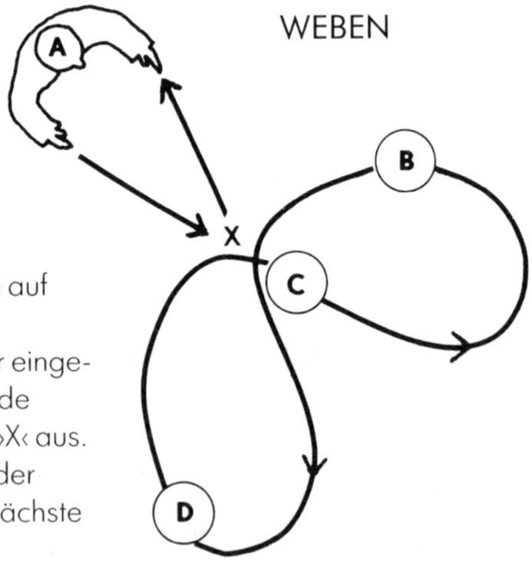

DIE SCHRITTE

1. A passt jede dritte rechte Keule auf Punkt ›X‹.
2. B, C und D rotieren entlang der eingezeichneten Bahn und werfen jede neunte rechte Keule von Punkt ›X‹ aus.
3. Direkt nach dem Fangen geht der Empfänger zurück, damit der nächste vortreten kann.

MERKE: A, B und C bewegen sich selbst im Kaskademuster!

DAS KREUZ

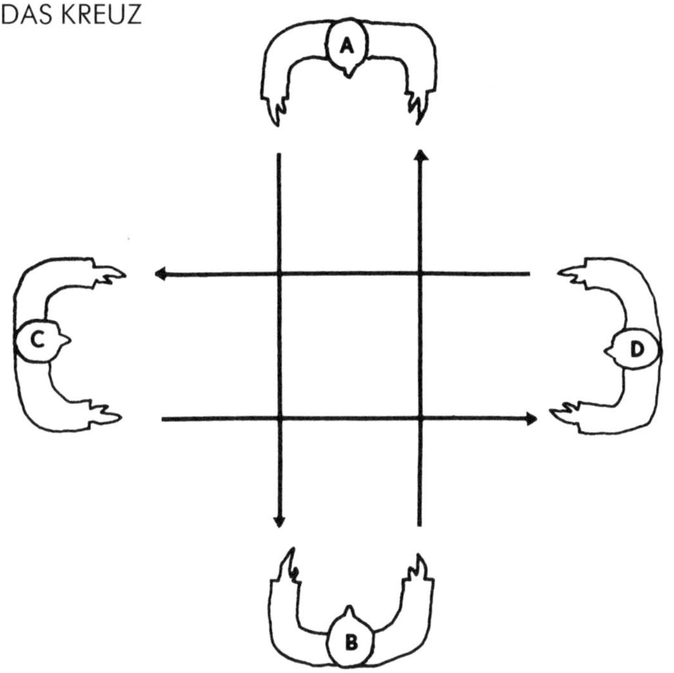

DIE SCHRITTE

1. Hebt alle gleichzeitig die Hände.
2. A und B senken die Hände und fangen zusammen an.
3. C und D warten einen Takt lang, senken dann ihre Hände und fangen zusammen an.
4. A und B passen die dritte rechte Keule.
5. C und D passen die dritte rechte Keule.
6. Jetzt werfen A und B jede zweite, dann C und D, immer abwechselnd.
7. Sobald ihr den Rhythmus habt, macht es nichts aus, wenn ein Paar fallenläßt. Ihr könnt mit einem schnellen Anfang wieder einsteigen, wenn ihr dran seid.
8. Versucht 3–3–10 in dieser Formation. Der Shower am Schluß ist schwierig, aber nicht unmöglich, wenn das Timing stimmt.

Linie zu viert

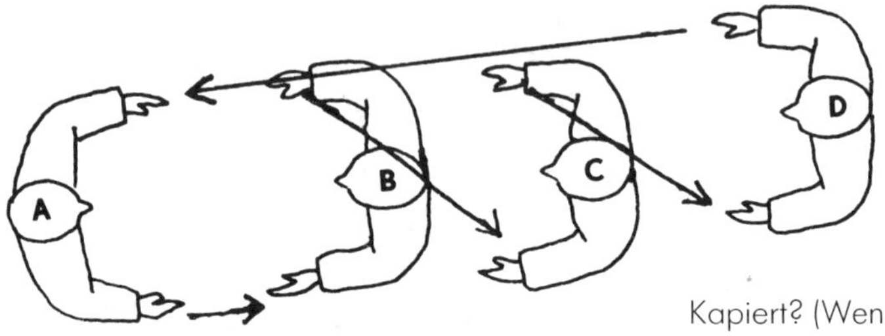

Kapiert? (Wenn nicht, schlage bei der ›Linie zu Dritt‹ nach und tüftele es aus!)

Jetzt dreht sich B um, und es geht . . .

Auf und Ab

A und C passen jede dritte, dann gehen sie in die Hocke, während B und D aufstehen und passen.

Wechselt euch ab – passen, hinhocken, aufstehen, passen, hinhocken, aufstehen usw.

Warum probiert ihr nicht mal so was aus, wenn ihr schon so steht?

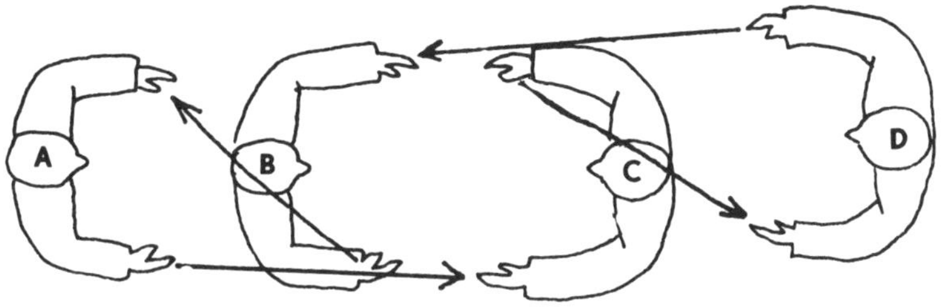

Oder probiert dieses hier mit Doppeldrehungen!

Oder A und B können umeinander kreisen und von Punkt ›X‹ aus jede dritte Keule passen, während C und D umeinander kreisen und jede dritte von ›Y‹ aus passen.

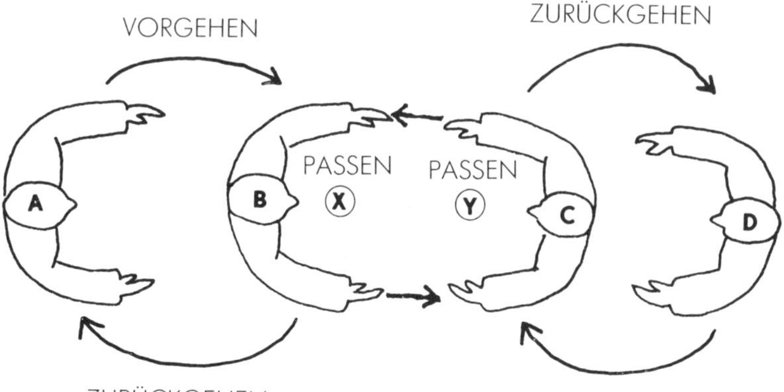

Die ›Y‹-Formation

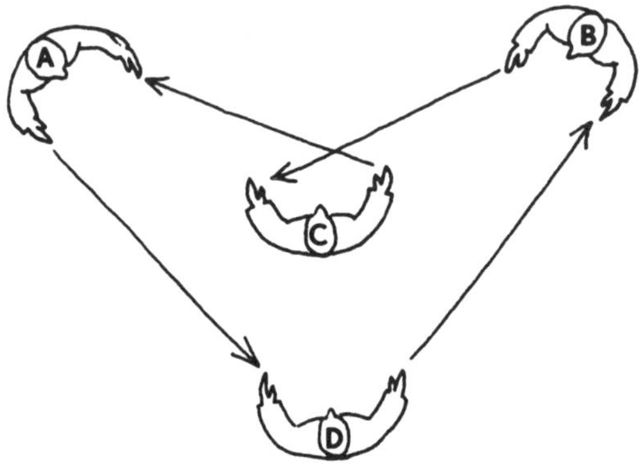

Das sieht sehr kompliziert aus, ist aber relativ einfach. A und D machen lange Passwürfe, C und B machen kurze. C passt und empfängt über Kreuz, aber ansonsten läuft alles ganz normal. Das führt zu dem

Schwenk

Wenn C in der Mitte ist, kann er herumschwenken, um erst zu A zu passen (während B und D Keulen vertauschen) und dann zu B (während A und D Keulen vertauschen), dann zu D (während A und B tauschen).

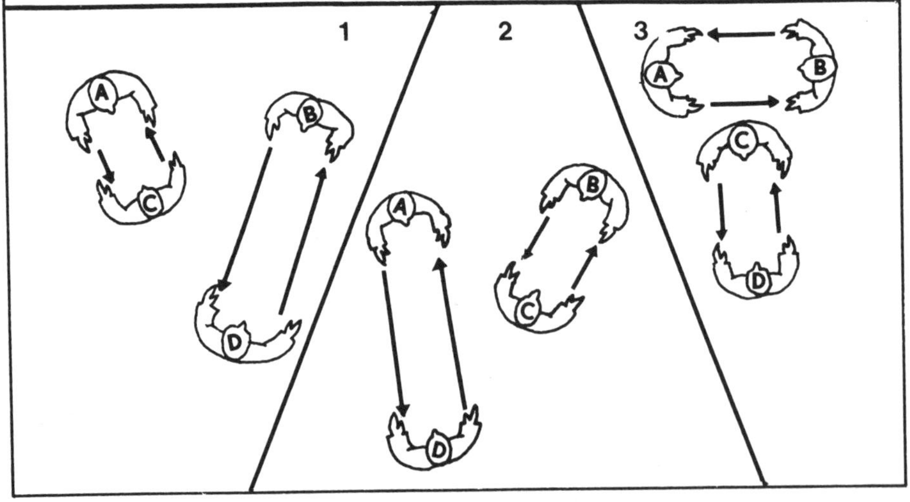

Fünf Jongleure

DER STERN

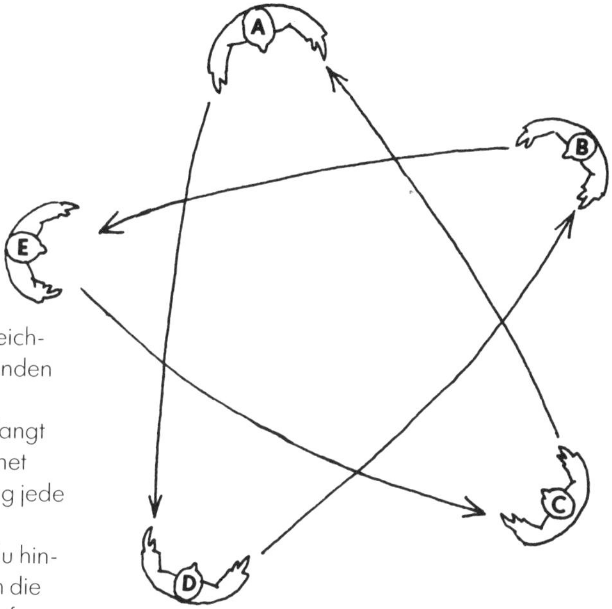

- Stellt euch in gleichmäßigen Abständen auf
- Passt und empfangt wie aufgezeichnet
- Passt am Anfang jede dritte
- Guck erst, wo du hinwirfst, dann sieh die Keule an, die du fangen mußt

BEACHTET: Zusammenstöße werden meistens durch unterschiedlich schnelles Jonglieren verursacht. Passt alle zur gleichen Zeit und mit gleicher Kraft.

Der Stern sieht an sich schon toll aus, aber ihr könnt auch:

- die ganze Formation beim Passing drehen
- abwechselnd einfache, Doppel- und Dreifachdrehungen werfen
- zum vorher festgelegten Zeitpunkt einen Flat werfen
- einen sechsten Jongleur in die Mitte stellen

Feed mit fünf oder mehr Personen

FALLENLASSEN: Wenn du als Empfänger eine Keule fallenläßt, mußt du nicht aufhören. Du kannst ein Loch abwarten, deine Keule holen und wieder einsteigen.

Wenn du als Feeder fallenläßt, passe einmal nicht zu B oder E (Aber fange Bs oder Es Passwurf zu dir!). B oder E kann jetzt die fallengelassene Keule aufheben.

BEACHTE:
Das ist dem Feed zu dritt ähnlich, mit dem Unterschied, daß die Empfänger zwischen den Passwürfen sehr viel Zeit haben, um Tricks zu machen. Zum Beispiel:

- eine Pirouette
- eine 180°-Drehung mit ›Drop-Back‹
- eine Solotrickfolge

Das Doppelfeed

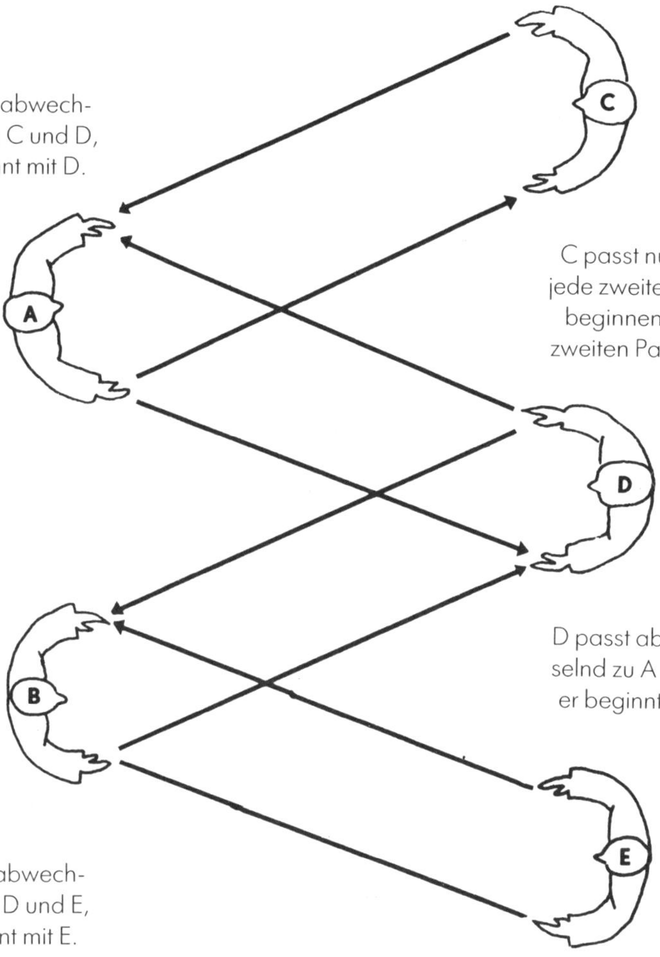

A passt abwechselnd zu C und D, er beginnt mit D.

C passt nur zu A, jede zweite Keule, beginnend beim zweiten Passwurf.

D passt abwechselnd zu A und B, er beginnt mit A.

B passt abwechselnd zu D und E, er beginnt mit E.

E passt nur zu B, jede zweite Keule, er beginnt gleich beim ersten Passwurf.

Passwürfe

1. A passt zu D, B zu E
2. A zu C, B zu D

Wiederholen

Variationen der Linie zu fünft

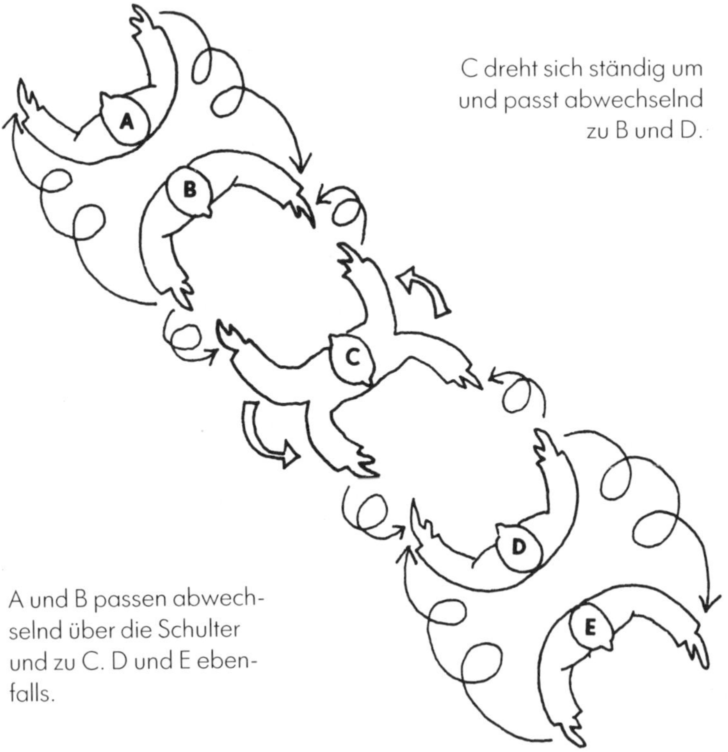

C dreht sich ständig um und passt abwechselnd zu B und D.

A und B passen abwechselnd über die Schulter und zu C. D und E ebenfalls.

> MERKE: In der folgenden Tabelle bedeutet ›O‹, daß der jeweilige Jongleur nicht passt.

Person	passt zu	im folgenden Rhythmus
A	B	O/O/O/B/O/O/O/B/O/O/O/B
B	A und C	O/C/O/A/O/C/O/A/O/C/O/A
C	B und D	O/B/O/D/O/B/O/D/O/B/O/D
D	C und E	O/E/O/C/O/E/O/C/O/E/O
E	D	O/D/O/O/O/D/O/O/O/D/O

Doppelfeed zu siebt

A und B beginnen mit C bzw. D, dann schwenken sie Schritt für Schritt bis F bzw. G herum und wieder zurück. Das wichtigste für alle Empfänger ist, sich den eigenen Rhythmus zu merken. Dieser läßt sich aus der folgenden Tabelle ermitteln:

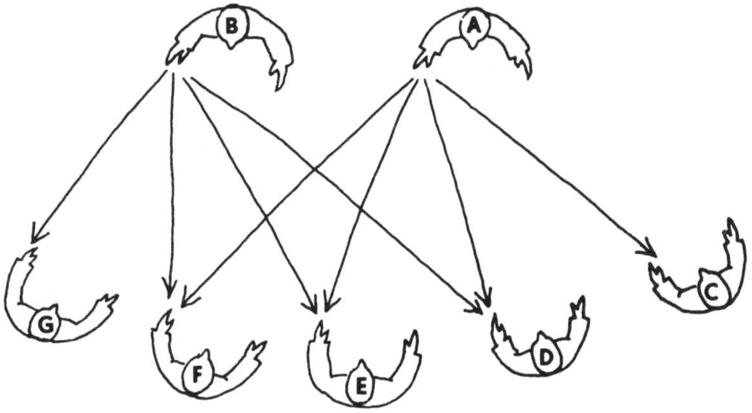

Person	passt zu	beginnt mit	in diesem Rhythmus
A	C, D, E und F	C	C/D/E/F/E/D/C/usw.
B	D, E, F und G	D	D/E/F/G/F/E/D/usw.
C	A	A	A/O/O/O/O/O/A/O/O/usw.
D	A und B	B	B/A/O/O/O/A/B/A/O/O/usw.
E	A und B	O	O/B/A/O/A/B/O/B/A/usw.
F	A und B	O	O/O/B/A/B/O/O/O/B/A/B/usw.
G	B	O	O/O/B/O/O/O/O/O/B/O/O/usw.

Bill Galvin und Steve Mock

Zigarrenkisten

Lernziele

1. Halbe und ganze Drehungen der Kisten an beiden Enden
2. Nimm von links und rechts heraus, sowohl nach unten als auch nach oben
3. Dreh die Mittelkiste in drei verschiedene Richtungen
4. Unter dem Bein durch und wieder heraus, auf beiden Seiten
5. Plaziere alle drei Kisten hinter dem Rücken, und hole sie wieder hervor
6. Drei beliebige Vertikaltricks
7. a. Laß alle drei Kisten los, klatsche zweimal, und fang wieder
   b. Laß alle drei Kisten los, kreuze die Arme, und fang wieder
   c. Geh aus der gekreuzten Armhaltung zur normalen zurück
8. Übergib eine Kiste
9. Zeig einen Anfangstrick
10. Zeig eine Balance
11. Entweder
    a. Ein Trick mit vier Kisten, oder
    b. Eine Pirouette, oder
    c. Ein Stapel mit acht Kisten

Die Schwerkraft überwinden

– mit Amy

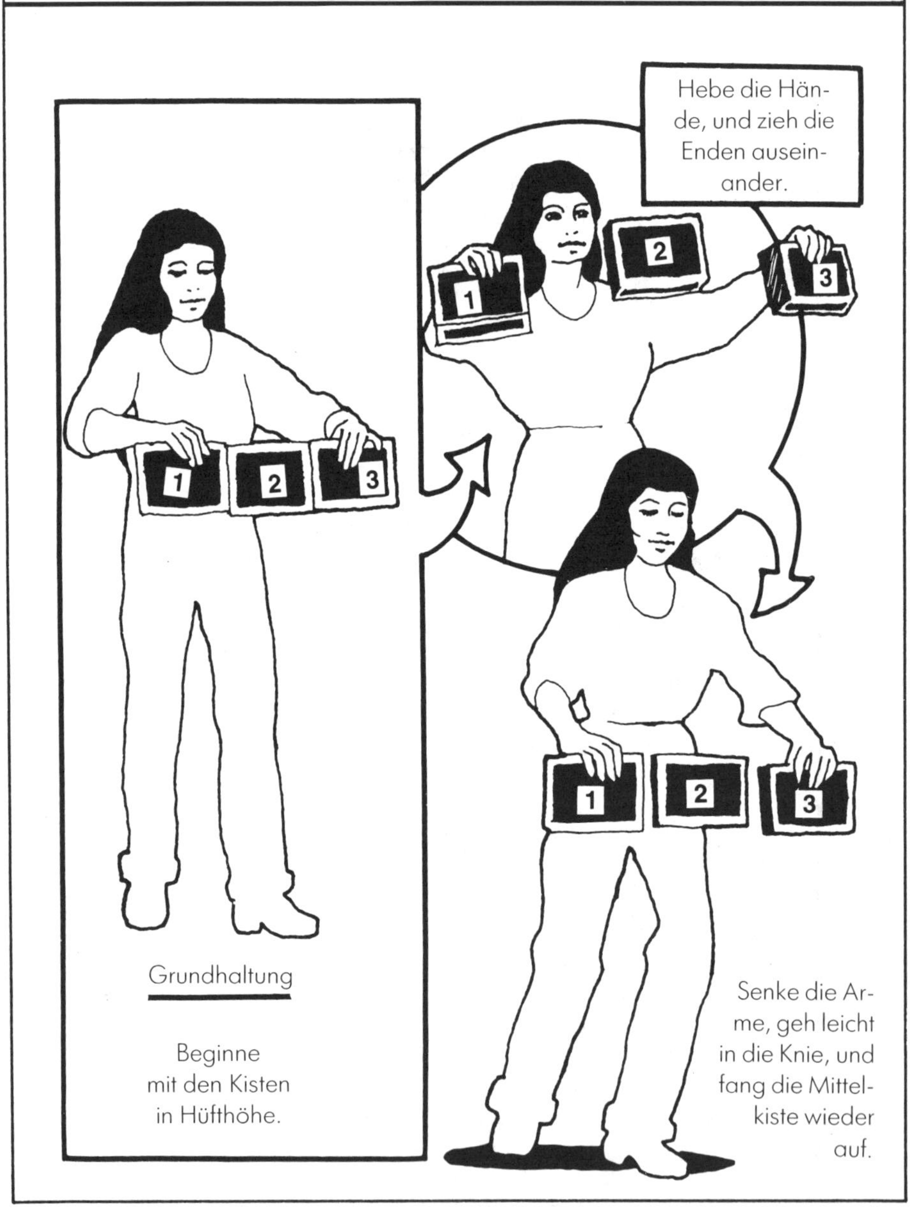

Eine Endkiste drehen

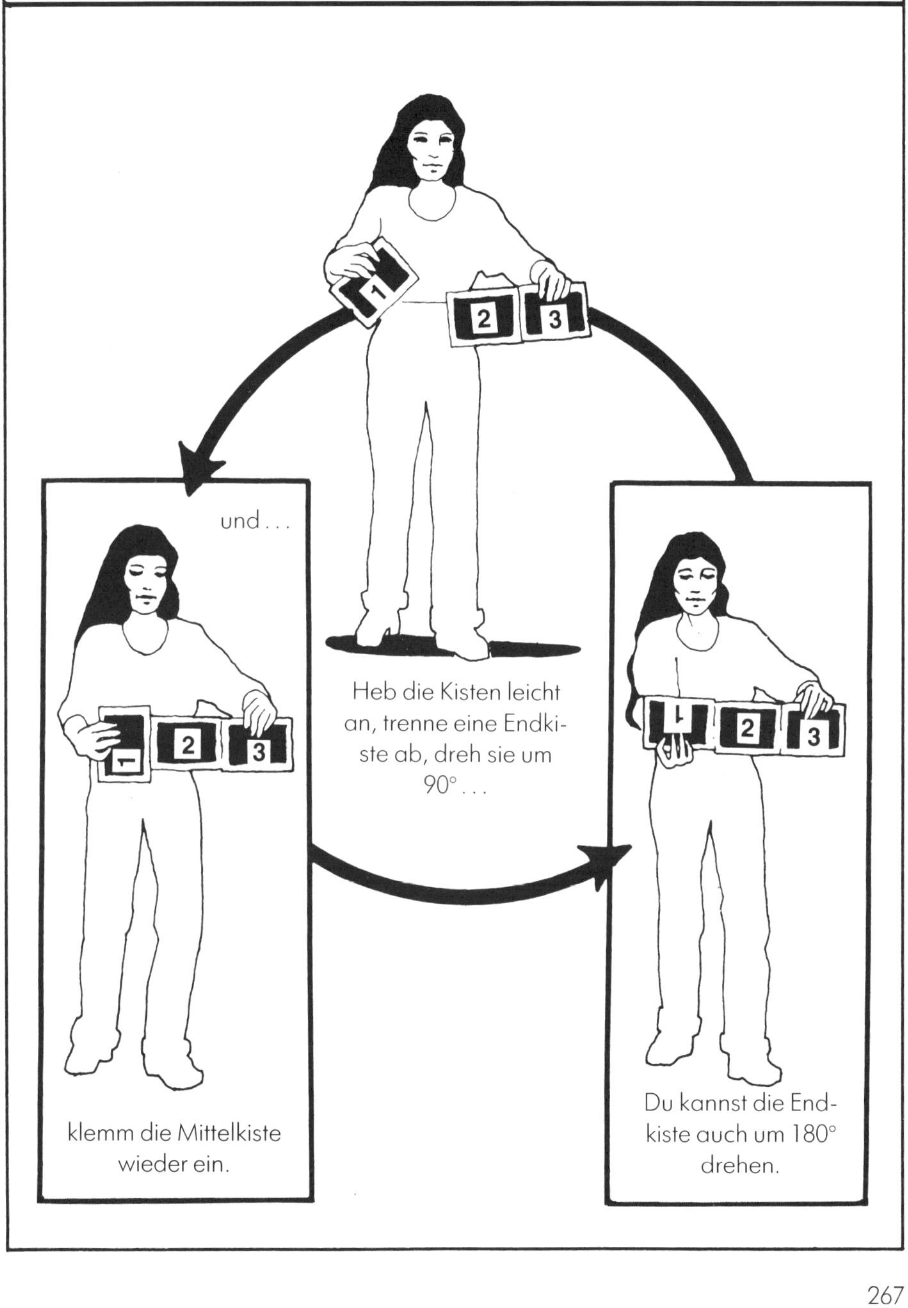

Beide Endkisten drehen

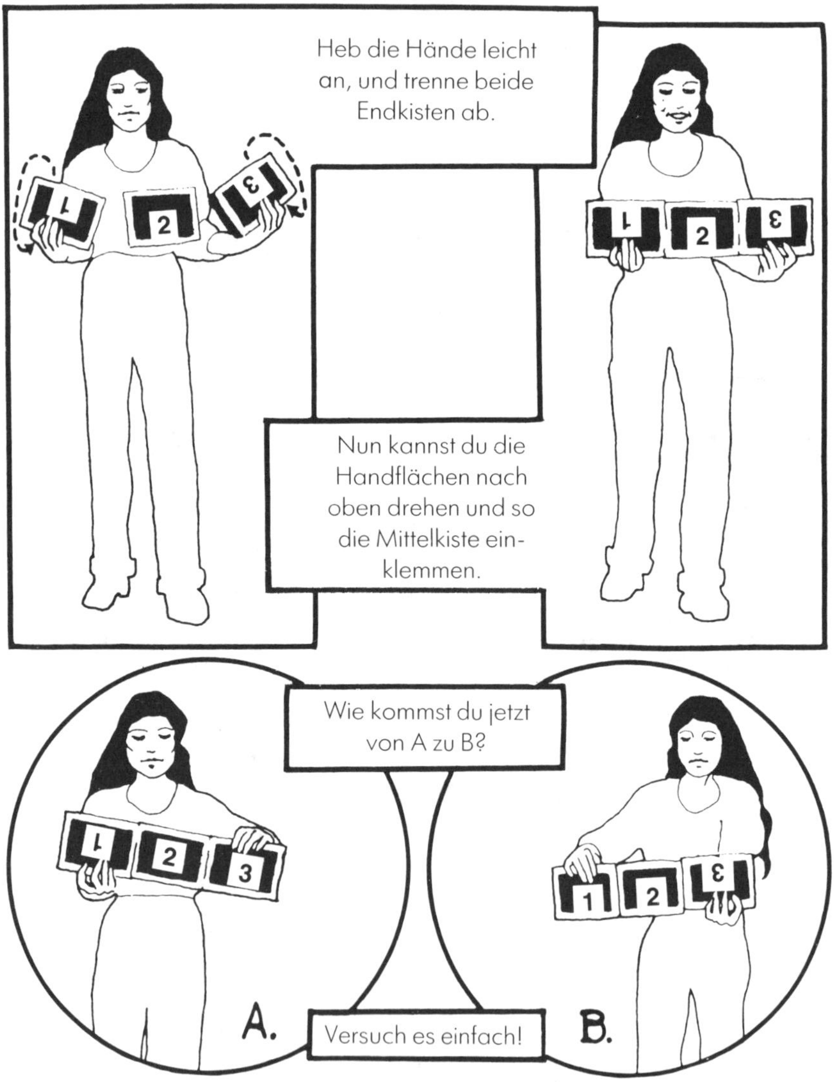

Herausnehmen

Aus Spaß zeigt dir Amy diesen Trick mit links. Du solltest alle Tricks mit beiden Händen lernen.

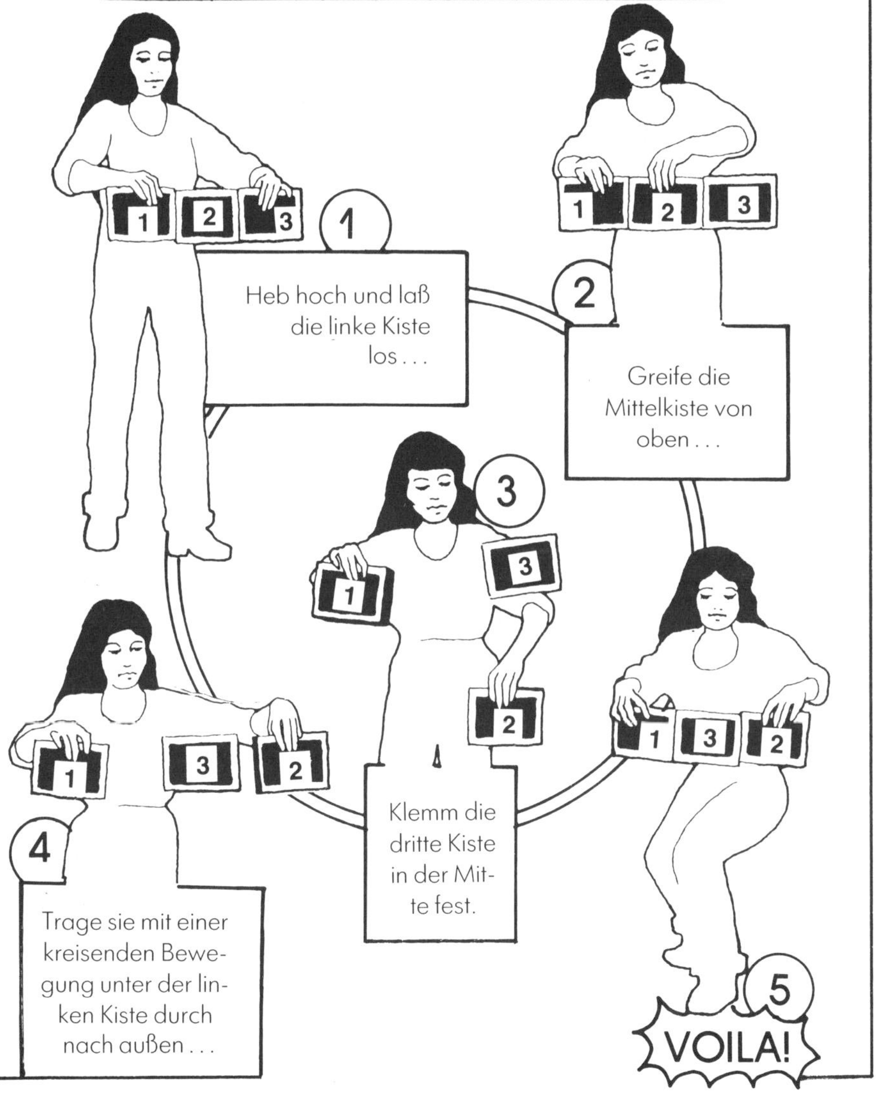

Herausnehmen und Hinübertragen

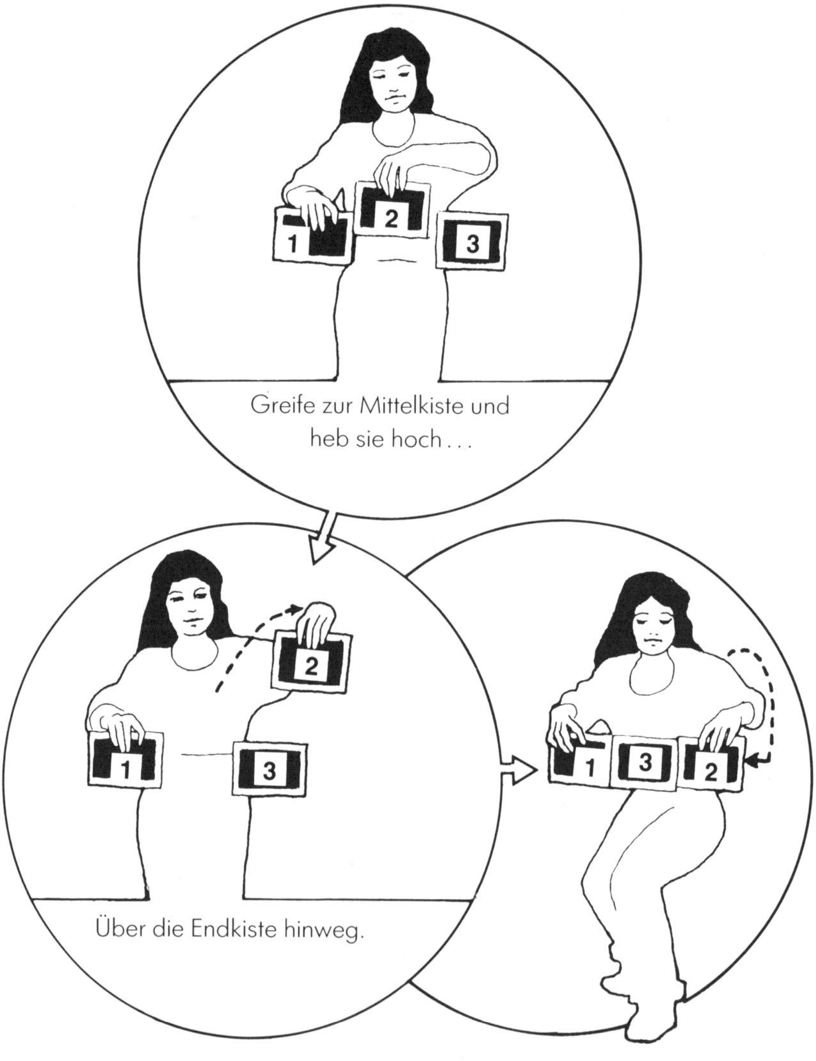

Drehungen

›Schneide‹ die Mittelkiste beim Loslassen so an, daß sie sich um 90°, 180° oder 360° dreht, bevor du sie wieder festklemmst.

Es gibt mehrere mögliche Drehrichtungen.

Probiere alle Variationen aus, die dir einfallen.

Körpertricks

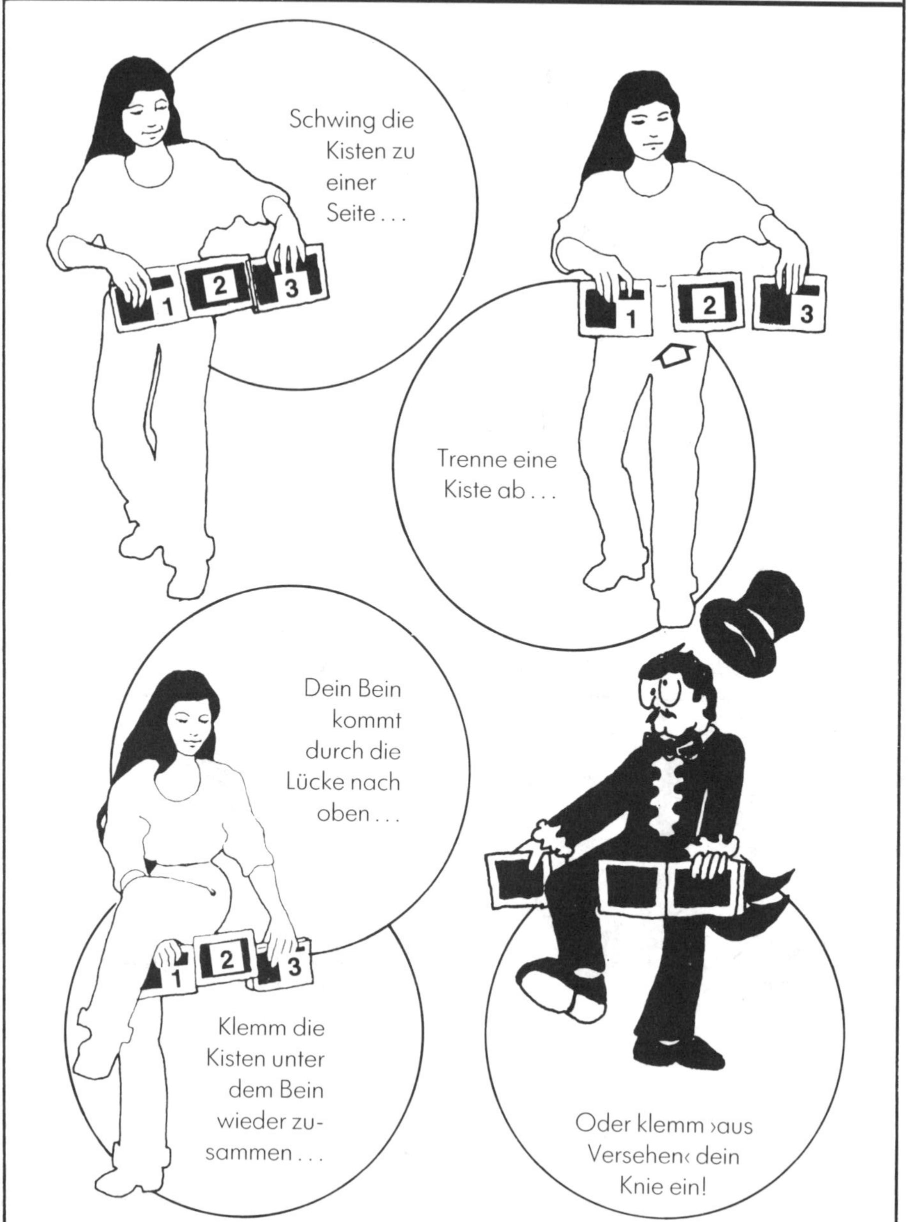

Bewege deinen ganzen Körper
durch die Lücke hindurch.
1
2
3
Klemm deine Hüften ein.
Oder deinen Kopf.

Vertikaltricks

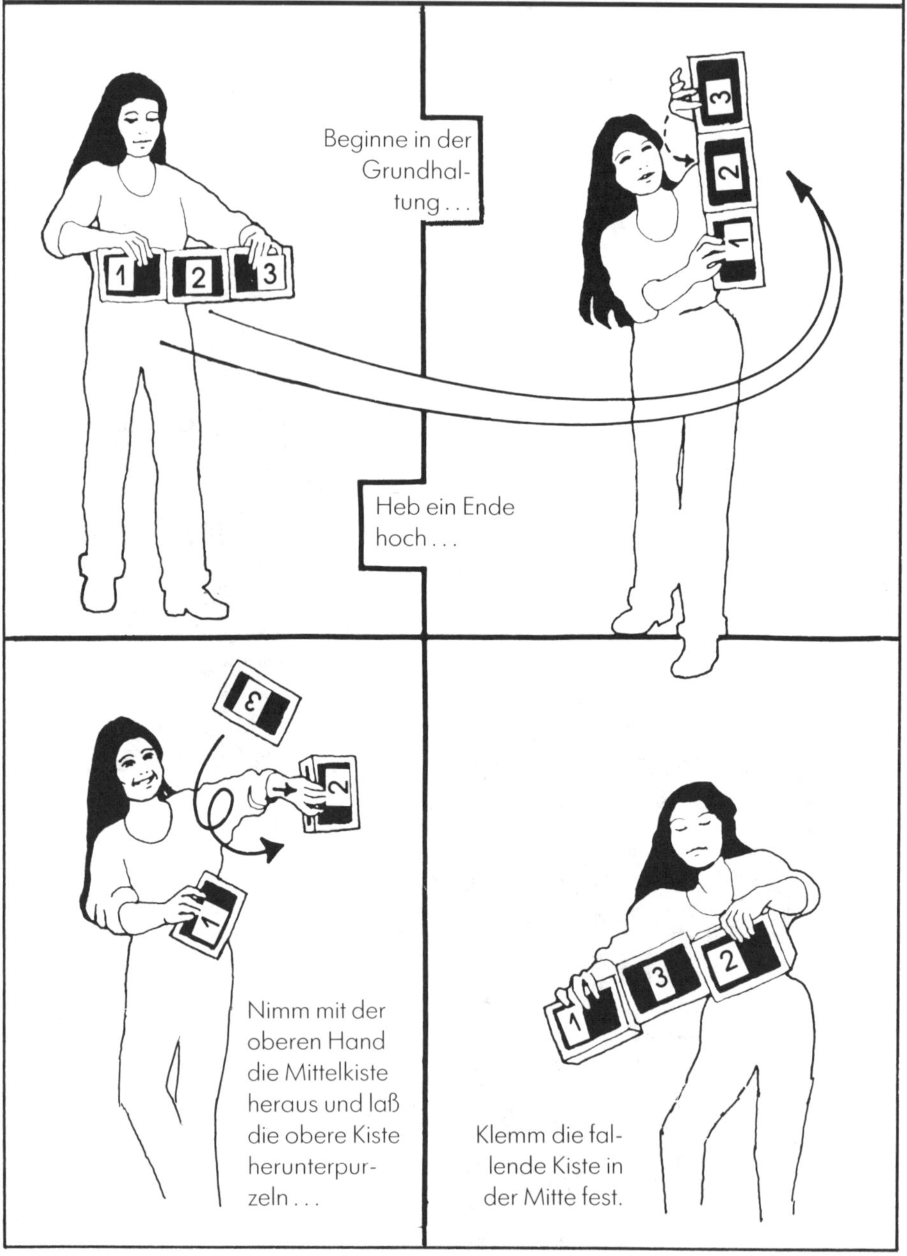

Eine vertikale Trickfolge

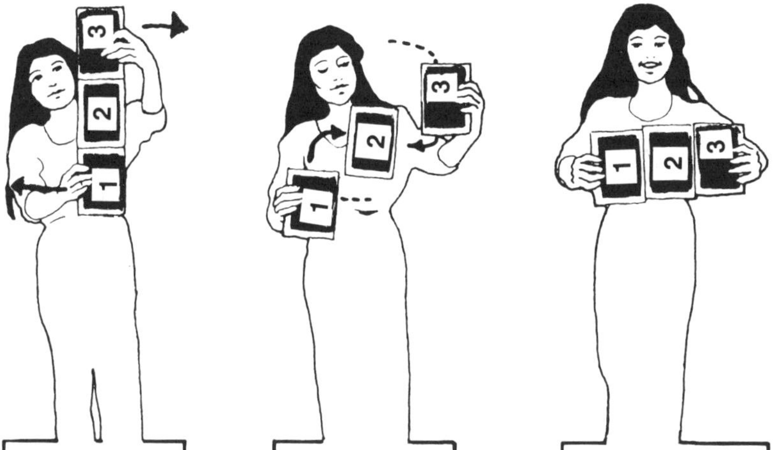

Zieh die obere und die untere Kiste weg . . .

Schiebe sie in die Waagerechte . . .

und klemm die Mittelkiste fest.

Stelle diesen Stapel jetzt hochkant . . .

Laß die Mittelkiste herauspurzeln . . .

Und klemm sie wieder fest.

Jetzt solltest du lernen, alle Kisten loszulassen und wieder zu greifen.
1
2
3
1 2 3
1 2 3
1 2 3
Wenn du sie losgelassen hast, kannst du:
oder.
in die Hände klatschen oder . . . eine Pirouette drehen

Jetzt hast du viel Zeit. Nutze sie, und mach mit den schwebenden Kisten einige Tricks.
1
2
3
Du kannst sie auf dich zudrehen lassen . . .
1
2
3
oder sie mit gekreuzten Armen fangen.
dich ohrfeigen
und . . .
fangen

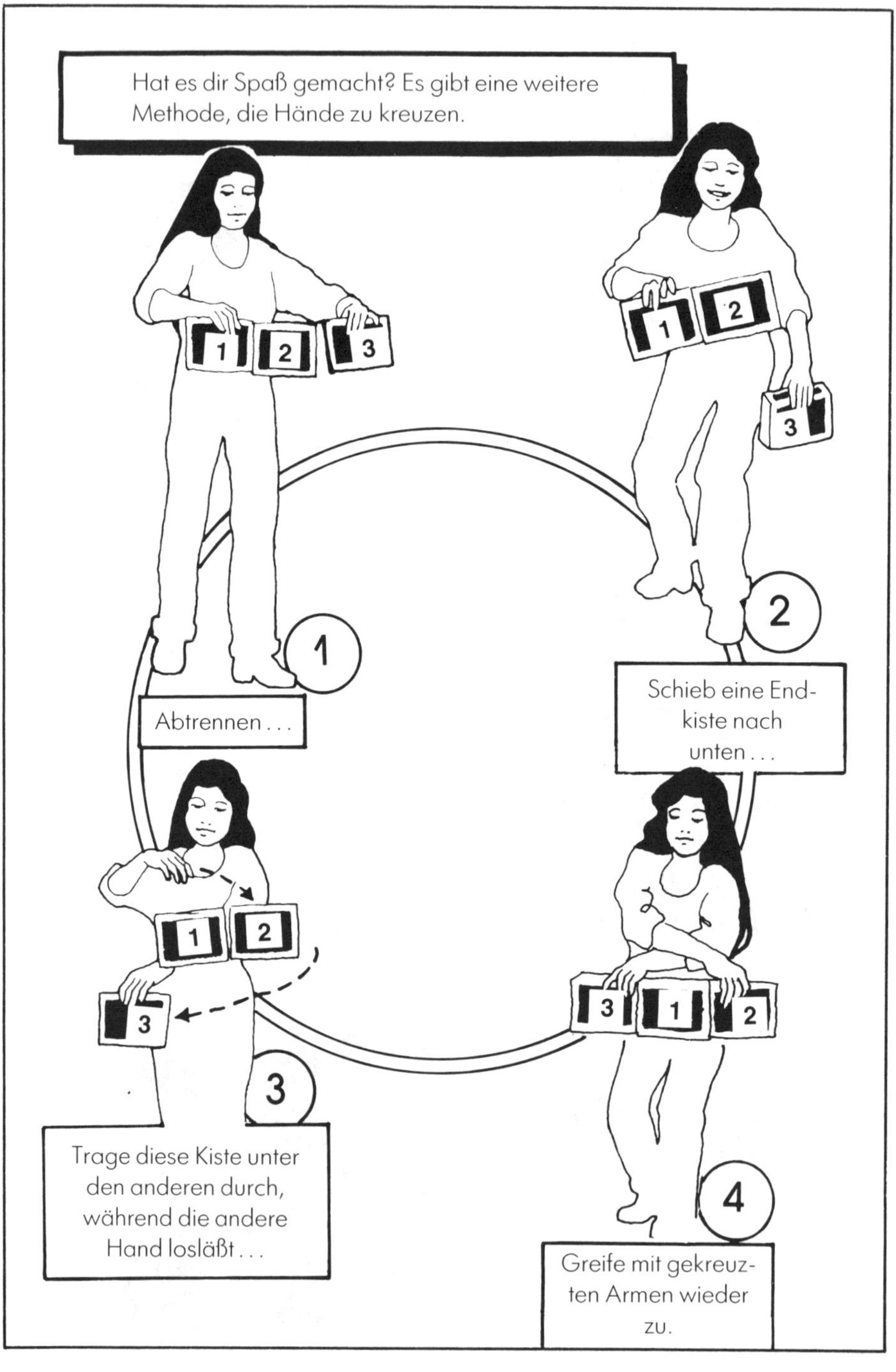
Hat es dir Spaß gemacht? Es gibt eine weitere Methode, die Hände zu kreuzen.
1
Abtrennen . . .
2
Schieb eine Endkiste nach unten . . .
3
Trage diese Kiste unter den anderen durch, während die andere Hand losläßt . . .
4
Greife mit gekreuzten Armen wieder zu.

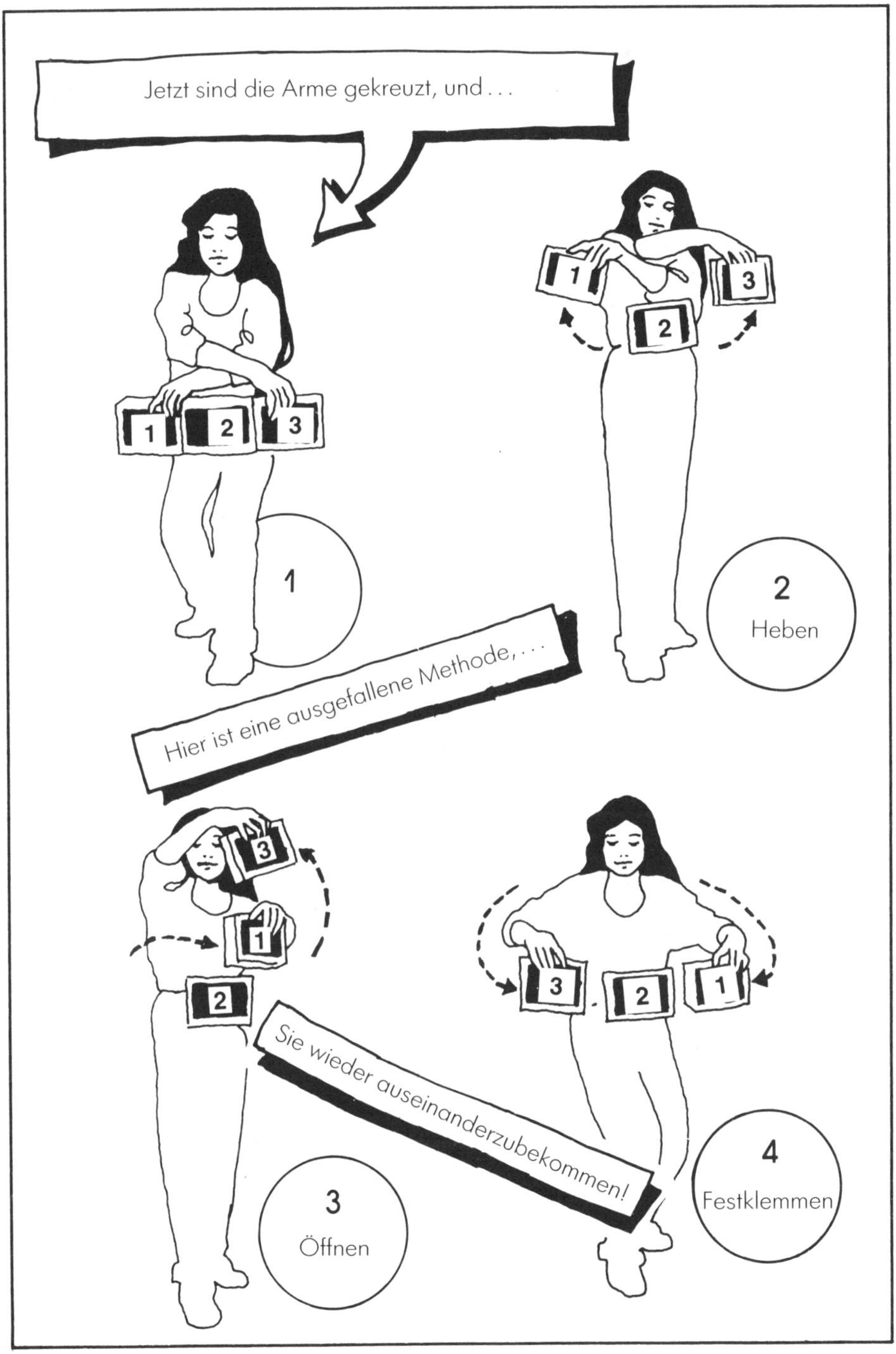

Jetzt sind die Arme gekreuzt, und . . .
1
2
Heben
Hier ist eine ausgefallene Methode, . . .
3
Öffnen
4
Festklemmen
Sie wieder auseinanderzubekommen!

Klick – Klack

Öffnen!
Trenn die Endkisten ab . . .
1
2
3
Klick!
1
3
2
Schlag sie ein- oder zweimal aneinander . . .
1
2
3
Klack!
Und klemm die Mittelkiste wieder fest.

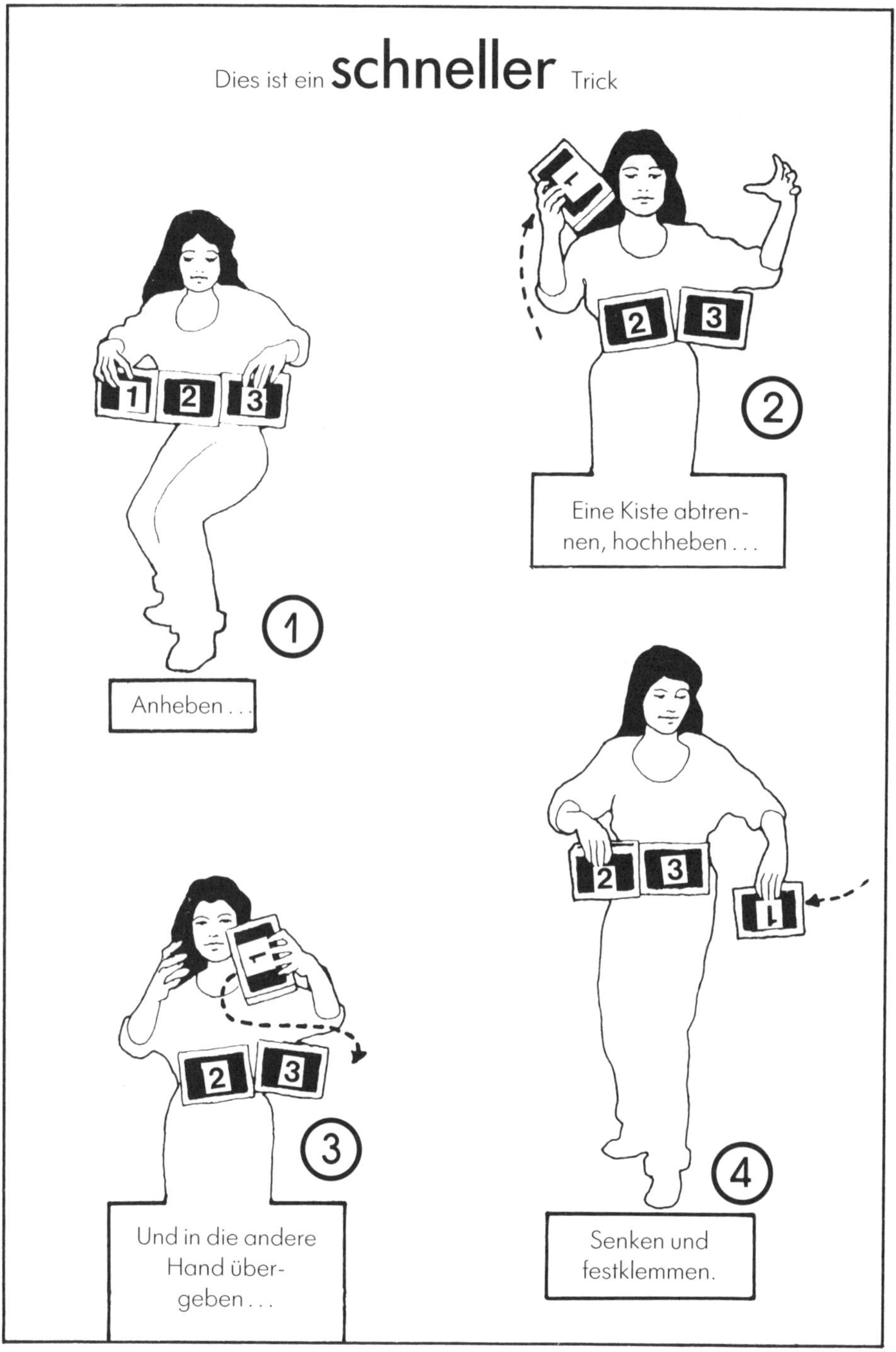
Dies ist ein schneller Trick
1
2
3
1 2 3
Anheben . . .
2
3
2 3
Eine Kiste abtrennen, hochheben . . .
1
2 3
3
Und in die andere Hand übergeben . . .
2 3
1
4
Senken und festklemmen.

Ein toller Anfang

Das große Finale

Flower Stick

Devil Stick

Lernziele

1. Zeige den Doppelschlag
2. Spiele mit einem Stock
   a. eine halbe Drehung
   b. eine ganze Drehung
3. Hebe vom Boden auf
4. Hubschrauber
   a. mit zwei Stöcken
   b. mit einem Stock
5. Propeller
6. Ein zusätzlicher Trick mit einem Stock
7. Ein Trick mit gekreuzten Armen
8. Unter beiden Beinen durch
9. Auf einer Seite hinter dem Rücken entlang
10. Entweder
    a. ein Balancetrick, oder
    b. ein Partnertrick

Der Devil Stick

von Todd Strong

Ein paar einleitende Worte

Arbeite in kurzen Abschnitten, fünf bis zehn Minuten sind genug, wenn du gerade anfängst und noch nicht süchtig bist.

- Mach eine Pause, wenn du frustriert bist, oder versuch etwas anderes.
- Sei nie zufrieden. Versuche immer neue Tricks und perfektioniere die, die du kannst.
- Mach den Mund zu, und beiß dir nicht auf die Zunge, ein verbreitetes Anfängerproblem.
- Atme normal, wenn du übst. Wenn du den Atem anhältst, kannst du keine Fortschritte machen.

Zwei Weisheiten aus dem Aikido

»Konzentriere dich auf den Lernprozeß«

Es ist wichtig, dich auf das zu konzentrieren, was du tust, wenn du die Stöcke tanzen lassen willst. Überlegst du an der fälligen Miete herum, oder daran, was es zum Dessert gibt, wirst du feststellen, daß die Schwerkraft deine Vorstellung choreographiert, und nicht du.

Um mit dem Devil Stick zu spielen, mußt du aufmerksam und konzentriert sein. Aber je öfter du übst, desto besser wird deine Konzentrationsfähigkeit.

Anfänger machen große Kreise, Meister machen kleine Kreise.

Die meisten Devil-Stick-Tricks sind ziemlich schwierig. Als Anfänger raten wir nur, welches wohl das richtige Muster sein mag, lassen ständig fallen und machen Fehler. Diese Fehler sind das Feedback, das uns hilft, unsere Muster zu verfeinern. Dieses Verfeinern nennt sich ›Ausbildung‹. In allen Bereichen machen Anfänger große, ruckartige Bewegungen; Meister machen kleinere präzisere Muster.

Vokabular

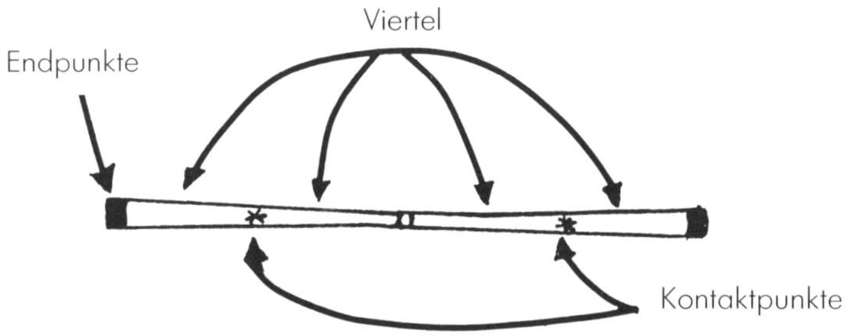

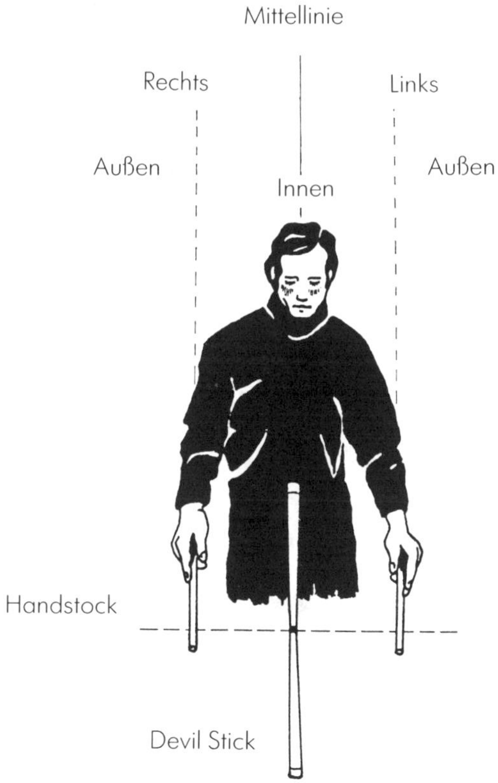

Das ist die ›Grundposition‹.
Die Unterarme werden waagerecht, parallel zum Boden gehalten.

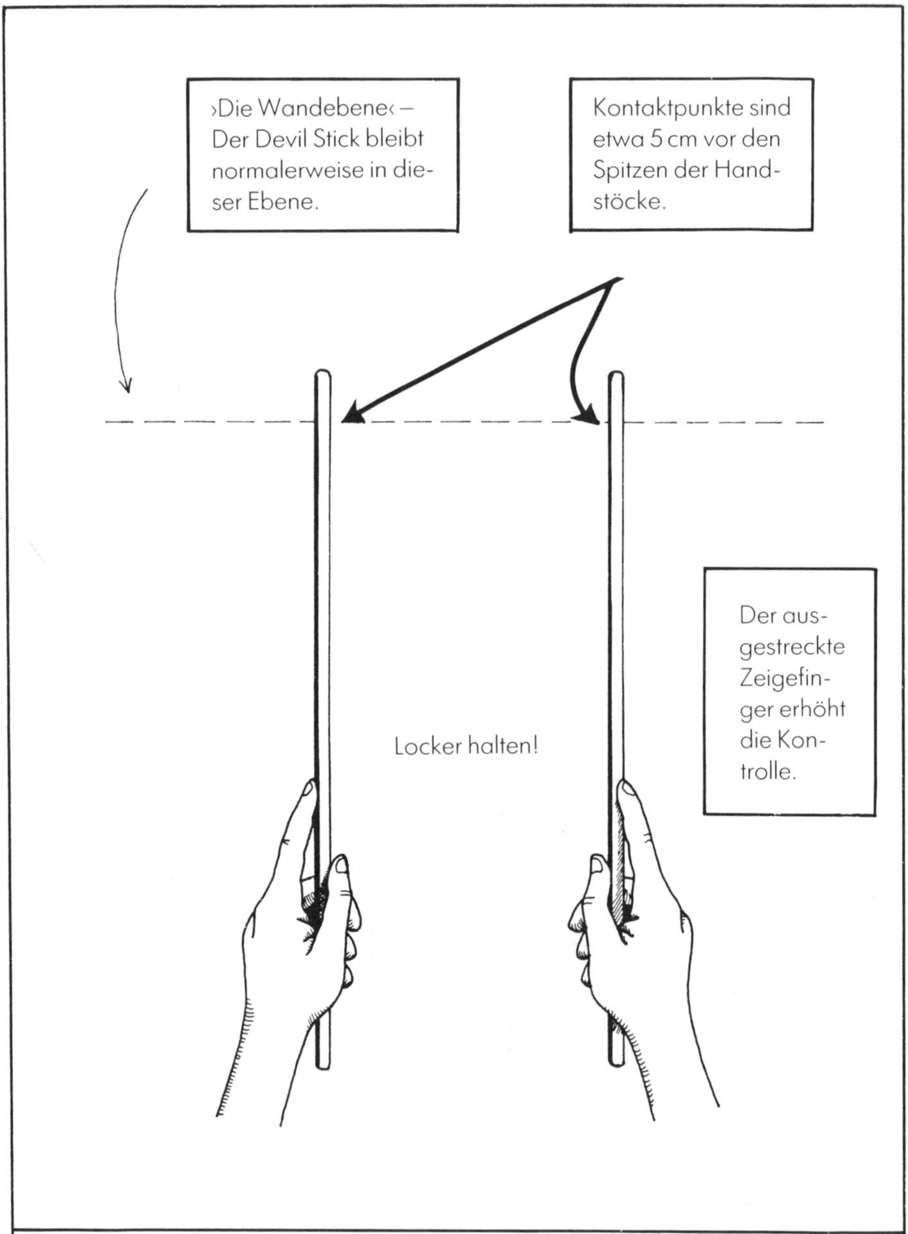

Das Ende jedes Handstocks sollte etwa 5 cm hinausragen. Das erhöht die Griffsicherheit und ist weniger anstrengend.

Der Anfang

Grundschule

- Knie dich hin, der Stock steht aufrecht.
- Wirf ihn mit der Hand hin und her. (Das untere Ende verläßt nie den Boden.)

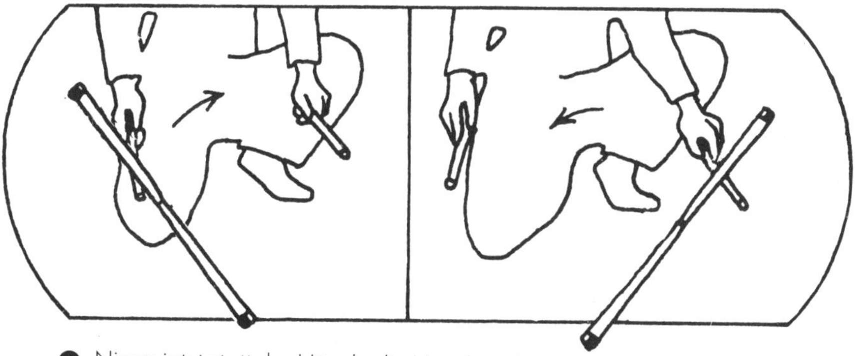

- Nimm jetzt statt der Hände die Handstöcke.

Merke

Fangen und werfen,
nicht schlagen.

Flugtraining

- Steh auf und versuch es nun in der Luft.
- Wiederhole die vorherigen Schritte mit dem unteren Ende des Devil Stick über dem Boden.
- Denk daran, Fallenlassen ist ein Zeichen von Fortschritt.

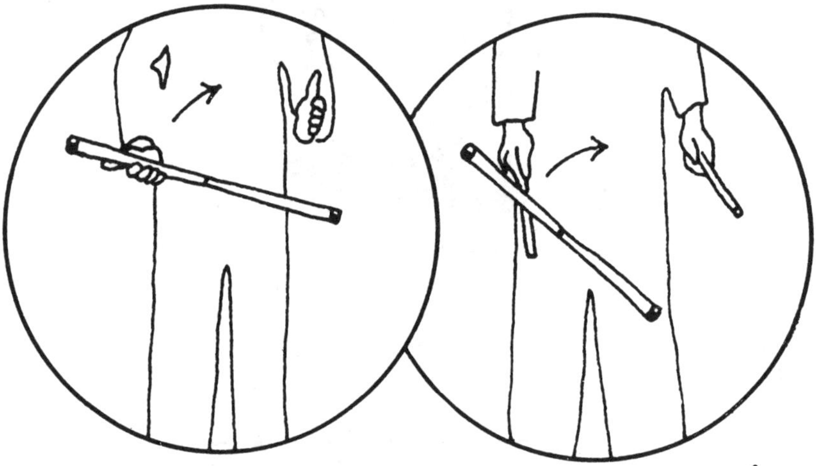

Hände Stöcke

Hast Du Probleme?

F. Warum rollt mein Devil Stick über meinen Handstock?
A. Du fängst ihn zu nah an der Mittelmarkierung – denk an deinen Kontaktpunkt.
F. Ich verliere die Kontrolle über den Devil Stick. Er scheint zu schnell zu sein.
A. Du triffst wahrscheinlich zu weit oben – wähle den Kontaktpunkt etwas tiefer.
F. Warum läuft mir der Devil Stick davon?
A. Deine Handstöcke gehen wie ein ›V‹ auseinander – halte sie parallel zueinander und horizontal.

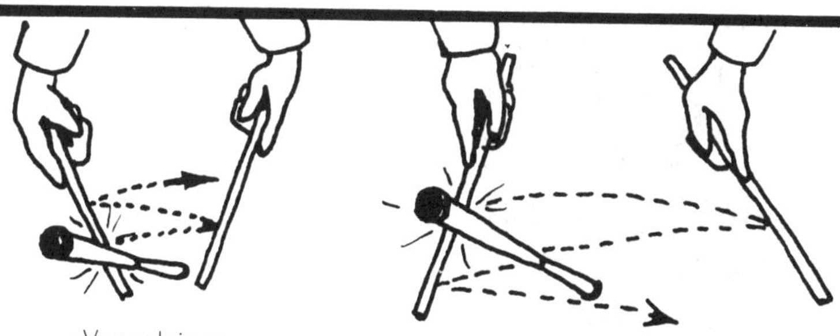

›V‹ nach innen – der Stock bewegt sich auf die Hände zu.

›V‹ nach außen – der Stock läuft davon.

● Beachte die Grundsätze ●

- Werfen und fangen, nicht schlagen
- Ziele auf den Kontaktpunkt
- Halte deine Handstöcke parallel zueinander und horizontal
- Keine Übung = kein Fortschritt

Es klappt noch nicht?

Halte deine Unterarme und Handstöcke parallel zum Boden, und setze außer deinen Handgelenken deine Ellbogen, Schultern, Hüften und Kniegelenke ein. Je mehr du dich bewegst – auf und ab, hin und her – desto flüssiger ist deine Kontrolle.

Greif nicht zur Seite – beweg dich zur Seite.

Doppelschlag

Beim Doppelschlag wird der Devil Stick mit beiden Stäben gleichzeitig geschlagen, einer trifft über der Mittelmarkierung, einer darunter.

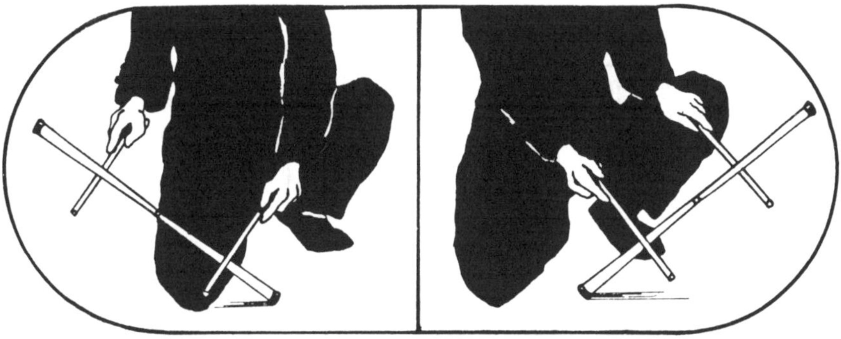

Beginne mit einem Ende des Devil Stick auf dem Boden.

Kontaktpunkte

Jetzt!

Finde deinen Rhythmus und versuch es in der Luft.

HINWEISE

- Zieh den Devil Stick bei jeder Berührung 3–5 cm hoch.
- Mach langsame und weiche Bewegungen.
- Gebrauche deine Schultern und Ellbogen, um die Handstöcke zu heben und zu senken, nicht deine Handgelenke.
- Bewege deine Hände wie zwei Kolben abwechselnd rauf und runter.

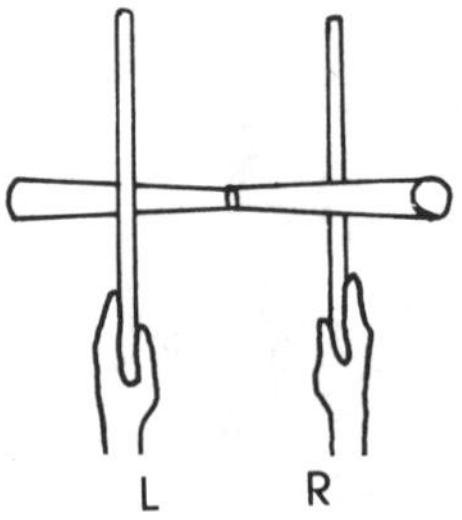

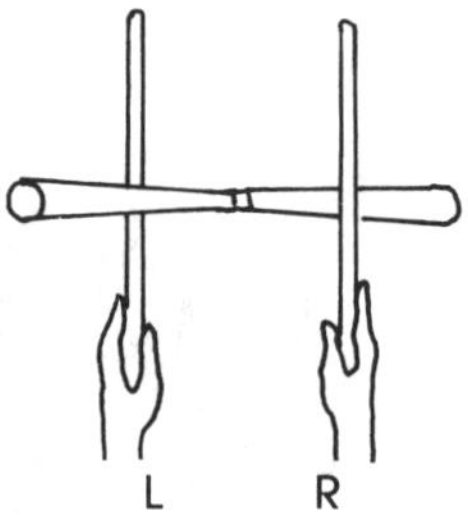

Schlag zuerst rechts nach oben und links nach unten . . .

Dann links nach oben und rechts nach unten.

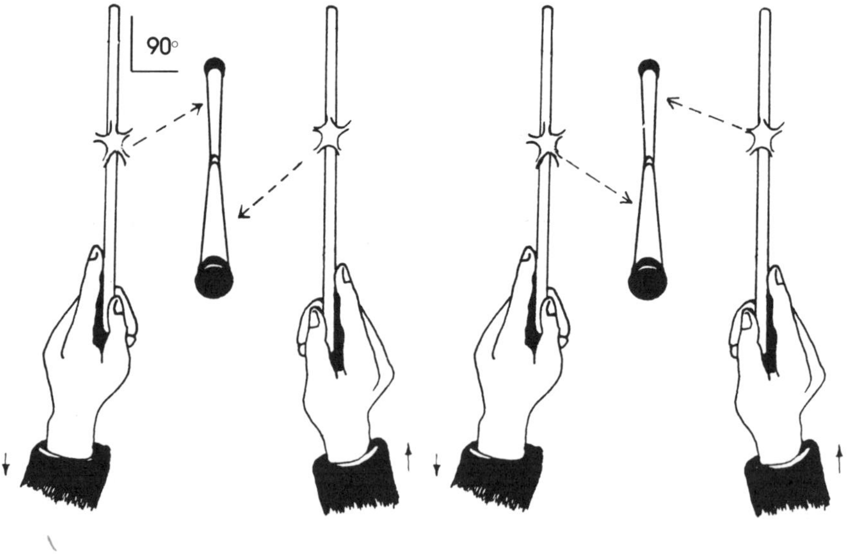

Es wird immer sicherer

- Balanciere den Devil Stick auf den Handstöcken.
- Laß den Devil Stick ein paar Zentimeter auf und ab springen.
- Kreuze deine Hände, während der Devil Stick in der Luft ist, und fang.
- Wirf wieder und öffne die Arme.
- Versuch rechts über links und links über rechts.

Werfen und **kreuzen**

Halbe Drehung und ganze Drehung

- Balanciere den Devil Stick auf den Handstöcken.
- Wirf den Devil Stick so hoch, daß er eine halbe Drehung macht, und fang ihn wieder auf beiden Handstöcken.
- Nun versuch eine ganze Drehung.
- Lerne halbe und ganze Drehungen in beide Richtungen. Versuch dann anderthalb und doppelte Drehungen.

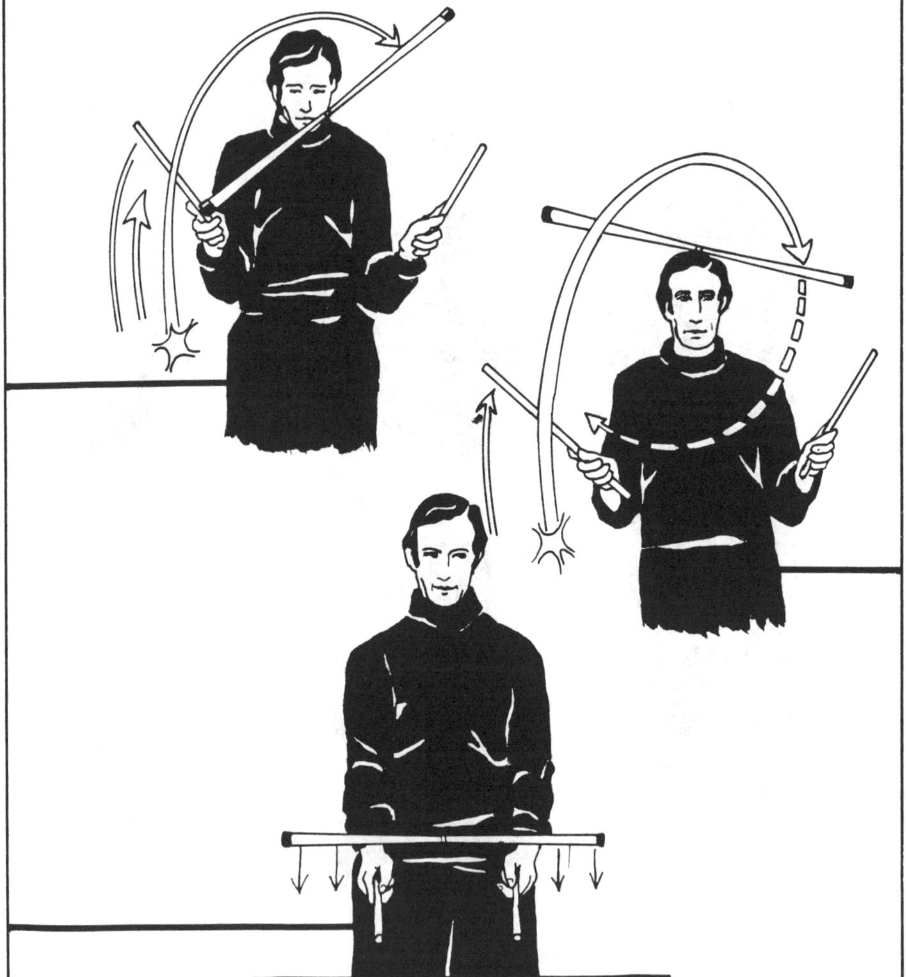

Und fang auf den Handstöcken.

Merke:

- Geschicklichkeit ist wichtiger als Kraft.
- Wirf nur so hoch, wie es für den Trick nötig ist.

Jetzt werden wir übermütig
und machen den gleichen Trick aus der Bewegung heraus.

Halbe Drehung

Bewege den Devil Stick in einem guten ›Tick-Tack‹-Rhythmus hin und her.

Wirf ihn mit einem Schwung des Handgelenks und mit Kraft ein bißchen höher, so daß er sich um 180° dreht, bevor du ihn auf dem anderen Handstock fängst.

Ganze Drehung

Hier gilt das gleiche wie bei der halben Drehung, dreh aber den Devil Stick mit noch mehr Schwung höher, so daß eine Drehung um 360° möglich ist.

Drehtips

Zieh den Handstock, der fangen soll, aus dem Muster des sich drehenden Devil Stick heraus – und bring ihn erst zum Fangen zurück.

- Versuch zuerst eine einzelne Drehung mit jeder Hand.
- Dreh in einem gleichmäßigen Rhythmus, sobald Du sicherer bist. Zum Beispiel: eins . . . zwei . . . drei . . . drehen, eins . . . zwei . . . drei . . . drehen.
- Schließlich kannst du ständig aus jeder Hand abwechselnd halbe, ganze, anderthalb und doppelte Drehungen machen.

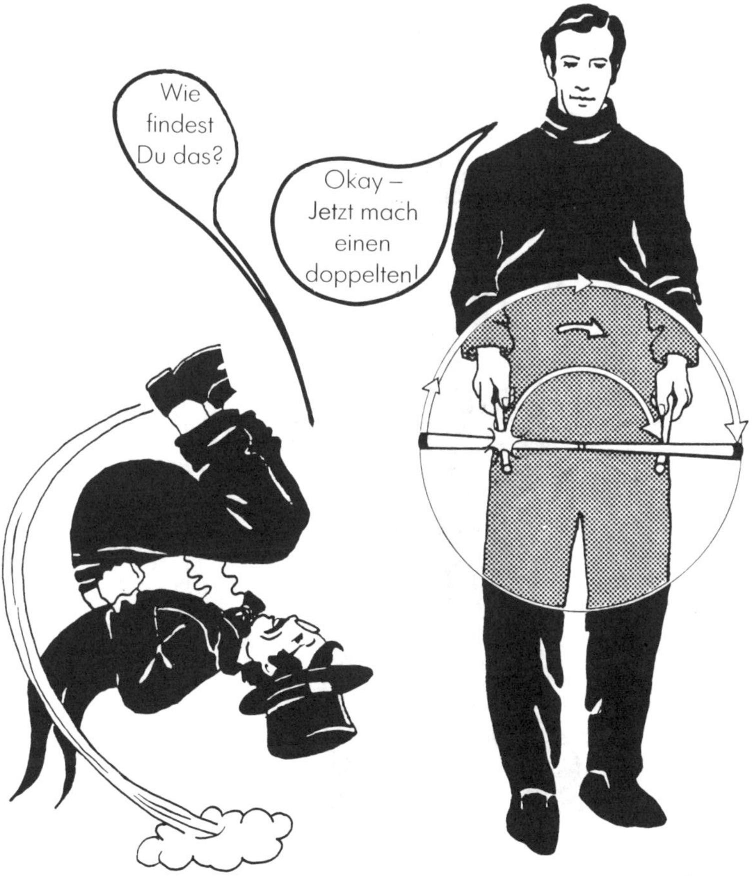

Wenn du so weit fortgeschritten bist, weißt du die wichtigsten Grundbewegungen. Hier fängt das eigentliche Lernen an. Wir beginnen mit ein paar Tips.

HINWEISE

- Wenn du nicht fallenläßt, lernst du nichts.
- Perfektioniere jeden Trick (Vertiefung) und lerne neue (Erweiterung).
- Mehrmals kurz zu üben ist produktiver, als zu lange zu üben. Du wirst feststellen, daß es nach einer kurzen Pause besser geht.
- Übe so oft du kannst mit Musik. Sie schließt den Rest der Welt aus und gibt einen Rhythmus vor, dem du folgen kannst. Wenn du eine 45minütige Kassette auflegst, weißt du, wann du 45 Minuten geübt hast.

Aufheben

Beachte: Bis jetzt kannst du einen Trick garantiert perfekt – das Fallenlassen. Hier sind zwei Methoden, um wiederanzufangen. Wenn du es gut machst, denkt dein Publikum, daß das ein Teil der Nummer sei.

ZWEIHÄNDIG

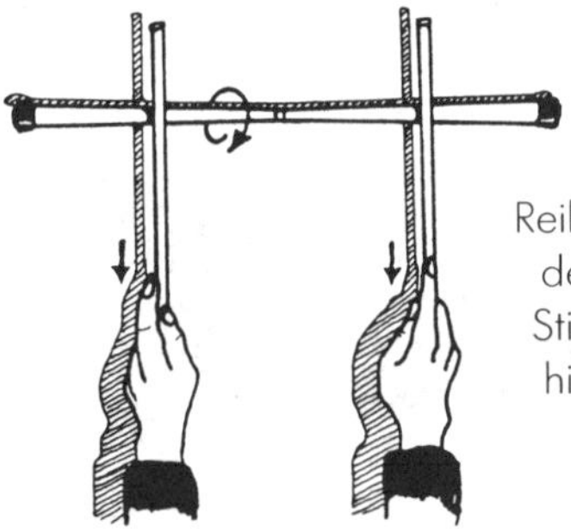

Reibung läßt den Devil Stick zu dir hinrollen.

Leg die Handstöcke über den heruntergefallenen Devil Stick und zieh ihn zu dir.

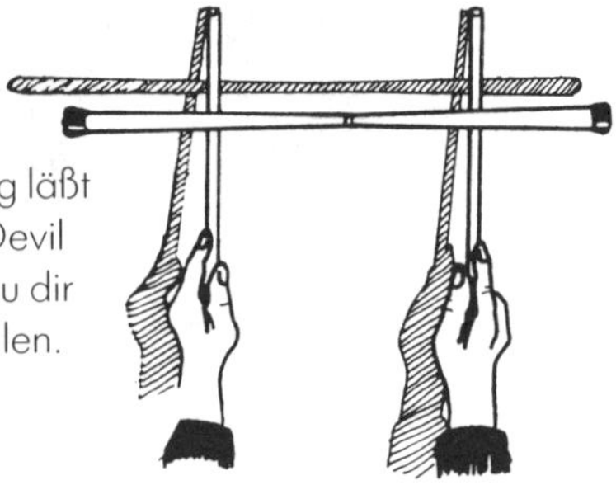

Benutze deine Handstöcke als Rampe, und der Devil Stick wird draufrollen.

EINHÄNDIG

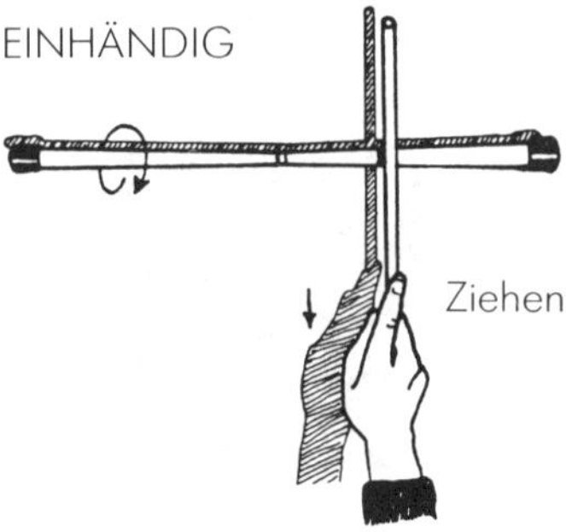

Zieh den heruntergefallenen Devil Stick mit einem Handstock zu dir.

- Bilde eine Rampe
- Laß ihn draufrollen
- Tippe wieder an

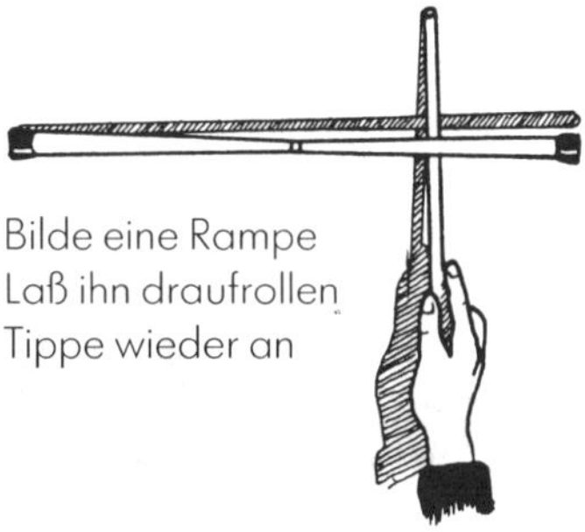

Bilde eine Rampe, laß den Devil Stick draufrollen, und tippe ihn zur anderen Hand.

Kick-Up

BEACHTE: Das Hochkicken in das Muster ist noch eindrucksvoller und bekommt garantiert Applaus. Der Schlüssel ist üben, üben, üben.

Leg den heruntergefallenen Devil Stick auf deinen Fuß, und klemm ihn an dein Schienbein.

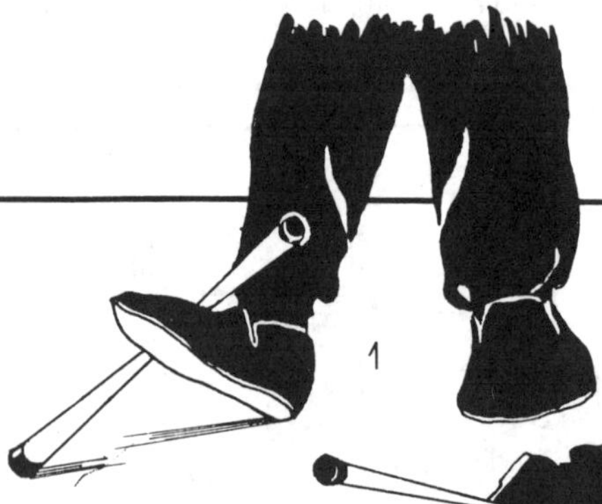

1

2

Zieh dein Bein hoch und zurück, und halte den Stock bis zum letzten Moment eingeklemmt.

Und nun das Ganze in Zeitlupe.

Fang und mach weiter.

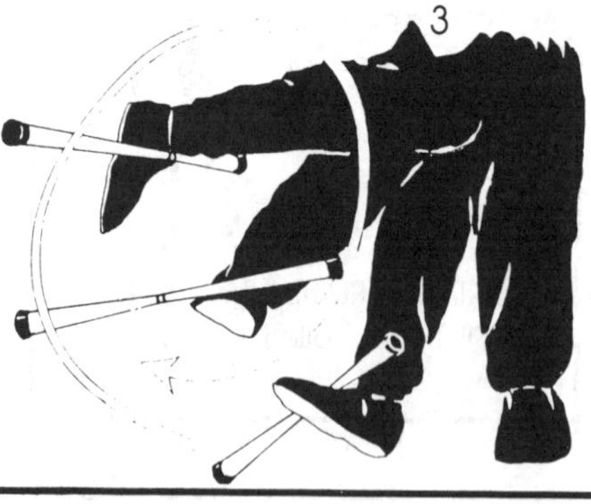

3

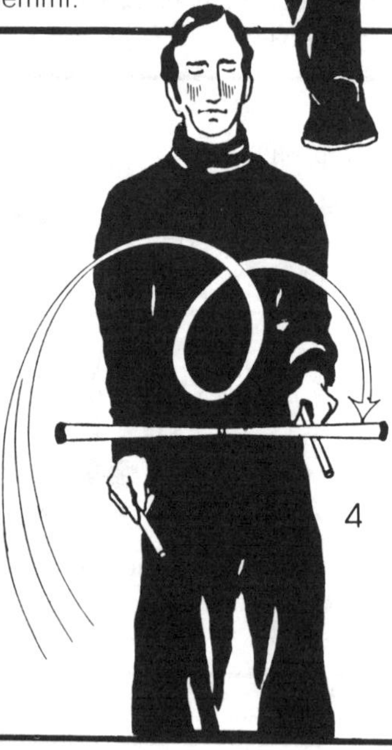

4

Der alternative Kick-Up

Manövriere deinen Fuß genau unter die Mitte des Devil Stick.

Hubschrauber

BEACHTE: Ziehende Handflächen nach oben, schiebende Handflächen nach unten gerichtet.

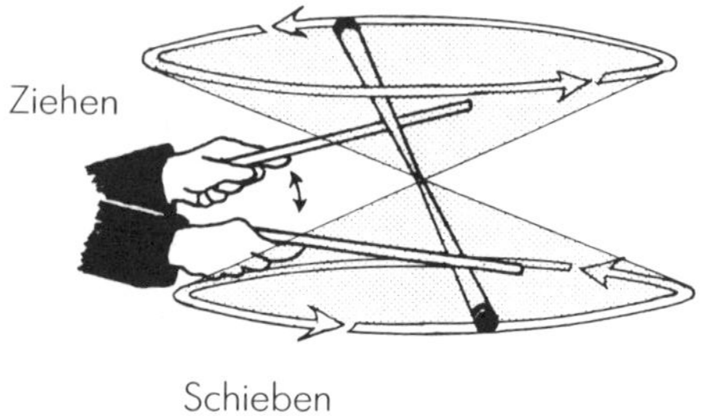

- Schiebe im Doppelschlag mit einer Hand, während du mit der anderen ziehst.
- Bleib zur besseren Kontrolle nahe der Mittelmarkierung.
- Benutze die Enden der Handstöcke, damit du mehr Platz hast.

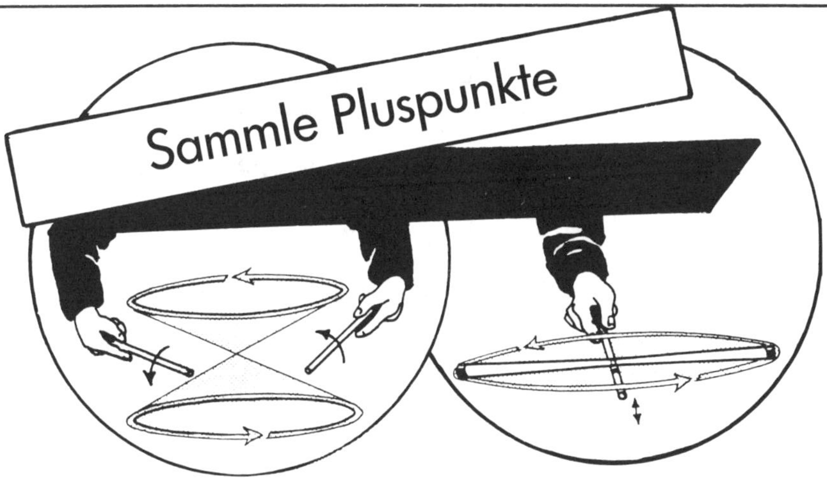

- Halte die Hubschrauberdrehung mit einem Handstock.
- Nimm den ziehenden Stock heraus, und schiebe mit dem anderen Stock weiter.
- Der Kontaktpunkt ist die Mittelmarkierung.
- Nach jeder halben Drehung des Devil Stick schlägst du nach oben.

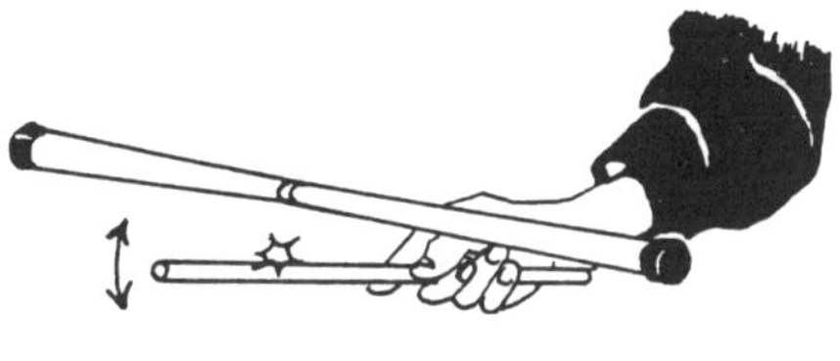

SUPERTOLLER TRICK

- Lern den Hubschrauber mit jeder Hand.
- Mach die Hubschrauberdrehung, und wechsle die Hände.

Gut gemacht, wird der Trick die Menge begeistern.

Propeller

(Vorderansicht – Perspektive des Ausführenden)

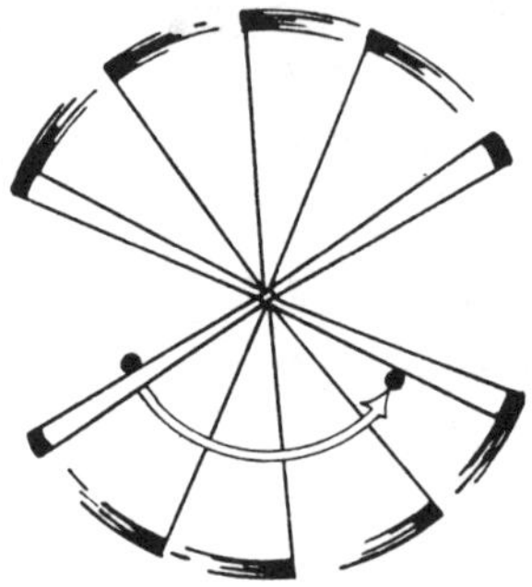

Halte den Kontakt zum Devil Stick etwas länger als normal, um den Propeller einzuleiten.

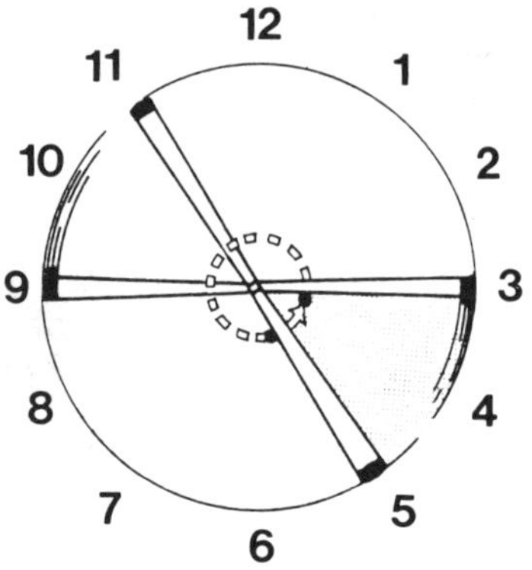

Laß den Devil Stick mit dem Handstock kreisen. Dann schiebe ihn in einer Bewegung von 5 Uhr bis 3 Uhr.

Wähle den Kontaktpunkt für diesen Trick näher an der Mittelmarkierung.

Tricks mit einem Stock

Schlag mit deinem rechten Handstock herüber, und zieh ihn aus dem Muster.

Bring deinen rechten Arm nach links, schiebe ihn vor, und schlag mit demselben Handstock zurück.

TIPS

- Eine halbe oder ganze Drehung kann einfacher sein als gar keine Drehung, da du Zeit gewinnst, wenn sich der Devil Stick dreht.
- Sehr schnell zurückziehen, herübergehen und vorschieben, langsam und sanft zurückschlagen.

Schlag mit einem Handstock fester, um eine ganze Drehung zu machen.

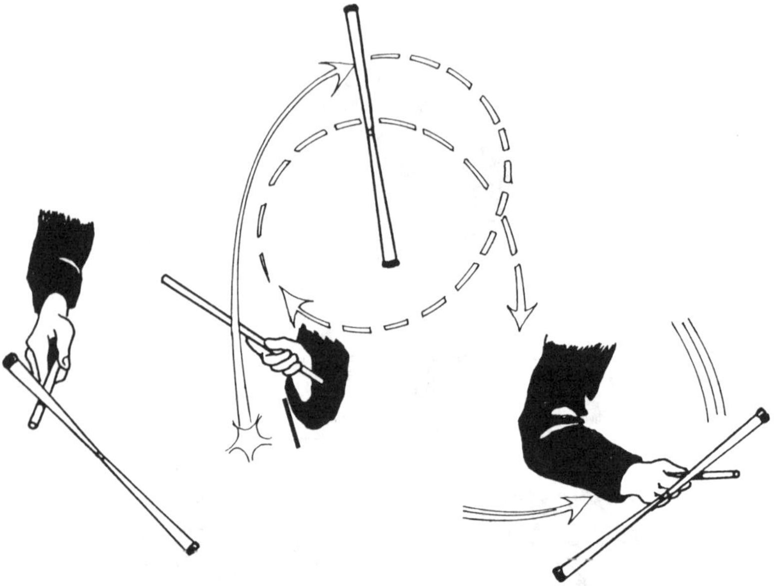

Balanciere mit einem Handstock den Devil Stick in der Horizontalen, indem du abwechselnd ganz leicht unter beide Seiten schlägst.

Variationen mit gekreuzten Armen

Wenn du den Devil Stick mit gekreuzten Armen bewegen kannst, eröffnen sich endlose Möglichkeiten.

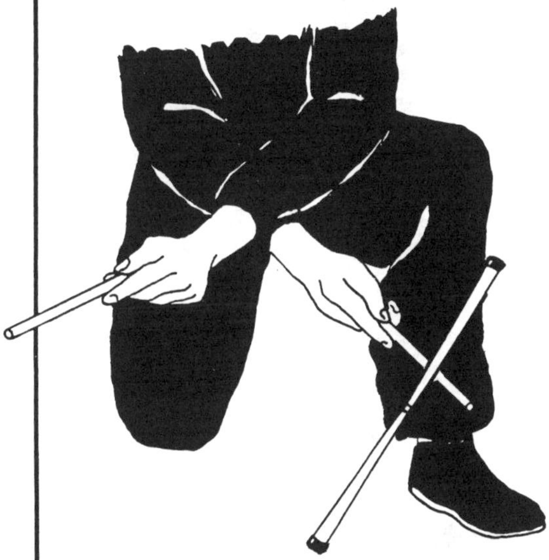

Beginne auf dem Boden, und schlage mit den Handstockspitzen hin und her. Steh auf und bring den Devil Stick mit dir hoch. Experimentiere damit, deine Arme während einer halben Drehung zu kreuzen und zu öffnen.

Unter dem Bein

Greife mit einem Handstock unter dein Bein, schlag und zieh den Stock zurück. Dann versuch das andere Bein. Schließlich kannst du vielleicht auf der Stelle joggen und abwechselnd mit dem rechten und linken Handstock unter dem Bein schlagen.

Hinter dem Rücken

Nachdem du den Devil Stick geschlagen hast, läßt du deine Hand mit dem Handstock hinter den Rücken schnellen und auf Hüfthöhe auf der anderen Seite erscheinen. Statt in der Grundposition, arbeitest du nun mit einer Hand hinter dem Rücken. Diese Position ist mit dem Doppelschlag einfacher.

TIPS

- Beweg dich schnell.
- Richte den Handstock während deiner Bewegung gerade nach unten.
- Wirf eine halbe Drehung, um Zeit zu gewinnen, in die Position hinein- und aus ihr herauszukommen.

Die Kreissäge

- Halte die Handstöcke waagerecht.
- Beweg deine Hände, als würden sie Fahrrad fahren.
- Klemm den Devil Stick zwischen die Handstöcke.
- Hebe den dir näheren Handstock hoch.

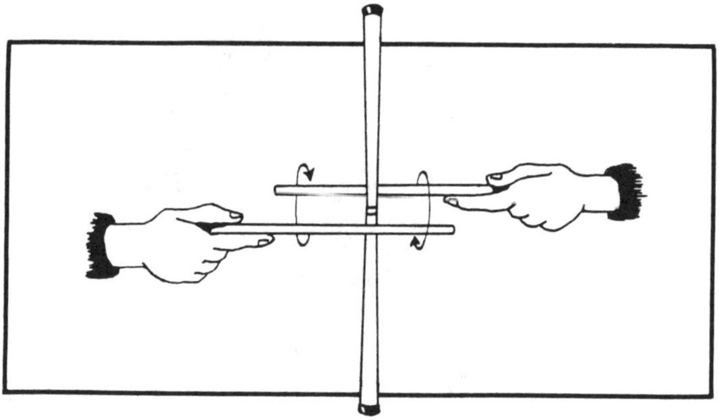

- Sobald du gelernt hast, in Richtung Kinn zu drehen, kreise in die andere Richtung; heb den hinteren Handstock.

VORSICHT: Paß gut auf dein Kinn, dein Ego und andere zerbrechliche Dinge auf!!!

Stäbchen

Unter anderem verdanken wir den Chinesen zwei Dinge: den Devil Stick und die Stäbchen. Laß uns die beiden kombinieren.

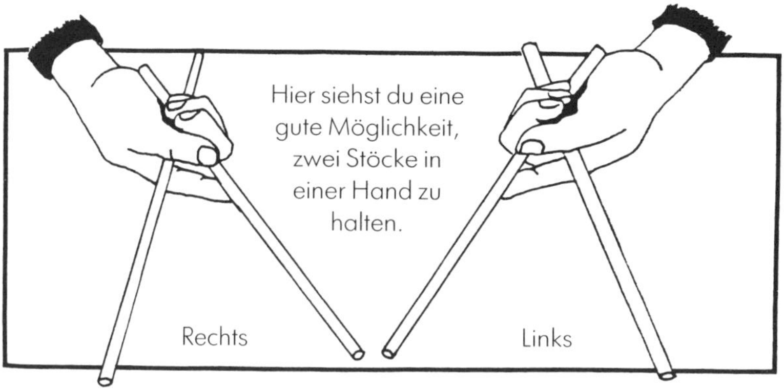

1.

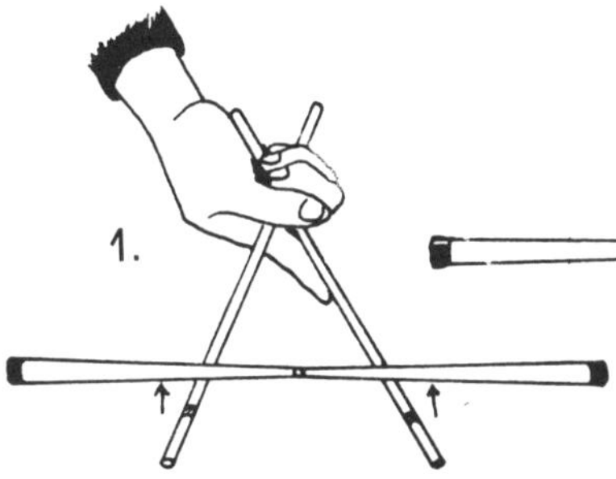

2.

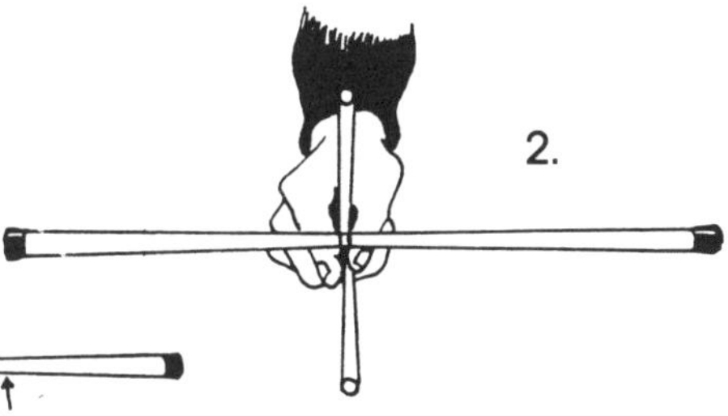

3.

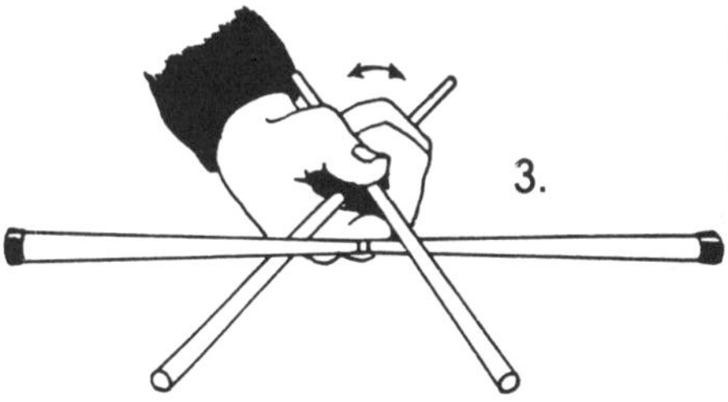

BEACHTE: Dies ist eine Art Doppelschlag

1. Balanciere einen Devil Stick auf zwei Handstöcken und wirf ihn gerade hoch.
2. Zieh deine Hand zurück, und reihe die Handstöcke wieder ein.
3. Schaukle den Devil Stick sanft mit einer Drehung des Handgelenks hin und her.
4. Die Handstöcke bleiben fast horizontal.

Nun kannst du versuchen, mit der freien Hand einen zweiten Satz Stäbchen zu halten. Den zweiten Devil Stick wirft man am besten mit einem Kick-Up los. Hier sind einige Variationen mit mehreren Devil Sticks:

- Versuch mit einer Hand eine Drehung, dann dreh mit der anderen, wechsle die Hände ab. Konzentriere dich auf den Devil Stick in der Luft und schaukle mit der anderen Hand einfach weiter.
- Wirf mit beiden Händen gleichzeitig Drehungen, die Devil Sticks kreuzen in der Luft und wechseln die Hände. Der Trick dabei ist, zwei Ebenen zu schaffen, eine weiter vorne, eine dahinter, in denen je ein Devil Stick fliegt.
- Der absolute Höhepunkt: Kick einen dritten Devil Stick hoch und jongliere.

Doppel-Devil-Stick

Beginne wie oben abgebildet.

- Schaffe zwei separate Wandebenen, eine nahe den Spitzen, eine näher an den Händen.
- Schlag beide Devil Sticks gleichzeitig.
- Schlag sehr gerade hin und her, damit sie nicht zusammenstoßen.
- Zieh den näheren Devil Stick höher.
- Halte die Hände weit auseinander, schlag nahe der Mittelmarkierung und bleib langsam.

Doppelpropeller

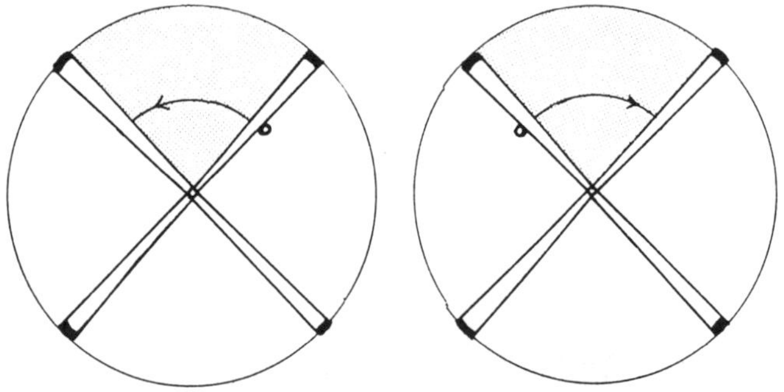

- Halte in jeder Hand einen Handstock und einen Devil Stick. Wirf die Devil Sticks mit einer Außendrehung gleichzeitig in die Luft.
- Hier ist der Vorteil, daß du nur eine Wandebene brauchst und einen Zusammenstoß verhindern kannst, indem du deine Hände weit auseinanderhältst.

BEACHTE: Wenn du alle bisher beschriebenen Kunststücke ausführen kannst, weißt du, daß dieses Kapitel nur einen groben Umriß der möglichen Devil-Stick-Tricks bietet. Gebrauch deine Fantasie und erfinde eigene Variationen.

Balance

Das Prinzip der Balance:

Schau von oben genau auf die Spitze des Devil Stick, und dein Körper wird sich automatisch anpassen.

Du kannst den Devil Stick auf deinem Fuß balancieren, auf dem Kinn, oder auf dem Handstock. Du kannst ihn auch von einem Balancepunkt zum nächsten werfen.

Variationen der Balance ...

die vielleicht nicht klappen

Partnerarbeit

Zwei Partner teilen sich ein Devil-Stick-Set

ODER: Wenn ihr euch eine Armlänge voneinander entfernt gegenüberstellt und einen Devil Stick teilt, könnt ihr beide die rechte Hand gebrauchen.

Zwei Partner mit zwei Paar Handstöcken
und einem Devil Stick

**Spielt
mit dem Devil Stick
Fangen**

HINWEISE

- Passt hoch.
- Fangt mit beiden Stöcken.

Für einen Hubschrauberpass gibt es Pluspunkte.

Drop-Back
Rücken
an Rücken

Abnehmen

Der ›Dieb‹ kann von hinten kommen und dem ›Opfer‹ den Devil Stick ›stehlen‹.

HINWEIS: Der Dieb steigt schnell ein und setzt seinen Handstock an die Stelle des Handstocks des Opfers. Das Opfer zieht beide Handstöcke schnell aus dem Geschehen.

Das Diabolo

Diabolo

Lernziele

1. Treibe dein Diabolo an, und zeige, wie du es davon abhältst, wegzurennen oder sich umzudrehen
2. Wirf und fang mindestens dreimal hintereinander
3. Peitsche das Diabolo an
4. Fang auf beiden Handstöcken
5. Laß das Diabolo an der Schnur hochlaufen
6. Laß es dreimal hintereinander über dein Bein springen
7. Entweder
   a) Werfen, über die Schnur springen und fangen, oder
   b) Werfen, eine akrobatische Übung zeigen und fangen
8. Zeig einen Trick, der mit gekreuzten Armen endet, und öffne die Arme wieder
9. Entweder
   a) Schick ein Diabolo auf einer an der Decke befestigten, 6 m langen Schnur hoch, oder
   b) Wirf ein Diabolo mit einem Partner hin und her, oder
   c) Spiele mit einem einrädrigen Diabolo

Was ist das für ein faszinierendes Ding?

Mit Beiträgen von Todd Strong

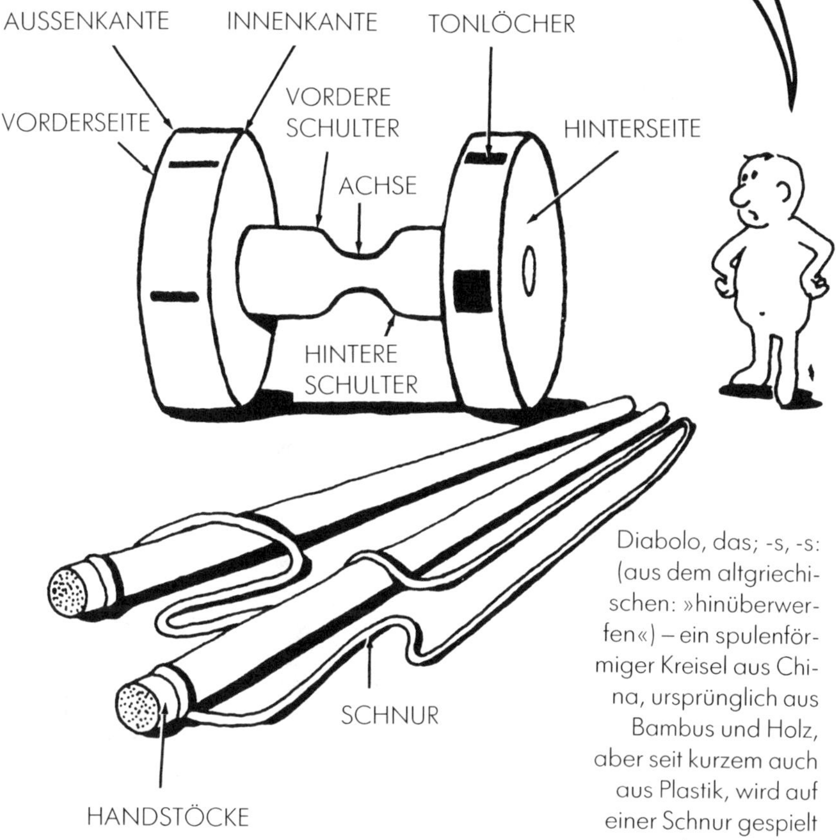

Diabolo, das; -s, -s: (aus dem altgriechischen: »hinüberwerfen«) – ein spulenförmiger Kreisel aus China, ursprünglich aus Bambus und Holz, aber seit kurzem auch aus Plastik, wird auf einer Schnur gespielt und summt beim Drehen.

ANMERKUNG: Ein Jo-Jo ist nur ein festgebundenes Diabolo! Denk an die vielen Tricks, die du mit einem Jo-Jo gesehen hast. Stell dir nun vor, das Jo-Jo könnte seine Schnur verlassen, hochfliegen und zurückkehren. Das ist ein Diabolo!

Amy zeigt es uns.

Der rechte Handstock soll zu Beginn nach unten gerichtet sein, der linke Handstock wird auf Hüfthöhe gehalten.

Das Diabolo liegt etwa 30 cm neben deinem rechten Fuß auf dem Boden.

Zieh mit dem rechten Handstock nach oben, so daß das Diabolo auf der Schnur entlangrollt. Werde schneller, je höher das Diabolo an der Schnur läuft.

Wenn die rechte Hand nach oben zieht, geht die linke etwas nach unten, um dem Schwung nachzugeben.

MERKE:
Das Diabolo funktioniert wie ein Flaschenzug.

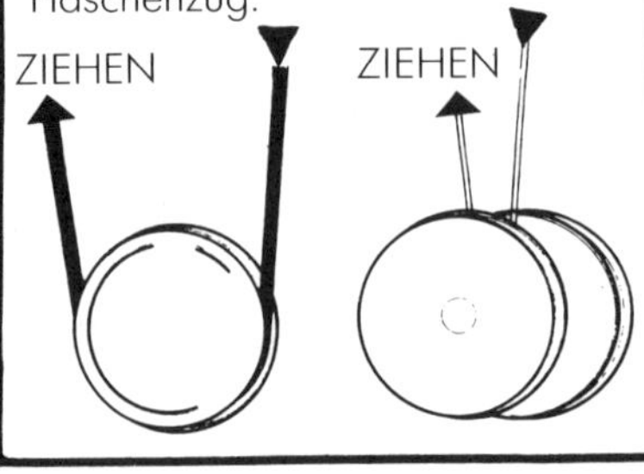

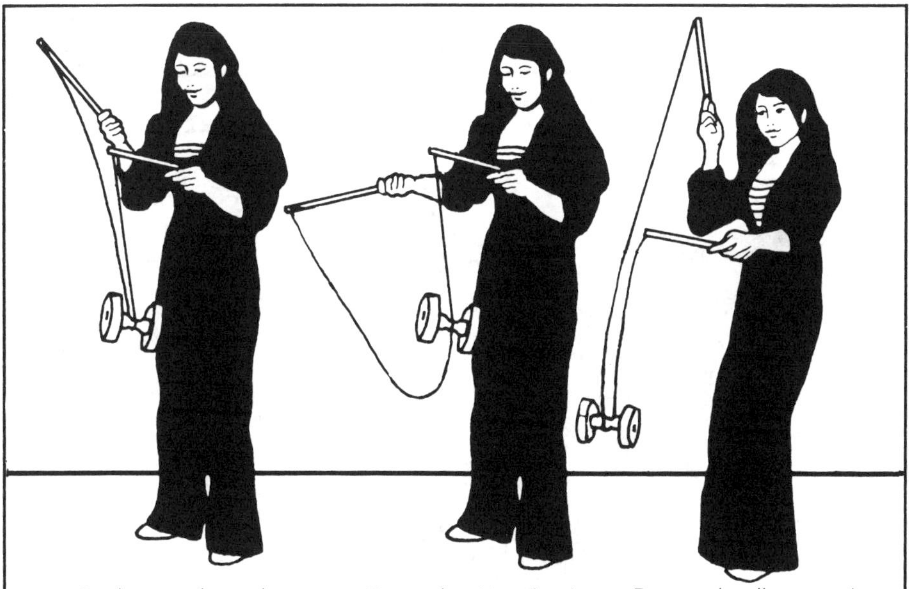

Senke nun die rechte Hand, und heb die linke etwas an.

Die rechte Hand geht so weit herunter, bis sie etwa 10 cm unter der linken ist.

Dann schnellt sie nach oben, während die linke Hand nach unten schlägt.

MERKE
Es ist keine symmetrische Bewegung!

Das Diabolo bewegt sich kaum auf und ab.

Sobald du das Gefühl dafür hast, heißt es nur ziehen – entspannen – ziehen – entspannen – ziehen – usw. Die rechte Hand schnellt mit einer peitschenden Aufwärtsbewegung höher und weiter, als die linke, und kommt mit einer entspannten Abwärtsbewegung herunter. Die linke schlägt wie bei einem Trommelschlag nach unten.

Paß auf, du Tolpatsch!
Hilfe! Mein Diabolo kippt nach vorne!
Um dieses Problem zu lösen, mußt du vorsichtig die hintere Schulter der Achse beim Hochziehen mit der Schnur des rechten Handstocks berühren.
Du stehst hier X
Kontaktpunkt
Dazu mußt du den linken Handstock nach vorne und den rechten nach hinten ziehen.

Wenn das Diabolo auf dich zu umkippt

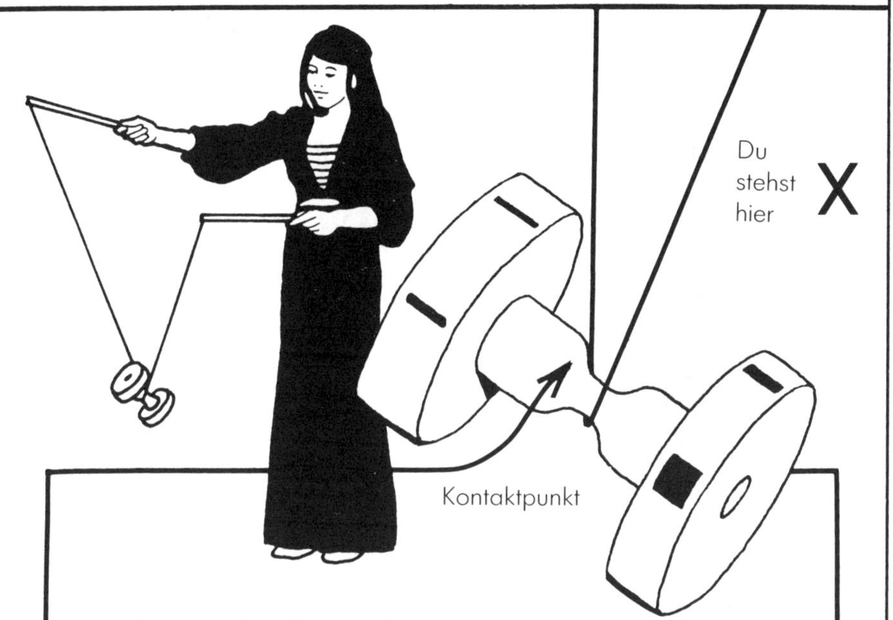

Berühre vorsichtig die vordere Schulter der Achse beim Hochziehen mit der Schnur des rechten Handstocks.

Dazu mußt du den rechten Handstock nach vorne und den linken nach hinten ziehen.

Wenn sich dein Diabolo von dir wegdreht, folge ihm, so daß du immer vor dem hinteren Rad stehst. Wenn du mit dem Diabolo vertrauter wirst, kannst du diese ›Wanderung‹ unterbinden, indem du die innere oder äußere Kante des vorderen oder hinteren Rades mit deinem rechten Handstock leicht berührst

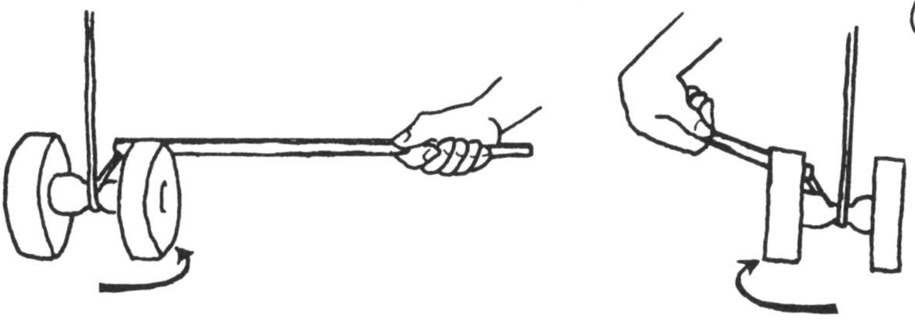

Kann es sich wirkli…

n der Schnur lösen?

WARNUNG! Übe über einer Matte oder einem dicken Teppich. Paß auf zerbrechliche Gegenstände wie Vasen oder deine Zähne auf, wenn du das Diabolo hochwirfst!

Peitsche dein Diabolo, um ihm mehr Schwung zu geben!
Das Diabolo fliegt von einer Seite zur anderen, wenn du mit deiner rechten Hand vor deinem Körper hin- und herpeitschst.
Benutze deinen rechten Arm und die rechte Schulter. Heb deinen linken Ellbogen.
Der rechte Handstock kreuzt unter deinem linken Ellbogen. Wenn dein Arm ganz ausgestreckt ist, gibst du noch einmal mit dem Handgelenk Schwung.
Auf dem Rückweg beschleunigst du das Diabolo immer noch.

Nun kannst du fast alles machen!
Wirf dein Diabolo hoch. Richte die Handstöcke nach innen . . .
und fang es auf einem Handstock.
Während es sich noch dreht, kannst du das Diabolo von einem Handstock . . . zum anderen werfen.

Laß dein Diabolo genau in der Mitte der Schnur . . .
auf und ab hüpfen. Wenn es in der Luft ist . . .
kannst du deine Handstöcke kreuzen . . .
und es in dem ›V‹ fangen

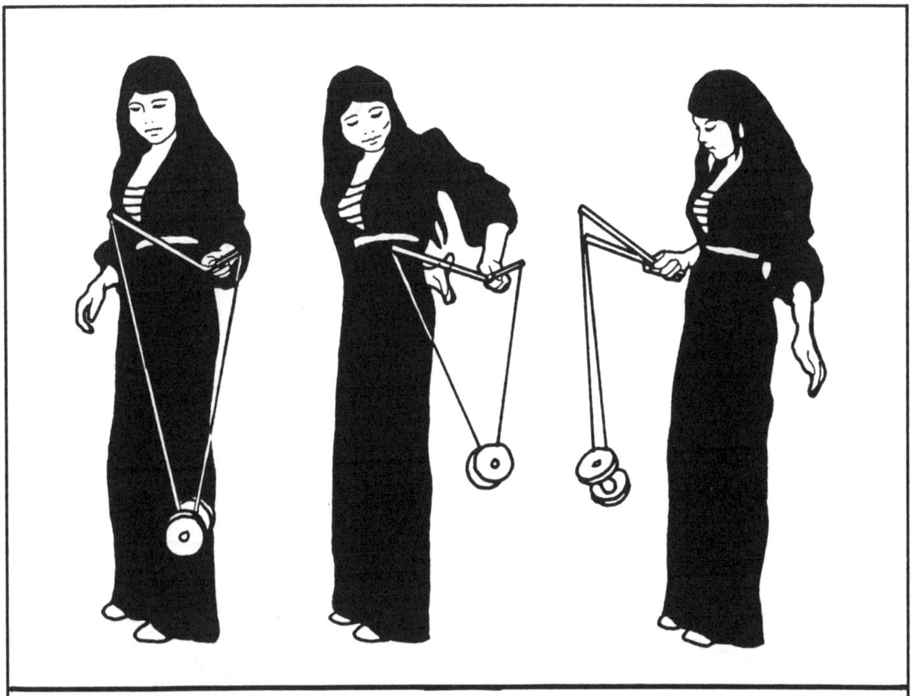

Übergib beide Handstöcke hinter deinem Rücken in die andere Hand.

Schling den rechten Handstock über das hintere Rad, zieh nach unten, und das Diabolo wird an der Schnur hinaufklettern.

Wenn du das nächste Mal wirfst, halte den Handstock schnell hinter dich, und fang hinter dem Rücken.
1
2
3
Wenn du über die Schnur steigst . . .
und den rechten Handstock nach oben ziehst, . . .
wird das Diabolo über dein Knie springen.

Die Weltreise
BEACHTE: Diese Tricks sind gefährlich!
Beschleunige das Diabolo
1
2
Schwinge es in einem großen Bogen.
3
Es kreist über deinen Kopf…
4
und ende mit gekreuzter Schnur. (Mach das ganze rückwärts, um die Schnur zu öffnen.)

Die gefährliche Weltreise
(Paß bitte auf dein Kinn auf!)

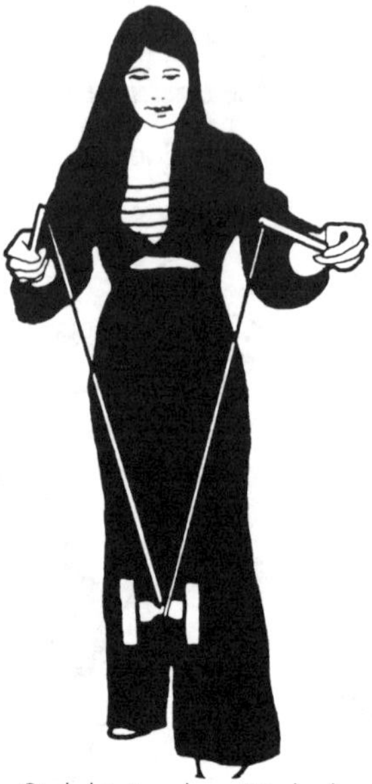

Steh hinter dem Diabolo
wie abgebildet.

Schwing es in einem gro-
ßen Kreis nach vorne.

Das Diabolo schwingt
über den Höhepunkt . . .

und fällt in der Mitte in die
Ausgangsposition
zurück.

Um die Welt mit einer Zwischenlandung

Schwing das Diabolo . . .

hoch und über den rechten Handstock, . . .

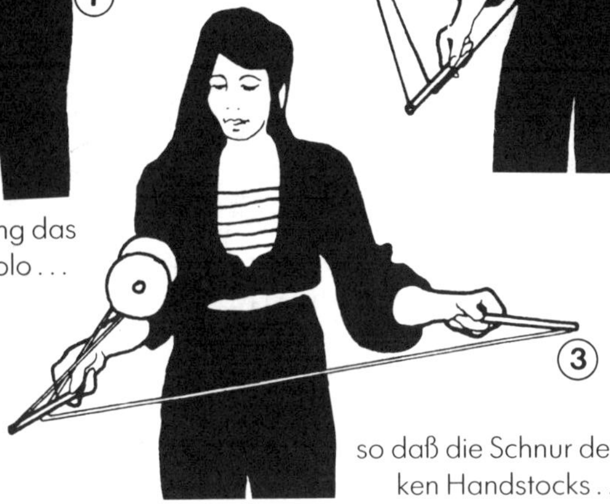

so daß die Schnur des linken Handstocks . . .

vom rechten gefangen wird. Das Diabolo landet auf diesem Stück Schnur, bleibt dort liegen, aber es dreht sich immer noch.

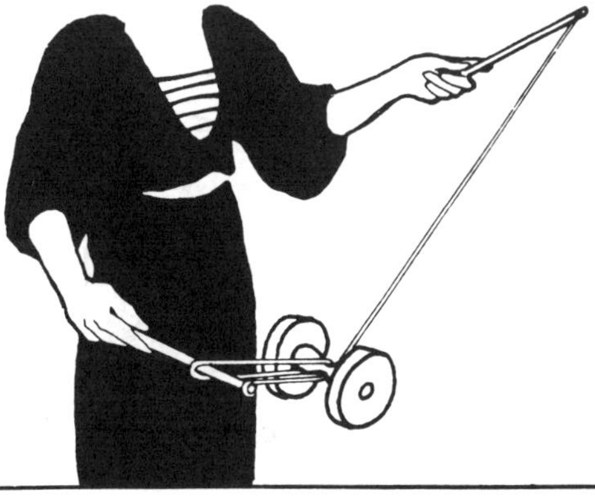

Beginne da, wo du gerade angekommen bist.

Schwing das Diabolo über den linken Handstock.

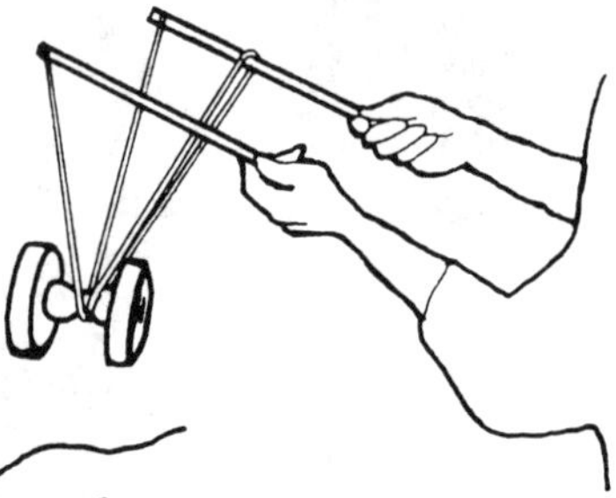

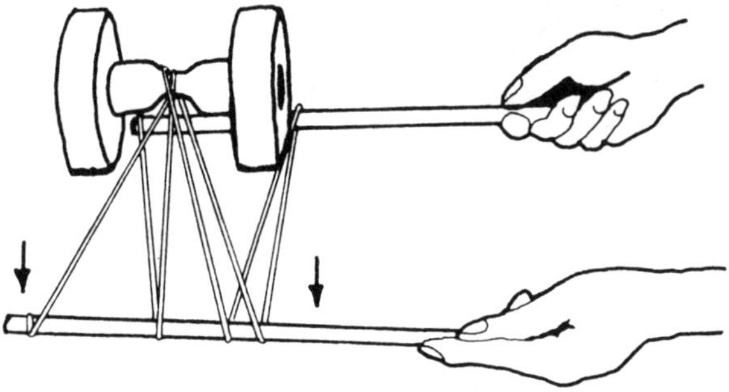

Drück mit dem linken Handstock auf die Schnüre, . . .

und fang das sich (hoffentlich) immer noch drehende Diabolo auf den gesammelten Schnüren.

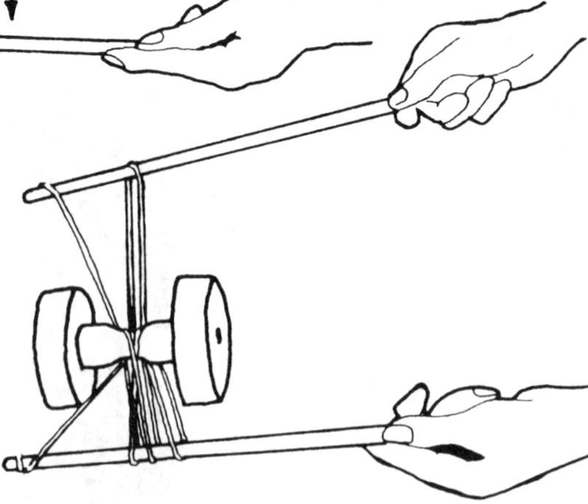

Stell dir nur all die Dinge vor, die du machen kannst, während dein Diabolo in der Luft ist.
Du kannst über die Schnur springen!
!
Aber paß auf das herunterkommende Diabolo auf!

Du könntest sogar, während das Diabolo in der Luft ist, eine Pirouette drehen.
Toll, was?

Nun laß uns diese einfachen Tricks etwas komplizierter machen.
Anstatt das Diabolo über deinen Fuß oder dein Knie springen zu lassen, versuche, es hinter dem Rücken zu fangen und …
über deinen …
Bauch
zu werfen.
Zieh den linken Handstock hoch.

Wenn du deinen rechten Hand-stock um . . .
das vordere Rad schlingst . . .
und nach unten ziehst, . . .
klettert das Diabolo hoch . . . und über den linken Handstock.

Wenn sich das Diabolo sehr schnell dreht, ...

bringst du den rechten Handstock nach unten, ...

und kreist damit schnell um das ganze Diabolo herum.

Zieh die Hand hoch, und fang das Diabolo wieder auf der Schnur.

Du endest mit gekreuzten Armen.

Das ist ein Knüller!
Befestige eine Schnur an der Decke.
Peitsche dein Diabolo an.
Laß dir von einem Freund helfen, das Diabolo mit der Schnur zu umschlingen, . . .
zieh nach unten, und das Diabolo klettert zur Decke.

Es gibt zwei Methoden, zwei Stöcke in einer Hand zu halten.

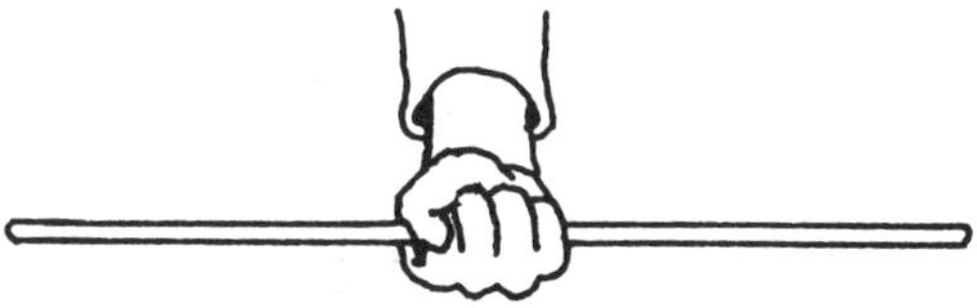

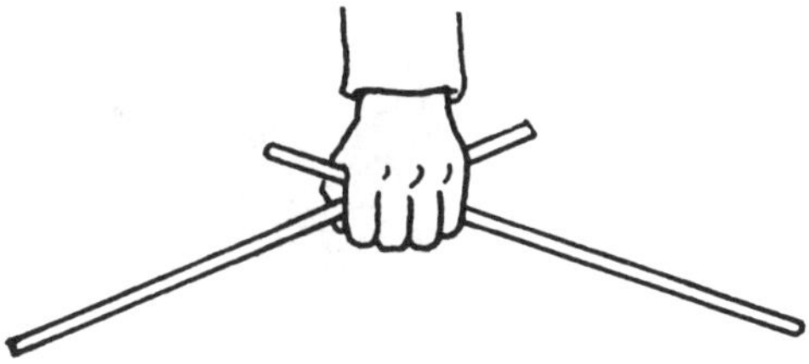

Versuch beide.
(Versuch sie auch mit beiden Händen.)

Nun solltest du in der Lage sein, mit zwei Diabolos gleichzeitig zu spielen.
(Laß dir das zweite von einem Freund antreiben und geben.)

Mit zwei oder mehr Mitspielern kannst du:

Das Diabolo von Schnur zu Schnur wandern lassen . . .

Oder sogar mehr als ein Diabolo in deiner Schnur laufen lassen. Laß sie dir von deinen Partnern zuwerfen.

Nebeneinander

Hintereinander

BEACHTE: Für die folgenden Tricks mußt du lernen, das Diabolo auch mit der linken Hand anzutreiben.

Gegenüber

Rücken an Rücken

Es gibt auch ›einrädrige‹ Diabolos.

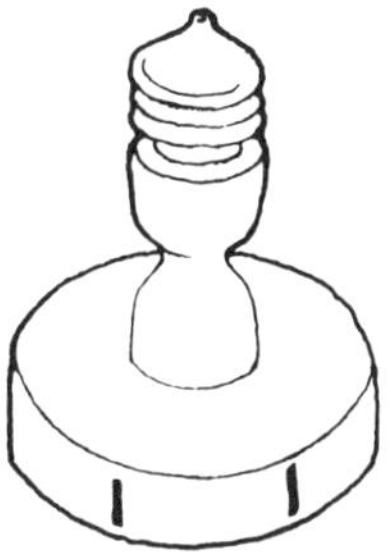

Es gibt zwei Methoden, diese Diabolos anzutreiben.

1

Das Diabolo liegt am Boden. Schling die Schnur dreimal um die Spindel.

Heb hoch und zieh vorsichtig an dem rechten Handstock. Die Schnur dreht sich auf, und das Diabolo beginnt, sich zu drehen.

Methode Nr. 2

②

A

Halte die Handstöcke in einer Hand, und verdrehe die Schnur vier oder fünf Mal.

B

Laß die Spindel los, und bewege die Handstöcke auf und ab, während sich die Schnur langsam aufdreht.

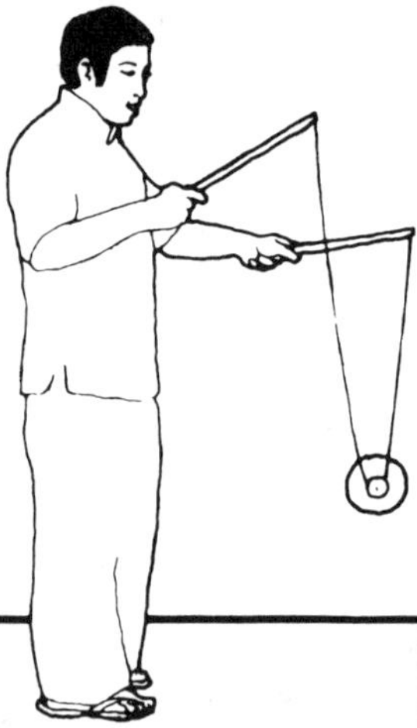

C

Schließlich wird sich das Diabolo auf der Schnur drehen.

Hier sind einige Tricks für einrädrige Diabolos

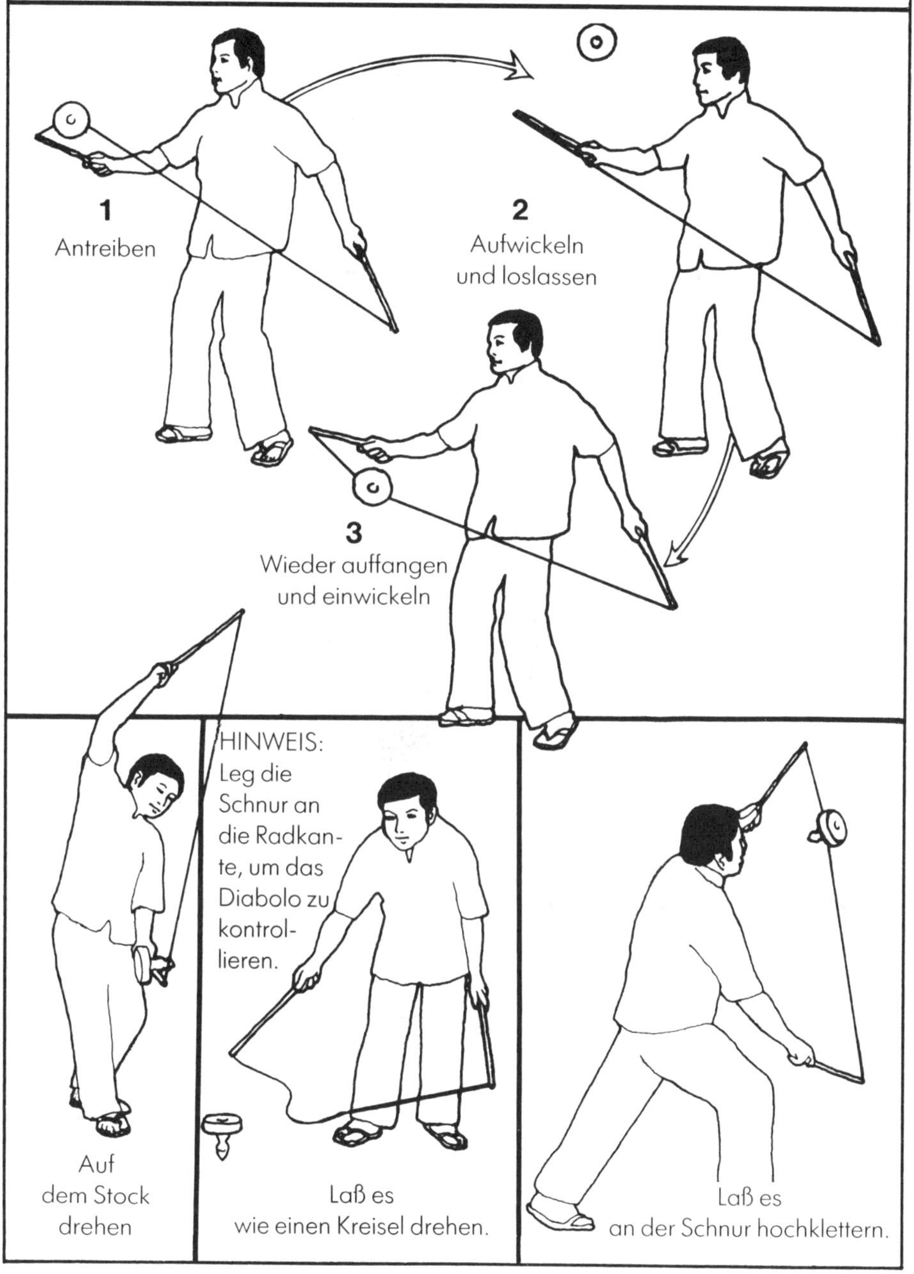

Die professionellere Art, ein Diabolo anzutreiben

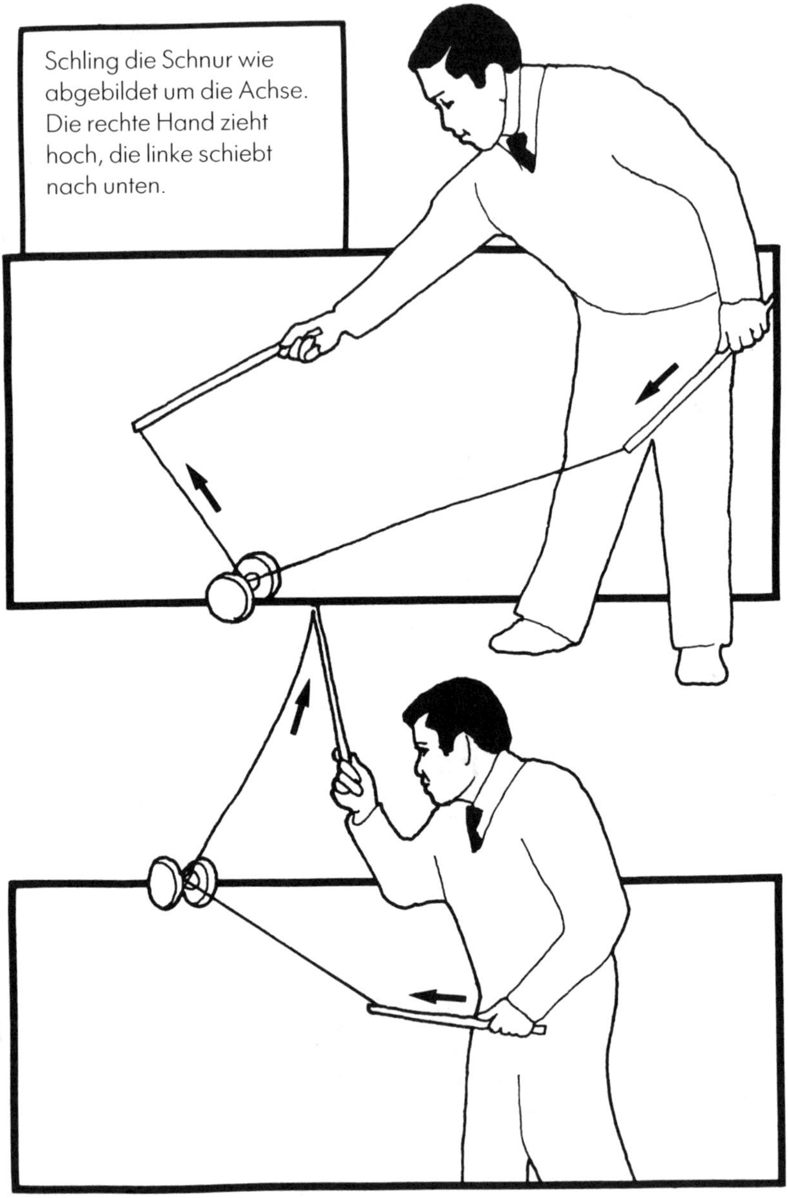

Wenn die Schnur um das Diabolo gewickelt ist, kannst du es dazu bringen, einige Male hintereinander auf- und abzuspringen, ohne daß es sich löst.

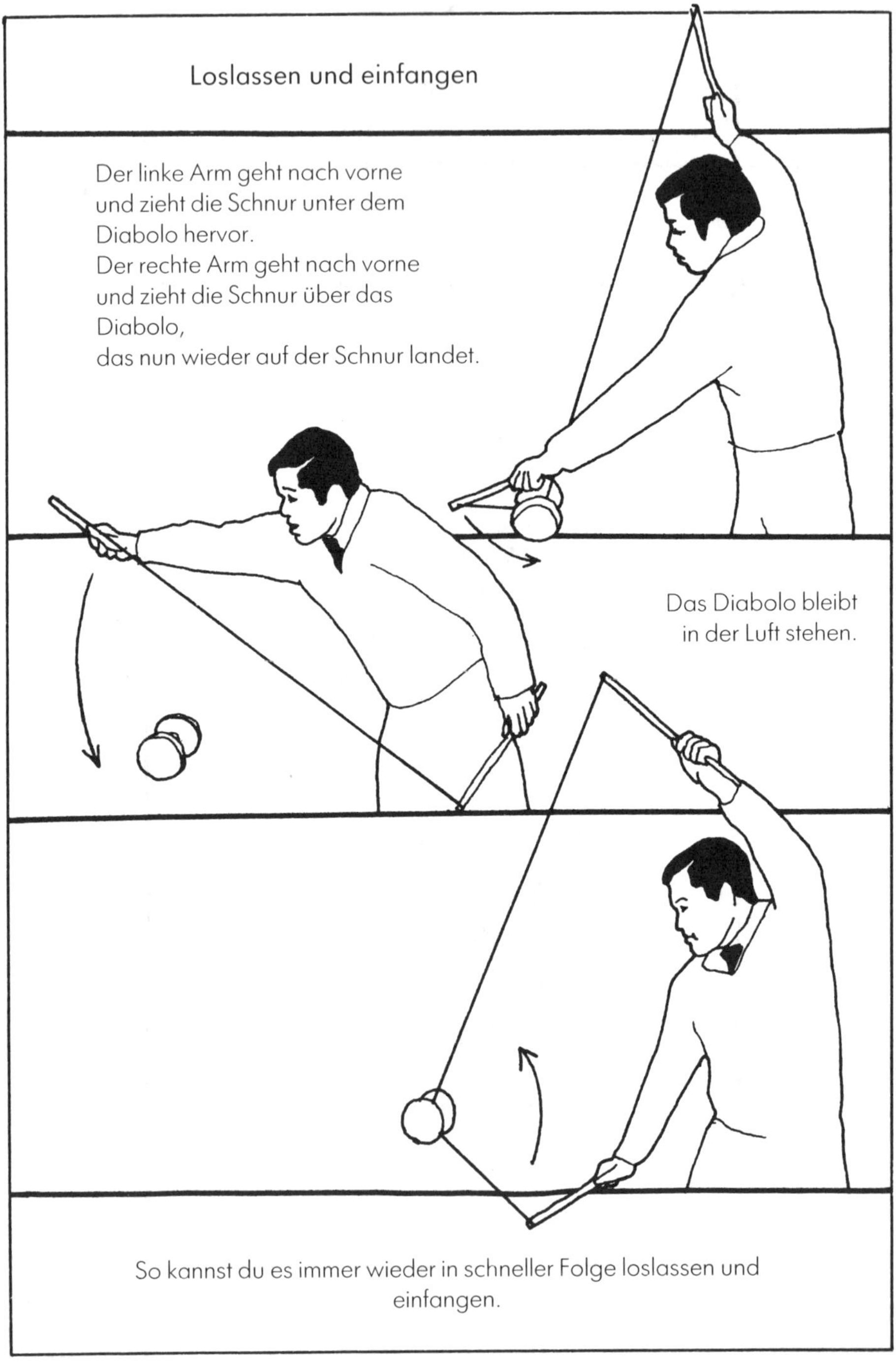
Loslassen und einfangen
Der linke Arm geht nach vorne und zieht die Schnur unter dem Diabolo hervor.
Der rechte Arm geht nach vorne und zieht die Schnur über das Diabolo, das nun wieder auf der Schnur landet.
Das Diabolo bleibt in der Luft stehen.
So kannst du es immer wieder in schneller Folge loslassen und einfangen.

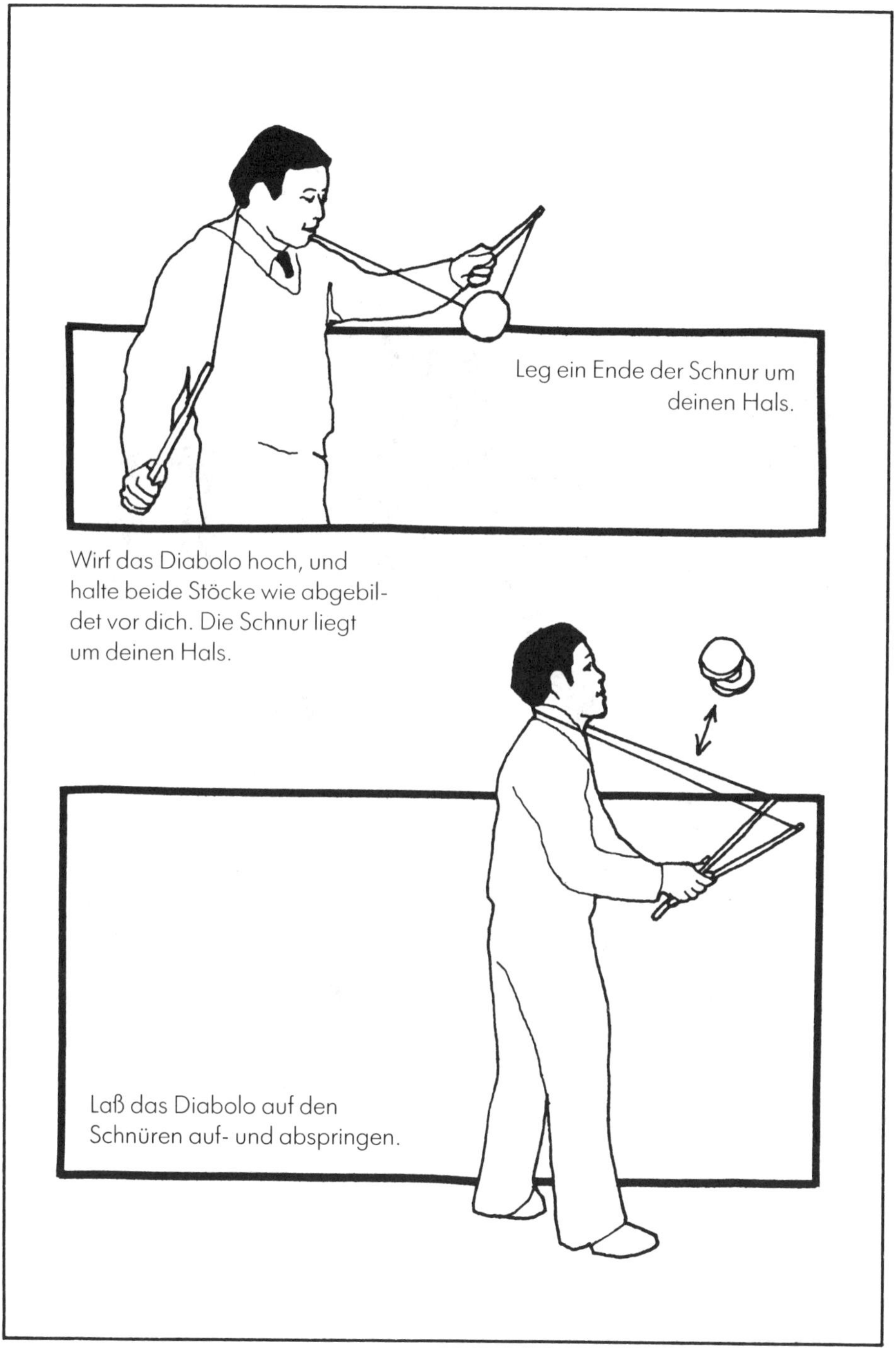
Leg ein Ende der Schnur um deinen Hals.
Wirf das Diabolo hoch, und halte beide Stöcke wie abgebildet vor dich. Die Schnur liegt um deinen Hals.
Laß das Diabolo auf den Schnüren auf- und abspringen.

Bela und Kris Kremo

Tricks mit Hut

Lernziele

1. Laß den Hut deinen Arm herunterrollen, und setz ihn dir wieder auf (von beiden Seiten)
2. Laß den Hut von der Hand aus den ausgestreckten Arm hochrollen und auf dem Kopf landen (nur von einer Seite)
3. Schraube den Hut ab und auf
4. Zeige drei Flipp-, Flopp- oder Purzelbaumvariationen mit dem Hut
5. Wirf den Hut mit einfacher oder Doppeldrehung auf den Kopf
6. Wirf den Hut auf deinen Fuß, und kicke ihn wieder zum Kopf hoch
7. Balanciere deinen Hut
8. Laß den Hut deinen Arm hoch- und über deinen Rücken entlangrollen, und fang ihn wieder auf
9. Entweder
   a) Jongliere drei Hüte unter Einbeziehung beider Hände und deines Kopfes, oder
   b) Laß den Hut deinen Rücken hinunterrollen, fang ihn auf, und laß ihn wieder zum Kopf hochrollen
10. Wirf einen Hut auf den Kopf oder den Arm eines Partners
11. Zeig eine Trickfolge mit dem Hut in Verbindung mit mindestens einem weiteren Gegenstand

Tricks mit Hut

Hutmanipulation kann der Höhepunkt deiner Show sein und bietet viele Möglichkeiten für publikumswirksame Komik und Überraschungseffekte.

Du kannst irgendeinen Zylinder oder eine Melone nehmen, aber es soll wenn möglich ein Filzhut sein. Hüte aus echtem Biberfell oder mit Pappverstärkung gehen schnell kaputt. Ein schwerer Hut ist besser als ein leichter.

Genug des ernsthaften, sportlichen Jonglierens! Jetzt kommt der lustige Teil des Unterrichts. Ich ziehe gerade meine Auftrittsklamotten an und zeige euch dann ein paar Huttricks aus der guten alten Varietézeit.

Laß den Hut am Arm herunterrollen

Um den Hut abzunehmen, versetzt du ihm von hinten einen leichten Schlag mit dem Finger. Ziele auf die nach oben zeigende Handfläche deines ausgestreckten Arms.

Die vordere Kante der Krempe berührt deine Schulter (1), die vordere Kante des Kopfteils berührt die Beuge des Ellbogens (2), die hintere Kante des Kopfteils berührt den Unterarm kurz vor dem Handgelenk (3), und du fängst die Krempe in der Hand (4).

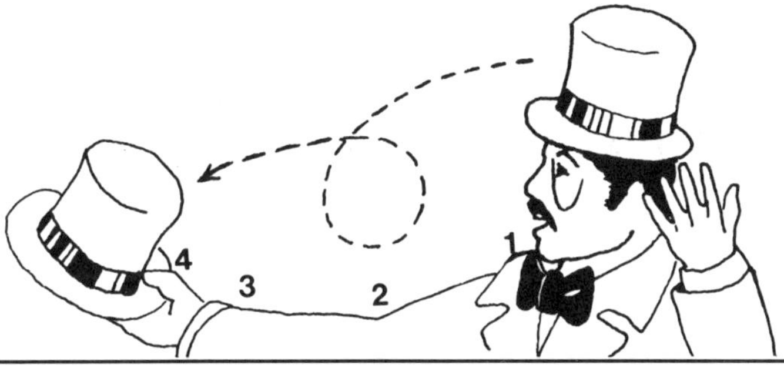

Den Hut wieder aufsetzen

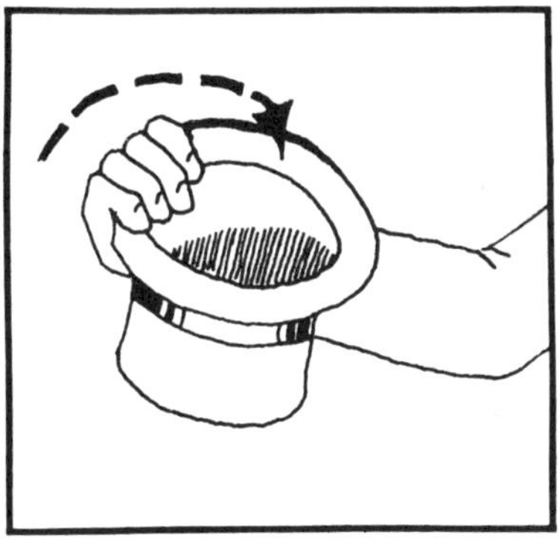

Aus der oben gezeigten Endposition schnippst du den Hut über das Handgelenk zurück.

Beuge den Arm an der Schulter und am Ellbogen und setz dir den Hut wieder auf den Kopf. Laß die Krempe erst los, wenn der Hut fest sitzt.

Laß den Hut auf den Kopf rollen

Eine andere, schwierigere Methode ist, den Hut am Arm (über die Punkte 1 – 4) wieder hochzurollen, und mit Hilfe deiner Schulter auf deine Stirn zu führen. Beginne mit langgestrecktem Arm und der Hand über Stirnhöhe. Die Schwerkraft wird dir helfen.

Den Hut ab- und aufschrauben

Greife mit beiden Händen zur Krempe. Die Daumen zeigen nach oben, die Ellbogen nach außen und nach vorne, die Finger sind unter der Krempe. Drehe die Handgelenke nach vorne. Wenn das Kopfteil nach unten zeigt, kannst du den Hut ein- oder zweimal wie einen Tambourstab über die Finger rollen lassen. Um den Hut wieder aufzusetzen, kehrst du den Prozeß um.

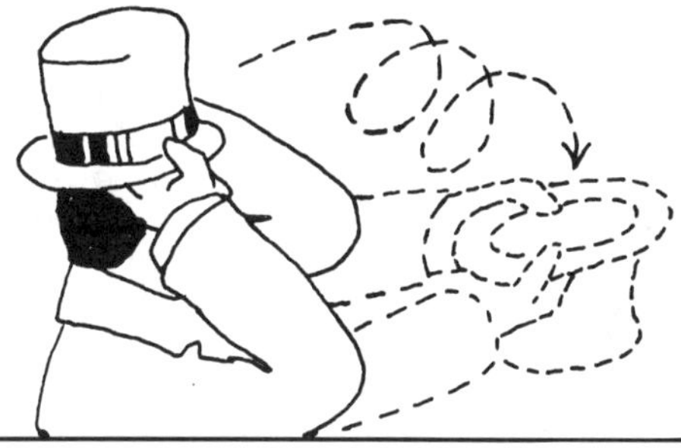

Den Hut hin- und her-›flippen‹

Halte den Hut mit der rechten Hand auf der rechten Seite. ›Flippe‹ ihn rüber, indem du ihn so nach oben ziehst, daß er sich einmal überschlägt. Fang ihn mit der linken Hand auf der linken Seite.

Wenn du einfache Drehungen ›flippen‹ kannst, versuche es mit Doppeldrehungen.

Wenn du beim Fangen weit nach außen greifst, erweckst du die Illusion, daß der Hut abhauen will.

Den Hut um den Daumen ›floppen‹

Halte den Hut mit rechts an der Krempe. Das Kopfteil zeigt nach links. Dreh ihn über den Daumen hoch. Laß kurz los und greife wie in der Ausgangsposition wieder zu. Eine Sekunde lang schwebt der Hut frei in der Luft.

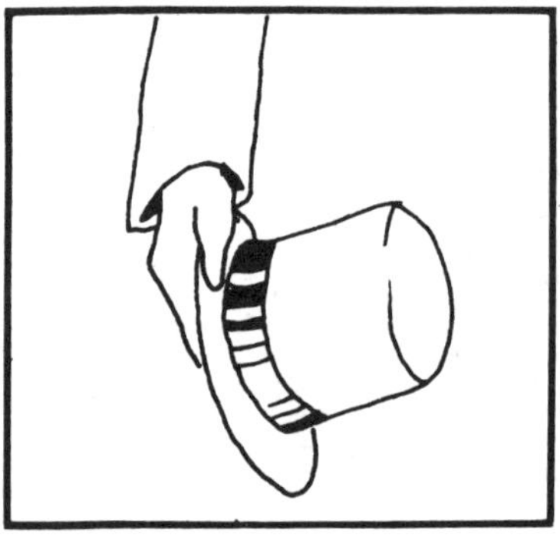

Dein Hut schlägt Purzelbäume

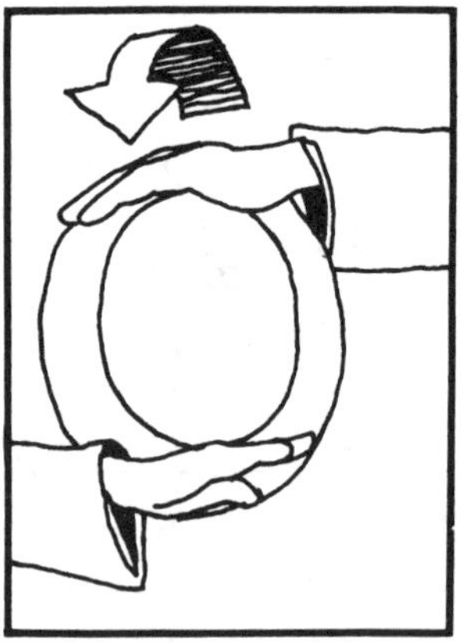

Das Kopfteil des Hutes kannst du entweder zu dir hin oder von dir weg halten. Leg eine Hand auf die obere Seite, die andere auf die untere. Deine Hände rotieren umeinander, und der Hut schlägt Purzelbäume, indem er um die Handgelenke herumrollt.

Den Hut werfen und fangen

Übe, den Hut mit einer einfachen Drehung zu werfen. Halte ihn wie abgebildet, und flippe ihn zu dir hin. Fang ihn mit der gleichen oder mit der anderen Hand. Lerne das Werfen und Fangen mit beiden Händen. Wenn sie eine einfache Drehung hinkriegen, kannst du Doppeldrehungen üben.

Sobald du den Hut sicher fangen kannst, versuche den gleichen Wurf wieder, aber bück dich diesmal, und fang den Hut auf dem Kopf. Übe den Wurf, bis du den Hut so fangen kannst, ohne dich zu bücken. Wenn es mit einfachen Drehungen klappt, lerne es mit Doppeldrehungen.

Flippe den Hut auf ähnliche Art in die hoch über den Kopf gehaltene Hand. Schau das Publikum an und fang ›blind‹.

Der Hut rutscht dir den Buckel runter
(und wieder hoch)

Neige den Kopf nach hinten, und laß dir den Hut den Rücken herunterrollen.

Fang ihn ›blind‹ auf Hüfthöhe.

Beuge dich um 45 ° nach vorne, und laß ihn den Rücken wieder hochrollen.

Der Hut ›stolpert‹ über deinen Nacken und fällt dir auf den Kopf.

Laß den Hut auf der Krempe rollen

Halte den Hut mit dem Kopfteil zum Publikum.

Wirf ihn hoch und dreh in an – wie einen Jonglierring oder eine Frisbeescheibe.

Hast du ihn gekriegt? Gut, dann versuch das gleiche in die andere Richtung.

Laß ihn erst deinen Arm herunterollen, dann über den Rücken und den anderen Arm hoch bis in die Hand hinein.

Wurf unter dem Arm durch

Wirf den Hut unter dem anderen Arm hindurch, dreh dich ein wenig, und laß ihn dir auf den Kopf fallen.

BEACHTE: Guck bis zum letzten Augenblick hoch, dann bück dich schnell, um den Hut zu fangen.

Wurf zum ›Hutständer‹

Halte den Hut wie abgebildet.

Wirf fest. Der Hut überschlägt sich einmal.

Wirf direkt auf einen ausgestreckten Arm, einen Hutständer oder den Kopf eines Partners.

Spielt zusammen. Werft den Hut hin und her, um diese Fertigkeit auszubauen.

Du kannst den Hut auch über den Ellbogen oder das Knie stülpen.

Es wirkt toll, wenn du den Hut mit einfacher Drehung flippst oder vom Kopf herunterschubst und ihn mit dem Fuß auffängst. Richte den Hut so, daß er auf der Fußspitze balanciert. Kicke ihn dann wieder zum Kopf hoch.

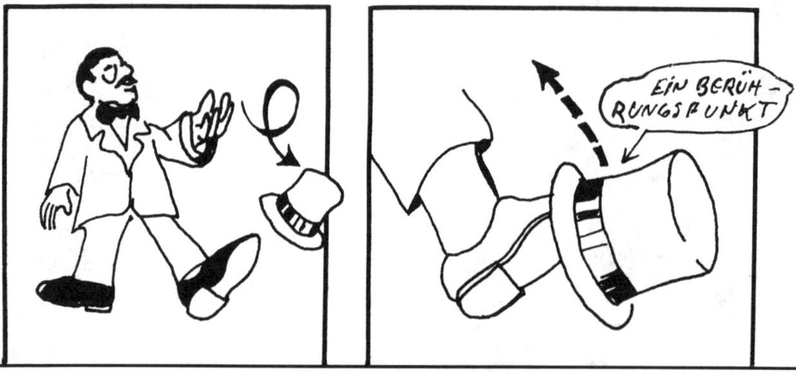

Den Hut um die Finger wickeln

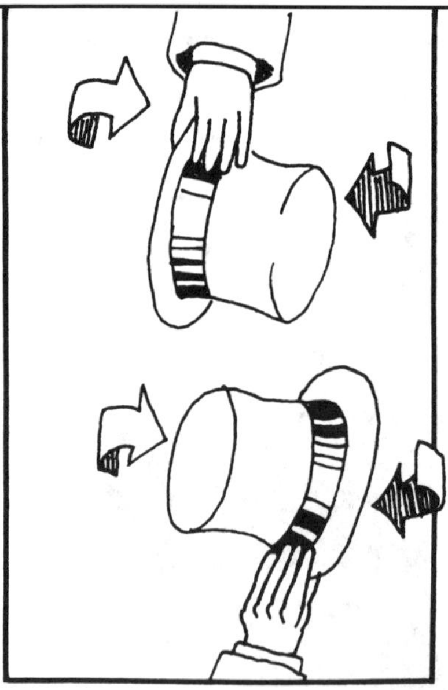

Halte den Hut mit dem Daumen unter der Krempe. Er hängt senkrecht nach unten. Heb ihn an und dreh ihn um die gestreckten Finger herum. Wenn er aufhört, sich zu drehen, steck den Daumen wieder hinein und greife wieder zu. Anheben, drehen, Arm strecken, Hut wieder greifen.

Der gleiche Trick läßt sich auch über dem Kopf ausführen. Drücke den Hut diesmal nach oben, drehe ihn und fange ihn wieder auf.

Mit drei Hüten jonglieren

Methode Nr. 1 – Eine Seite nach der anderen

Die leichteste Methode ist, jeweils mit einer Hand und zwei Hüten zu üben. Setz einen Hut auf, und halte einen anderen in der Hand. Flippe den Hut mit einfacher Drehung hoch, und greife mit derselben Bewegung nach oben, um den anderen Hut abzunehmen. Fang den fliegenden Hut auf dem Kopf auf.

Versuch es jetzt von der anderen Seite mit der anderen Hand. Wenn du es von beiden Seiten kannst, wechsle die Seiten einfach ab: mit rechts werfen, abnehmen, auf dem Kopf auffangen, mit links werfen, abnehmen, auf dem Kopf auffangen.

Methode Nr. 2 – Flache Würfe

Halte in jeder Hand einen Hut an der Krempe, setze einen dritten Hut auf den Kopf. Die linke Hand wirft ihren Hut nach rechts und nimmt in derselben Bewegung den Hut vom Kopf. Die rechte Hand setzt ihren Hut auf und fängt den von links geworfenen Hut. An dieser Stelle kannst du innehalten, die Position der Hüte wieder richten und dich auf die nächste Wurfrunde vorbereiten.

Die Arme bewegen sich gleichzeitig und rhythmisch.

Methode Nr. 3 – Der ›Kopf-Flipp‹

Bei diesem Trick hast du mehr Zeit. Aber statt den Hut aufzusetzen, flippst du ihn in Richtung Kopf. Halte einen Hut in der linken Hand, einen zweiten in der rechten. Setz den dritten auf. Flippe den linken Hut vor dem Körper hoch hinüber. Wenn er seinen Höhepunkt erreicht, flippe den rechten Hut mit einfacher Drehung. Nimm gleichzeitig mit der linken Hand (Daumen oberhalb der Krempe) den Hut vom Kopf. Der rechte Hut landet auf dem Kopf.

Den Hut balancieren

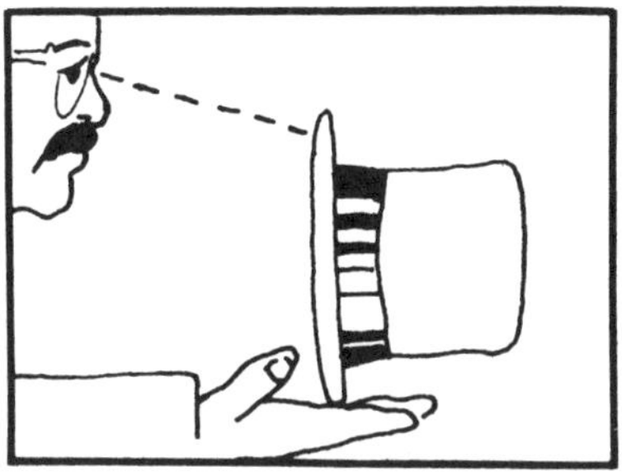

Du kannst den Hut überall am Körper balancieren, vorausgesetzt, du kannst die höchste Stelle der Krempe sehen. So z. B. auf der Hand, dem Fuß oder der Nase.

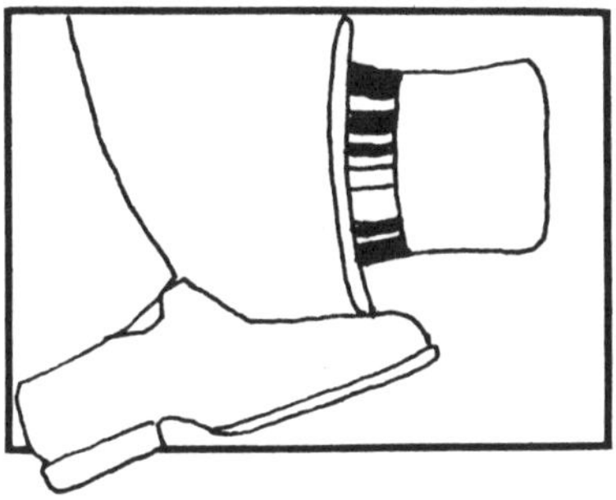

Setz dir die vordere Kante der Krempe auf das Nasenbein. Lehn den Kopf nach hinten und schau hoch.

Fixiere den Mittelpunkt des Schweißbands. Halte die Balance, indem du dich unter dem Hut bewegst. Neige dann den Kopf einfach wieder nach vorne, um den Hut wiederaufzusetzen.

Zu guter Letzt: Laß den Hut rumgehen

Dies ist der gefährlichste Teil der ganzen Nummer. Wenn du etwas verkehrt machst, wirst du plötzlich zum Zauberer und läßt dein ganzes Publikum verschwinden.

Die verschiedenen Stadien des Geldsammelns:

1. **DIE WARNUNG** Kurz vor deinem spektakulären Finale solltest du den Massen mitteilen, daß sie ihre Geldbeutel zücken müssen, weil der Hut gleich herumkommen wird.

2. **DER SPRUCH** Gleich nach dem endgültigen Höhepunkt nimmst du mit expansiver Geste den Hut ab, ziehst ein 5-Mark-Stück aus der Tasche und läßt die Zuschauer wissen, daß das die durchschnittliche Spende ist, echte Kunstfreunde aber mehr geben.

3. DAS SAMMELN Hör nicht auf, irgendwas zu erzählen. »So ist's richtig, Leute. Seid nicht schüchtern. Es ist genauso einfach wie in der Kirche. Wer heute was gibt, hat morgen kein schlechtes Gewissen. Ich habe meinen Beitrag geleistet, jetzt seid ihr dran.« Stell Blickkontakt mit jedem Spendenden her, lächle und bedanke dich herzlich.

Du und dein Hut seid jetzt Partner. Wenn ihr zusammenarbeiten wollt, ist es Zeit, deine Fantasie zu gebrauchen und ein paar eigene Tricks zu erfinden. Vergiß nicht, daß ihr beiden viele Übungsstunden zusammen verbringen müßt. Hier sind einige Anregungen:

1. Partnerspiel mit Hüten und einem oder mehreren Jongleuren
2. ›Blind‹ fangen – hinter dem Rücken, mit der Hand oder auf dem Fuß
3. Den Hut auf der Krempe über die Brust oder den Rücken rollen lassen
4. Den Hut von Fuß zu Fuß flippen
5. Gegenstände auf der Hutkrempe oder dem Kopfteil auffangen
6. Einen Hut auf die Bühne legen und ihn mit einer Rolle vorwärts oder einer Brücke nach hinten aufsetzen
7. Tricks mit Hut und normale Wurfjonglage verbinden

Geh mit Spaß an die Sache, und behandle deinen Hut mit Liebe und Respekt.

Tellerdrehen

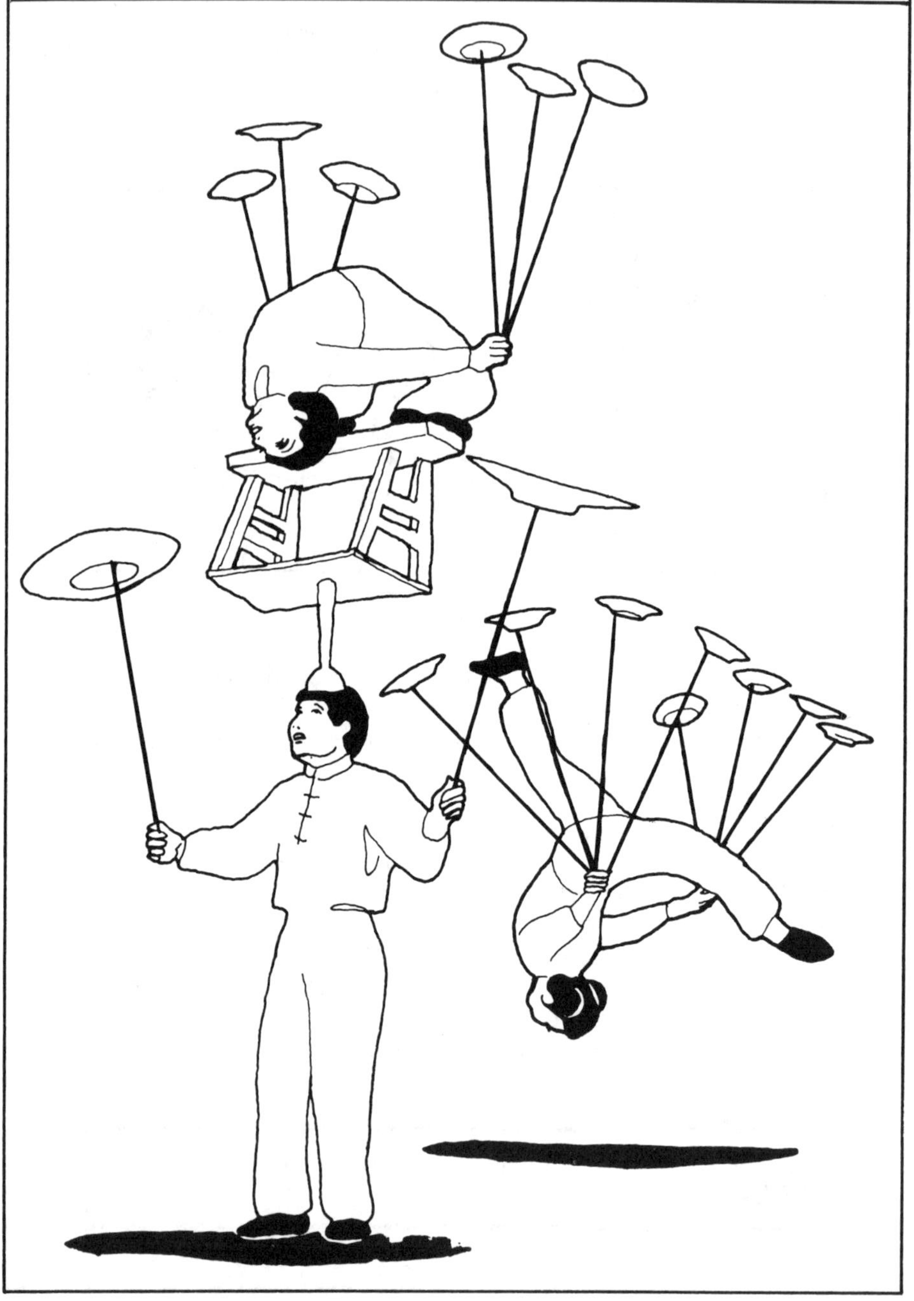

Tellerdrehen

Lernziele

1. Zeig mit jeder Hand, wie ein Teller angedreht und beschleunigt wird
2. Wirf einen sich drehenden Teller hoch, und fang ihn wieder auf dem Stock
3. Übergib einen sich (auf einem Stock) drehenden Teller hinter dem Rücken und unter dem Bein entlang von Hand zu Hand
4. Dreh mit einem Teller (auf einem Stock) eine Spirale mit jedem Arm
5. Zeige einen Trick auf deinem Finger
6. Zeige einen Balancetrick mit einem Teller, während du gleichzeitig entweder jonglierst oder Keulen schwingst
7. Entweder
   a. Zeige einen akrobatischen Trick, während du einen oder mehrere Teller drehst, oder
   b. Drehe drei oder mehr Teller in einer Hand, oder
   c. Drehe drei oder mehr Teller auf verankerten Stöcken, oder
   d. Zeige deine Tellerdrehfertigkeiten mit einem Frisbee, einem beschwerten Tuch oder einem rechteckigen Gegenstand (Tablett, Brett, Buch)

Der Anfang

Sofortiger Erfolg ist garantiert!

- Leg die Tellermitte auf die Stockspitze.
- Halt den Stock senkrecht in deiner rechten Hand.
- Halt die Tellerkante zwischen deinem linken Daumen und den Fingerspitzen wie abgebildet.
- Dreh den Teller zu dir.

Beschleunigen

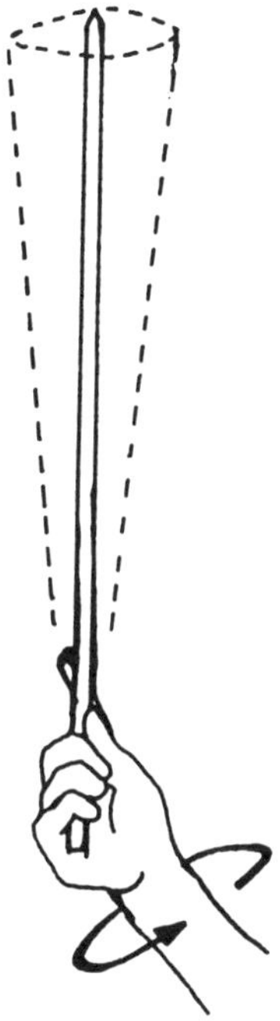

1. SCHRITT
Dreh einen unsichtbaren Teller

Zeichne mit der Spitze einen kleinen Kreis (ca. 15 cm Durchmesser)

Halte den Stock senkrecht

Leg den Zeigefinger an den Stock

Dreh dein Handgelenk

2. SCHRITT
Dreh einen richtigen Teller an

Dreh den Teller an, wie es auf der vorherigen Seite beschrieben wurde.

Dreh dein Handgelenk, sobald der Teller in Bewegung ist und laß die Stockspitze in die Rille unter dem Teller rutschen.

Halte plötzlich dein Handgelenk steif, der Teller springt zur Mitte zurück und dreht sich schneller als vorher.

Der schwierige Anfang

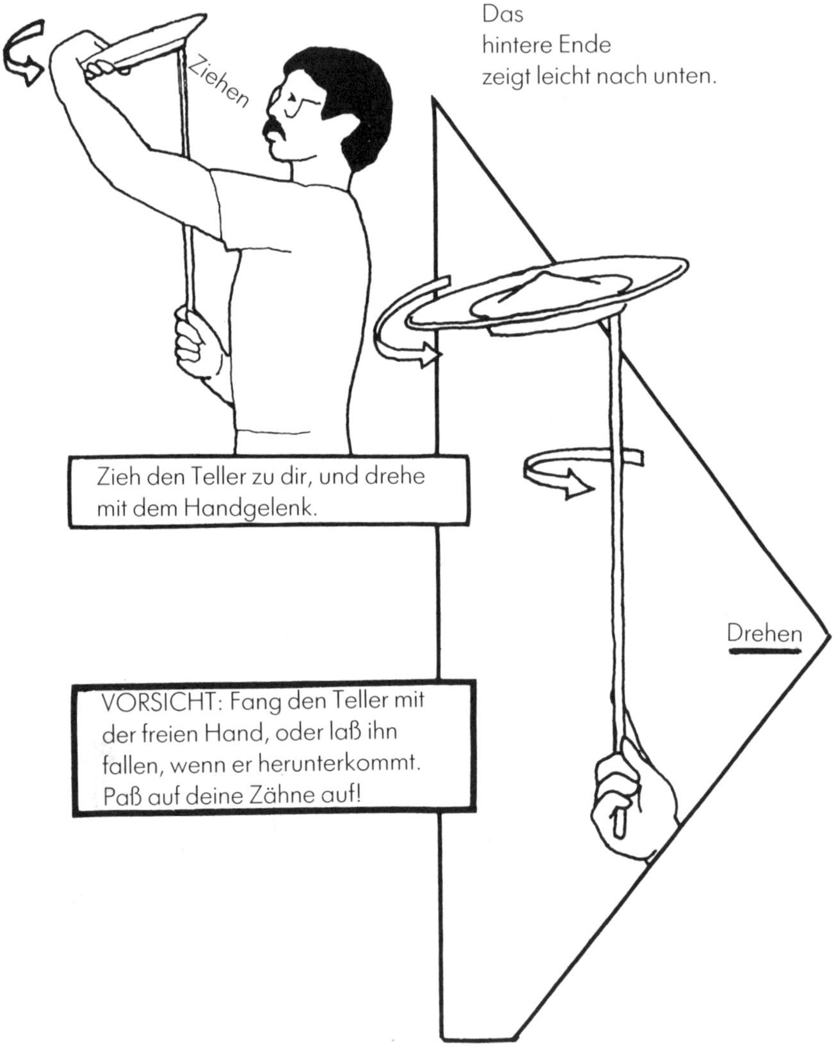

Zieh den Teller zu dir, und drehe mit dem Handgelenk.

VORSICHT: Fang den Teller mit der freien Hand, oder laß ihn fallen, wenn er herunterkommt. Paß auf deine Zähne auf!

Nun kannst du immer schneller werden. Dann hältst du dein Handgelenk steif, und der Teller springt in die Mitte.

Würfe

Treibe den Teller an . . . | Wirf ihn vom Stock hoch, und . . . | Fang ihn wieder auf der Spitze

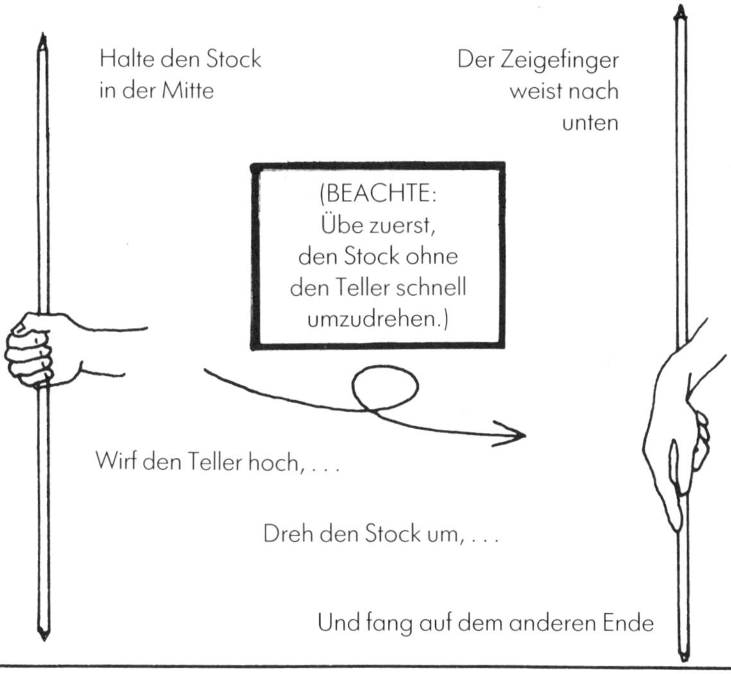

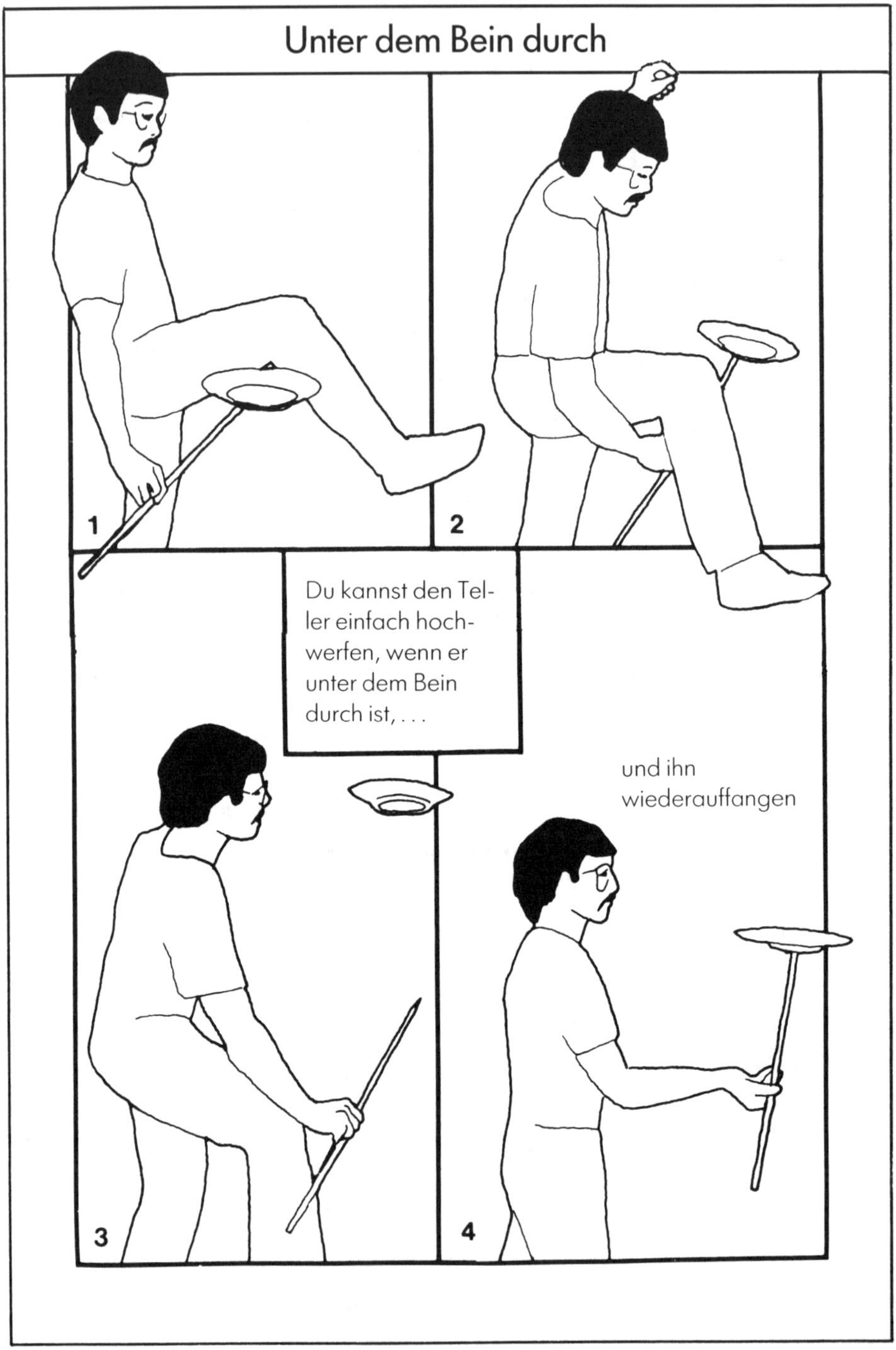
Unter dem Bein durch
1
2
Du kannst den Teller einfach hochwerfen, wenn er unter dem Bein durch ist, . . .
und ihn wiederauffangen
3
4

Spiralen

(BEACHTE: Bei den meisten Tricks übst du am besten zunächst nur mit dem Stock. Nimm den Teller später dazu.)

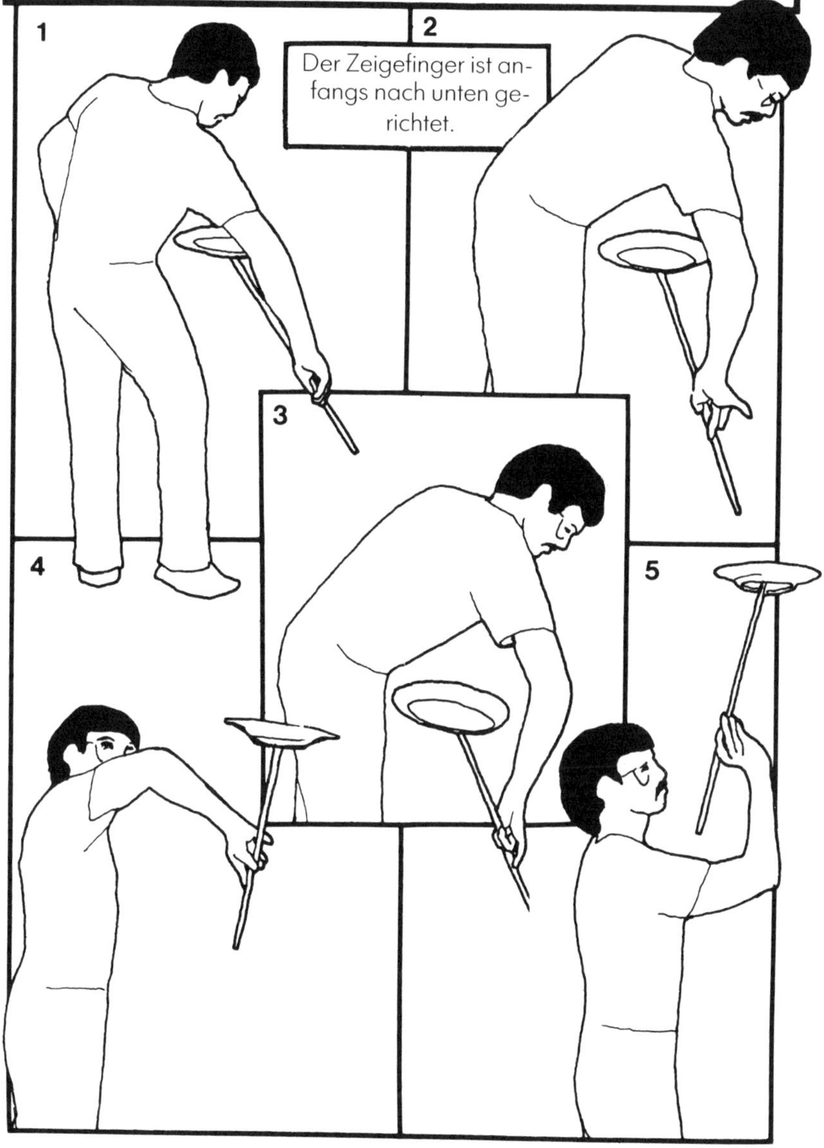

Drehen auf dem Finger

Du kannst den Teller auf einer Fingerspitze kreisen lassen und dann mit dem Arm eine Spirale drehen.

Hinter dem Rücken übergeben

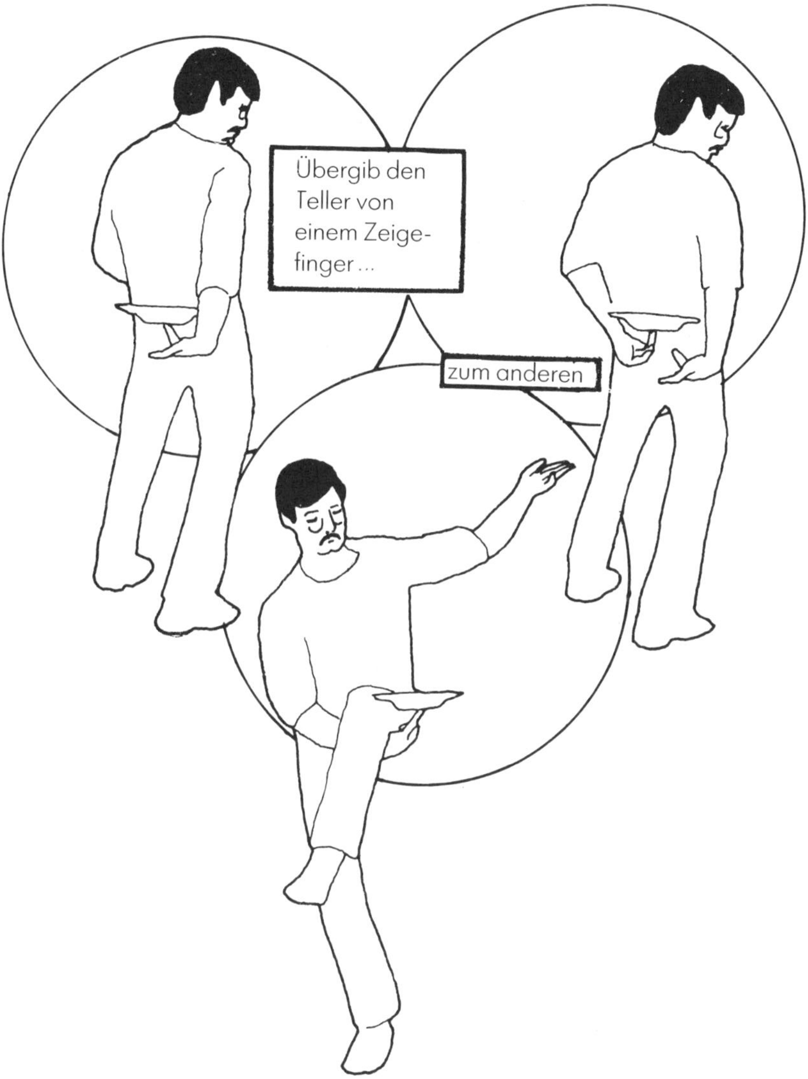

BEACHTE: Die Übung mit einem sich drehenden Teller kann dir später helfen, wenn du lernst, einen Ball zu drehen, zu balancieren und damit Spiralen zu drehen.

Balance

Jongliere zwei oder drei Ringe in der einen Hand, während du auf der anderen Handfläche einen Teller balancierst.

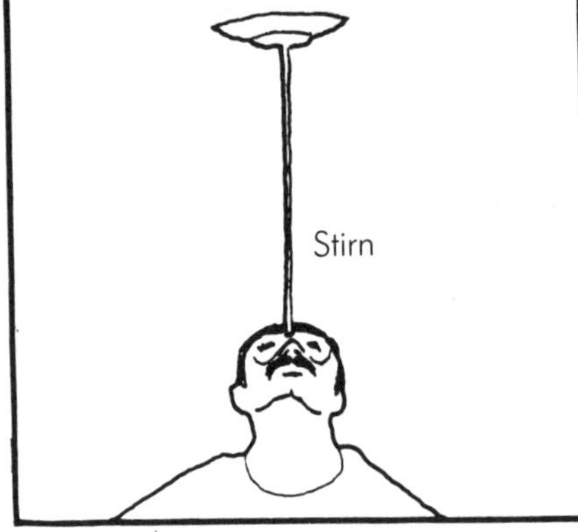

BEACHTE: Jede Hand tut ihre eigene Arbeit, die Gegenstände kreuzen nicht.

Jongliere eine gerade Anzahl Ringe oder Teller, während du einen Teller auf der Stirn balancierst.

Viele Teller

Du brauchst einen Helfer, der deine Teller andreht. Er reicht dir einen sich drehenden Teller nach dem anderen.

Halte sie wie abgebildet, und dreh dein Handgelenk.

Drehen auf einem verankerten Stock

Nimm einen biegsamen, ca. 1,5 m langen Stock, und verankere ihn am unteren Ende.

Und jetzt?

Nun kannst du deine Tellerdrehkünste auf andere Gegenstände übertragen, sogar auf rechteckige wie Notizbücher und Tabletts. Du kannst auch lernen, Bälle zu drehen, oder große, rundgeschnittene Tücher, in deren Rand ein Gewicht eingenäht ist. Es gelten die gleichen Regeln.

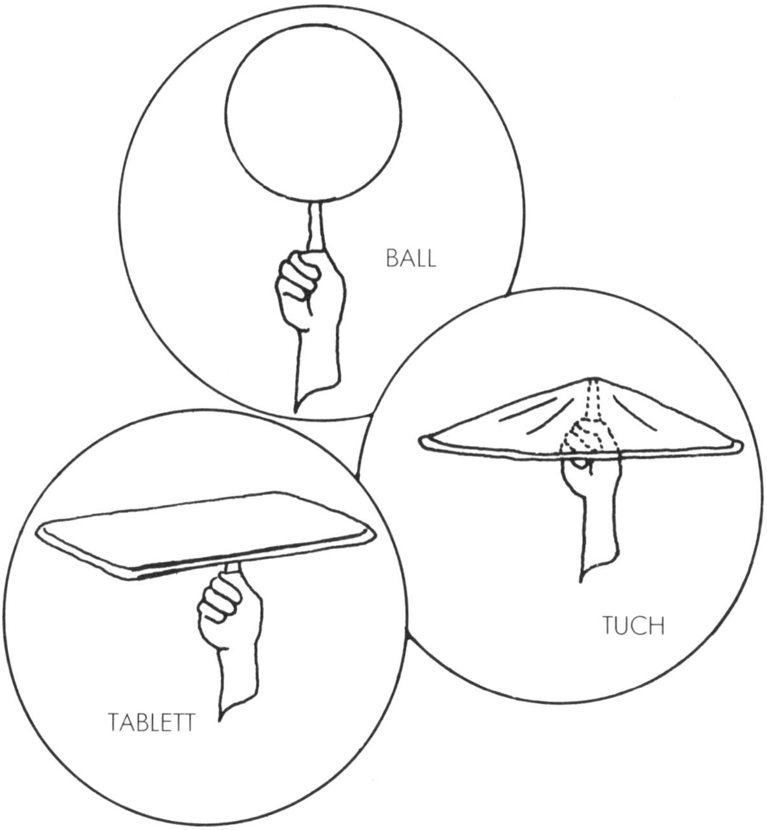

Balldrehen

Lernziele

1. Zeige zwei Methoden, einen Ball anzudrehen
2. Zeige zwei Methoden, die Drehung aufrechtzuerhalten
3. Übergib einen sich drehenden Ball von einem Finger auf einen anderen oder auf einen Stock
4. a. Dreh mit beiden Armen hintereinander eine Spirale, oder
   b. Dreh mit einem Arm eine Spirale, während du zwei Gegenstände in der anderen Hand jonglierst
5. Übergib einen sich drehenden Ball unter deinem Bein oder hinter deinem Rücken auf deine andere Hand
6. Balanciere einen Ball für fünf Sekunden auf einem sich drehenden Ball
7. Entweder
   a. Laß einen Ball von deiner Stirn auf eine Schläfe und zurück rollen, oder
   b. ›Köpfe‹ zwei Bälle (jeden dreimal), oder
   c. Fange einen Ball auf einem Mundstock (dreimal hintereinander), oder
   d. Eine Brustrolle oder eine Nackenrolle

Drehen

Einhändiger Anfang

Zweihändiger Anfang

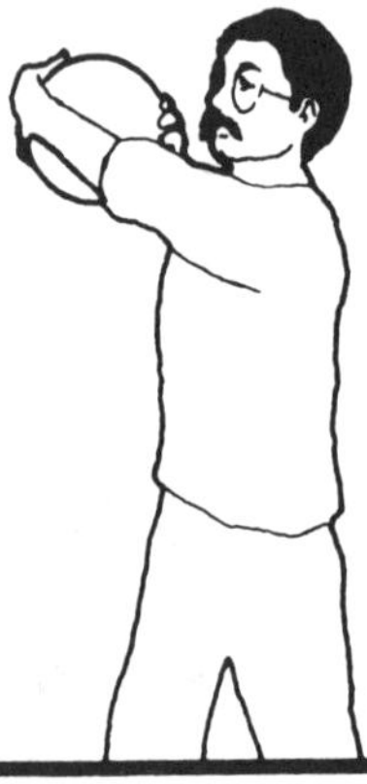

SCHNELLER!

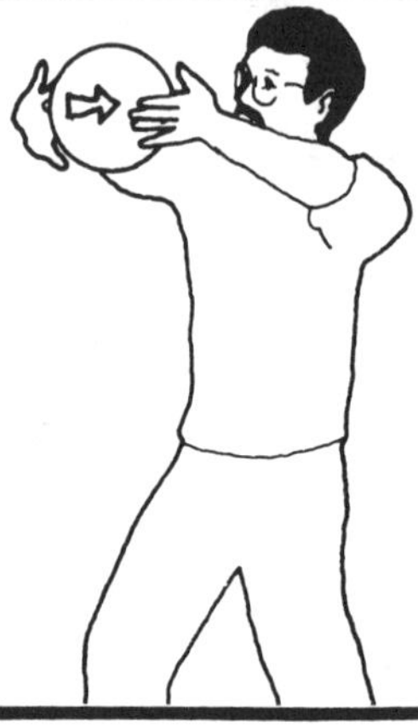

HALTEN
Rechte Hand vor dem Gesicht. Handfläche nach außen – linke Hand auf der anderen Seite des Balls, Handfläche nach innen.

DREHEN
Zieh mit beiden Händen kräftig nach außen. Halte mit den Fingern so lange wie möglich den Kontakt zum Ball.

WERFEN
Etwa 30 cm hoch, so senkrecht wie möglich.

FANGEN
Den ›Südpol‹ des sich drehenden Balls findest du mit etwas Übung.

Halte die Drehung

F: Wo auf der Fingerspitze balanciere ich den Ball?

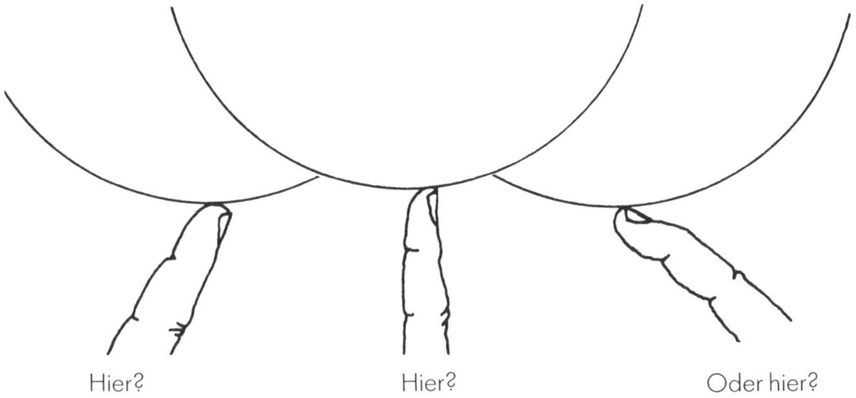

A: Versuch alle drei Methoden. Wähle einen Punkt und bleib dabei. Sie funktionieren alle.

F: Wie kann ich den Ball balancieren, wenn er sich dreht?

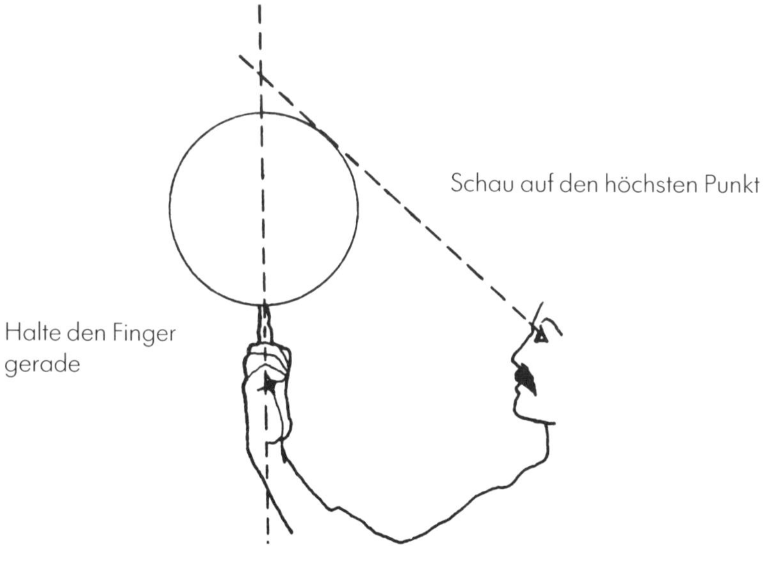

A: Stell dir einen Stab vor, der durch deinen Finger und den Ball geht. Halte diesen Stab senkrecht.

F: Wie erreiche ich, daß der Ball sich länger dreht?

BEACHTE: Berühre ihn am oder unter dem Äquator.

A: Dreh den Ball mit der freien Hand ganz leicht zu dir.

A: Gib dem Ball mit der Spitze deines Mittelfingers einen leichten Schwung.

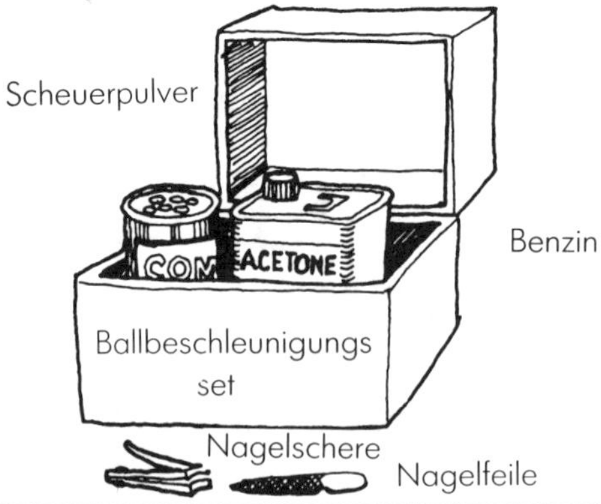

A: Reinige deinen Ball, und halte deine Fingernägel kurz.

Auf einen Stock übergeben

- Halte den Stock fest in deiner Hand oder deinem Mund.
- Treffe beim Übergeben genau den Mittelpunkt.
- Widerstehe dem Impuls, den Stock zu bewegen.

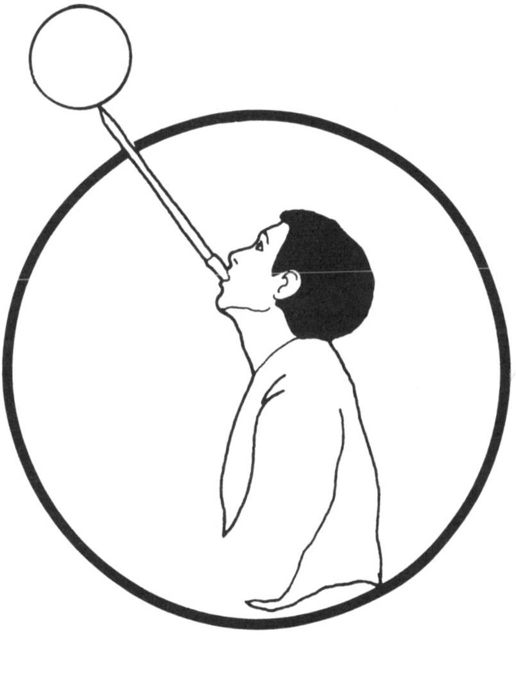

Zwei Bälle drehen

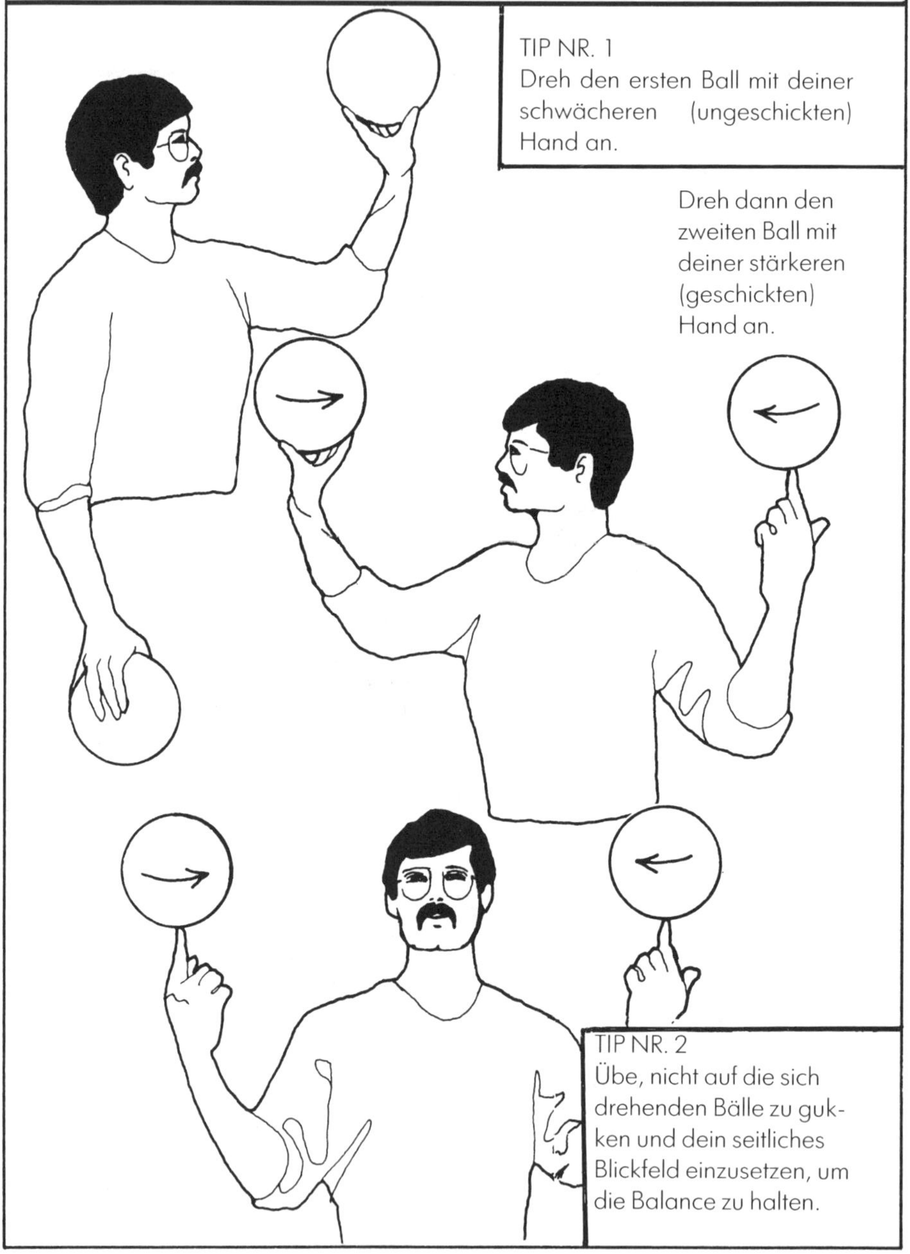

F: Warum soll man den Ball nach innen drehen? Drehen nicht die meisten Basketballspieler den Ball nach außen?

A: Das bringt uns auf...

Spiralen

Ein sich drehender Ball wandert naturgemäß in die Richtung der Drehung. Wenn du einen Ball mit deiner rechten Hand nach außen drehst (oder von oben gesehen im Uhrzeigersinn) und dann versuchst, mit dem Arm eine ›Spirale‹ zu drehen, kämpfst du gegen die natürliche Inklination.

Aber ...

Wenn sich der Ball zu dir dreht, während du die Spirale machst, bewegt er sich natürlicher Weise in die richtige Richtung.

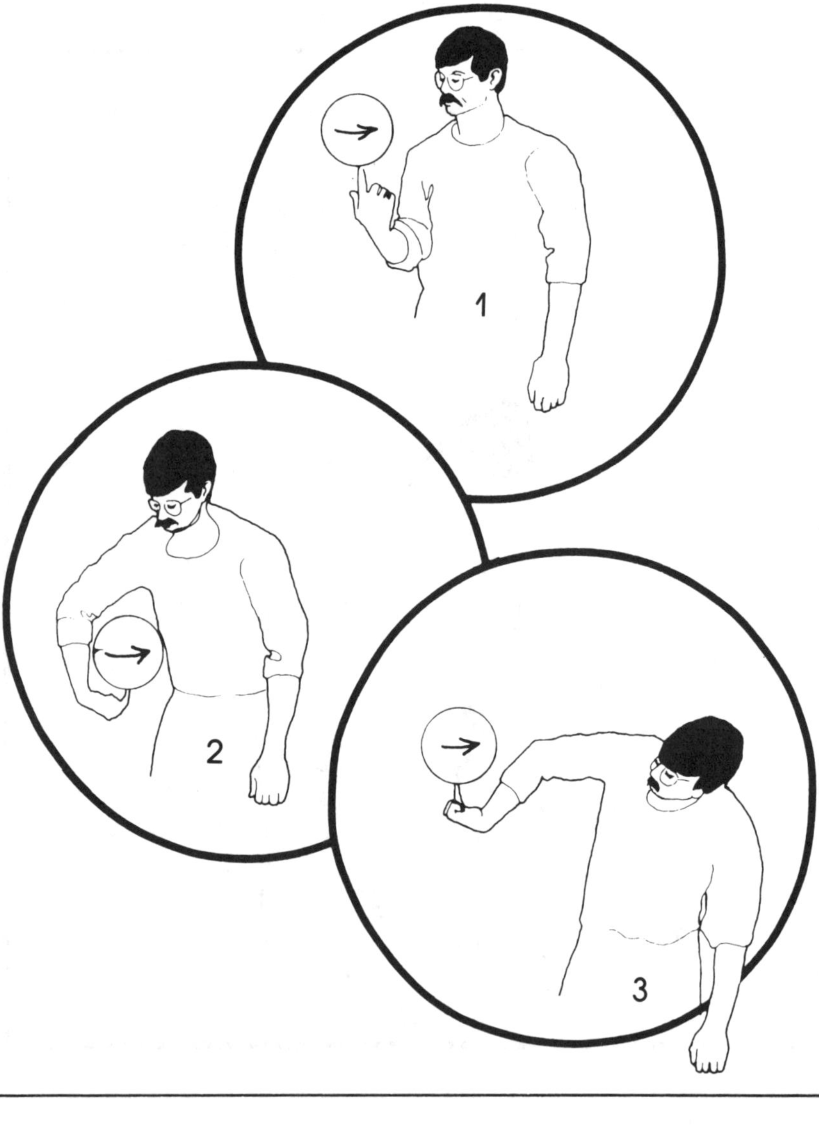

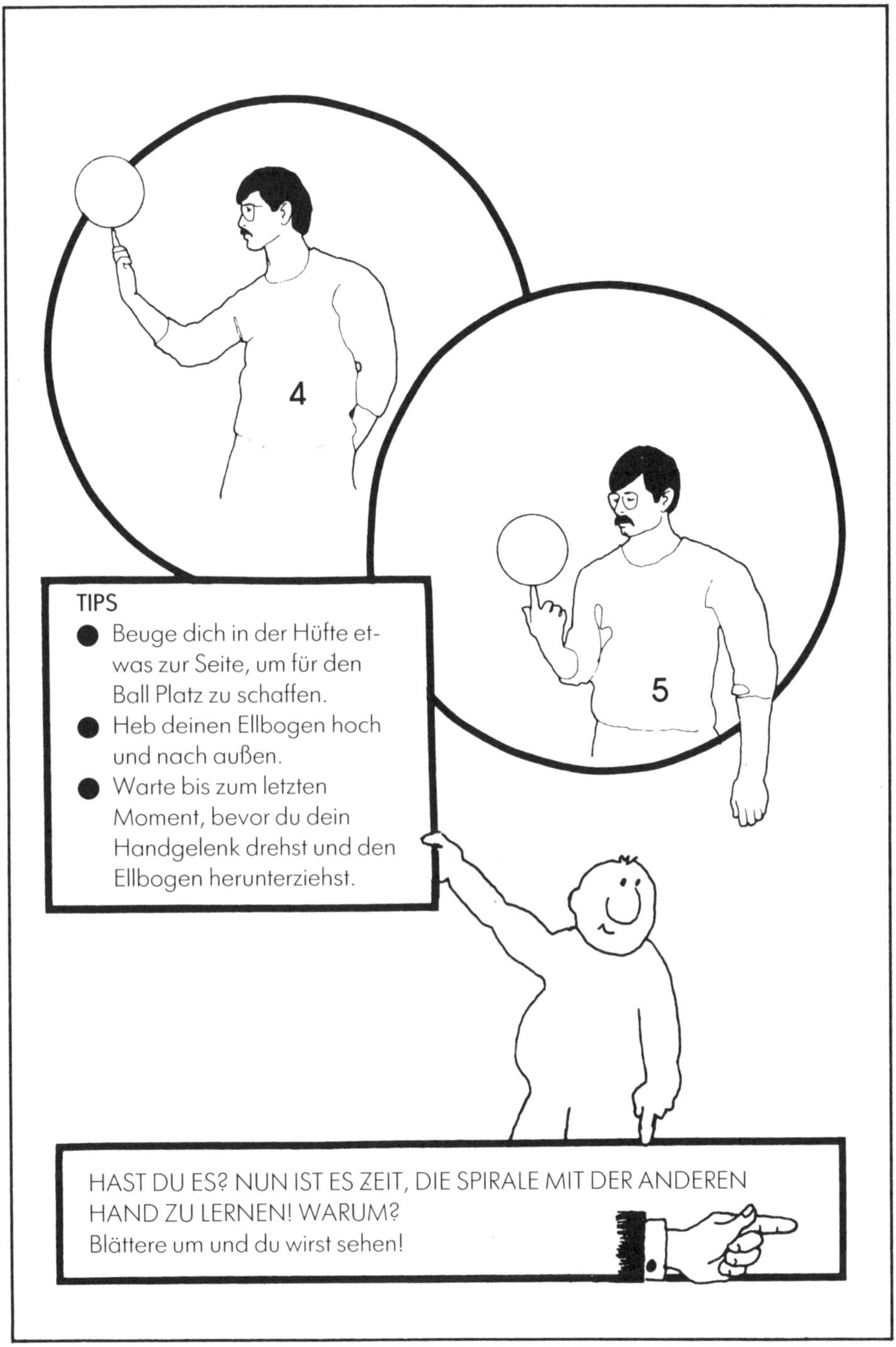
4
5
TIPS
● Beuge dich in der Hüfte etwas zur Seite, um für den Ball Platz zu schaffen.
● Heb deinen Ellbogen hoch und nach außen.
● Warte bis zum letzten Moment, bevor du dein Handgelenk drehst und den Ellbogen herunterziehst.
HAST DU ES? NUN IST ES ZEIT, DIE SPIRALE MIT DER ANDEREN HAND ZU LERNEN! WARUM?
Blättere um und du wirst sehen!

Zweihändige Spiralen

1. SCHRITT: Dreh zwei Bälle an, und übe mit einem die Spirale, während sich der andere weiterdreht. Lerne beide Seiten.

2. SCHRITT: Dreh mit dem Ball, der für dich schwieriger ist, die Spirale. Sobald die Hand hinter dem Rücken hochgeht, du dein Handgelenk drehst und den Ellbogen herunterziehst, beginnst du die Spirale mit dem anderen Ball.

3. SCHRITT: Schau jeweils auf den Ball, der hinter deinem Rücken erscheint, und mache weiter. Jedesmal wenn sich dein Handgelenk dreht, beginnst du mit der anderen Seite.

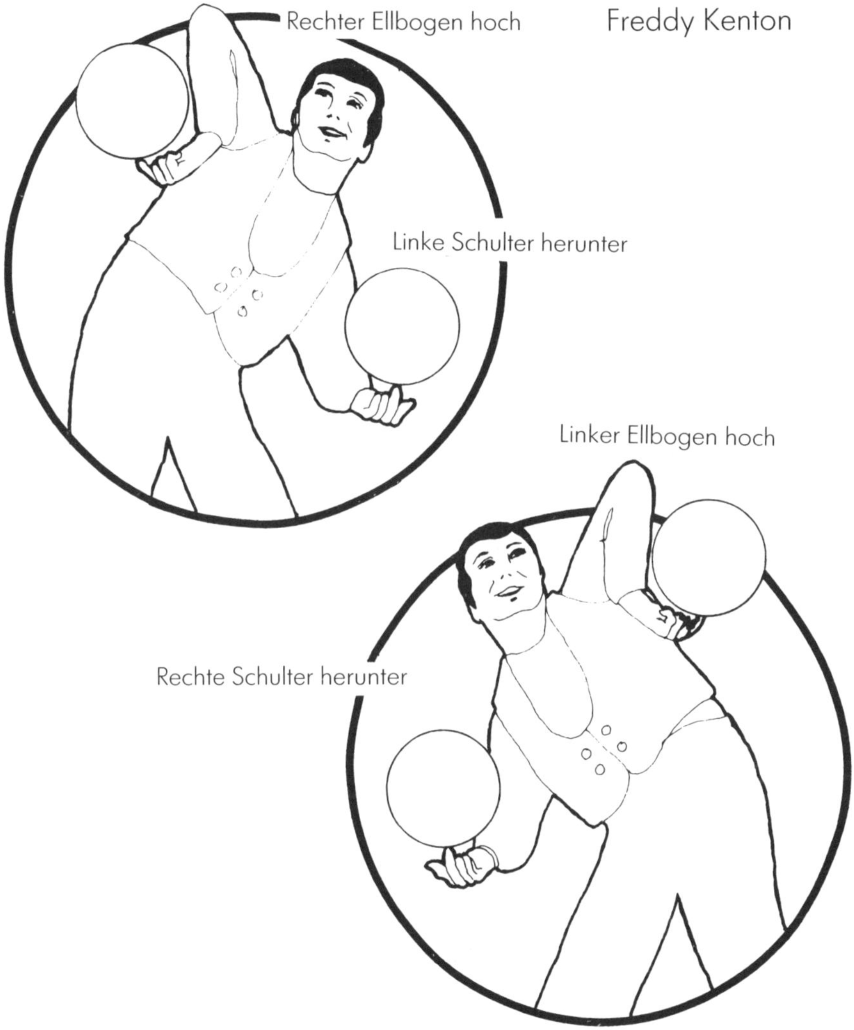

EIN ZIEL: Irgendwann kannst du auf einer Stelle stehen, dein Publikum anschauen, mit beiden Händen ununterbrochen Spiralen drehen und deinen Körper dabei so wenig wie möglich bewegen.

Ball auf Ball

Francis Brunn

BEACHTE:
Schau auf den Berührungspunkt der beiden Bälle, um die Balance zu halten.

Dreh den ersten Ball auf einer Fingerspitze. Leg den zweiten Ball genau oben auf die Mitte des ersten. Dreh ihn nicht. Wenn du ihn vorsichtig losgelassen hast, rollt er auf dem ersten herum.

Und nun mit Stil

HOHE WÜRFE: Ein hoher Wurf ist ein schöner Anfang. Wirf den Ball ein paar Meter hoch in die Luft, und fang im Herunterkommen den Stoß auf. Der zweihändige Anfang kann dir dabei zu einem höheren Drehmoment verhelfen.

SAMMLE PLUSPUNKTE: Wirf den sich auf deinem Finger drehenden Ball hoch, und fang ihn immer noch drehend auf.

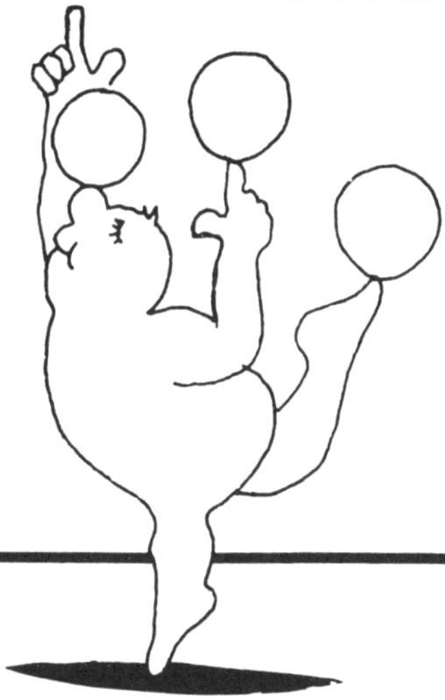

MERKE

- Steh gerade.
- Strecke deine Arme und Beine.
- Mach genaue Bewegungen.
- Tanz mit dem Ball.
- Laß schwierige Tricks einfach aussehen.
- Behalt eine eindrucksvolle Pose lange genug bei, um Applaus entgegenzunehmen.
- Kombiniere das Drehen mit anderen Fähigkeiten.
- Um ein guter Jongleur zu werden, mußt du dir andere künstlerische Ausdrucksformen anschauen, nicht das Jonglieren.
- Üben, üben, üben.

Kombinationen

Arbeite Schritt für Schritt, um eine Kombination aufzubauen.

1. SCHRITT: Jongliere zwei Bälle in einer Hand, während du mit der anderen einen Ball drehst.
2. SCHRITT: Jongliere drei in einer Hand.
3. SCHRITT: Jongliere drei in einer Hand, während du in der anderen einen Ball drehst.
4. SCHRITT: Bring eine Stirnbalance dazu.
5. SCHRITT: Bring eine Mundbalance dazu.
6. SCHRITT: Dreh zusätzlich einen Ring an dem Arm, der den Ball balanciert.
7. SCHRITT: Such dir einen Manager.

Hinter dem Rücken

Versuch diesen Trick, wenn du den Ball von einer Hand zur anderen perfekt übergeben kannst.

Unter dem Bein durch

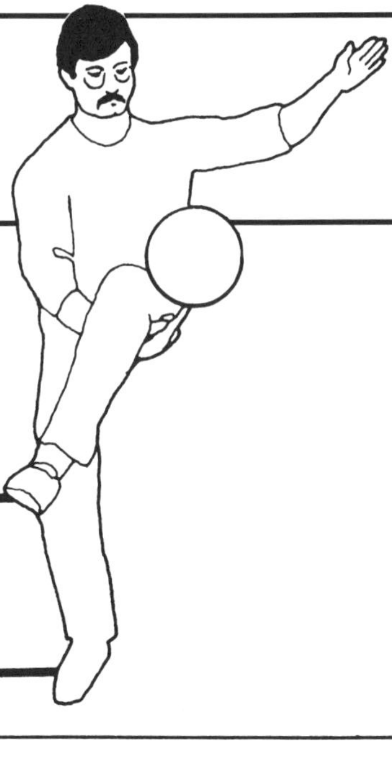

Sobald du den sich drehenden Ball von einer Hand zur anderen übergeben kannst, sind diese Tricks recht einfach.

Brustrolle

Hier zahlt sich wieder die Übung aus. Durch ein Zucken der Fingerspitzen gerät der Ball ins Rollen. Nimm dein Kinn aus dem Weg, und laß ihn zurückrollen.

Nackenrolle

Versuch, deine Schulter für diesen Trick zu einer Rampe werden zu lassen.

Kopfrolle

BEACHTE:
Der Ball dreht sich nicht

Übe, einen Ball auf deine Stirn zu werfen und ihn dort zu balancieren.

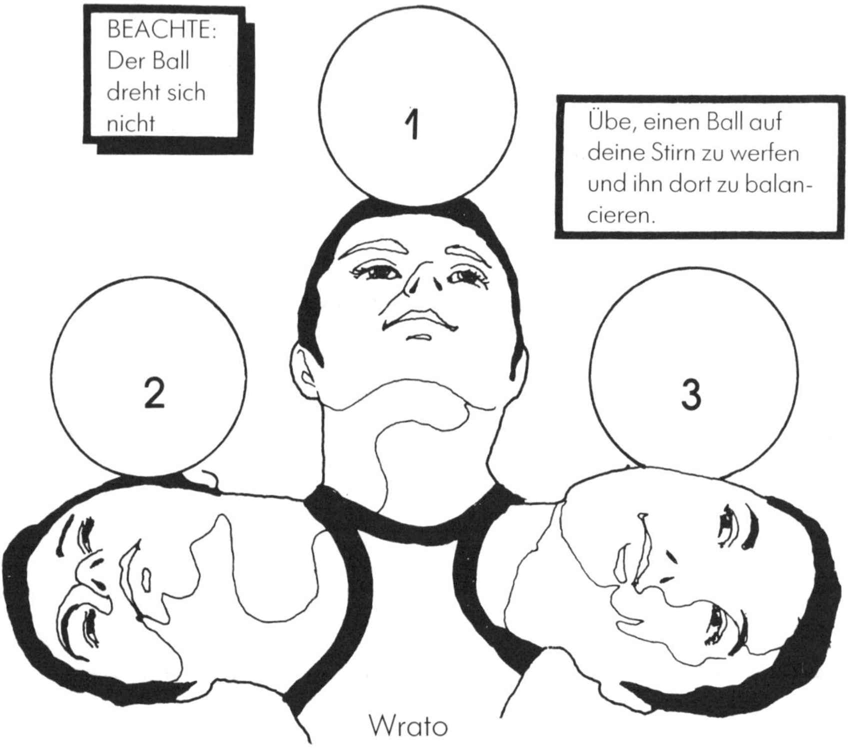

Übe, einen Ball auf einer Seite zu balancieren.

Und auf der anderen Seite.

Übe nun, dich in dieser Reihenfolge zu bewegen:
SCHRITT 1 zu SCHRITT 2
SCHRITT 1 zu SCHRITT 3
SCHRITT 2 zu SCHRITT 1
SCHRITT 3 zu SCHRITT 1
SCHRITT 2 zu SCHRITT 3
SCHRITT 3 zu SCHRITT 2
Der absolute Höhepunkt ist:
SCHRITT 2 zu SCHRITT 3 hinten herum – der Ball rollt über den Hinterkopf.

Köpfen

Francis Brunn

Der Schlüssel ist, den Ball gerade hochspringen zu lassen.

TIP
Köpfe einen Ball gerade hoch, und übe mit einem unsichtbaren zweiten Ball. Die Körperbewegung und die Arbeit mit dem Ball können unabhängig voneinander geübt werden.

Der Mundstock

1. SCHRITT: Lerne, einen Ball auf der oberen Kante zu balancieren.
2. SCHRITT: Lerne, den Ball zu werfen und wieder auf dem Mundstock zu fangen.
3. SCHRITT: Lerne, mit dem Mundstock um den Ball zu kreisen.

Tricks ohne Kommentar

Brauchst du noch mehr Anregungen?

Rudy Cardenas

Paolo Bedini (Rastellis Neffe)
Gregor Popovitch

Balance und Requisiten

Lernziele

1. Balanciere einen geraden Gegenstand auf Stirn, Nase oder Kinn, leg dich dabei auf den Boden und steh wieder auf
2. Balanciere mindestens 10 Sekunden einen geraden Gegenstand von nicht mehr als 30 cm Länge
3. Balanciere mindestens 10 Sekunden lang drei gerade Gegenstände gleichzeitig
4. Entweder
   a. Balanciere einen Ball auf einem Ball (ohne daß sie sich drehen), oder
   b. Balanciere eine Keule auf einer Keule als Teil einer Jonglage, oder
   c. Balanciere während einer Jonglage eine Keule auf Kinn oder Stirn, und jongliere dann weiter
5. Jongliere vier oder mehr Ringe, Bälle oder Keulen, während du einen geraden Gegenstand auf Nase, Kinn oder Stirn balancierst (20 Würfe)
6. Jongliere 20 Würfe mit drei Keulen, während du
   a. Auf einem Einrad fährst, oder
   b. Auf einer rollenden Kugel stehst, oder
   c. Auf einem Rola-Bola stehst, oder
   d. Auf einem ähnlichen Requisit balancierst (Stelzen, freistehende Leiter usw.)

Balance und Requisiten

Jongleure verbinden ihr einzigartiges Können gern mit einer Reihe verwandter Fähigkeiten, wie Balance, Einradfahren, Seillaufen, dem Rola-Bola und Stelzenlauf. Über die meisten dieser Themen gibt es Bücher. Wir wollen für diejenigen, die das Jonglieren mit anderen Aktivitäten verbinden wollen, nur einige Tips und Hinweise geben.

Balance

Es ist einfacher, einen langen Gegenstand zu balancieren, als einen kurzen. Nimm dir einfach einen langen, dünnen Gegenstand, stell ihn auf deine Handfläche, und schau auf die Spitze. Pfauenfedern sind dafür ideal. Solange du dein Auge auf das Auge an der Spitze der Feder richtest, wird sie aufrecht stehen. Deine Hand gleicht unten automatisch aus.

Wenn du eine Feder balancieren kannst, kannst du . . .

Das ist übrigens ein sehr lustiger Staffellauf.

. . . sie nach vorne kippen lassen und ihr hinterherlaufen, indem du leicht mit der Nase schiebst. Oder du kannst . . .

IN DIE KNIE GEHEN

DICH HINSETZEN
ODER
SOGAR HINLEGEN

Kürzere Gegenstände balancieren

Einige geschickte Jongleure können Teelöffel oder Kugelschreiber auf ihrer Nase balancieren. Dieses Können ist nicht angeboren. So kannst du es lernen.

Beginne mit einem etwa einen Meter langen Holzstab. Balanciere ihn auf deiner Nase.

Wenn du ihn sicher balancieren kannst, schneide etwa 10 cm ab (vom Stock, nicht von deiner Nase!), dann noch einmal usw.

Irgendwann kannst du ihn bis auf 20 cm herunterschneiden. Versuche dich dann an anderen Gegenständen. Schließlich solltest du in der Lage sein, jemandem einen Stift aus der Tasche zu ziehen und ihn zu balancieren.

Mehrfachbalance

Auch hier gilt, länger ist einfacher. Beginne mit Federn. Benutze beide Hände. Dann versuch es mit einer Hand und deiner Nase. Nun balanciere etwas verhältnismäßg Stabiles wie einen Billardqueue oder einen sich drehenden Teller auf einem Stock.

Balance und Jonglage

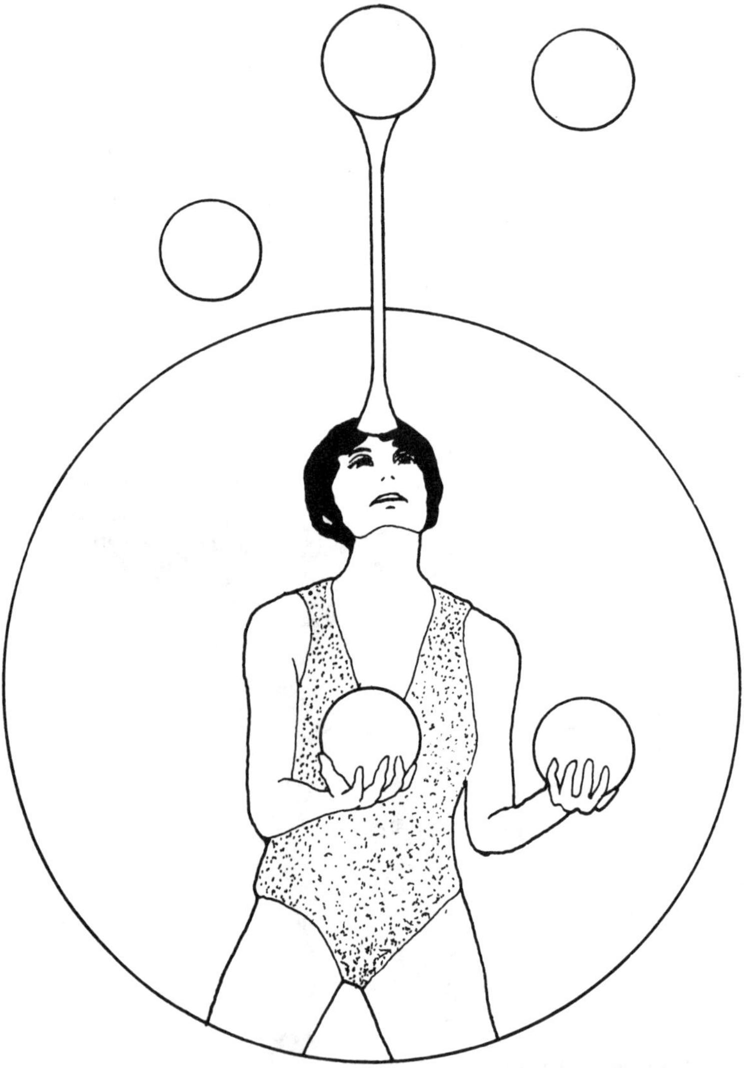

Lottie Brunn

Du kannst gleichzeitig jonglieren und balancieren, solange du die Höhepunkte der Flugbahnen sehen kannst. Eine gerade Anzahl Requisiten bietet sich an, da diese dann an beiden Seiten des balancierten Gegenstandes hochfliegen. Ringe sind am einfachsten.

Halt einen Ball auf einem Ball
Stell aus der Jonglage eine Keule auf eine Keule . .
und flippe sie, . . .
um sie auf dem anderen Ende zu balancieren.
Oder balanciere eine Keule auf deiner Stirn, während du zwei schwingst, und laß sie wieder in dein Jongliermuster fallen.

Ein paar Ideen

Große Jongleure der Vergangenheit kombinierten oft Jonglieren und Balance, während sie sich auf einem fahrbaren Untersatz, einer Leiter, Stelzen oder einem Seil bewegten. Hier ein paar Beispiele.

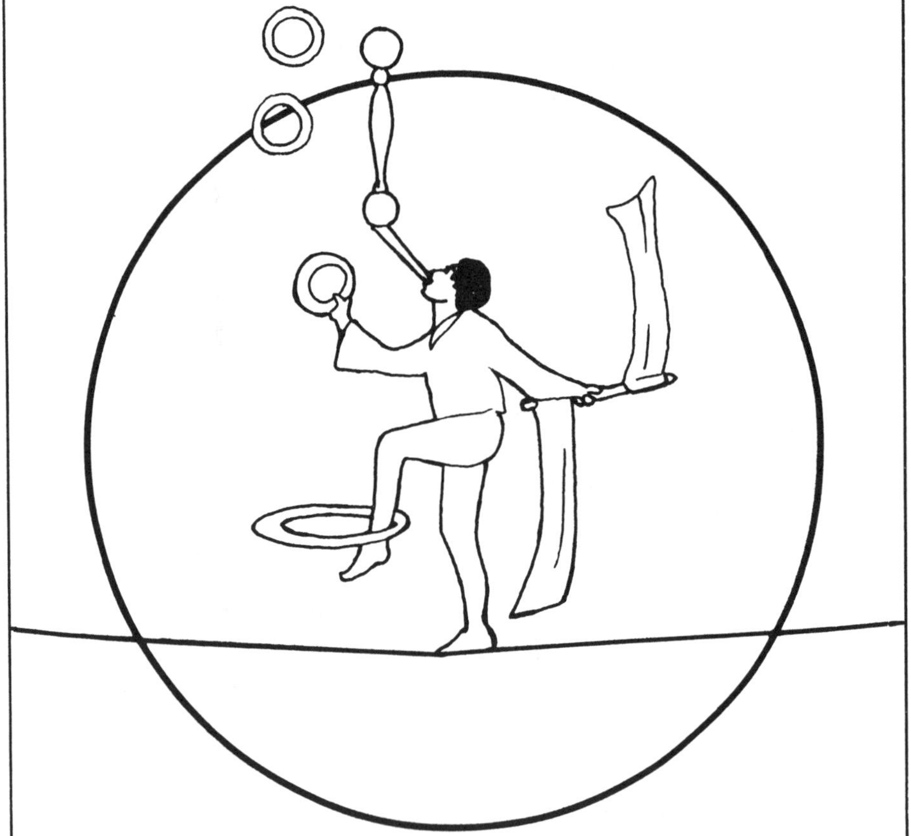

Gustave Reverhos

Freddy Zay
Leonardo Ferroni

Vorführungen

Das Zusammenstellen einer Nummer

Nicht alle, die jonglieren können, wollen auftreten. Trotzdem ist es wichtig, saubere Übergänge zwischen den einzelnen Tricks zu lernen, um den Fluß der Bewegung aufrechtzuerhalten. Es macht deine Jonglage auch für dich interessanter und hilft dir, neue Tricks zu erfinden.

Wenn du einzelne Tricks und Trickfolgen beherrschst, kannst du sie zu einer zusammenhängenden Nummer verbinden. Statt einzelner Tricks übst du ganze Trickfolgen, die fließend ineinander übergehen. Übe sie immer wieder, und konzentriere dich dabei weniger auf die Tricks an sich, als auf die sauberen Übergänge.

Wenn du eine Nummer zusammenstellst, mußt du dich zwischen zwei Möglichkeiten entscheiden: Willst du mit musikalischer Begleitung jonglieren oder ohne? Wenn du dich für Musik entscheidest, such dir ein Stück mit einigen Tempowechseln oder eines, das gut zu deinem Jonglierstil paßt. Um ein Gefühl für die Musik zu bekommen, jonglierst du erstmal vor dich hin, während dein ausgewähltes Stück im Hintergrund läuft. Mit der Zeit wirst du merken, daß bestimmte Tricks mit bestimmten Musikpassagen besonders harmonieren. Dann kannst du anfangen, die Tricks in der entsprechenden Folge zu ordnen und diese Reihenfolge immer wieder zu der Musik zu üben.

Geeignete Stilrichtungen sind: Symphonische Ouvertüren (z. B. *Wilhelm Tell*), Jazzmelodien der Swingära *(A Train)*, Ragtime *(Maple Leaf Rag)*, fetzige Blasmusik, Fernseh- und Filmmelodien und Rock-and-Rollmusik. Instrumentalfassungen lenken die Aufmerksamkeit des Publikums weniger von deiner Jonglage ab als Gesangsstücke.

Wenn du versuchst, deine Jonglage der Musik anzupassen, vergiß nicht, daß du nicht nur eine lange Liste von Tricks zur Auswahl hast, sondern auch viele Variationsmöglichkeiten, wie diese Tricks ausgeführt werden können – höher, breiter und langsamer oder aber niedriger, enger und schneller. Du kannst auch die ganze Höhe und Breite der Bühne ausnützen, entweder kleine oder große kreisende Armbewegungen machen oder seitliche Bewegungen, Drehungen und Pirouetten, Sprünge und Akrobatik in deine Nummer einbauen. Du kannst sitzen, knien oder stehen. Rastelli lag beim Jonglieren auf dem Rücken, Bobby May machte einen Kopfstand. Du kannst das Publikum überraschen, indem du einen Ball aus einer niedrigen Jonglage plötzlich ganz hoch wirfst, einen Ball wegfliegen und zurückdotzen läßt, deinen Kopf hin- und herbewegst, einen Ball plötzlich trittst oder auf Stirn oder Bizeps springen läßt oder mit einer Ballbalance auf der Stirn oder einer Keulenbalance auf dem Fuß abrupt anhältst. Wenn deine Musik viele Überraschungen birgt, sollte deine Jonglage auch überraschen. Wenn deine Musik lyrisch, fetzig oder albern ist, muß deine Jonglage sich anpassen.

Kontrolliere deine Nummer durch die Augen eines Freundes, mit einem Spiegel oder, am besten, mit einer Videokamera. Denk daran, daß deine Nummer nicht eintönig sein darf. Der Anfangstrick soll imponieren, und der letzte Trick sehr publikumswirksam sein, aber in der Mitte solltest du einige Applausmomente einbauen, um den Zuschauern die Gelegenheit zu geben, ihre Begeisterung auszudrücken.

Wenn du dich dafür entscheidest, eine Nummer *ohne* musikalische Begleitung zusammenzustellen, kannst du entweder stumm jonglieren oder dich in die Reihen der Sprachjongleure eingliedern. Es mag auf den ersten Blick einfach erscheinen, einen komischen Begleittext vorzutragen, aber es erfordert genausoviel Disziplin wie eine choreographierte Musiknummer, und man muß genauso auf Tempowechsel achten – nun heißt es allerdings ›Timing‹.

Es kommt oft vor, daß dich ein Jongliertrick an etwas erinnert – an ein Jojo, ein Tennisspiel, einen Vulkan. Führe einige der einfachen Tricks vor, die schon Namen haben. Im allgemeinen solltest du den Namen in dem Moment aussprechen, in dem das Publikum das Muster erkennt. Mit andere Worten, sage: »Ein Jojo für Jongleure«, während du mit dem Trick beginnst. Wenn du den Trick schon vor dem Spruch anfängst, kichern die Zuschauer schon, und das, was du sagen willst, geht vielleicht in diesem Lärm unter. Wenn du den Namen zu früh verkündest, geht der Überraschungseffekt verloren. Die verbalen und visuellen Assoziationen sollen dem Publikum gleichzeitig einfallen.

Es ist auch wesentlich, in welcher Reihenfolge du die ›verrückten Tricks‹ präsentierst. Wenn du beispielsweise ›Jongliertennis‹ ansagst, solltest du die ganze Bühnenfläche ausnützen, indem du von einer Seite des ›Netzes‹ zur anderen läufst. Jedesmal, wenn du lang wirfst, sagst du: »Schmetterball«. Plötzlich wirfst du einen Ball zur Bühnenmitte und jonglierst sehr eng, dann guckst du hoch und sagst: »Schneller Flugball am Netz«, wirfst einen hoch und sagst: »Lob«, wirfst ihn von der Bühne runter und sagst: »Ball verloren«. Wenn du einen Ball fallenläßt, heißt es: »Null : 15«.

Bei der Jonglierkomik solltest du möglichst wenig sagen. Normalerweise baust du sprachlich auf, aber die Requisiten liefern die Pointe. Vergiß nicht, daß du die Komik durch lustige Grimassen oder Gesten ausschmücken kannst, die die Tricks betonen.

Stummes Jonglieren kann sowohl musikalisch als auch komisch sein, da die Zuschauer die Musik deiner Hände beim Fangen und Werfen hören, deine Mimik sehen und die Überraschungsmomente als lustig empfinden können. Wenn du an deinem Devil Stick oder deinen Keulen Schellen anbringst, gibt das Geräusch einen Takt vor. Das gleiche gilt für Zigarrenkisten, Diabolo und Fackeln.

Tips von den ›Großen‹

Welche Richtlinien haben uns die großen Jongleure der Vergangenheit hinterlassen? Die gesammelten Weisheiten von Francis und Lottie Brunn, Nick Gatto, Bobby May, Homer Stack und Enrico Rastelli bieten Verhaltensregeln, die der angehende Künstler nicht außer acht lassen sollte.

1. Übe täglich 20 Minuten (Stack), eine Stunde (Gatto), zwei Stunden (May) oder soviel du kannst (Brunn, Brunn, Rastelli).
2. Zähle, wie oft hintereinander du einen schwierigen Trick ausführen kannst. Versuch, bei jeder Übungsstunde mehr Durchgänge als bei der letzten zu erreichen.
3. Übe deine Nummer immer wieder von vorn bis hinten, bis du sie vorführen kannst, ohne etwas fallenzulassen.
4. Ahme andere Jongleure nicht nach. Statt dessen solltest du bei anderen Kunstformen Anregungen suchen, z. B. bei Tanz, Akrobatik, Theater, Komik oder Musik.
5. Setze deinen ganzen Körper und vielfältige Bewegungen ein, um die ganze Bühne zu füllen, so wie ein Maler die ganze Leinwand füllt.
6. Durch entsprechende Kostümwahl, Schminke, Bühnenbeleuchtung, schöne Requisiten und die Mitarbeit von Assistenten wirkt deine Nummer gut vorbereitet und geschliffen.
7. Erarbeite einen Charakter für die Bühne, und jongliere immer entsprechend diesem Charakter.
8. Dein Körper und dein Gesicht sollten Lebhaftigkeit und Energie ausstrahlen. Lächle und laß es dir Spaß machen. Wenn du dich freust, freut sich das Publikum mit dir.

Präsentation

Wenn du deine Kunst öffentlich zeigen möchtest, mußt du die Umgebung, in der du auftrittst, möglichst gut unter Kontrolle haben. Manchmal wirst du unter stark einschränkenden Bedingungen arbeiten müssen. Die Decke des Kreuzfahrtschiffes mag so niedrig sein, daß du deinen tollen Anfangstrick auslassen mußt. Die Ecke des Raumes in der Kleinkunstkneipe wird vielleicht von einem einzigen blendenden Scheinwerfer beleuchtet. Im Zirkus treten womöglich in allen drei Manegen gleichzeitig Jongleure auf, und die Zirkuskapelle spielt die Musik eines anderen. Die einzige halbwegs brauchbare Straßenecke der Stadt liegt an einer großen Bushaltestelle. Aber wenn du einen guten Platz oder eine gute Bühne findest, kannst du deinen Auftritt zu einem großen Erlebnis für dein Publikum werden lassen.

Ist es vom ersten Öffnen des Vorhangs bis zum letzten Akt deine eigene Show, so überzeuge dich zuerst, daß es die Zuschauer bequem haben und jeder dich sehen und hören kann. Falls es zu deinem Charakter paßt, kannst du sie begrüßen, während sie hereinkommen, und Freundschaft schließen, bevor die Vorstellung beginnt.

Wenn möglich sollte im Hintergrund Musik spielen, während sich dein Publikum versammelt. Showmelodien, Film- oder Fernsehthemen oder Zirkusmusik schaffen jeweils eine andere Stimmung. Probier sie alle, und überlege, welche am besten zu dir paßt. Ist ein Vorhang vorhanden, schließe ihn und richte alles Licht darauf. Jemand sagt dich an, das Saallicht geht aus, der Vorhang öffnet sich, und bei dieser ersten Begegnung mit dem Publikum verschwindet dein Lampenfieber.

Jetzt mußt du eine Entscheidung treffen. Du kannst schon auf der Bühne stehen, wenn der Vorhang sich öffnet, oder du kannst als bestimmter Charakter erscheinen.

Bist du ein komischer Jongleur? Vielleicht willst du langsam aufgehen. Bist du ein flinker Las-Vegas-Künstler? Eventuell rennst du zu schneller Musik jonglierend hinein. Egal, wie du auf die Bühne kommst und wie primitiv diese Bühne auch sein mag, nimm dir die Zeit anzuhalten, schau dich langsam im Raum (an der Straßenecke, auf der Wiese, am Strand) um, lächle und suche Augenkontakt. Eine Verbeugung, ein Winken oder ein »Hallo« könnte angebracht sein. Laß die Zuschauer merken, daß du dich über ihre Reaktion freust.

Wenn dieser erste Kontakt geknüpft ist, kannst du mit der Vorstellung fortfahren, aber gib dem Publikum regelmäßig Gelegenheit, seine Spannung durch Lachen, Applaus oder beides zu lösen, und erkenne die Würdigung an. Nicke mit dem Kopf, sag: »Danke«, sieh die Zuschauer direkt an, und rede mit natürlicher Stimme. Wie jemand einmal sagte: »Tu so, als spieltest du nur für deinen Schwarm in der dritten Reihe.«

Ich vergleiche eine Vorstellung gerne mit einer Perlenkette. Die Aufgabe des Künstlers ist es, jede Perle zu polieren und zu vervollkommnen und alle in einer ästhetisch befriedigenden Reihenfolge aufzufädeln. Alte Varietékünstler pflegten zu sagen: »Versuche nicht, nach einer Banjo-Nummer eine Banjo-Nummer zu zeigen«; in unserem Halskettenvergleich heißt das: Verteile deine ›Perlen‹ gleichmäßig, zeig nicht alle Tricks der gleichen Art zusammen.

Ganz gleich, ob du eine achtminütige Zirkusnummer bestreitest oder deine Vorführung eine Stunde oder länger dauert, mußt du die Präsentation variieren, um das Interesse wachzuhalten. Du kannst verschiedene Requisiten benutzen. Du kannst deinen Partner auf die Bühne bringen, und er oder sie kann eine Solonummer zeigen, oder ihr könnt zusammen jonglieren. Du kannst Sprachkomik und Musikbegleitung abwechseln. Bring einen oder zwei Freiwillige auf die Bühne, oder geh selber ins Publikum.

Eine Nummer bei Schwarzlicht mit fluoreszierenden Requisiten, Fackelschwingen oder -jonglieren, der Gebrauch von scheinbar gefährlichen Requisiten, totale Verrücktheiten, eine lyrische Nummer mit Tüchern zu Ballettmusik, eine Balancenummer oder eine Verfolgungsjagdszene, dies alles kann in einer logischen Folge zusammengefügt werden. Mit einiger Überlegung könnte es dir gelingen, einen roten Faden durch die ganze Vorstellung zu führen. Wenn nicht, dann sollten einige gleichbleibende Merkmale des Stils, Charakters und/oder sich wiederholende Redewendungen erkennbar sein, die helfen, deine ›Juwelen‹ zusammenzuhalten.

Bekannte Nummern als Starthilfe

Wenn du am Anfang stehst, brauchst du Anregungen. Zum Glück gibt es viele Standardnummern, die als ›Allgemeingut‹ öffentlich zugänglich sind. Einige davon sind Klassiker – der Farbwechsel mit Ringen, das Apfelessen – und können im jeweiligen Kapitel der Anleitung nachgeschlagen werden. Andere kommen aus dem Nachlaß der Varietéära. Hier ist eine unvollständige Liste:

Apfel und Gabel

Leg eine Gabel so auf deinen Handrücken, daß der Griff auf deinem Unterarm liegt. Halte in derselben Hand einen Apfel. Heb die Hand ruckartig, damit der Apfel hochfliegt, und schau gleichzeitig hoch. Zieh die Hand schnell zurück, fang die Gabel am Griff und spieße den herunterkommenden Apfel auf.

Apfel und Gabel (mit Publikumsbeteiligung)

Verstärke den Griff der Gabel mit Holz und umwickle ihn mit gepolstertem Klebeband. Wirf einen Apfel ins Publikum. Erzähle den Zuschauern, daß es zur alten Varietétradition gehört, daß das Publikum den Künstler mit Obst bombardiert. Laß dir den Apfel von einem Zuschauer im hohen Bogen zuwerfen und fang ihn mit der Gabel, die du zwischen den Zähnen hältst, auf.

Ball am Faden

Klebe ein Stück Faden oder Angelschnur, das vor deinem Kostüm nicht zu sehen ist, an einen Ball. Binde das andere Ende an deiner Gürtelschnalle fest. Jongliere drei Bälle und laß den einen fallen. Er schwingt zwischen deinen Beinen durch und wieder in die Jonglage zurück.

Musikalisches Jonglieren

Tambourine lassen sich wie Ringe jonglieren und können dabei gegen die Hüfte oder das Knie geschlagen werden. Schellen können zu einem Bündel zusammengeknotet und wie Bälle jongliert werden, oder du kannst sie an deine Keulen kleben, um eine weihnachtliche Jonglage vorzuführen. Du kannst Bälle über eine Trommel jonglieren oder verschiedene Tricks mit schweren Trommelstöcken jonglieren, während du trommelst. Einige alte Varietéjongleure konnten drei oder mehr Banjos jonglieren und gleichzeitig eine Melodie darauf spielen.

Tennis

Es gibt mehrere Tennisvarianten. Du kannst einen Ball, eine Balldose und einen Schläger jonglieren. Als Finale fängst du die Dose und den Schläger, schlägst damit den Ball noch einmal in die Luft und fängst ihn in der Dose auf. Viele Jongleure benutzen Tennisschläger statt Keulen. Dafür solltest du die billigsten Schläger kaufen, die du finden kannst, und dann vielleicht gleich aufs Ganze gehen und für diese Nummer Tennissachen anziehen! Du könntest einen Schläger auf dem Kinn balancieren, während du drei Tennisbälle jonglierst. Oder du könntest einen Schläger wie einen Devil Stick mit zwei Handstöcken hin- und herschlagen.

Der Sonnenschirm

Besorge dir einen chinesischen oder japanischen Papierschirm und experimentiere mit folgenden Ideen: Balanciere den Schirm am Griff oder auf der Außenkante. Jongliere den Schirm mit zwei anderen Requisiten. Dreh den Griff des aufgespannten Schirms sehr schnell in einer Hand, während ein großer Ball, ein Ring oder eine Münze oben darauf ›herumläuft‹. (Tip: Halte die Schirmfläche auf Augenhöhe, kipp ihn etwas von dir weg, und roll den Ball leicht gegen die Drehrichtung an.) Du könntest natürlich schummeln, indem du den Ball mit einem Faden an der Schirmspitze festbindest, aber genausogut kannst du die Zeit investieren, den Trick richtig zu erlernen.

Ball auf der Nase

Streich eine Schicht *ungefährlichen,* möglichst hautfreundlichen Klebstoff auf einen Tischtennisball und auf deine Nasenspitze. Bau die Spannung auf, ordne einen Trommelwirbel an, wirf den Ball hoch in die Luft, lehne den Kopf zurück und laß den Ball auf die Nase treffen. Er bleibt dort kleben. Einige Sekunden lang sieht es so aus, als würdest du den Ball auf der Nase balancieren. Spontaner, begeisterter Applaus ist die Folge. Dann schaust du wieder nach vorne, und das Publikum sieht, daß der Ball festklebt.

Jonglieren mit Augenbinde

Es ist möglich, mit Augenbinde zu jonglieren, und wenn du das kannst, wird auch deine ›sehende‹ Jonglage sehr viel genauer werden. Es wird dir außerdem helfen, die Kontrolle zu behalten, wenn du durch Scheinwerfer geblendet wirst. Aber es gibt auch präparierte Augenbinden, die in Zauberläden erhältlich sind und durch die du alles sehen kannst. Als Gag könntest du dir die Augen zubinden und seitlich zum Publikum jonglieren. Nachdem du die Zuschauer ordentlich beeindruckt hast, drehst du dich um, und sie sehen, daß für das linke Auge ein Loch in die Binde geschnitten ist.

Verleih dir einen Orden

Wenn dir ein besonders schwieriger Trick gelingt, kannst du dein Diplom auspacken und an deinen Requisitenkoffer hängen. Wenn du etwas fallenläßt, gehst zu zum Koffer und drehst das Diplom um. Steck einen Orden in der Brusttasche deiner Jacke fest. Zück den Orden, wenn du einen besonders guten Trick vorgeführt hast, und laß ihn vor der Tasche hängen. Wenn du später etwas fallenläßt, steckst du ihn wieder in die Tasche. Öffne deine Jacke, wenn du einen besonders guten Trick zeigst, um den Zuschauern die vielen Orden zu zeigen, die an deinem Innenfutter hängen.

Eine Papiertüte balancieren

Roll ein Stück Zeitungspapier zu einer kegelförmigen Tüte zusammen. Weiche die unteren 15 Zentimeter in Salzwasser ein, und laß das Papier wieder trocknen. Auf der Bühne zündest du das obere Ende an und balancierst die brennende Tüte auf der Nase, der Stirn oder dem Kinn. Die steigende Wärme hilft dir, die Tüte in der Balance zu halten, bis sie auf die letzten gesalzenen 15 Zentimeter abgebrannt ist. (Achtung! Dieser Trick darf nur bei ausreichender Deckenhöhe und absoluter Windstille vorgeführt werden. Kinder dürfen ihn nur unter Aufsicht eines Erwachsenen versuchen.)

Hut- und Stocktricks

Du kannst einen weichen Filzhut senkrecht vor dir rotieren lassen, indem du der Außenkante der Krempe mit einem 60 cm langen Stock einen leichten Schlag nach oben versetzt. Dieser ›Schlag‹ gibt dem Hut genug Schwung, sich weiter zu drehen, und genug Auftrieb, oben zu bleiben. Du kannst auch die Anregungen, die in den Kapiteln über Tellerdrehen und Huttricks enthalten sind, heranziehen, um daraus eine einzigartige Nummer zusammenzustellen.

Tricks mit Münzen

Beginne mit drei 2- oder 5-Mark-Stücken. Wirf eine der Münzen ohne Drehung, so daß sie auf deiner Stirn landet. (Charles Carrer konnte aus dieser Position die Münze auf sein Auge gleiten lassen, wo sie zum Monokel wurde. Cinquevalli soll es geschafft haben, eine Münze von seiner Fußspitze direkt zum Auge zu kicken, wo er sie als Monokel fing.) Lege drei Münzen in einer Linie auf Handrücken und Handgelenk. Wirf die Münzen hoch und fang sie mit drei schnellen Krallbewegungen derselben Hand wieder auf. Lege eine ganze Reihe Münzen auf deinen Unterarmrücken, wirf sie alle hoch und fang sie mit einer großen Krallbewegung derselben Hand.

Rollende Billardkugeln auf der Handfläche

Lege zwei Billardkugeln auf die Handfläche einer Hand und laß sie umeinanderkreisen. Lerne das gleiche mit der anderen Hand. Lerne dann, drei Kugeln in jeder Hand kreisen zu lassen. Normalerweise leistet dein Daumen die meiste Arbeit. Er schiebt die Bälle herum. Wenn du die Hände nach vorne beugst, hilft dir die Schwerkraft. Lerne jetzt, drei, fünf und sieben Kugeln ineinander zu ›flechten‹, indem du sie in der bekannten 8er-Figur von Hand zu Hand rollen läßt. Es geht auch mit acht Kugeln, die wie ineinandergehakte Zahnräder kreisen, oder neun, die von Hand zu Hand rollen.

Jonglieren und Zauberei

Früher waren Zauberei und Jonglieren viel enger miteinander verwandt, aber mit dem Aufschwung des Freizeitjonglierens trennten sich die zwei Kunstformen. In Zauberläden findest du Attrappen und Bücher, die Methoden beschreiben, wie du deine Jonglierrequisiten ›aus der Luft‹ hervorzaubern kannst. Deine Jongliertücher können beispielsweise aus einem scheinbar leeren Geldbeutel auftauchen. Deine Bälle können aus einer Pappröhre hervorgeholt werden und in einer Trickkiste verschwinden. Wenn du Glück hast, findest du im Branchenverzeichnis einen Zauberladen in deiner Nähe. Sonst fragst du am besten einen Zauberer.

Krocketball auf dem Kopf

Zeig dem Publikum drei scheinbar identische Bälle. Laß einen oder zwei mit einem dumpfen Knall auf den Boden fallen. Erkläre dem Publikum, daß es sich um harte Krocketbälle aus Holz handelt, und daß du jetzt einen hochwerfen und auf den Kopf fallenlassen wirst. Setz einige Male an, um die Spannung zu erhöhen, dann wirf ihn hoch. Er trifft deinen Schädel, und ein lauter Knall ertönt. In Wirklichkeit ist der Ball, der auf den Kopf fällt, ein hohler Gummiball. Du hast alle drei vorher in Plastikfolie gewickelt, damit sie gleich aussehen. Den Knall erzeugst du dadurch, daß du die zwei echten Holzkugeln in dem Moment, wenn der Gummiball deinen Kopf trifft, aneinanderschlägst.

Hulahoop-Jonglage

Hulahoop-Reifen aus Kunststoff eignen sich für eine Reihe von Tricks. Du kannst einen Reifen aus der Jonglage heraus mit Rückwärtsdrehung auf den Boden werfen. Er wird von allein zurückkommen, und du kannst ihn wieder in die Jonglage einfügen. Oder du kannst alle drei Reifen nacheinander mit Rückwärtsdrehung von dir wegrollen, um sie dann mit beiden Händen über den Boden zu jonglieren. Probiere aus, die Reifen über den Rücken rollen zu lassen. Oder du könntest einen Reifen mit Rückwärtsdrehung wegwerfen, deinen großen Zeh in seinen Rückweg stellen und ihn dein Bein hochrollen lassen, um ihn wieder in die Jonglage einzufügen.

Hut, Stock und Zigarre

Ein im alten Varieté häufig gezeigtes Kunststück ist der hier abgebildete Zigarrentrick. Ein Hut und eine (aus Holz angefertigte) Zigarre werden auf dem Fuß balanciert. Mit

ein- und derselben Bewegung wurde der Hut auf den Kopf und die Zigarre in den Mund hochgekickt. Einige Jongleure erweiterten den Trick mit einer kleinen Kleiderbürste, die in die mit Hilfe eines Drahtgestells offengehaltene Jackentasche hineinflog, oder einem Spazierstock, der in der Hand landete.

Anschlag auf den Geräteraum

Wenn du in der Turnhalle einer Schule auftreten sollst, kannst du in den Geräteraum hineinstürzen und alles, was du dort findest, hinausschleudern: Tennisschläger, Hula-hoop-Reifen, Bowlingkegel, Basketbälle usw. Nimm alles kurz in die Hand, um zu zeigen, wie du damit jonglieren kannst, dann schmeiß die Geräte in den Lagerraum zurück, und schließ die Tür. Das ganze braucht nur drei Minuten zu dauern.

Gummihühner

Mit drei Gummihühnern, die du in jedem Dekoladen kaufen kannst, lassen sich sehr komische Nummern ausarbeiten. Verstärke das Huhn mit einem Stück Rundholz, das du an Kopf- und Schwanzende festnagelst. Nun laß dir ein paar geflügelte Worte einfallen (»Brust oder Keule?«, »Ich wollt', ich wär ein Huhn« usw.). Während die Vögel hin- und hergepasst werden, fliegen auch die Sprüche. Zur Abwechslung könntest du auch einen Gummifisch in die Jonglage integrieren (»Diese Nummer stinkt.«).

Ein Teller, ein Ei

Dieser Trick erfordert viel Übung, einige Eier werden dabei zu Bruch gehen. Mit einem Blechteller geht es am besten. Für Übungszwecke solltest du den Teller vielleicht mit einer Gummischicht zur Polsterung überziehen. Wenn du den Kniff herausbekommen hast, kannst du die Polsterung wieder abnehmen.

Der Trick an sich ist ganz einfach. Du wirfst ein Ei in die Luft und fängst es auf dem Teller auf. Aber um zu verhindern, daß es kaputtgeht, mußt du den Aufprall abfangen, indem du das Ei mit einer weichen, kreisenden Bewegung fängst.

Nachdem du das Ei mehrmals hochgeworfen und aufgefangen hast, jedesmal mit gesteigerter Wurfhöhe, vergißt du absichtlich, den Aufprall abzufangen, und läßt das Ei auf dem Teller zerplatzen.

Jonglieren mit Eiern

Laß einen Freiwilligen auf die Bühne kommen und drei Eier aus einem Karton aussuchen. Kündige an, daß du die drei Eier jonglieren, aber irgendwann dem Freiwilligen ein Ei zuwerfen wirst. Lauf jetzt jonglierend zwischen den Zuschauern herum. Besonders gut ist es, wenn sie auf dem Boden sitzen. Warne sie, dir aus dem Weg zu gehen, wenn du näher kommst. Die Kinder werden kreischen.

Als Finale wirfst du das dritte Ei dem Freiwilligen im hohen Bogen zu. Halte deine zwei Eier hoch, geh auf die Bühne zurück, und schlag die Eier über einem Glas auf. Laß den Freiwilligen das gleiche tun, um zu beweisen, daß du keine falschen oder hartgekochten Eier benutzt hast.

Apfelessen

Es ist relativ einfach, beim Jonglieren einen Apfel zu essen. Die Kunst besteht in der stilvollen Verpackung. Das könnte heißen, gemischtes Obst (einen Apfel, eine Birne und einen Pfirsich) oder sehr schnell und schlampig zu essen, so daß das halb zerkaute Apfelmus über das Hemd kleckert. Du könntest auch eine ausgeglichene Mahlzeit verspeisen: etwas Gemüse (z. B. eine Gurke), etwas Vollkornkost (z. B. ein Brötchen) und etwas Eiweiß (ein Stück Käse).

Um das Essen beim Jonglieren zu lernen, bring den Apfel an den Mund, bevor du ihn abwirfst. Wenn du ihn küssen kannst, kannst du ihn auch essen. Übe zuerst mit einem Stoffball, dann mit einem Apfel. Lerne sowohl rechts als auch links in den Apfel zu beißen.

Die Verbeugung

Aus der Dreiringjonglage wirfst du einen Ring wie einen Pfannkuchen hoch, fängst ihn über dem Kopf, breitest die Arme aus und hältst in jeder Hand einen Ring. Dein Publikum klatscht automatisch Beifall. Wenn du dich tief verbeugst, um einen Stoffball im Nacken aufzufangen, werden die Zuschauer ebenfalls applaudieren. Worauf reagieren sie? Auf deine Körperhaltung.

Einige Künstler, z. B. Francis Brunn, unterstreichen ihre Nummer ständig mit eindrucksvollen Posen. Andere lassen ihre Nummer ohne Unterbrechung fließen und verbeugen sich erst am Schluß, was dem Publikum keine Möglichkeit gibt, seine aufgestaute Spannung loszuwerden. Posen sollten dir zur zweiten Natur werden. Übe vor dem Spiegel. Strecke den Arm voll aus, wenn du den letzten Ball auffängst. Kreuze ganz lässig die Beine, während du vier Bälle jonglierst, um zu betonen, wie leicht dir das Jonglieren fällt. Oder halte deine drei Keulen am Ende deiner Nummer wie einen Blumenstrauß.

Die Kunst, dich zu verbeugen, ist eine wesentliche Aufgabe. Du wirst versucht sein, dich einmal kurz zu verbeugen, dich umzudrehen und schnell von der Bühne zu verschwinden. Aber vergiß deinen ›Charakter‹ nicht. Wenn du gerade eine lustige Nummer beendet hast, muß dein Abgang auch lustig sein. Wenn du eine glitzernde Jonglage geliefert hast, kannst du im Laufschritt abgehen, aber wenn du dem Publikum dabei zuwinkst, bekommst du wahrscheinlich einen Vorhang. Wende dich nicht vom Publikum ab, und behalte dein strahlendes Lächeln bei, bis du endgültig von der Bühne verschwunden bist.

Selbstdarstellung auf der Bühne

Deine Selbstdarstellung ist oft wichtiger als deine jongliertechnische Geschicklichkeit. Voraussetzung einer gelungenen Selbstdarstellung ist das Selbstbewußtsein hinsichtlich deines Charakters. Du muß sie dir erarbeiten, und die Botschaften, die vom Publikum herüberkommen, aufmerksam wahrnehmen.

Aufgrund der möglichen Fehler beim Jonglieren haben Jongleure besonders viel Gelegenheit, ihr Talent zur Selbstdarstellung zu entwickeln. Den Text eines Theaterstücks oder Liedes kann man perfekt auswendiglernen und dann fehlerfrei vortragen. Auch wenn man eine Zeile oder ein paar Worte ausläßt, wird es dem Publikum kaum auffallen. Aber wenn du ein Jonglierrequisit fallenläßt, sieht es jeder.

Wenn du dich gut präsentieren kannst, werden einige Zuschauer fragen: »Hast du das absichtlich fallengelassen?«, oder sie werden sagen: »Es hat mir besonders gut gefallen, wo du so getan hast, als hättest du die Keule aus Versehen fallenlassen.« Das heißt, daß deine Art, mit dem Fehler umzugehen, so natürlich oder so lustig war, daß sie glaubten, er gehörte zur Nummer dazu.

Um dieses Wunder zu vollbringen, mußt du locker bleiben. Laß dir Zeit. Bau den Fehler durch eine witzige Bemerkung oder ablenkende Bewegung in die Nummer ein. Hier sind einige Sprüche, mit denen du einen Patzer überbrücken kannst:

- Bei den schwierigen Tricks habe ich drei Versuche!
- Ein plötzliches Auftreten von Schwerkraft!
- In der ersten Reihe hat jemand seinen Fuß bewegt!
- Die Sonne hat mich geblendet!
- Das hat keiner gemerkt!
- Beinahe hätte ich einen fallengelassen!
- Der ist für dich! (Wenn ein Ball ins Publikum fliegt.)
- Keine Sorge. Das gehört dazu!
- Das ist meine Bodenkür!

Und hier sind einige ablenkende oder überbrückende Bewegungen:

- Knie dich hin, und heb das Requisit auf, ohne die Jonglage zu unterbrechen.
- Laß einen Zuschauer das Requisit in die Jonglage zurückwerfen.
- Wirf alle drei Requisiten auf den Boden, und mach etwas anderes, bevor du schließlich zu den fallengelassenen Requisiten zurückgehst.
- Geh zum Requisitenkoffer und hol etwas Lustiges heraus, z. B. ein Buch mit der großen Aufschrift »Wie lerne ich jonglieren?«, eine überdimensionale Brille oder eine Pistole, mit der du das abtrünnige Requisit ›erschießt‹.
- Geh zu einem anderen Trick über. Wenn du z. B. eine Keule fallenläßt, fang an, die anderen beiden zu schwingen.
- Kicke das Requisit mit dem Fuß wieder in die Jonglage zurück.

Bald wirst du deine eigenen Sprüche und Überbrückungen erfinden, die zu deinem Charakter passen.

Anmerkung zum geistigen Diebstahl

Die Jonglierkunst existiert schon so lange, daß es schwierig ist, zu beweisen, wer welchen Trick ›erfunden‹ hat. Dies gilt insbesondere für Nummern, bei denen Standardrequisiten verwendet werden und einer schriftlichen Anleitung gefolgt wird. Dieses Buch soll nicht dazu führen, daß etliche tausend einfallslose Jongleure die gleiche auswendiggelernte Show vorführen. Das Geheimrezept für kreatives Jonglieren lautet: Fantasie und Mut zum Experimentieren.

Manche Nummern werden so eng mit einer Person oder einer Gruppe in Verbindung gebracht, daß andere Jongleure sich empören würden, wenn irgend jemand die gleiche Nummer vorführen würde. Das heißt nicht, daß es verpönt ist, ähnliche Requisiten zu verwenden, im ähnlichen Stil zu jonglieren, oder in Charakter und Kostüm entfernt an einen anderen Jongleur zu erinnern. Aber wenn die Summe dieser einzelnen Faktoren eine offensichtliche Kopie des anderen, seiner Sprüche, seines Kostüms oder seiner Art zu reden, ergibt, ist die Grenze überschritten worden.

Die Flying Karamazov Brothers haben zum Beispiel einige einmalige Nummern entwickelt. Wenn irgendeine andere Jongliertruppe ihr Publikum auffordert, ungewöhnliche Gegenstände in jeder Größe von zu Hause mitzubringen, diese dann von ihrem besten Mitglied jonglieren läßt und ihm eine Sahnetorte ins Gesicht schleudert, wenn er/sie es nicht schafft, sollte diese Truppe zumindest öffentlich anerkennen, daß die Flying Karamazovs Urheber dieser Nummer sind.

Wenn ein Solojongleur eine Bowlingkugel, einen Apfel und ein Ei jongliert, den Apfel beim Jonglieren aufißt und zum Schluß das Ei auf dem Gesicht zerschellen läßt, ist das eine direkte Nachahmung der Nummer von Michael Davis, und der Nachahmer sollte ihn um Erlaubnis bitten oder ganz auf die Nummer verzichten. Wenn ein Jongleur die Stimme und Gestik W. C. Fields' nachmachen, einen Zylinder aufsetzen und Fields' Nummer kopieren würde, würde er Gefahr laufen, von Fields' Erben wegen Verletzung des Urheberrechts juristisch verfolgt zu werden.

Im Laufe deiner Entwicklung als auftretender Künstler solltest du versuchen, möglichst viel Jongliertechnik zu lernen, denn Technik ist ›Allgemeingut‹, also öffentlich zugänglich. Aber du solltest auf jeden Fall deinen eigenen Stil und deine eigenen fantasievollen Nummern erarbeiten.

Jonglierauftritte

In den USA sind Auftritte in Schulen für viele Jongleure eine sehr wichtige Einkommensquelle. Das ›Juggling Institute‹ hat einige Richtlinien zusammengestellt, die dir bei der Planung eines Schulauftritts helfen können und die auch für Auftritte in anderem Zusammenhang interessant sind.

1. Du solltest mindestens eine Stunde vor Auftrittsbeginn in der Schule oder am sonstigen Veranstaltungsort ankommen. Melde dich gleich an.
2. Gib dem Schuldirektor oder Veranstalter einen Ansagetext, und studiere ihn mit ihm ein.
3. Versuche, auf der dir zugeteilten Spielfläche eine möglichst theaterähnliche Umgebung zu schaffen. Das könnte bedeuten, daß du einen eigenen Hintergrund mitbringst, die Bühne oder den Turnhallenboden fegen mußt, von Vorhängen, einer Beleuchtungs- und einer guten Tonanlage solltest du Gebrauch machen, falls diese vorhanden sind oder mitgebracht werden können. Wenn die Turnhalle an mehreren Seiten Tribünen hat, laß die Zuschauer auf nur einer Seite zusammensitzen.
4. Laß fetzige (aber nicht Rock-)Musik laufen, während die Schüler bzw. Zuschauer den Raum betreten. Film-, Fernseh- oder Musicalmelodien eignen sich gut zur Einstimmung.
5. Begrüße die Schüler bzw. Zuschauer an der Tür. Gib ihnen die Hand, stelle Augenkontakt her, plaudere ein bißchen mit ihnen.
6. Wenn dir die Wahl überlassen wird, ob die Schüler auf dem Boden oder auf Stühlen sitzen sollen, wähle immer den Boden. Das macht das Publikum kompakter, ruhiger und leichter in Griff zu bekommen.
7. Du solltest nicht vor dem Publikum üben oder dich warmmachen.
8. Aber du kannst ruhig schon ein bißchen spielen, während die Schüler hereinspazieren. Du kannst mit den jüngeren Kindern herumalbern oder mit einem Besen oder deinem Hut herumspielen. Dadurch sind alle noch aufgeregter, und du hast schon ein paar Freunde gewonnen.
9. Wenn du vor der ganzen Gruppe stehst, solltest du noch einmal versuchen, zu möglichst vielen Augenpaaren Kontakt herzustellen.
10. Laß dich vom Direktor, einem Schulsprecher oder einem der Veranstalter vernünftig ansagen. Unser Text lautet: »Sie sind um die Welt gereist, sie waren oft im Fernsehen, jetzt sind sie hier in der... Schule (usw.), lebendig und live – Professor Confidence und Amy vom Juggling Institute!«
11. Komm mit Begeisterung auf die Bühne gelaufen, und nimm den Beifall entgegen.
12. Zu passenden Gelegenheiten während der Show solltest du der ganzen Gruppe Fragen stellen, z. B.: »Wer von euch hat schon mal versucht, jonglieren zu lernen?« »Wer hat es geschafft?«
13. Manchmal willst du, daß nur einer deine Frage beantwortet. Sag einfach: »Finger hoch, wer weiß, ...«
14. Wenn du einen Freiwilligen brauchst, aber das Publikum unruhig wird, sagst du: »Wir haben eine besondere Art, Freiwillige auszusuchen. Wir nehmen die- oder denjenigen, der stillsitzt und die lustigste Grimasse zieht.« Oder: »Wir nehmen die- oder denjenigen, der am besten mit der Nase wackeln kann.«
15. Berühre den Freiwilligen an den Händen, dem Rücken oder der Schulter, um ihn zu beruhigen.
16. Achte, wenn du einen Zuschauer auf die Bühne holst, darauf, daß er die Bühne als Held verläßt.

17. Spiele nicht nur für die Schüler, sondern auch für die Lehrer.
18. Sei nicht herablassend und rede nicht mit besonderer, aufgesetzter Stimme, wenn du für Kinder spielst. Spiele für die älteren Kinder, um die kleineren zu fordern, aber nicht so hoch über ihre Köpfe hinweg, daß sie nichts verstehen und sich langweilen.
19. Laß das Tempo nicht abfallen. Kein Augenblick darf langweilig sein.
20. Nütze jede Gelegenheit, um pädagogisch sinnvolle Ideen zu vermitteln, z. B. über:
    a) Gesunde Ernährung
    b) Freundschaften schließen
    c) Übung und Ausbau deiner Fähigkeiten
    d) Mitschülern lernen helfen
    e) Dabeibleiben, bis eine Aufgabe erledigt ist
    f) Herausforderungen annehmen
    g) Anderssein ist in Ordnung
    h) Ablehnung von Tabak oder Alkohol
    i) Mathe, Rechtschreibung, Deutsch, Fremdsprachen
21. Schauspieltraining kann dir helfen. Hier sind einige Grundregeln:
    a) Schau das Publikum an, auch wenn du dich zur Seite drehst.
    b) Wenn dein Partner allein auf der Bühne ist oder während einer Nummer oder Ansage im Mittelpunkt steht, solltest du unsichtbar bleiben. Ihr dürft die Aufmerksamkeit nicht voneinander ablenken.
    c) Mach dich hinter der Bühne mit leichten Tricks warm. Laß nichts fallen, was das Publikum hören könnte.
    d) Wenn Beleuchtung nur begrenzt vorhanden ist, konzentriere sie auf eine Stelle und spiele da.
    e) Zieh ein Kostüm an, das dich vom Rest der Welt abhebt und etwas über deinen Charakter aussagt, z. B.: »Ich bin Athlet« (Tennis- oder sonstige Sportausrüstung), »Ich bin vornehm« (Anzug für Herren, Abendkleid für Damen), »Ich bin der Star« (Glitzerkleidung in starken Farben – schwarz, rot oder weiß, gold oder silber), »Ich bin ein Clown« (ulkige Schuhe oder blöder Hut, altmodische Klamotten).
    f) Entwickle deinen Charakter und falle nicht aus dieser Rolle.
    g) Vor allem mußt du ihnen beibringen, gute Zuschauer zu sein.

Das Führen des Publikums

Zwei Techniken, das Publikum zu führen, haben sich sowohl bei jungen Zuschauern als auch bei einem gemischten Theaterpublikum bewährt.

Der Regenmacher

Sag zum Publikum: »Macht mir alles nach.« Zeig ihnen deine beiden Zeigefinger und tippe die Finger leicht aneinander. Halte jetzt die Zeige- und Mittelfinger beider Hände hoch und tippe sie auch aneinander. Zeig alle fünf Finger beider Hände und schlage sie zusammen. Halte schließlich beide Hände hoch, und klatsche ganz laut Beifall. Nun geht es wieder zurück auf vier, drei, zwei und einen Finger und schließlich gar keinen. Zu diesem Zeitpunkt hast du die ganze Aufmerksamkeit der Zuschauer, und es herrscht absolute Stille. Brülle dann: »Wolkenbruch!«, reiß beide Hände hoch, und klatsch wie verrückt. Dann hältst du wieder einen Finger hoch, und es ist still. Jedesmal, wenn das Publikum etwas unruhig wird, kannst du von nun an »Wolkenbruch!« rufen und klatschen. Dann zeigst du einen Finger, und es wird absolut still. Das funktioniert immer.

Hallo!

Komm auf die Bühne, ohne zu sprechen. Winke dem Publikum zu und ›sag‹ in stummer Pantomime: »Hallo!«. Irgend jemand sagt bestimmt »Hallo!« zurück. Sag wieder pantomimisch »Hallo!«, und fordere die Zuschauer auf, dir zu antworten, indem du die Hände an deine Ohren hältst. Ihr wechselt euch jetzt ab. Du sagst pantomimisch »Hallo!«, und sie rufen »Hallo!« zurück. Teil das Publikum in zwei Hälften, indem du nur auf eine Seite des Zuschauerraums zeigst. Gib der einen Hälfte ein Zeichen, daß sie jetzt still sein soll. Sag »Hallo!« zur anderen Hälfte. Nachdem sie zurückgerufen hat, zeigst du mit der Hand, daß das schon ganz gut war, aber nichts besonderes. Dann gibst du ein Zeichen, daß diese Seite jetzt ruhig sein soll, und läßt die andere Hälfte ganz laut »Hallo!« rufen. Zeig deine Freude darüber. Laß die beiden Hälften abwechselnd brüllen, indem du zuerst den einen, dann den anderen Arm hebst. Zum Schluß hebst du beide Arme, damit alle gleichzeitig »Hallo!« schreien. Du springst vor Freude herum, und alle lachen. Halte beide Handflächen als Zeichen für Ruhe nach unten. Wenn du später willst, daß während der Vorstellung Ruhe einkehrt, brauchst du nur dieses Zeichen zu wiederholen. Das Prinzip dahinter ist merkwürdig: Wenn du willst, daß deine Zuschauer ruhig sind, mußt du sie zuerst laut werden lassen.

Jonglierspiele

Jonglieren ist normalerweise ein kooperativer Sport, bei dem sich alle Beteiligten gemeinsam dafür einsetzen, daß alle Requisiten möglichst lange in der Luft bleiben. Aber mit etwas Fantasie kann sogar das Jonglieren zum Wettspiel werden. Die meisten Jongleure haben irgendwann versucht, besser als ein anderer zu sein, d. h. mehr Gegenstände zu jonglieren oder sie länger in der Luft zu halten. Es ist kaum verwunderlich, daß sich der Wettkampfgeist nicht auf die IJA-Meisterschaften beschränkt. Ständig werden neue Einzel- und Mannschaftsspiele für Jongleure erfunden. Dieses Kapitel faßt einige der beliebtesten Spiele zusammen.

Jonglierspiele werden normalerweise von Mannschaften oder einzelnen Jongleuren gespielt, die versuchen, den Gegner dazu zu bringen, etwas fallenzulassen oder seine Jonglage zu unterbrechen. Gewinner ist, wer immer noch jongliert, wenn etwas herunterfällt, wer nach einer festgelegten Zeit am wenigsten fallengelassen hat, als erster die Ziellinie überquert oder die meisten Tore erzielt.

Alle Jongleure gehören automatisch dem Internationalen Verband der Jonglierspielerfinder an. Wenn du ein Spiel entwickelt hast, perfektioniere es durch Übung, und bring es deinen Freunden bei. Schreib die Regeln auf, und schick einen kurzen Bericht an *Jugglers' World* oder *Kaskade*.

Stehlen

Stehlen ist ein Spiel, bei dem auch Anfänger mitmachen können. Ein Spieler jongliert drei Stoffbälle. Der andere steht ihm gegenüber. Der Jongleur versucht, den anderen davon abzuhalten, ihm die drei Bälle abzunehmen, indem er überhand, hoch, tief oder breit wirft. Sobald der Dieb einen Ball bekommt, kann er ihn im richtigen Moment in die Jonglage zurückwerfen, oder versuchen, einen zweiten zu bekommen. Wenn er zwei Bälle gestohlen hat, steht ihm der dritte automatisch zu. Jetzt werden die Rollen getauscht, der Dieb ist jetzt der Jongleur und umgekehrt.

Joggling

Joggling heißt gleichzeitig Jonglieren und Laufen. Dazu kannst du Stoffbälle, Gummibälle oder Keulen verwenden. Drei ist die Norm, aber einige Fanatiker jonglieren beim Joggling fünf Gegenstände.

Du kannst dir natürlich das persönliche Ziel setzen, überhaupt nichts fallenzulassen. Aber ein Fehler wird nur insofern bestraft, daß der Joggler anhalten und zu dem Punkt zurücklaufen muß, wo er etwas fallengelassen hat, um das Requisit wieder aufzuheben und weiterzulaufen. Ein Fehler kostet also Zeit, und das eigentliche Ziel ist es, schneller als die anderen Joggler zu sein oder deine persönliche Bestzeit zu laufen.

Jongleure und Läufer sind sich darin einig, daß Joggling eine gute Möglichkeit ist, die Beine und den Oberkörper gleichzeitig zu trainieren. Wenn du mit besonders schweren Stoffbällen jogglst, ist die Belastung für beide Körperteile ungefähr gleich groß, und eine bessere Kondition ist dir sicher.

Jogglingwettläufe finden bei der jährlich stattfindenden IJA-Convention und bei regionalen Mini-Conventions statt. Einige Joggler haben jonglierend an Marathonläufen teilgenommen, und ihre Zeiten ließen sich durchaus mit denen der nichtjonglierenden Läufer vergleichen. Wie bei allen Formen des Laufens besteht das größte Vergnügen des Jogglings im rhythmischen ›Plop‹ der Gegenstände auf den Händen und in dem Hochgefühl, das die Kontrolle über einen komplizierten, fließenden Bewegungsablauf mit sich bringt.

Jollyball

Erfunden von Professor Confidence

Für Jollyball braucht ihr fünf etwa 180 g schwere Bälle von etwa 12 cm Durchmesser. Zwei Jongleure stellen sich einander gegenüber auf. Zwischen ihnen hängt in Augenhöhe ein imaginäres Netz.

Ein Jongleur hat drei Bälle, der andere zwei. Der erste Ball wird einfach über das Netz geworfen (das ist der ›Aufschlag‹). Derjenige mit drei Bällen beginnt zu jonglieren. Spätestens nach sieben Würfen muß er einen Ball über das Netz werfen. Der Gegner kann entweder jonglieren oder gleich einen Ball zurückwerfen. Der erste, der einen Ball fallenläßt oder ins Aus wirft, verliert den Aufschlag. Wenn du so niedrig wirfst, daß der Ball ein echtes Netz getroffen hätte und der Gegner den Ball nicht fangen kann, verlierst du den Punkt oder den Aufschlag.

Das Spiel hat mit Volleyball viel gemeinsam. Du mußt den Aufschlag gewinnen, bevor du Punkte erzielen kannst. Du kannst jeweils einen Ball oder zwei Bälle gleichzeitig über das Netz werfen. Bei einem solchen Simultanwurf müssen die Bälle aber in Reichweite des Gegners bleiben. Wenn er nachweisen kann, daß es unmöglich war, beide Bälle zu erreichen, verlierst du den Punkt oder den Aufschlag.

Wie beim Volleyball wird Jollyball über 15 Gewinnpunkte pro Satz gespielt. Bei Wettbewerbsspielen gibt es einen Linienrichter und einen Netzrichter, der die Punkte offiziell zählt. Alle Würfe über das Netz müssen aus der Abwurfhand nach oben fliegen. Schmetterbälle sind nicht erlaubt. Ihr könnt natürlich mit einem echten Netz spielen. In dem Fall dürft ihr das Netz nicht berühren. Wer das tut, verliert automatisch den Punkt oder den Aufschlag.

Staffellauf

Fünfköpfige Mannschaften eignen sich am besten. Wenn die Zahl der Läufer in den Mannschaften unterschiedlich ist, muß diejenige mit einem Läufer weniger den ersten zweimal losschicken. Die Mannschaften können sich nach der Kalendermethode zusammenfinden. Bei 20 Spielern heißt das: alle, die im Januar, Februar oder März geboren sind, gehören zu Mannschaft Nr. 1; April, Mai, Juni – Mannschaft Nr. 2; Juli, August, September – Nr. 3; Oktober, November, Dezember – Nr. 4. Mit der Kalendermethode könnt ihr sechzig Spieler in zwölf Gruppen oder zehn Spieler in zwei Gruppen aufteilen. Wenn ihr euch über die Besetzung geeinigt habt, gibt es eine ganze Reihe möglicher Staffelläufe. Folgende stammen von Mike Vondruska.

Staffellauf mit drei Bällen pro Mannschaft

Jede Mannschaft stellt sich in einer Reihe hintereinander auf. Der vordere Läufer steht mit drei Bällen hinter der Startlinie. Wenn der Schiedsrichter das Kommando »Los!« gibt, laufen und jonglieren die ersten Joggler los. Sie laufen bis zu einem vorher festgelegten Wendepunkt und dann zur eigenen Mannschaft zurück. Wenn sie die Startlinie wieder überschritten haben, übernehmen die zweiten Läufer die Bälle und rennen die gleiche Route entlang. Die Mannschaft, die als erste fertig ist, gewinnt das Rennen. Um diesen Staffellauf noch interessanter zu gestalten, könnt ihr die Regel einführen, daß der Läufer, der einen Ball fallenläßt, zur Startlinie zurückgehen und von vorne anfangen muß. Als Startlinie und Wendepunkt könnt ihr die Bodenmarkierungen einer Turnhalle nehmen oder mit Abdeckband eigene Linien markieren. Die Bahnlänge ist euch überlassen.

Hindernisstaffellauf mit drei Bällen pro Mannschaft

Dieser Wettlauf fängt genauso an wie der oben beschriebene, aber unterwegs werden einige Hindernisse eingebaut. An einem bestimmten markierten Punkt müssen sich die Läufer hinknien, so daß beide Knie den Boden berühren, dann aufstehen, sich umdrehen und rückwärtslaufen. Am Wendepunkt steht ein Stuhl, auf den sie sich (immer noch jonglierend) setzen müssen. Dann stehen sie auf und laufen so schnell wie möglich zur Startlinie zurück.

Um den Schwierigkeitsgrad zu erhöhen und das periphere Gesichtsfeld beim Jonglieren zu erweitern, könnt ihr eine Slalomstrecke aus Absperrungskegeln bauen. Fortgeschrittene Teilnehmer können Ringe oder Keulen statt Bällen jonglieren.

Staffellauf – Dreiballpassing

Jede Mannschaft stellt sich in einer Reihe hintereinander auf. Die Teilnehmer stehen etwa einen Meter voneinander entfernt und schauen nach vorne, außer dem ersten, der drei Bälle hält und zum zweiten schaut. Wenn der Schiedsrichter das Kommando »Los!« gibt, beginnt der erste zu jonglieren. Er passt die Bälle rechts-links-rechts zum zweiten Mannschaftskameraden, der die Bälle in der gleichen Reihenfolge fängt und weiterjongliert. Er dreht sich um und passt zum dritten, und so weiter bis zum letzten, der die Bälle zum vorletzten zurückpasst. So wandern die Bälle zum ersten zurück, und die Mannschaft, die als erste diesen Durchlauf schafft, gewinnt. Wenn jemand einen Ball fallenläßt, muß derjenige, der gerade gepasst hat, die Bälle aufheben und noch einmal passen. Dieser gleiche Staffellauf läßt sich auch mit Drop-Back-Passwürfen über den Kopf nach hinten durchspielen. Sobald du abgeworfen hast, drehst du dich um.

Wettspiele gegen die Uhr

Wenn ihr über eine Stoppuhr verfügt, könnt ihr notieren, wie lange jemand eine gewisse Anzahl von Gegenständen in der Luft halten kann. Ihr könnt Einzelleistungen notieren, oder Mannschaften können ihre Zeiten zusammenrechnen, um die Gewinner zu ermitteln. Bei einem weiteren Wettbewerb mit der Stoppuhr wird gezählt, wie oft innerhalb einer Minute zwei Spieler der gleichen Mannschaft sechs Bälle hin- und herpassen können (siehe Passingkapitel). Gezählt wird jeder Passwurf, der beim Partner ankommt. Die Mannschaft mit den meisten erfolgreichen Würfen gewinnt.

Bei allen Wettspielen gegen die Uhr ist es sinnvoll, den derzeitigen Rekord an eine Tafel zu schreiben. Dieser dient den Spielern als Maßstab für ihre eigenen Versuche.

Heiße Kartoffel

Erfunden von John Dobleman

Die Spieler stellen sich im Kreis auf und schauen zum Mittelpunkt. Jeder Spieler hält zwei weiße Bühnenbälle. Ein Spieler beginnt, mit einem andersfarbigen Bühnenball zu jonglieren. Der Ball wird nach links, rechts oder quer durch die Mitte von Spieler zu Spieler gepasst. Der Empfänger muß sofort mit seiner Jonglage beginnen. Das Ziel ist, andere Spieler durch Finten auszutricksen, ohne selbst den Ball fallenzulassen. Die Spieler, die fallenlassen, treten zurück, bis nur noch zwei übrig sind. Diese spielen weiter, bis nur noch einer übrig ist.

J-o-n-g-l-e-u-r

im Rahmen des Jonglierspielworkshops der IJA-Convention 1986 entwickelt

Da ihr jetzt schon im Kreis steht, könnt ihr gleich dieses herausfordernde Spiel auch noch ausprobieren. Einer fängt mit einem Jongliertrick an, dann versuchen alle anderen, den gleichen Trick auszuführen. Der Spieler zu seiner Rechten zeigt den Trick noch einmal und fügt einen eigenen hinzu. Alle anderen führen diese beiden Tricks in derselben Reihenfolge aus. Das Spiel geht weiter, indem der Reihe nach jeder Spieler der Trickfolge einen Trick hinzufügt. Wer einen Ball fallenläßt, tritt zurück, bis nur noch zwei Jongleure übrig sind. Der letzte bekommt einen Buchstaben des Wortes ›Jongleur‹. Der erste, der alle acht Buchstaben gesammelt hat, gewinnt das Spiel. Eine andere Möglichkeit ist, daß jeder, der fallenläßt, einen (Minus-)Buchstaben bekommt, aber sofort wieder mitspielen darf. Ihr könnt es auch zu einer hauseigenen Regel machen, daß jeder Wurf ein Trickwurf sein muß: Wer ein einfaches Kaskademuster jongliert, verliert einen Buchstaben.

Spiele mit balancierten Federn

Es ist so einfach, eine Pfauenfeder zu balancieren, daß sogar Erstklässler und viele behinderte Jugendliche an solchen Spielen teilnehmen können. Professor Confidence setzt in seinen Workshops folgende Spiele ein:

Übergib die Feder

Bildet einen Kreis. Beginne mit einer Feder. Balanciere sie auf deiner Hand, halte diese Hand über die Hand deines rechten Nachbarn, und laß die Feder auf seine Hand fallen. Er dreht sich nach rechts und läßt die Feder auf die Hand seines Nachbarn fallen. Wie schnell könnt ihr die Feder um den ganzen Kreis herumgehen lassen? Sobald deine Schüler das Weitergeben einer Feder beherrschen, füge eine zweite hinzu, die der ersten hinterherwandert. Entsprechend dem Können der Spieler fügst du immer mehr Federn ein.

Ein ausgeglichener Schüler

Sag deinen Schülern, daß du den ausgeglichensten unter ihnen aussuchen wirst. Gib jedem Schüler eine Feder, und laß ihn üben, sie zu balancieren. Bei Kindern im Kindergartenalter bis zur dritten Klasse empfehle ich eine Balance auf den Handflächen, dem Handrücken, dem Ellbogen oder der Schulter. Ältere Kinder können es auch mit dem Knie, dem Fuß, der Stirn, der Nase und dem Kinn versuchen.

Für den Wettbewerb selbst sollen die jüngeren die Handfläche benutzen, die älteren die Stirn, die Nase oder das Kinn. Das Ziel ist, die Feder möglichst lange zu balancieren. Wer die Feder mit den Fingern berührt oder sie fallenläßt, muß sie wieder abgeben und sich hinsetzen, bis nur noch ein paar ›ausgeglichene‹ Schüler übrig sind.

Für die Endausscheidung läßt du diese letzten Schüler auf ein Knie gehen und wieder aufstehen, sich hinsetzen und wieder aufstehen, und schließlich sich hinlegen und wieder aufstehen. Wer diesen Anforderungen gewachsen ist, ist ein wirklicher Sieger.

Staffellauf mit Federn

Teile die Klasse in vier- oder fünfköpfige Mannschaften auf. Die Mannschaften sollen sich an einem Ende des Raums in Reihen aufstellen. Der erste Läufer jeder Mannschaft balanciert eine Feder und geht zum anderen Ende des Raums, berührt die Wand mit der Hand oder dem Fuß, dreht sich um und kommt zurück. Alle Mannschaftsmitglieder laufen der Reihe nach zur Wand und wieder zurück. Die erste Mannschaft, die zur Ausgangsaufstellung zurückkehrt, gewinnt. Jüngere Schüler balancieren die Feder auf der Handfläche, ältere auf der Stirn, Nase oder Kinn.

Kampfspiele (Combat)

Zweikampf

erfunden von Mike Vondruska

Bei diesem Spiel stehen zwei Jongleure Rücken an Rücken auf einer kleinen abgegrenzten Fläche. (Die Kreise eines Basketballfeldes eignen sich gut dafür.) Jeder hat drei Bälle und beginnt zu jonglieren. Der Kampfrichter ruft: »Los!« und die Spieler versuchen, sich gegenseitig aus dem ›Ring‹ zu schieben. Der erste, der einen Ball fallenläßt, zu jonglieren aufhört oder den Ring verläßt, verliert. (Aus Sicherheitsgründen soll beim Schieben der ganze Körper eingesetzt werden. Ellbogen oder Füße können Verletzungen verursachen.)

Gruppenkampf

Dieses Spiel macht Spaß, solange zwei wichtige Regeln eingehalten werden. *Erstens* ist alles verboten, was einen anderen Spieler verletzten könnte, und *zweitens* mußt du alle heruntergefallenen Gegenstände aufheben und die Spielfläche verlassen, sobald du nicht mehr jonglierst. Werden diese Regeln mißachtet, kann das Spiel gefährlich werden. Der Autor übernimmt für lockere Zähne, blaue Augen oder verletzten Stolz keinerlei Haftung. Möge der beste Jongleur gewinnen!

Das Spiel wird von einer beliebig großen Gruppe Jongleure gespielt. Die Gruppe beschließt vorher, ob sie mit Stoffbällen oder Keulen spielen will. Das Ziel ist, als einziger noch jonglierender Spieler übrigzubleiben. Das Spiel erfordert keine Ausdauer, sondern Aggressivität und Beweglichkeit.

Auf ein Kommando laufen alle Spieler jonglierend in die Arena. Sie versuchen, sich gegenseitig dazu zu zwingen, ein Requisit fallenzulassen. Alle Strategien sind erlaubt. Du kannst zum Beispiel deine Requisiten hochwerfen und die Jonglage deines Gegners zerschlagen. Oder du kannst rückwärts in andere Jongleure hineinlaufen oder deine Beine, Hüften oder deine Stimme einsetzen. Es ist möglich, jemandem die Keule aus der Hand zu schreien.

Weitere Taktiken sind:

- Wirf eine deiner eigenen Keulen weg, und nimm deinem Gegner eine ab, ohne deinen Jonglierrhythmus zu unterbrechen.
- Lauere einem Opfer auf und schüchtere es so ein, daß es vor lauter Nervosität ein Requisit fallenläßt.
- Erzähle Witze, um deinen Gegner so zum Lachen zu bringen, daß er nicht mehr weiterjonglieren kann.

Gruppenkampf ist ein schnelles Spiel. Innerhalb einer Stunde können viele Runden gespielt werden, und jeder hat die Chance, einmal zu gewinnen oder wenigstens einer der letzten Überlebenden zu sein. Die größte Befriedigung ist vielleicht gar nicht der eigentliche Spielgewinn, sondern die Überwindung eines namhaften Gegners in einem besonders harten Zweikampf.

Der Gruppenkampf trainiert deine Reaktionsgeschwindigkeit, deine Fähigkeit, einen schlechten Wurf auszugleichen, und dein peripheres Sehvermögen. Es ist lustig und aufregend, aber vergiß die Sicherheit nicht!

Mannschaftskampf

im Rahmen des Winnipeg-Juggling-Festivals entwickelt

Es spielen zwei Mannschaften, eine im Angriff, eine in der Abwehr. Ihr könnt entweder Bälle oder Keulen jonglieren, entscheidet euch also vorher. Die Mannschaften stellen sich an gegenüberliegenden Enden eines Spielfeldes oder an gegenüberliegenden Seiten einer Halle auf. Mannschaft A greift an, Mannschaft B wehrt ab. Auf Kommando beginnen alle Spieler zu jonglieren. Die Spieler von Mannschaft A versuchen, das Spielfeld jonglierend zu überqueren. Wenn einer von Mannschaft A anhält, fallenläßt oder ins Aus läuft, ist er draußen. Mannschaft A versucht, möglichst viele Spieler jonglierend über die Ziellinie zu bringen. Mannschaft B versucht, sie zu behindern, muß aber ebenfalls ständig jonglieren. Nach einer Runde wechseln A und B die Rollen. Zählt nach jeder Runde die Einzelergebnisse zusammen, um am Ende eines vorher festgelegten Zeitraums den Gesamtsieger zu ermitteln.

Feldjonglage

erfunden von Ken Benge

Das Verhältnis zwischen Feldjonglage und artistischem Jonglieren ist mit dem zwischen Eishockey und Eiskunstlauf vergleichbar. Feldjonglage ist schnell, kraftvoll und aufregend und setzt Teamwork, Taktieren, jongliertechnisches Können und Laufstärke voraus. Es könnten Vereine, Ligen, Turniere und Fanclubs entstehen, wenn das Spiel als Sportart an Popularität gewinnt.

Das Spielfeld ist im Idealfall das ›Gridiron‹ des American Football. Jeder Spieler hält zwei Bälle fest. Ein andersfarbiger Spielball wird hineingeworfen. Das Ziel ist, den eigentlichen Spielball in ständiger Bewegung zu halten und mit ihm jonglierend über die Torlinie zu laufen. Die Mannschaft, die nach zwei fünfzehnminütigen Halbzeiten die meisten Punkte gesammelt hat, gewinnt das Spiel. Abblocken und körperliches Angreifen sind nicht erlaubt. Geschicktes Passen, schnelles Laufen und gekonntes Jonglieren zeichnen gute Stürmer aus. Der gute Verteidiger fängt Pässe ab, bedrängt ohne Körperkontakt seinen Gegner und nimmt ihm den Spielball ab.

Bisher sind die Regeln der Feldjonglage recht einfach und allgemein gehalten. Wir freuen uns auf eine Weiterentwicklung dieser Sportart, und eure Anregungen zu einer Standardisierung der Regeln sind sehr willkommen. Teilt uns mit, welche Regeln bei euch funktionieren. In der folgenden Auflistung sind die mit Sternchen markierten Paragraphen wesentlich und unentbehrlich, während die anderen nach Belieben geändert werden können, um das Spiel zu verbessern.

1. ✻ Das Spiel findet auf einem 100 m langen, in 10-m-Abständen markierten Footballfeld statt. Jede Mannschaft hat die gleiche Anzahl Spieler. Es sollen nicht weniger als sieben pro Mannschaft sein.
2. ✻ Alle Spieler einer Mannschaft halten in jeder Hand einen weißen Bühnenball. Spieler der anderen Mannschaft halten gelbe Bühnenbälle. Diese Bälle werden nicht ausgetauscht. Sie heißen ›Feldbälle‹ oder ›tote Bälle‹, weil mit ihnen allein keine Punkte erzielt werden können.
3. ✻ Der eigentliche Spielball ist ein orangefarbener Bühnenball. Er muß ständig jongliert werden und darf nie länger als im normalen Jonglierrhythmus üblich festgehalten werden. Wenn du zwei Bälle in einer Hand jonglierst, muß einer davon der Spielball sein. Kein Spieler darf zwei Bälle in einer Hand festhalten.
4. ✻ Der Einwurf ist wie der Anstoß beim Football. Jede Mannschaft formiert sich hinter der eigenen 20-m-Linie. Um das Spiel zu beginnen, hebt einer den Spielball auf und jongliert sofort. Nach mindestens vier Würfen wirft er den Spielball zur anderen Mannschaft hinüber. Sobald der Spielball zum ersten Mal abgeworfen ist, dürfen die Spieler ihre eigene 20-m-Linie überqueren und sich über das ganze Feld bewegen. Wenn der Spielball beim Abwurf nicht zwischen der Torlinie und der 20-m-Linie landet, muß er noch einmal geworfen werden. Wenn er zum zweiten Mal zu kurz geworfen wird, darf die Empfängermannschaft den Spielball zwischen ihren 20-m- und 30-m-Linien aufheben und während der ersten vier Jonglierwürfe nicht angegriffen werden.
5. ✻ Spieler ohne Spielball dürfen sich über das ganze Feld bewegen. Ein Spieler mit dem Spielball darf sich nur innerhalb eines 10-m-Abschnitts bewegen. Wenn er irgendwelche Linien überquert, verliert seine Mannschaft den Ballbesitz. Um den Spielball vorwärts zu bewegen, muß er über mindestens zwei Linien geworfen werden. Er muß aus der Jonglage geworfen und in der Jonglage gefangen werden.
6. ✻ Wenn der Spielball in der Endzone gefangen und dort vier Mal in der Jonglage geworfen und gefangen wird, erhält die angreifende Mannschaft einen Punkt. Der

Spielball wird dann wie zu Spielbeginn zur gegnerischen Mannschaft abgeworfen.

7. ✻ Beabsichtigter Körperkontakt oder Berührung der ›toten‹ Bälle des Gegners ist nicht erlaubt.
8. ✻ Wenn ein Spieler der im Ballbesitz befindlichen Mannschaft entweder einen toten Ball oder den Spielball fallenläßt, wird das Spiel angehalten, und die Mannschaft verliert den Ballbesitz.
9. Wenn eine Mannschaft den Ballbesitz verliert, darf die andere Mannschaft den Spielball irgendwo innerhalb des Abschnitts, in dem der Ball heruntergefallen ist, plazieren. Die gegnerischen Spieler müssen diesen Abschnitt verlassen und dürfen ihn erst wieder betreten, nachdem der Spielball vier Würfe lang jongliert wurde. Der aufhebende Spieler darf den Spielball erst beim fünften Wurf abspielen.
10. ✻ Wenn mehrere Bälle gleichzeitig fallen, bevor das Spiel angehalten wird, werden die Bälle der zwei Mannschaften gegeneinander aufgerechnet. Die Mannschaft, die die wenigsten Bälle fallenließ, übernimmt den Spielball. Wenn beide Mannschaften gleich viele Bälle fallenlassen, behält die bisher angreifende Mannschaft den Spielball. Die im Ballbesitz befindliche Mannschaft hebt den Spielball auf, um das Spiel fortzusetzen.
11. ✻ Der Spielball darf abgefangen werden, aber der Fänger muß seine Jonglage sofort beginnen und darf dabei weder den Spielball noch einen ›toten‹ Ball fallenlassen. Der Fänger darf keinen Gegenspieler oder dessen ›tote‹ Bälle berühren, mit einer Ausnahme: unbeabsichtigter Kontakt wird nicht geahndet, wenn der Spieler erfolgreich abfängt, ohne einen Ball fallenzulassen. Wenn der Fänger einen Gegenspieler oder dessen ›tote‹ Bälle oder den Spielball berührt, aber nicht erfolgreich abfangen kann, wird das Spiel angehalten, und die passende Mannschaft bleibt im Ballbesitz. Sie hebt dort auf, wo der Spielball landete.
12. ✻ Es ist erlaubt, den Spielball aus der Jonglage eines Gegners abzunehmen, solange weder sein Körper noch seine ›toten‹ Bälle berührt werden. Bei unbeabsichtigtem Kontakt, der dazu führt, daß ein Ball herunterfällt, darf die angegriffene Mannschaft aufheben. Beabsichtigter Kontakt wird bestraft.
13. Strafen für zu hartes Spielen, beabsichtigten Körperkontakt oder Berührung der ›toten‹ Bälle eines Gegners sollten vorher festgelegt werden. Spieler könnten zum Beispiel für eine gewisse Zeit auf die Strafbank verwiesen werden, die angreifende Mannschaft könnte mit Ballverlust bestraft werden, die abwehrende Mannschaft könnte gezwungen werden, 10 m zurückzugehen.
14. Das Spiel hat zwei fünfzehnminütige Halbzeiten. Die erste Empfängermannschaft wird durch Münzenwerfen ermittelt. Die Halbzeitpause dauert fünf Minuten. Nach der Halbzeit wechseln die Mannschaften die Spielfelder, und die Mannschaft, die zu Spielbeginn empfangen hat, wirft zur zweiten Hälfte ein. Jede Mannschaft verfügt über drei Auszeiten von jeweils nicht mehr als einer Minute. Wenn das Spiel unentschieden endet, wird eine fünfminütige Tie-Break-Verlängerung gespielt. Diese wird solange wiederholt, bis eine der Mannschaften am Ende der Verlängerung führt.

15. Beim Einwurf darf der Empfänger den Spielball gleich abspielen, solange er in der Jonglage gefangen hat, ohne einen Ball fallenzulassen, und der Spielball zwei Linien überquert.
16. Die Empfängermannschaft darf beschließen, den eingeworfenen Ball nicht zu fangen, muß aber warten, bis er den Boden berührt, bevor sie ihn in irgendeiner Weise spielt. Nachdem der Spielball den Boden berührt hat, darf ihn die Empfängermannschaft mit irgendeinem Körperteil außer den Händen abstoppen. Von nun an darf er von beiden Mannschaften in die Jonglage aufgehoben werden. Dies ist der einzige Fall, bei dem der Spielball im Spiel bleibt, obwohl er auf dem Boden liegt.
17. Wenn ein Spieler diesen freien Spielball mit der Hand berührt, muß er jonglieren und nach vier Würfen abspielen. Von dem Augenblick an, in dem der freie Spielball mit der Hand berührt wird, gelten wieder alle obigen Regeln, die den Kontakt, das Zählen, das Fallenlassen, das Aufheben, das Abfangen und das Abnehmen betreffen.
18. Wenn beim Einwurf der Spielball berührt wird, aber dann ins Aus rollt, hat die Mannschaft, die ihn nicht berührte, Ballbesitz, und hebt dort auf, wo er ins Aus ging.
19. Wenn die Empfängermannschaft beschließt, den eingeworfenen Ball nicht zu fangen und er direkt ins Aus rollt, hebt diese Mannschaft dort auf, wo er den Boden zuerst berührte.
20. Wenn der Spielball im regulären Spielverlauf im Aus landet, verliert die Mannschaft, die ihn zuletzt berührte, den Ballbesitz. Die Gegenmannschaft hebt dort auf, wo er ins Aus ging.
21. ✻ Während des regulären Spielverlaufs darf der Spielball gefangen und sofort wieder abgespielt werden, solange ein ›toter‹ Ball als Selbstwurf jongliert wird. Der Spielball darf beliebig lange von einem Spieler jongliert werden, solange dieser keine Linien überquert.

Anmerkungen des Erfinders

- Feldjonglage kann auch mit Keulen gespielt werden, aber nicht mit Bällen und Keulen gleichzeitig.
- Abänderungen sind durchaus möglich, falls die äußeren Bedingungen dies erforderlich machen. Feldjonglage kann zum Beispiel auf einem Basketballfeld gespielt werden. In diesem Falle würden die Regeln zur Überquerung der Linien wegfallen, und das Ziel könnte sein, Körbe zu werfen.

Jonglierunterricht

Hinweise für Lehrer

Dieses Buch kann auch als Lehrplan benutzt werden. Es kann im schulischen Bereich von Sport-, Bewegungs-, Tanz- oder Schauspiellehrern auf allen Stufen genutzt werden, ebenso von Freizeitpädagogen oder Einzelpersonen, die eine umfassend geschriebene Anleitung suchen, die ihnen hilft, schneller und effektiver zu lernen.

Jonglieren ist eine gute Möglichkeit, motorische Fähigkeiten zu entwickeln. Die einfachen schrittweisen Anleitungen sind beispielhaft für das Erlernen komplizierter Bewegungsabläufe. Jeder Lernende kann im eigenen Tempo vorgehen, für jeden Schritt bietet sich ihm eine Problemlösung an, und jeder Fortschritt wird bestätigt. Jeder neue Trick oder jedes neue Requisit bedeutet für den Lernenden eine Herausforderung, bei der ihm der Lehrer (oder dieses Buch) mit Ratschlägen und Rückmeldungen helfen kann. Jeder Lernende baut sich ein eigenes Repertoire auf. Der dabei durchlaufene Prozeß beginnt mit dem erwachten Interesse, gefolgt vom Erforschen und Experimentieren bis zum Verfeinern und Vertiefen der Fähigkeiten. Schließlich kann jeder Lernende mit Hilfe dieses Lernmusters selber zum Lehrer werden, der andere durch den gleichen Prozeß begleitet. Das Ergebnis sind körperlich koordinierte Menschen, die wissen, wie sie neue motorische Fähigkeiten lernen können, die das Können anderer anerkennen und dieses Wissen und diese Anerkennung weitergeben können.

Das Tempo, in dem Jonglieren gelernt wird, sollte selbst bestimmt werden. Anforderungen der Umgebung werden ausgeschlossen. Die Lernenden arbeiten ohne Zeitdruck, da es keine Vergleichsmöglichkeit außer dem individuellen anfänglichen Leistungsstandard gibt. Durch Jonglieren können Spieler jeder Sportart ihre Augen-Handkoordination trainieren. Für Lernbehinderte, oder solche mit emotionalen oder Bewegungsproblemen ist es ideal. Es kann die Fähigkeiten, die Hände zu koordinieren, beide Hände gleichwertig zu benutzen und sich auf eine Aufgabe zu konzentrieren, fördern. Allgemeine Ziele für das Jonglierenlernen beinhalten unter anderem:

- Verbesserug der Augen-Handkoordination
- Größere Genauigkeit beim Werfen und Fangen
- Entwicklung von Reflexen, Zeitgefühl, Rhythmus und Balance
- Entwicklung von Konzentration und Zielstrebigkeit
- Steigerung des Selbstbewußtseins, bessere Haltung und die Fähigkeit aufzutreten
- Entwicklung von Teamarbeit und pädagogischem Talent

Es gibt viele Gründe, das Jonglieren in den Sport- und Schauspielunterricht oder in Freizeitprogramme zu integrieren. Es ist ein ungefährliches Vergnügen, für das Jungen und Mädchen gleichermaßen begabt sind. Es kann von einer großen Anzahl von

Schülern auf kleinstem Raum geübt werden. Es ist eine Sportart ohne Körperkontakt, eine Freizeitbeschäftigung bzw. Auftrittsmöglichkeit für Einzelpersonen oder Gruppen. Es erfordert fast keinen finanziellen Aufwand für Requisiten und kann drinnen oder draußen stattfinden. Es ist aufregend und lustig, eine avantgardistische Aktivität und für Lehrer und Schüler eine schöne Abwechslung von der Routine.

In diesem Kapitel werden Hinweise und Beispiele gegeben, wie Jonglierunterricht sinnvoll gestaltet werden kann. Obwohl sich der Text auf den Schulunterricht bezieht, lassen sich die Beispiele ohne weiteres auf alle anderen Zusammenhänge übertragen.

Motivation

Um Motivation und Ausdauer zu fördern, kannst du:

1. Am Ende der Unterrichtseinheit einen Wettbewerb veranstalten, um festzustellen, wer am längsten eine Feder balancieren kann;
2. Jeden Schüler bitten, sich in eine Liste einzutragen, sobald er mit drei Gegenständen zwanzig Würfe jonglieren kann;
3. Die Präsentation einer Jongliershow bei einem Fest, einem Elternabend oder als Pausenunterhaltung bei einer Sportveranstaltung planen;
4. Noten für persönliche Leistungen im Jonglieren geben;
5. Das Auszeichnungsprogramm der International Jugglers' Association (IJA) und die Plaketten, die in diesem Buch beschrieben sind, als Belohnungssystem benutzen, um deine Schüler zu Leistungen herauszufordern;
6. IJA-Mitglied werden und deinen Schülern Informationen über Ereignisse, Techniken und Requisiten zugänglich machen;
7. Eine Jongliergruppe gründen. Besucht gemeinsam regionale, europäische und IJA-Conventions. Werde zugelassener Ausbilder beim Juggling Institute;

8. Deine Schüler ein Jonglierfestival mit Wettspielen, Workshops, Jonglierspielen und einer Show organisieren lassen;
9. Einen Ausflug zu einer Jonglier- oder Zirkusvorstellung organsieren;
10. Schülern, die gleichzeitig Joggen und Jonglieren (›Joggling‹) trainieren, Pluspunkte geben;
11. Deine besseren Jonglierschüler Jonglierunterricht oder Vorstellungen in Grundschulen geben lassen;
12. Deine besten Schüler ihr Können bei Bundesjugendspielen zeigen lassen;
13. Jonglierwettbewerbe in der Schule veranstalten;
14. Eine andere Schule zu einem Jonglierspiel herausfordern;
15. Beim Sportfest Jonglierspiele einbringen;
16. Jollyballturniere organisieren;
17. Die Jonglier- und Jogglingrekorde deiner Schüler in der Schule aushängen.

Organisation des Jonglierunterrichts

Normalerweise können Jonglierworkshops draußen oder drinnen stattfinden. Wenn du aber versuchst, das Jonglieren mit Tüchern zu lehren, bläst draußen der kleinste Wind die Requisiten davon, bleib also drin, bis das Stoffballstadium erreicht ist. Für Balljonglage ist ein Holzboden am besten geeignet, mit Ringen, Keulen und anderen zerbrechlichen Gegenständen sollte über Gras, Teppich oder Matten geübt werden.

Für das Rhythmusgefühl und die Ausdauer deiner Schüler ist Musik wichtig. Benutze eine aktuelle Aerobickassette, Ragtime, Rock and Roll der 50er Jahre, Swing-, Dixie-, Disco- oder Marschmusik.

Wenn du große Gruppen unterrichtest, laß deine Schüler im Kreis stehen, und gib rundherum Hilfestellungen. Folgende Tips helfen dir, die Kontrolle zu behalten:

1. Laß deine Schüler auf dem Boden Platz nehmen.
2. Bitte sie, ihre Requisiten hinter sich und ihre Hände in den Schoß zu legen.
3. Erkläre und zeige *nur* den nächsten Trick.
4. Stell die Musik an, und laß sie üben.
5. Geh herum und berichtige, ohne die Worte »nein«, »falsch« oder »nicht richtig« zu gebrauchen.
6. Mach die Musik aus, sobald alle den Trick können, laß sie Platz nehmen, ihre Requisiten hinter sich und ihre Hände in den Schoß legen.
7. Erkläre und zeige den nächsten Trick usw.

Requisiten verteilen und einsammeln

Ordne die Requisiten vor dem Unterricht. Sag deinen Schülern: »Wenn die Stunde zu Ende ist, erwarte ich, daß sie ordentlich dahin zurückgelegt werden, wo sie jetzt sind.« Bei Tüchern heißt das, den Unterricht etwa drei Minuten früher abzubrechen und zu sagen: »Stapelt eure Tüchter wie drei Pfannkuchen vor euch auf. Gebt den Stapel weiter zum Nachbarn und immer weiter, bis hier ein großer ordentlicher Stapel liegt. Dann setzt euch bitte hin.«

Stell Behälter für Bälle oder Keulen im Raum auf. Unterbrich deine Schüler und sage: »Legt bitte eure Requisiten so gesittet wie möglich, ohne zu werfen, in den nächsten Eimer, kommt her und setzt euch.« Indem du deine Schüler Platz nehmen läßt, bevor sie gehen, kannst du dich versichern, daß sie keine Requisiten mitnehmen.

Unterrichtspläne

Egal, ob du mit jeder Schülergruppe nur eine Stunde hast, oder ob du sie jeden Tag eines ganzen Schuljahres oder länger triffst, ist es gut, einen Plan zu haben. Betrachte jedes Kapitel dieses Buches als Grundlage für eine oder mehrere Lektionen.

Grundschule

Kinder im Grundschulalter sind am leichtesten zu begeistern, aber am wenigsten begabt. Du kannst sie mit Tüchern und Pfauenfedern spielen lassen und ihnen helfen, Grundfähigkeiten zu entwickeln, die zum Jonglierenlernen nötig sind.

Die folgenden Lektionen sind für Schüler vom Kindergartenalter bis etwa zehn Jahre gedacht und dauern jeweils zwischen zwanzig und vierzig Minuten. Für Vier- bis Siebenjährige ist es vielleicht am besten, nur die Lektionen 1 und 2 und die ersten Schritte der Lektion 10 anzuwenden. Bei Acht- bis Neunjährigen kannst du die ganze Serie ausprobieren und je nach Können schneller oder langsamer vorgehen.

Die vollständige Sequenz kann bei einer Jonglierstunde pro Woche über ein ganzes Schuljahr verteilt werden. In manchen Fällen kann eine tägliche Jonglierstunde richtig sein, aber es ist wahrscheinlich am besten, sie als etwas Besonderes an einem bestimmten Tag, in der Pause eines verregneten Tages oder im Sportunterricht anzubieten.

Lektion 1 – Tuchspiele

Requisiten Ein Tuch pro Schüler

Lernziele Werf- und Fangfähigkeiten verbessern; Sicherheit im Gebrauch beider Hände gewinnen; anfangen, vielfältige Aufgabenreihen zu bewältigen.

Unterrichtsschritte Zeige zuerst den 1. Schritt, verteile dann ein Tuch an jeden Schüler.

1. Wirf und fang mit einer Hand. (Die Schüler sollen die andere Hand an den Gürtel oder die Hüfte legen.)

2. Wirf und fang mit der anderen Hand. (Sie sollen mit der Handfläche nach außen werfen und beim Fangen »wie ein Löwe krallen«.)
3. Wirf mit der einen Hand und fang mit der anderen. Dann wirf mit der anderen Hand und wiederhole. (Sie sollen jedesmal werfen und nie übergeben.)
4. Wirf, klatsche, fang mit der anderen Hand.
5. Wirf, klatsche, klatsche, fang mit der anderen Hand.
6. Wirf, klatsche unter dem rechten Bein, und fang mit der anderen Hand.
7. Wirf, klatsche unter dem rechten und unter dem linken Bein, und fang mit der anderen Hand.
8. Wirf, klatsche, klatsche unter dem rechten und unter dem linken Bein, klatsche, und fang mit der anderen Hand.
9. Wirf, dreh dich einmal ganz herum, und fang mit der anderen Hand.

Jetzt weißt du, worum es geht. Du kannst die Anforderungen langsam steigern. Mach Musik an und benutze ein Mikrofon, um deinen Schülern zu sagen, was sie tun sollen. Unterbrich die Musik nicht, es sei denn, du willst einen neuen Trick erklären. Laß sie immer weitermachen. Sobald die meisten eine Aufgabe gemeistert haben, kannst du die nächste vorstellen, wie bei einer Aerobicstunde. Diese erweiterten Aufgaben kannst du ausprobieren:

1. Wirf abwechselnd unter jedem Bein.
2. Wirf mit der linken Hand hinter dem Rücken entlang, fang mit der rechten und umgekehrt.
3. Puste das Tuch in die Luft, setz dich hin, steh auf und fang.
4. Wirf, bück dich, berühre den Boden, steh auf und fang.
5. Wirf, berühre nacheinander den Kopf, den Bauch und die Knie und fang.

Klar? Gut! Gebrauche deine Fantasie. Bitte die Kinder, eigene Tricks zu erfinden. Laß jeden Schüler reihum einen Trick zeigen, den alle nachmachen.

Lektion 2 – Zwei Tücher

Requisiten Zwei Tücher pro Schüler

Lernziele Zwei Gegenstände in Bewegung halten; in der Vorbereitung auf drei Tücher das Kaskademuster sehen und verstehen.

Unterrichtsschritte Zeige zuerst den 1. Schritt, verteile dann zwei Tücher an jeden Schüler.

1. Beginne mit zwei Tüchern in der stärkeren Hand. Wirf ein Tuch. Wenn es oben ist, wirf das andere Tuch. Jedes Tuch hat eine eigene Bahn. (Zeige das, indem du ein Tuch gerade hoch wirfst. Wenn es oben ist, wirfst du das andere parallel dazu. Dann fang und wirf das erste, fang und wirf das zweite, und mach immer weiter. Die andere Hand bleibt hinter dem Rücken.)
2. Wirf im Kreis. Wirf ein Tuch nach außen. Wenn es oben ist, wirf das zweite im gleichen Bogen. Mach im Kreis weiter.
3. Wirf einen Kreis von außen zur Mitte.

4. Mach jeden dieser drei Tricks mit der anderen Hand.
5. Halte ein Tuch in jeder Hand. Wirf das erste wie ein großes ›X‹ herüber. Wenn es oben ist, wirf das zweite in die andere Richtung hoch und herüber. Fang das erste, warte, fang das zweite (Siehe Abbildungen auf Seite 17)
6. Wirf das erste herüber, wirf das zweite herüber, klatsche, fang das erste, fang das zweite.

Klar? Die letzten beiden Schritte sind identisch mit denen im Kapitel ›Jonglieren mit Tüchern‹. Nun sind deine Schüler auf dem Weg zum Jonglieren. Du kannst ihre Chancen zum Erfolg mit einigen Zwischenschritten verbessern, die das Werfen ohne Fangen beinhalten.

Lektion 3 – Drei Tücher

Requisiten Drei Tücher pro Schüler

Lernziele Drei Tücher werfen und fangen; verstehen, was getan werden muß, um drei Tücher fortlaufend zu jonglieren

Unterrichtsschritte Zeige zuerst den 1. Schritt, verteile dann drei Tücher an jeden Schüler.

1. Beginne mit zwei Tüchern in der starken Hand. Halte Nummer 1 locker mit den Fingerspitzen, Nummer 2 in der anderen Hand und Nummer 3 tief in der starken Hand. Wirf Nummer 1. Wenn es oben ist, wirf Nummer 2. Wenn es oben ist, wirf Nummer 3, fang aber nichts. Die Tücher fallen einfach auf den Boden. Ständig wiederholen.
2. Wirf nun Nummer 1, wirf Nummer 2, fang Nummer 1, wirf Nummer 3, und laß Nummer 2 und Nummer 3 fallen.
3. Wirf nun Nummer 1, wirf Nummer 2, fang Nummer 1, wirf Nummer 3, fang Nummer 2, und laß Nummer 3 fallen.
4. Wirf nun Nummer 1, wirf Nummer 2, fang Nummer 1, wirf Nummer 3, fang Nummer 2 und Nummer 3.

Klar? Du hast in drei Lektionen die Grundfähigkeiten vermittelt, die deine Schüler brauchen, um jonglieren lernen zu können. Nun folge einfach den Schritten des Kapitels ›Jonglieren mit Tüchern‹, und geh langsam vor.

Lektion 4 – Fortlaufendes Jonglieren

Requisiten Drei Tücher pro Schüler

Lernziele Drei Tücher fortlaufend jonglieren; unkontrollierte Würfe ausgleichen; groß und langsam und klein und schnell jonglieren

Unterrichtsschritte Folge den Schritten des Kapitels ›Jonglieren mit Tüchern‹ bis zur ›Rückwärtskaskade‹ (Siehe Seiten 13 bis 18)

Lektion 5 – Drei mit einem Parnter jonglieren

Requisiten Drei Tücher für zwei Personen

Lernziele Zu zweit drei Tücher fortlaufend jonglieren; paarweise mit der einen oder der anderen Hand drei Tücher jonglieren

Unterrichtsschritte

1. Folge den Schritten des Abschnitts ›Mit drei Tüchern jonglieren‹ im Kapitel ›Jonglieren mit Tüchern‹ (Siehe Seite 28)
2. Laß die Partner experimentieren. Zuerst benutzen sie die schwächere Hand zum Jonglieren. Dann werfen sie jedesmal unter dem Bein durch.
3. Die Partner sollen nebeneinander stehen. Derjenige auf der linken Seite benutzt die linke Hand und ein Tuch. Derjenige auf der rechten Seite benutzt die rechte Hand und zwei Tücher. Die unbenutzte Hand bleibt hinter dem Rücken. Derjenige mit zwei Tüchern beginnt, das Muster wechselt ab, so wie sich auch die rechte und linke Hand abwechseln.

Lektion 6 – Tricks

Requisiten Drei Tücher für jeden

Lernziele Rückwärtskaskade und Säulen

Unterrichtsschritte Folge im Kapitel ›Jonglieren mit Tüchern‹ den Abschnitten ›Rückwärtskaskade‹ und ›Säulen‹ (Siehe Seiten 19 bis 21)

In jeder Stunde kannst du die Hälfte der Zeit dazu verwenden, die Schüler alle bisherigen Schritte zu Musik durchspielen zu lassen. Geh wie in einer Aerobicstunde vor. Benutze ein Mikrofon, und laß die Musik laufen. Deine Schüler eignen sich dabei körperliche Fähigkeiten an und lernen, Anweisungen zu folgen.

Lektion 7 – Mehr Tricks

Requisiten Drei Tücher pro Schüler

Lernziele Unter dem Bein und hinter dem Rücken jonglieren; ein Tuch in die Jonglage pusten oder kicken; während der Jonglage eine Pirouette drehen

Unterrichtsschritte Folge den entsprechenden Schritten im Kapitel ›Jonglieren mit Tüchern‹ (Siehe Seiten 22 bis 24)

Jetzt teilen sich deine Schüler in zwei Gruppen – die einen ›haben es‹ und die anderen nicht. Halte die begabteren nicht zurück. Zeig ihnen statt dessen etwas Neues und laß sie üben, während du den anderen das Vorangegangene noch einmal zeigst und erklärst. Zerlege jeden Trick in die kleinstmöglichen Schritte und baue ihn Schritt für

Schritt wieder auf. Versuch mal, ob du unseren fünfschrittigen Trick in zwanzig einzelne Schritte aufteilen kannst. Sorge dafür, daß weiterhin alle in Bewegung sind, ausprobieren und Spaß haben.

Lektion 8 – Und noch mehr Tricks

Requisiten Drei Tücher pro Schüler

Lernziele Drei Tücher im Shower jonglieren; das Spagat mit drei Tüchern; drei in einer Hand (Siehe Seiten 23, 25 und 26)

Unterrichtsschritte Folge den entsprechenden Schritten im Kapitel ›Jonglieren mit Tüchern‹.

Jeder dieser Tricks wird entweder in die eine oder die andere Richtung ausgeführt. Achte darauf, daß deine Schüler den Shower in beide Richtungen probieren, daß sie auch lernen, ihre schwächere Hand zu benutzen, und ein Spagat mit zwei Tüchern auf der linken und einem auf der rechten Seite und umgekehrt können.

Lektion 9 – Sechs Tücher mit einem Partner jonglieren

Requisiten Vier Tücher pro Schüler

Lernziele Zu zweit sechs Tücher zwanzig Würfe lang jonglieren (Siehe Seite 30)

Unterrichtsschritte

1. Wiederhole Schritte 1 und 2 von Lektion 5.
2. Folge den Schritten im Kapitel ›Jonglieren mit Tüchern‹ über das Jonglieren von sechs Tüchern mit Partner.
3. Mach daraus ein kooperatives Wettspiel, um herauszufinden, welches Zweierteam am längsten jonglieren kann, ohne ein Tuch fallenzulassen oder aufzuhören.

Lektion 10 – Pfauenfedern

Requisiten Eine Feder pro Schüler

Lernziele Die Grundprinzipien der Balance eines Gegenstandes verstehen

Unterrichtsschritte Zeige den 1. Schritt, bevor du die Federn austeilst.

1. Balanciere eine Feder auf der Handfläche. (Siehe das Kapitel über ›Balance‹, Seiten 414 und 415)
2. Balanciere die Feder auf dem Handrücken, jedem Finger, dem Fuß, dem Ellbogen, dem Knie, jeder Schulter, der Stirn, der Nase und dem Kinn.
3. Balanciere auf der Stirn, geh dabei auf ein Knie und steh wieder auf.
4. Balanciere auf der Stirn, setz dich dabei hin und steh wieder auf.

5. Veranstalte einen Wettbewerb, wer die Feder am längsten auf der Hand balancieren kann.
6. Veranstalte einen Wettbewerb, wer die Feder am längsten auf der Stirn balancieren kann.

Lektion 11 – Jonglierspiele

Requisiten Drei Tücher und eine Feder pro Schüler

Lernziele Mit Tüchern und Federn an Spielen und Staffelläufen teilnehmen

Unterrichtsschritte
1. Organisiere die Tuch- und Federspiele aus dem Kapitel ›Jonglierspiele‹.
2. Erfinde eigene Spiele.
3. Schreibe deine eigenen Spiele auf und schicke sie für die nächste Auflage dieses Buches an uns.

Übung und Fortschritt

Die Fortschrittstabelle ist eine gute Möglichkeit, über deine Erfolge Buch zu führen, ganz gleich ob du an einer Schule unterrichtest, einen wöchentlichen Workshop in einer Volkshochschule anbietest oder dich selber durch das Buch arbeitest.

Ermutige deine Schüler, täglich mindestens 20 Minuten zu üben. Erinnere sie daran, daß sie vor dem Fernseher, während der Werbung oder einer Sendung, üben können. Es hilft deinen Schülern, konzentriert zu bleiben und ein Rhythmusgefühl zu entwickeln, wenn du während des Unterrichts schnelle Musik laufen läßt. Vielleicht mögen sie zum Üben zu Hause ihre Kopfhörer aufsetzen oder ihre Lieblingsplatte auflegen.

Zu Beginn sollte die Übung darauf gerichtet sein, bestimmte Tricks durch ständige Wiederholung zu lernen. Schließlich wirst du über bestimmte Tricks oder Trickfolgen Buch führen wollen. Wenige werden je den Tag vergessen, an dem sie lernten, drei Gegenstände in der Luft zu halten oder ihr erstes erfolgreiches ›3–3–10‹-Passingmuster mit einem Partner vollbracht haben, oder den Tag, an dem sie 20 erfolgreiche Würfe hinter dem Rücken hintereinander geworfen haben. Wir raten dir und deinen Schülern, eine Fortschrittstabelle zu führen, damit ihr wißt, welches Repertoire ihr habt.

Kontrolle im Klassenzimmer

Hier sind ein paar Richtlinien, die dir helfen werden, die Kontrolle im Klassenzimmer auf freundliche, höfliche Art zu behalten, wenn du vorher noch nie große Gruppen unterrichtet hast.

1. Gib nie Requisiten aus, bevor du erklärt hast, wie sie benutzt werden sollen. Zeige

deinen Schülern, wie sie ein Tuch werfen sollen, gib dann das erste Tuch aus. Zeige ihnen, wie man mit zweien spielt, dann gib das zweite aus usw.

2. Sprich nie, bevor alle ruhig sind. Steh einfach still und warte, wenn es nötig ist.
3. Laß die Requisiten immer mindestens drei oder vier Minuten vor dem Ende der Stunde einsammeln, und bitte deine Schüler, sich für ein paar Worte hinzusetzen. Das hilft dir, alle Requisiten zurückzubekommen.
4. Benutze keine Trillerpfeife, sondern ein Mikrofon. Es hilft, Musik laufen zu lassen, wenn alle üben. Damit sie wieder auf dich aufmerksam werden, kannst du entweder sagen: »Jetzt erkläre ich den nächsten Schritt (warten) – «, oder einfach die Musik ausmachen.
5. Achte darauf, daß die Schüler ihre Mäntel und Schultaschen vor der Halle oder dem Klassenzimmer ablegen, da Jonglierrequisiten klein und bei den Schülern sehr beliebt sind.
6. Gib an jeden Schüler drei Stoffbälle aus. Laß am Ende der Stunde alle in einer Reihe stehen und sammle die Bälle schnell wieder ein. Das reduziert den Verlust.
7. Lobe die gute Arbeit, wenn du Fehler verbessern willst. Sage: »Du fängst gut, versuch jetzt einen Wurf mehr«, anstatt: »Du hängst bei drei Würfen und dreimal Fangen fest.«
8. Wenn du möchtest, daß sich alle hinsetzen, sage: »Jeder bleibt, wo er ist (warten), und alle sollen sich so schnell wie möglich (warten) *hinsetzen.*« Sie werden auf der Stelle umfallen.
9. Wenn sie mit den Stoffbällen herumspielen, kannst du sagen: »Legt die Stoffbälle auf den Boden, streckt eure Hände in die Luft, legt eure Hände auf den Kopf, legt eure Hände auf die Schultern, legt eure Hände in den Schoß und berührt die Stoffbälle nicht.«
10. Um ein kleines geschwätziges Grüppchen ruhig zu bekommen, kannst du entweder sagen: »Danke für eure Aufmerksamkeit«, oder dich an die ganze Gruppe wenden. »Ich glaube, nicht alle hören aufmerksam zu.« Die lauten Schüler werden dann von ihren Klassenkameraden aufgefordert, leise zu sein.
11. Wenn Stoffbälle als Waffen mißbraucht werden, unterbrich den Unterricht und erkläre den Schülern, daß die Bälle nur zum Jonglieren benutzt werden dürfen und du anderenfalls den Unterricht ganz abbrichst.

Hinweise für den ganzheitlichen Unterricht

Jonglieren ist nicht auf den Sportunterricht beschränkt. Es bietet die Gelegenheit, ein Thema fächerübergreifend intensiv zu bearbeiten und viele Bereiche des Lehrplans miteinfließen zu lassen. Laß uns einmal annehmen, du möchtest das Jonglieren im Sportunterricht vorstellen. Wie erzielst du mit diesem neuartigen Erlebnis die größte Wirkung?

Vielleicht lädst du eine Jongliertruppe zu einer Vorführung ein, um das Interesse deiner Schüler zu wecken, und erklärst dabei die Projektidee. Bevor die Jongleure kommen, kannst du die Geschichte des Jonglierens behandeln.

In Physik können die Schwerkraft, Eigenschaften verschiedener Gegenstände im freien Fall, Flugbahnen, die physikalischen Grundlagen der Balance und die physiologischen Vorgänge beim Fangen und Werfen besprochen werden. Für die Schauspiel-AG kannst du ein Stück finden, schreiben oder ändern, das Zirkus oder Jonglieren zum Thema hat.

Am Tag der Vorstellung können die Schüler üben, Dankesbriefe an die Jongleure zu schreiben, oder sie können ihre Eindrücke von der Show im Kunstunterricht malen. Du kannst die Vorstellung zum Ausgangspunkt der Erforschung der antiken Kunst machen. Ältere Schüler können Kurzgeschichten über Jongleure schreiben, oder du kannst Bücher vorlesen. Im Englischunterricht kann ›The Juggler of Notre Dame‹ oder ein Gedicht von George Meredith, ›The Last Will and Testament of Juggling Jerry‹ gelesen werden.

Sobald Jonglieren im Sportunterricht eingeführt ist, gibt es viele Folgeaktivitäten, die du vielleicht ausprobieren willst; sie sind im nächsten Abschnitt enthalten.

Unterrichtspläne für Kinder ab zehn Jahre

Alle folgenden Unterrichtspläne gehen von vierzig bis fünfzig Minuten pro Stunde aus. Der Unterricht sollte in einer Turn- oder Allzweckhalle mit hoher Decke oder draußen auf Rasen oder, wenn Dotztricks gelehrt werden, auf gepflastertem Boden gehalten werden.

Jede Stunde sollte mit einem fünf- bis zehnminütigen Aufwärmprogramm und Strecken der Wirbelsäule beginnen. Die Schüler sollten die gleiche Kleidung wie beim Sportunterricht tragen. Bei Zehnjährigen ist es schon möglich, das Jonglieren mit Stoffbällen zu lehren. Bei älteren Kindern kann auch zu Ringen und Keulen übergegangen werden.

Beginne bei allen Zehnjährigen mit Tüchern. Du kannst wahrscheinlich Lektionen 1 bis 4 in einer Unterrichtsstunde von etwa dreißig bis vierzig Minuten zusammenfassen. Vergiß nicht, Musik einzusetzen, um das Rhythmusgefühl zu entwickeln. Lektionen 5 bis 9 können in deiner zweiten Stunde zusammengefaßt werden. Verbring die dritte Stunde damit, das Gelernte zu wiederholen, zu üben, die Balance zu halten, und Jonglierspiele zu spielen. Wenn sich alle deine Schüler mit drei Tüchern sicher fühlen, mach mit Lektion 12, der Kaskade, weiter.

Es ist gut, an fünf aufeinanderfolgenden Tagen eine vierzigminütige Jonglierstunde anzubieten. Das bringt deine Schüler über die ›erste Hürde‹ von tolpatschiger Unsicherheit zu Selbstsicherheit. Am Ende dieser fünf Stunden sollten alle mit drei Tüchern jonglieren können. Sechzig bis neunzig Prozent sollten in der Lage sein, zehn Würfe mit drei Stoffbällen zu vollenden, und einige werden die Kaskade, die Rückwärtskaskade und Säulen beherrschen.

Nun kannst du das Jonglieren als Belohnung einsetzen. Setz die einwöchige Jongliereinheit an den Anfang des Jahres und plane weitere acht bis zehn Jongliertage für besondere Tage des Schuljahrs.

Baue, wenn möglich, ein Leistungsauszeichnungssystem auf oder laß deine Schüler ihre Namen auf ein Plakat schreiben, wenn sie ein bestimmtes Ziel erreicht haben.

Hinweise zur Methodik

Jede Klasse sollte ein Lernziel haben. Es hilft, wenn du deinen Schülern sagst, was das Lernziel ist, damit sie bewußt darauf hinarbeiten können. Jede Lektion hat eine Steigerung vom Einfachen zum Schwierigen. Laß deine Schüler diesen schrittweisen Prozeß und die sich addierenden Lernschritte mitverfolgen. Gib ihnen eine Rückmeldung, indem du ihnen sagst, was sie richtig machen.

Denk daran, wenn du deine Stunden vorbereitest, daß du es nie zu einfach machen kannst. Zum Beispiel sagen einige Texte und Lehrer ihren Schülern, daß sie, wenn sie drei Bälle jonglieren können, einen Ball gegen eine Keule austauschen können. Das verlangt von dem Schüler, daß er zwei verschiedene Werf- und Fangmethoden anwenden und mitten in der Jonglage von der einen zur anderen wechseln muß. Bitte vermeide, etwas komplizierter zu machen, als es sein muß.

Einige Lehrer beginnen die Einführung der Kaskade, indem sie ihren Schülern erzählen, sie sollen »in einem hohen Bogen über den Kopf hin- und herwerfen.« Aber diese Bewegung hat nichts mit dem Jonglieren einer Kaskade zu tun, wobei du unterhand im Unendlichkeitszeichen wirfst. Warum soll ein Ball also nicht entlang der Bahn geworfen werden, der später drei Bälle folgen?

Viele Schüler wurden von gutmeinenden Lehrern verdorben, die den Fehler machten, sie mit zwei Bällen in einer Hand anfangen zu lassen. Das bildet die fast nicht rückgängig zu machende Gewohnheit heran, in die Tiefe zu arbeiten: die Bälle kreisen mit einer schaufelnden Bewegung nach hinten und der Unterarm pumpt wie ein Kolben. Richte bitte keinen Schaden an, wenn du unterrichtest! Denk daran, daß die Jonglage flach vor dir fliegt. Du arbeitest in die Höhe und Breite, nicht in die Tiefe. Wenn du mit Tiefe arbeitest, dann kontrolliert. Wenn deine Schüler diesen Punkt nicht begreifen, werden sie entweder ihren Bällen im ganzen Raum hinterherjagen, oder sie sehen wie ein rückwärtspaddelnder Hund aus, dessen Vorderpfoten vor- und zurückschlagen. Werde zuerst mit drei Gegenständen in einer schönen flachen Kaskade sicher. Arbeite erst *dann* mit zweien in einer Hand. Es kann Monate dauern, den Schaden wiedergutzumachen, wenn deine Schüler am Anfang etwas Falsches gelernt haben.

Unterricht für Kinder ab zwölf Jahre

Weil ich gerne möchte, daß beim Jonglieren jeder ein Erfolgserlebnis verzeichnen kann, beginne ich das Programm folgendermaßen:

1. Ich suche mir einen zweiten Lehrer, der das Jonglieren mit Tüchern zeigen kann.
2. Ich zeige die Kaskade mit Tüchern und Stoffbällen und gebe den Schülern die Wahl, je nach Selbstbewußtsein und Koordinationsfähigkeit, mit den einen oder anderen zu lernen.
3. Ich teile die Klasse in zwei Gruppen ein, laß diejenigen, die den »schwierigen Weg« gehen wollen, aufstehen und woanders hingehen. Diejenigen, die sich ihrer Werf- und Fangfähigkeiten weniger sicher sind, bleiben zurück, um mit Tüchern zu lernen.

4. Mit der weniger selbstbewußten Gruppe beginne ich wie mit Zehnjährigen. Die selbstbewußtere Gruppe beginnt mit Lektion 12, der Kaskade mit Stoffbällen.

Unterrichtspläne

Lektion 12 – Die Kaskade

Requisiten Drei verschiedenfarbige Stoffbälle pro Schüler

Lernziele Fortlaufendes Jonglieren mit drei Stoffbällen

1. Schritt (Benutze das Kapitel ›Die Grundform Kaskade‹, Seiten 33 bis 38, als Grundlage.) Laß die Schüler mit je einem Ball beginnen, laß sie diesen Ball in einem Unendlichkeitszeichen werfen, bis es rund ist.

Unterrichtsschritte
1. Beginne mit dem Ball außen, trage ihn mit einer kreisenden Bewegung zur Mittellinie und laß los.
2. Die Höhepunkte sind etwa 50 bis 60 cm über jeder Schulter.
3. Folge dem Ball nicht mit den Augen, bemerke nur die Höhepunkte.
4. Fang den Ball, als wäre es ein Ei, trage ihn mit einer Kreisbewegung unten herum und wirf wieder.
5. Halte zum Fangen und Werfen die Handflächen nach oben.

2. Schritt Sobald alle Schüler einen Ball von Hand zu Hand werfen können, mach mit drei Bällen weiter. Zeige die Bewegung, bevor du die Requisiten austeilst. Laß die Schüler in jeder Handfläche einen Ball mit dem kleinen und dem Ringfinger halten. Bitte sie, mit dem Nest, das von Daumen, Zeige- und Mittelfinger gebildet wird, den dritten Ball von Hand zu Hand zu werfen.

Unterrichtsschritte
1. Benutze das Nest deiner Fingerspitzen.
2. Fangen, tragen, werfen, fangen, tragen, werfen.
3. Das ist nicht das Jonglieren, sondern eine Aufwärmübung, mit der du die Jonglage beginnst und beendest. Wenn du die Jonglage beginnst, wirfst du aus dem Fingerspitzennest. Wenn du sie beendest, fängst du den letzten Ball in diesem Nest.

3. Schritt Nun ist es Zeit, zwei Bälle zu wechseln.

Unterrichtsschritte
1. Beginne mit der Hand, die zwei Bälle hält.
2. Wenn der erste Ball oben ist, wirf den zweiten darunter durch. Sie beschreiben ein ›X‹ vor deiner Brust.

3. Fang den ersten, fang den zweiten. Wiederhole.
4. Es hilft, wenn du dabei: »Werfen – werfen – fangen – fangen« sagst.

Korrektur An diesem Punkt gibt es einige weitverbreitete Probleme:

1. Übergeben Viele Schüler haben versucht, mit zwei Gegenständen jonglieren zu lernen. Sie haben gelernt, mit einer Hand zu werfen und mit der anderen zu übergeben. Um mit dieser Gewohnheit zu brechen, erkläre ihnen, daß es eine sehr verbreitete Gewohnheit ist. Laß sie zu Beginn zwei Bälle in ihre schwächere Hand nehmen. Nun führt die schwächere Hand, die stärkere Hand wirft als zweite. Da die stärkere Hand schon gut wirft, wird sie nicht übergeben. Achte darauf, daß sie laut »werfen – werfen – fangen – fangen« sagen.

2. Beide Bälle gleichzeitig werfen Viele Schüler sind mit ihrem zweiten Wurf zu schnell. Erinnere sie daran, daß sie warten sollten, bis der erste Ball oben ist, bevor sie den zweiten darunter durchwerfen.

3. Asymmetrisch werfen Oft ist der erste Wurf gut, aber der zweite entweder zu tief, zu weit nach vorne oder beides. Erinnere deine Schüler daran, daß sich Jonglieren in zwei Dimensionen abspielt, in Höhe und Breite, nicht Tiefe. Es ist, als würdest du auf einer Leinwand in einem Bilderrahmen vor dir malen. Du solltest versuchen, den Rand der Leinwand zu treffen, aber nicht aus der Ebene ausbrechen. Wirf auf beiden Seiten gleich hoch.

4. Zum Fangen nach oben greifen Viele Schüler, besonders die mit geringeren Werf- und Fangfähigkeiten, werden nach oben greifen und versuchen, die Bälle auf Augenhöhe zu fangen. Erinnere sie daran, daß die Bälle den ganzen Weg in ihre Hand zurückfallen, und sie sie etwa auf Hüfthöhe fangen sollen.

Therapeutischer Übungshinweis Laß bei sehr jungen Jongleuren und solchen, die mit diesem Schritt Schwierigkeiten haben, das Fangen aus. Laß sie beide Bälle werfen, aber nicht fangen. Das läßt sie die Angst vor dem Fallenlassen verlieren und gibt ihnen das Zeitgefühl für den zweiten Wurf. Sobald sie »werfen – werfen – plop – plop« können, kannst du sie die Bälle fangen lassen, bevor sie den Boden berühren.

Ein Hinweis zu Requisiten Bei der Korrektur einzelner Fehler hilft es, mit drei Farben arbeiten zu können. Du kannst dem Schüler sagen: »Wenn der gelbe Ball oben ist, wirf den roten«, oder »Nummer 4 ist blau, es ist Nummer 1, die wieder dran ist«, oder »Fang deine Bälle in der Reihenfolge, in der du sie abgeworfen hast. Wenn du zuerst einen roten wirfst, fängst du zuerst einen roten.«

Ein Hinweis zum Fallenlassen Erinnere deine Schüler daran, daß »Fallenlassen ein Zeichen von Fortschritt« ist, und laß sie wissen, daß »Berühren so gut wie gefangen« ist, denn wenn du einen Ball berührst, weißt du zumindest, wo du ihn fangen mußt.

Beim Jonglierenlernen sind Selbstbewußtsein und Ausdauer wichtiger als Koordination.

4. Schritt Erinnere deine Schüler daran, daß Jonglieren wie Laufen ist. Du wechselst beim Laufen deine Füße ab, und du wechselst beim Jonglieren deine Hände ab. Da sie nun zwei Bälle tauschen können, haben sie schon alle Bewegungen gelernt, die sie brauchen. Jetzt müssen sie diese Bewegungen nur ständig wiederholen.

Unterrichtsschritte

1. Beginne mit der Hand, die zwei Bälle hält. Wirf den ersten aus seinem Fingerspitzennest herüber.
2. Wirf den zweiten Ball unter dem ersten herüber, sobald dieser oben ist.
3. Wenn der zweite oben ist, wirf Nummer 3. Um Nummer 3 werfen zu können, mußt du ihn zu deinen Fingerspitzen nach vorne rollen lassen.
4. Nummer 1 und Nummer 3 landen in deiner anderen Hand. Gib einen zurück und beginne von vorne. Sage, während du jonglierst: »eins – zwei – drei – stop«.

Korrektur Verbreitete Probleme und ihre Lösungen:

1. **Vorwärts laufen** Oft sind die ersten beiden Würfe gut, und der dritte fliegt nach vorne heraus. Erinnere deine Schüler daran, daß es zwei Höhepunkte gibt, einen über jeder Schulter. Nummer 1 und Nummer 3 fliegen zu demselben Punkt.

2. **Hoch, mittel, tief** Einige Schüler werden den ersten Ball in die richtige Höhe, den zweiten ungefähr auf halbe Höhe und den dritten noch niedriger werfen. Als Folge davon verpassen sie den dritten oder springen nach vorne, um ihn zu fangen. Erinnere sie wieder an die Symmetrie des Jonglierens und die Höhepunkte. Laß sie laut mitzählen und »zwei« besonders laut sagen. Dabei sollen sie Nummer 2 viel höher werfen als nötig. Das gleiche gilt für Nummer 3.

3. **Nummer 3 nicht abwerfen** Einige Schüler bleiben stecken, wenn sie Nummer 1 und 2 abgeworfen haben, und weigern sich, Nummer 3 zu werfen. Die beste Methode, Nummer 3 loszuwerden, ist, langsam zu werfen, aber nicht zu fangen. Nummer 1 werfen und fallenlassen, Nummer 2 werfen und fallenlassen, Nummer 3 werfen und fallenlassen. Nun baue wieder auf, indem du nur Nummer 1 fängst, fang dann Nummer 1 und 2, aber laß Nummer 3 fallen. Dann wirf und fang Nummer 3.

4. **Nummer 3 übergeben** Ab und zu wird ein Schüler Nummer 1 und Nummer 2 werfen, und Nummer 3 übergeben. Laß ihn in diesem Fall mit der schwächeren Hand beginnen. Normalerweise ändert das die Gewohnheit. Wenn er das Problem immer noch hat, laß ihn jonglieren und stell dich vor ihn. Im Augenblick der Übergabe blockiere die Hand, die den dritten Ball entgegennehmen will. Das zeigt ihm den Zeitpunkt, an dem er übergibt. Normalerweise sind sich die Schüler dieser

Bewegung nicht bewußt. Nun sollten sie verstehen, was du meinst, wenn du sagst, daß sie »übergeben«.

5. **Zu schnell werfen** Einige Schüler versuchen, zu schnell zu werfen. Alle drei Bälle sind gleichzeitig in der Luft. Sie fangen einen davon, aber nicht alle. Laß sie langsamer machen und zwischen den Würfen pausieren. Erinnere sie daran, daß das ›Stichwort‹ für jeden Wurf der vorherige Höhepunkt ist. Erinnere sie daran, daß sie höher und langsamer werfen sollten.

6. **Schaufeln – auf sich zuwerfen** Viele Leute, die sich das Jonglieren mit zwei Gegenständen in einer Hand selbst beigebracht haben, haben die Gewohnheit entwickelt, die Hände vor- und zurückzuschieben. Die Bälle bewegen sich in drei Dimensionen – Weite, Höhe und Tiefe. Um diese Bewegung auszumerzen, mußt du den Schülern klarmachen, daß sich Jonglieren in einer Ebene vor dir abspielt. Sie sind vielleicht in der Lage, erfolgreich zu werfen und zu fangen, aber sie werden keine weiteren Fortschritte machen, bevor sie vor sich in einer Ebene arbeiten können. Du wirst oft alle Jonglierschritte wiederholen müssen, um sie dazu zu bringen, in der Ebene zu jonglieren. Erinnere sie an die zwei Höhepunkte. »Schaufle die Bälle nicht einfach in der Mitte hoch, sondern trage sie mit einer Kreisbewegung von Seite zu Seite.« Laß sie zum Schluß ihre Ellbogen an ihre Seiten halten, während sie jonglieren. Diese Gewohnheit ist am schwierigsten abzugewöhnen, da die Schüler normalerweise drei Gegenstände in Bewegung halten können, obwohl dem Muster Stil und Präzision fehlt.

7. **In jedem Fall** Wenn du siehst, daß ein Schüler einen Fehler ständig wiederholt, laß ihn anhalten und die richtigen Bewegungen machen. Wenn er Fehler wiederholt, werden sie zur Gewohnheit und sind schwer loszuwerden. Erinnere den Schüler daran, daß er nach jedem Fallenlassen anhalten und analysieren soll, was geschehen ist. Welche Hand hat geworfen? Wohin war der Ball gezielt? Warum hat er nicht getroffen? Wohin hätte er fliegen sollen? Wie kann er das nächste Mal richtig geworfen werden?

5. Schritt Sobald die Schüler dreimal erfolgreich werfen und fangen können, können sie selbst bestimmen, wie schnell sie vorgehen. Laß sie mit vier Würfen weitermachen, dann mit fünf, acht und zwölf. Sie können während der Jonglage entweder mitzählen, oder »Eins-zwei-eins-zwei« sagen. Die verbale Unterstützung hilft, den Wurfrhythmus zu verstärken.

Unterrichtsschritte

1. Nun siehst du, daß das Jonglieren wie Laufen ist. Wechsle deine Hände genauso ab, wie deine Füße beim Laufen. Wenn Ball Nummer 3 oben ankommt, wirf Nummer 4.
2. Nummer 4 ist der zweite Wurf aus deiner schwächeren Hand. Es ist Ball Nummer 1, der wieder an der Reihe ist.

3. Um Nummer 4 zu werfen, mußt du Nummer 3 erst schön hoch werfen und dann den Ball aus deiner anderen Hand. Er sollte zu genau der gleichen Stelle fliegen wie Nummer 2.
4. Zähle beim Werfen »Eins-zwei-drei-vier-stop«.
5. Wenn du viermal werfen und fangen kannst, solltest du immer weitermachen können. Nun wirfst du jedesmal, wenn ein Ball oben ist, einen anderen ab. Versuche fünf. Mach das fünfmal hintereinander. Dann versuche sechs. Versuche dann acht Würfe und schließlich 12. Wenn du 12 Würfe kannst, versuche 100.

   An diesem Punkt ist es gut, eine passende Musik mit einem guten Rhythmus aufzulegen. Suche etwas aus, das den Kindern gefällt. Es hilft ihnen, einen Rhythmus zu entwickeln. Von nun an kannst du in allen Jonglierstunden Musik verwenden. Wenn du die Musik unterbrichst, ist das ein Zeichen, zu unterbrechen.

Korrektur Viele Probleme, die Schüler mit den ersten drei Würfen haben, tauchen beim vierten wieder auf oder verstärken sich. Wiederhole die Korrekturen für drei. Zusätzliche Probleme:

1. Bei drei ›steckenbleiben‹ Entweder fühlen sich die Schüler sicher und wollen das mit dem Weitermachen verbundene Risiko nicht eingehen, oder sie erkennen das Muster noch nicht und verstehen nicht, daß der vierte Wurf genau wie der zweite ist. Oft wird diese Verwirrung mit der Feststellung ausgedrückt: »Jetzt hab ich zwei in der anderen Hand, was soll ich als nächstes machen?«

   Erkläre als erstes, daß sie nie zwei Bälle in einer Hand haben dürfen, wenn sie fortlaufend jonglieren wollen. Wenn sie also sehen, daß sie zwei in einer Hand haben werden, sollten sie den Ball, der schon da ist, abwerfen, bevor sie den herunterkommenden fangen. Betone, daß es keine Nummer 4 gibt, sondern nur eine immer wiederkehrende Serie von »Nummer 1« und »Nummer 2«. Nummer 4 ist nur die zweite Nummer 2. Zähle nicht »Eins-zwei-drei-vier«. Zähle »Eins-zwei-eins-zwei«. Jedesmal, wenn du »zwei« sagst, wirf den Ball, der gerade in deiner zweiten Hand ist. Wenn ein Schüler ganz festhängt, laß ihn »Eins-zwei-eins-zwei« sagen und die letzte Nummer 2 schreien. Laß ihn dabei den Gegenstand in der zweiten Hand so weit werfen, wie er kann. Dann kann er seinen Wurf allmählich auf die richtige Flugbahn verkleinern.

2. Während des Jonglierens vorwärts laufen Wenn sie nicht gut von Seite zu Seite werfen, werden deine Schüler vielleicht während des Jonglierens nach vorne laufen. Es gibt einige Korrekturmöglichkeiten. Erstens: Erinnere sie dran, daß sich die Jonglage von Seite zu Seite in einer flachen Ebene vor ihnen bewegt und die Höhepunkte auf beiden Seiten gerade über den Schultern sind. Zweitens: Laß sie mit den Zehen an einer Linie stehen oder aufrecht knien und sich nicht vorwärtsbewegen. Drittens: Laß sie nur so viele Würfe machen, wie sie korrekt ausführen können, und sofort anhalten, wenn sie nach vorne werfen. An diesem Punkt merken sie vielleicht, daß ihre Arme nach oben kriechen oder daß sie nicht nur nach vorne, sondern auch nicht hoch genug werfen. Korrigiere hier, und mach Wurf für Wurf weiter.

3. **Unfreiwillig anhalten** Einige Schüler jonglieren und halten dann unfreiwillig an. »Ich komme nicht über sechs Würfe hinaus«, erklären sie. Normalerweise besteht das Problem darin, daß der sechste Wurf so niedrig ist, daß Nummer 7 nicht darunter paßt; oder sie greifen mit jedem Fangen höher und höher, so daß ihre Hände bei Nummer 6 auf Augenhöhe angelangt sind. Erinnere sie an zwei Dinge. Erstens sollten sie jeden Ball zu dem gleichen Punkt werfen. Zweitens sollten sie ihre Hände zum Fangen und Werfen unten behalten.

4. **Zusammenstöße** Wenn die Schüler immer mehr Würfe machen, passieren Zusammenstöße. Normalerweise sind sie das Ergebnis von Unregelmäßigkeiten im Jongliermuster. Die ersten beiden Würfe sind im allgemeinen Unterhandwürfe mit Höhepunkten über beiden Schultern. Aber mit der Zeit bricht das Muster zusammen, und der Jongleur wirft fast gerade hoch oder überhand. Betone an diesem Punkt, daß Beständigkeit notwendig ist, und die Vorstellung, daß es nur zwei Würfe gibt, einen mit der rechten Hand und einen mit der linken Hand.

5. **Zu schnell** Einige Jongleure haben keinen Rhythmus. Sie werfen zu schnell und werden beim Fangen verwirrt. Laß sie sich auf die Höhepunkte konzentrieren. Sie sollten jeden Wurf hinauszögern, bis sie den Höhepunkt des vorherigen gesehen haben. Erinnere sie daran, langsam zu machen. Leg, wenn nötig, langsamere Musik auf.

6. **Späte Würfe** Manchmal warten Schüler mit dem Abwurf, bis der vorherige Ball fast landet. Oft fliegt der Ball dann in der Mitte hoch, etwas überhand oder fast ohne zur Mitte gerichtete Kreisbewegung. Dieses Muster ist oft die Folge, wenn der Schüler für sich alleine geübt hat, zwei Bälle in einer Hand zu jonglieren. Laß den Schüler zur Korrektur dieser Gewohnheit mit einer tiefen Kreisbewegung höher als sonst jonglieren und erlaube ihm nur zwei Würfe. Führe ihn zum dritten Wurf, aber bitte ihn, sich vorzustellen, daß er in ein Mikrofon spricht und jedesmal unter diesem Mikrofon entlangwerfen muß. Erinnere deine Schüler daran, genau im Moment des Höhepunkts zu werfen. Laß sie den Höhepunkt anschauen.

6. Schritt Das Ziel dieses Schrittes ist das fortlaufende Jonglieren.

Unterrichtsschritte

1. Um fortlaufend jonglieren zu können, müssen deine Würfe gleichmäßig sein. Denk daran, daß es zwei bestimmte Höhepunkte gibt. Wirf zu diesen Höhepunkten.
2. Sobald du hoch und langsam werfen kannst, übe tiefer und schneller zu werfen. Übe breit und dann eng zu jonglieren. Erforsche den Raum vor dir.
3. Wenn du das kontrollieren kannst, übe, durch das Jongliermuster hindurch auf eine entfernte Wand zu schauen. Du wirst schließlich in der Lage sein, zu jonglieren, ohne auf deine Bälle zu schauen. Jetzt siehst du die Höhepunkte der Würfe nur am Rande deines Blickfeldes.

Lektion 13 – Die Rückwärtskaskade und Säulen

Requisiten Drei Stoffbälle pro Schüler

Lernziele Die beiden anderen Grundmuster des Jonglierens (Siehe Seiten 41, 50 und 51)

Aufwärmübung Übe ein paar Minuten die Kaskade, die in der vorherigen Stunde gelernt wurde.

1. Schritt Laß die Schüler zwei Bälle hinlegen und nur einen benutzen. Sie werfen diesen Ball mit einem Überhandwurf im Unendlichkeitszeichen.

Unterrichtsschritte

1. Stell dir vor deinen Augen einen kleinen Basketballkorb vor, etwa in der Größe eines Kreises, der von deinen Daumen und Zeigefingern gebildet werden kann. Wirf deine Bälle hoch und darüber, so daß sie durch diesen Korb herunterfallen.
2. Du läßt den Ball außen auf Schulterhöhe los. Du fängst ihn mit der anderen Hand in der Nähe der Mittellinie. Denk daran, deine Handflächen nach oben zu halten.
3. Nun mach das gleiche mit der anderen Hand. Benutze dann beide Hände immer wieder. Wirf den Ball in der 8er-Figur oder dem Unendlichkeitszeichen mit diesem Überhandwurf von Hand zu Hand.

2. Schritt Sobald du einen Ball von Hand zu Hand werfen kannst, mach mit zweien weiter.

Unterrichtsschritte

1. Wirf den ersten Ball. Wenn er oben ist und herunterzufallen beginnt, wirf den zweiten darüber hinweg. Sie kreuzen und fallen in die jeweils andere Hand.
2. Denk daran, die Bälle so zu werfen, daß sie durch den Korb auf Augenhöhe herunterfallen.

3. Schritt Um fortlaufend zu jonglieren, mußt du nur immer weiter werfen. Jedesmal, wenn ein Ball oben ist, wirfst du einen anderen.

Korrektur Verbreitete Probleme und ihre Lösungen:

1. **Unterhandwürfe** Das häufigste Problem ist, daß der Jongleur zum Unterhandwurf zurückkehrt. Erinnere ihn daran, innen zu fangen, mit einer Kreisbewegung nach außen zu tragen und so zu werfen, daß die Bälle übereinander kreuzen und in der Mitte herunterfallen.
2. **Unfangbare Würfe** Ein anderes Problem ist, daß sich das Muster ausbreitet und die Würfe unfangbar werden. Die Lösung ist, deine Schüler daran zu erinnern, daß

die Höhepunkte auf der gleichen Seite wie die jeweilige Wurfhand sind, und die Bälle in der Mitte herunterfallen. »Anfänger machen große Würfe; Meister machen kleine Würfe.« Laß deine Schüler üben, kleiner und schneller zu jonglieren.

4. Schritt Säulen sind wie Aufzugsschächte, jeder Ball fliegt gerade nach oben und kommt gerade zu seinem Ausgangspunkt zurück. Beginne mit dem Ball auf den Fingerspitzen der Hand, die zwei hält. Wirf ihn gerade in der Mitte hoch. Wenn er oben ist, wirf die anderen zwei Bälle an den Seiten hoch. Dann fang den einzelnen Ball, und fang die beiden anderen, die seitlich hochflogen.

5. Schritt Beginne noch einmal. Wirf den einzelnen Ball. Wenn er oben ist, wirf die anderen beiden, dann fang und wirf den einen, fang und wirf die zwei und immer so weiter. Denk daran, mit beiden Händen gleich hoch zu werfen.

6. Schritt Wenn du fortlaufend Säulen jonglieren kannst, beginne mit zwei Bällen in deiner schwächeren Hand. Deine schwächere Hand wirft nun zuerst, dann beide Hände, dann wieder die schwächere Hand.

Unterrichtsschritte Bei diesem Muster schaufeln viele Schüler die Bälle auf sich zu und verlieren die Trennungslinien der Säulen. Erinnere sie daran, daß auch dieses Muster flach vor ihnen fliegt.

7. Schritt Nun kannst du das Muster für zwei Bälle in einer Hand leicht erkennen. Es ist das Muster der Hand, die mit zweien begonnen hat. Diese Hand jongliert zwei Bälle; die andere Hand wirft nur einen Ball immer wieder ab.

Herausforderungen Versuche, ob du die Säulen aufrechterhalten kannst, aber dabei den einzelnen Ball, der in der Mitte hochfliegt, abwechselnd mit der linken und der rechten Hand oder mit beiden Händen gleichzeitig fangen kannst. Laß die zwei Bälle an den Seiten gerade hoch- und herunterfliegen, aber wirf den einzelnen Ball außerhalb der Bahnen der anderen Bälle, so daß er rechts, in der Mitte oder links hochfliegt, während die anderen beiden Bälle zusammen hoch- und herunterfliegen. Wirf den einzelnen Ball in der Mitte hoch, aber wirf die anderen beiden Bälle so, daß sie in der Mitte kreuzen und in entgegengesetzten Händen landen. Wirf den einen wieder gerade hoch, dann die anderen beiden so, daß sie kreuzen. (*Tip:* Wirf mit deiner starken Hand etwas höher, so daß ein Ball über den anderen fliegt, um einen Zusammenstoß zu vermeiden.)

Lektion 14 – Übergänge und Einführung in die Vierballjonglage

Requisiten Vier Stoffbälle pro Schüler

Lernziele Die Übergänge von Kaskade zu Rückwärtskaskade zu Säulen; das Muster mit vier Stoffbällen

Aufwärmübung Übe fünf Minuten lang die Kaskade, Rückwärtskaskade und Säulen.

1. Schritt Die Schüler üben die Übergänge von der Kaskade zur Rückwärtskaskade und zurück.

Unterrichtsschritte
1. Beim Üben dieser Übergänge passieren häufig Zusammenstöße. Es ist wichtig, Zusammenstöße durch genaues Werfen zu vermeiden, anstatt Ungenauigkeiten durch das ›Schaufeln‹ der Bälle auszugleichen.
2. Wenn du die Übergänge lernst, lerne auch, die Rückwärtskaskade so zu gebrauchen wie die Kaskade, um die ganze ›Leinwand‹ vor dir auszunützen. Wirf tief, hoch, eng und breit; übe Übergänge in und aus jeder Mustervariation. Bald solltest du in der Lage sein, alle deine Muster unter Augenhöhe zu jonglieren.

2. Schritt Übe die Übergänge von Kaskade zur Rückwärtskaskade zu Säulen und zurück. Denk daran, daß der einzelne Ball genauso oft aus deiner rechten wie aus deiner linken Hand kommt.

Besondere Herausforderungen Nun sollten einige deiner Schüler recht gute Kontrolle über ihre Würfe haben. Stell ihnen einige Herausforderungen, wie zum Beispiel:
1. Lauf durch den ganzen Raum, während du jonglierst.
2. Lauf Treppen hoch, während du jonglierst.
3. Setz dich auf den Boden und steh wieder auf, während du jonglierst.
4. Klettere auf einen Stuhl und klettere oder spring herunter, während du jonglierst.

Vier Stoffbälle Dieser Trick wird früh vorgestellt, da es dich drängt, vier Bälle zu lernen, sobald du drei jonglieren kannst.

1. Schritt Zeige oder zeichne die drei Muster für zwei Bälle in einer Hand: Außenkreis, Innenkreis und Säulen (Siehe Seiten 96 bis 99). Die Schüler üben jeden Trick mit jeder Hand einzeln.

Unterrichtsschritte Halte das Muster flach vor dir. Wirf mit schönen Kreisbewegungen, um Zusammenstöße zu vermeiden. Benutze deine Handgelenke ebenso wie deine Ellbogen, um die Hand hin- und her zu bewegen. Übe mehr mit deiner schwächeren als mit deiner stärkeren Hand.

2. Schritt Wirf zwei Bälle gleichzeitig in einem Außenkreis. Wenn sie oben sind, wirf die nächsten beiden usw. Übe Außenkreise, Innenkreise und Säulen in dieser Reihenfolge.

Lektion 15 – Krallen

Requisiten Drei Stoffbälle pro Schüler

Lernziele Drei Bälle mit den Handflächen nach unten ständig werfen und fangen. (Siehe Seiten 42 und 43)

Aufwärmübung Übe frei, bis das erste Musikstück zu Ende ist.

1. Schritt Beginne mit einem Ball. Wirf ihn mit den Handflächen nach unten von Hand zu Hand, folge dem Unendlichkeitszeichen in der Luft. Hohe Würfe sind am besten, auf beiden Seiten etwa 50 bis 60 cm über deiner Schulter. Ein guter Rat: »Wirf, als ob du jemandem zuwinkst, und kralle beim Fangen wie ein Löwe gerade herunter.«

2. Schritt Wirf einen Ball mit der Handfläche nach unten herüber. Wenn er oben ist, wirf den anderen Ball aus der anderen Hand. Kralle nun den ersten und dann den zweiten. Widerstehe der Versuchung, deine Handflächen umzudrehen.

3. Schritt Mach mit drei Bällen weiter. Benutze die Bewegungen, die du oben geübt hast, und mach im Kaskademuster weiter. Übe, das Muster langsam herunterzubringen, bis es unter Augenhöhe ist. An diesem Punkt ist es sehr schnell, und du berührst jeden Ball nur eine Sekunde lang. Widerstehe der Versuchung, deine Handflächen umzudrehen.

Wenn du mit den Handflächen nach unten jonglieren kannst, gibt es einige Tricks, die du üben kannst. Der häufigste von ihnen wird oft ›Das Finanzamt‹ genannt.

Das Finanzamt, 1. Schritt (1960) Erzähle deinem Publikum, während du die Kaskade jonglierst, daß du das Finanzamt von 1960 darstellen willst. Nehmen wir an, daß du drei Bälle hast, rot, gelb und blau. Jedesmal, wenn der rote Ball zu deiner rechten Hand kommt, krallst du ihn, drehst deine Handfläche um und wirfst ihn zurück. Laß deine Klasse diesen Trick lernen.

Das Finanzamt, 2. Schritt (1970) Du krallst nun jedesmal, wenn du mit der rechten Hand fängst, während deine linke Hand einfach mit der Handfläche nach oben fängt. Das ist das Finanzamt in den 70er Jahren. Jeder übt diesen Trick.

Das Finanzamt, 3. Schritt (1980) Übe nun, jeden zweiten Ball mit beiden Händen zu krallen, rechts und links. Das Schwierige ist, deine Hand in die Position mit der Handfläche nach oben zurückzubringen. Das ist das Finanzamt der 80er Jahre.

Das Finanzamt, 4. Schritt (1990) Das ist einfach ein schnelles tiefes Krallen mit beiden Händen. Du kannst zum Schluß alle 3 Bälle mit der rechten Hand krallen und sagen: »Im Jahr 2000 nehmen sie alles.«

Der flüchtende Ball Bei einem weiteren Kralltrick jonglierst du in einem kleinen, engen Muster. Wirf dann plötzlich einen Ball seitlich aus dem Muster hinaus, greife schnell hin, kralle ihn und jongliere in einem kleinen, engen Muster weiter.

Wenn es die Zeit erlaubt, laß deine Schüler das Krallen auch bei der Rückwärtskaskade und den Säulen lernen. Krallen ist in vielen Situationen hilfreich, um eine

Bewegung zu betonen oder einen abtrünnigen Gegenstand wieder einzufangen. Es sollte genauso leicht werden, wie das Fangen mit den Handflächen nach oben.

Lektion 16 – Der Shower

Requisiten Drei Stoffbälle pro Schüler

Lernziele Zehn aufeinanderfolgende Würfe im Showermuster von rechts nach links für rechtshändige Schüler, und von links nach rechts für linkshändige Schüler (Siehe Seite 45)

1. Schritt »Werfen-werfen-fangen-fangen.« Beginne mit zwei Bällen in deiner stärkeren Hand. Wirf sie schnell, einen nach dem anderen, in einem hohen Bogen in deine schwächere Hand. Der zweite Ball ist längst auf dem Weg, wenn der erste landet. Sage: »Werfen-werfen-fangen-fangen«, während du übst.

2. Schritt »Werfen-werfen-übergeben – werfen-fangen-fangen-fangen.« Beginne wie oben, aber halte außerdem einen Ball in deiner schwächeren Hand. Wirf die zwei aus deiner stärkeren Hand schnell hintereinander ab, übergib den dritten, kurz bevor der erste Ball landet, und wirf ihn ebenfalls. Das Problem ist hier die Geschwindigkeit. Die ersten beiden Würfe müssen sehr schnell sein, um dir Zeit zu geben, Nummer 3 zu übergeben, bevor Nummer 1 landet. Auch Genauigkeit ist wichtig. Jeder Wurf muß mit dem vorherigen identisch sein.

Die Schüler werden an diesem Punkt oft zur Kaskade zurückgehen, da sie vertraut ist. Lernen, ein guter Jongleur zu sein, heißt, Tricks zu lernen, bis sie zur Gewohnheit werden und dann diese Gewohnheit zu durchbrechen, indem neue Variationen oder Tricks gelernt werden. Erinnere sie daran, daß jetzt einfach ist, was früher schwierig erschien, und ermuntere sie, die neuen Tricks ständig zu wiederholen, bis sie auch so einfach sind.

3. Schritt Beginne genauso, aber jetzt ist es Zeit, immer weiterzumachen. Jedesmal, wenn ein Ball in deiner schwächeren Hand landet, übergib ihn sofort in deine stärkere Hand und wirf ihn in dem gleichen hohen Bogen. Die Schlüssel sind Schnelligkeit und Genauigkeit.

4. Schritt Sobald die Schüler einen Shower aufrechterhalten können, laß sie Höhe und Schnelligkeit variieren. Höher und langsamer ist einfacher. Tiefer und schneller trainiert die Reflexe. Veranstalte am Ende der Einheit einen Wettbewerb, um zu sehen, wer den Shower am längsten aufrechterhalten kann.

5. Schritt Dreh den Shower herum. Da der Shower ein Trick ist, der deine stärkere Hand hervorhebt, ist es eine ernüchternde und belehrende Erfahrung, die obigen Schritte mit deiner anderen Hand durchzugehen. Es wird um einiges schwieriger sein, aber die Anstrengung lohnt sich.

In allen folgenden Lektionen wird angenommen, daß sich die Schüler vorher aufwärmen und zu Beginn der Stunde wenigstens für ein paar Minuten ihr Repertoire an Tricks durchspielen.

Lektion 17 – Pausen, spektakuläres Fangen und Rettungsmanöver

Requisiten Drei Stoffbälle pro Schüler

Lernziele Drei Pausen und zwei Rettungsmanöver (Siehe Seiten 60 bis 67)

1. Schritt Beginne mit einem Ball und übe, ihn an verschiedenen Stellen zu fangen: auf dem Unterarm, dem Nacken, dem Fuß oder dem Handrücken. Egal, wo du ihn fängst, das Prinzip bleibt das gleiche: Du solltest den Schwung des Balls abfangen.

2. Schritt Nachdem du den Ball auf diese besondere Art fangen kannst, geh weiter zu Schritt 2. Wirf nun einen Ball im Kaskademuster, dann wirf den, den du auf eine besondere Art fangen willst. Sobald du es mit zwei Bällen kannst, mach es mit dreien und versuche deine besondere Fangart während der Jonglage.

Indem du allgemeine Anweisungen gibst, gibst du deinen Schülern die Chance, zu experimentieren und den Prozeß zu üben, jeden Trick in die kleinsten Schritte zu zerlegen und wieder zu einem vollständigen Trick aufzubauen. Du wirst sehen, daß sie sich einige recht spektakuläre Pausen ausdenken: beispielsweise auf der Stirn, auf dem Kopf, der Schläfe, dem Rücken, der Kniekehle usw.

3. Schritt Egal, ob du eine Pause machst oder etwas fallenläßt, der Clou besteht darin, glatt und natürlich weiterzumachen. Beschreibe, zeige oder laß einen deiner besten Schüler den Kick-Up zeigen, bei dem du den heruntergefallenen Ball zwischen die Fersen klemmst und ihn über deine Schulter kickst. Fehler bieten die beste Gelegenheit zum Experimentieren. Es gibt keine ›Schullösung‹ für einen fallengelassenen Ball. Ein Schüler ist vielleicht sogar in der Lage, ein Rad zu schlagen und dabei den Ball auf dem Weg nach oben aufzuheben und weiterzujonglieren.

Pluspunkte sammeln Lerne Körperdotzer. Beginne mit einem Ball. Wirf ihn auf dein Knie, laß ihn dotzen und fang ihn. Nun versuche es mit zwei Bällen. Wirf den einen aus deiner rechten Hand in der Kaskade, wirf den aus deiner linken Hand auf dein Knie und dotze ihn zu deiner rechten Hand. Nun versuche es mit drei Bällen. Jeder Wurf aus deiner linken Hand dotzt auf dein rechtes Knie. Wo kannst du den Ball sonst noch dotzen lassen? Auf Fuß, Unterarm, Ellbogen, Handrücken, Schulter, Stirn oder sogar gegen eine Wand. Mit einiger Übung werden die Dotzer ein Teil deines natürlichen Jonglierflusses.

Lektion 18 – Jo-Jo und Oj-Oj

Requisiten Drei Stoffbälle pro Schüler

Lernziele Jo-Jo und seine Variationen auf einer Seite

1. Schritt Wiederhole das Jonglieren mit zwei Bällen in einer Hand. Übe Säulen mit der schwächeren Hand.

2. Schritt Halte deine schwächere Hand hoch, so daß du sie sehen kannst, aber bewege sie noch nicht. Gewöhne dich nur daran, sie dort zu sehen, während du mit der anderen Hand zwei Bälle jonglierst.

3. Schritt Bewege die schwächere Hand beliebig herum, aber laß sie dich nicht stören. Jongliere einfach die beiden Bälle in deiner stärkeren Hand weiter.

4. Schritt Nun bewege deine schwächere Hand im gleichen Rhythmus hoch und herunter, wie einer der Bälle, die du jonglierst, hoch- und herunterfliegt. Laß die Bewegung deiner leeren Hand und dieses Balles parallel verlaufen.

5. Schritt Mach nun die gleiche Bewegung, aber halte einen Ball zwischen zwei Fingern deiner schwächeren Hand, so daß er von vorne gesehen werden kann, während er parallel zu einem der geworfenen Bälle hoch- und herunterbewegt wird.

6. Schritt Mach nun die gleiche Bewegung, aber halte den Ball über (Jo-Jo) oder unter (Oj-Oj) einen der Bälle in der Luft.

7. Schritt Dreh diese Tricks herum und mach sie mit der anderen Hand. Dies ist vielleicht die bisher herausforderndste Lektion beim Jonglieren. Aber das Erlernen des Jo-Jo auf beiden Seiten ist ein großer Schritt in Richtung Beidhändigkeit.

Lektion 19 – Unter dem Bein durch und hinter dem Rücken entlang

Requisiten Drei Stoffbälle pro Schüler

Lernziele Fortlaufendes Jonglieren, auch wenn ein Ball für einige Zeit aus dem Blickfeld hinter einem Körperteil verschwindet (Siehe Seiten 71 bis 75)

1. Schritt Steh auf deinem linken Bein, hebe das rechte in die Luft, und halte zwei Bälle in deiner rechten Hand. Beginne nun die Jonglage, indem du den ersten Ball unter deinem Bein durchwirfst. Stell das Bein zurück. Halte an. Wiederhole.

2. Schritt Wenn du mit dem Wurf unter dem Bein durch anfangen kannst, hebe nun das rechte Bein hoch, und halte zwei Bälle in der linken Hand. Wirf den zweiten Ball aus der rechten Hand unter dem rechten Bein durch. Stell das Bein zurück. Halte an. Wiederhole.

3. Schritt Beginne wieder mit zwei Bällen in der rechten Hand. Wirf den ersten aus rechts, und hebe dein rechtes Bein, während du mit der linken Hand wirfst. Wirf darunter durch, und stell das Bein rechtzeitig zurück, um den zweiten Ball zu fangen. Das rechte Bein bewegt sich in der Zeit, die du zum Werfen aus der linken Hand und zum Fangen mit der rechten brauchst, hoch und herunter.

4. Schritt Nun solltest du in der Lage sein, dein rechtes Bein beliebig hochzuheben und darunter durchzuwerfen. Es hilft vielleicht, den vorherigen Wurf etwas höher zu machen, um dir mehr Zeit zu geben. Nun erarbeite die Schritte von der anderen Seite aus mit der linken Hand.

5. Schritt Du solltest schließlich jeden Wurf unter einem Bein durch machen oder abwechselnd unter beiden Beinen, d. h. auf der Stelle joggen und unter den Knien durchwerfen können.

6. Schritt Nun kennst du die Prinzipien, den Wurf hinter dem Rücken zu lernen. Beginne die Jonglage, indem du weit nach hinten greifst und den ersten Ball über die entgegengesetzte Schulter hochwirfst. Beginne dann mit zwei Bällen in deiner schwächeren Hand, und mach den besonderen Wurf mit Ball Nummer 2. Greife beim Werfen mit der rechten Hand hoch hinter den Rücken.

Wenn du hinter dem Rücken entlangwirfst, ist der Weg länger, und du mußt mit dem nächsten Wurf warten. Wenn du mit deiner rechten Hand über die linke Schulter wirfst, dreh deinen Kopf nach links, und wirf den Ball aus der linken Hand, sobald du den Ball über deiner Schulter erblickst. Schließlich solltest du in der Lage sein, jeden rechten Wurf über die linke Schulter zu machen. In dem Fall kannst du immer nach links schauen. Arbeite nun an der anderen Seite.

7. Schritt Beginne mit zwei Bällen, um abwechselnde Würfe hinter dem Rücken zu lernen. Wirf mit der rechten Hand über die linke Schulter und sofort mit der linken Hand über die rechte Schulter. Schau nach links und fang; schau nach rechts und fang. Nimm einen dritten Ball dazu. Übe nun: Ball Nummer 1 hinter dem Rücken, Ball Nummer 2 hinter dem Rücken, Ball Nummer 3 zurück zum Kaskademuster. Schließlich solltest du während der Jonglage einmal rechts und einmal links hinter dem Rücken entlangwerfen und zur Kaskade zurückkehren können, wenn die Bälle wieder landen.

Lektion 20 – Tennis und zwei spektakuläre Anfänge

Requisiten Drei Stoffbälle (von denen mindestens einer eine andere Farbe hat) pro Schüler

Lernziele Kaskade und Rückwärtskaskade gleichzeitig jonglieren

1. Schritt Übe gleichzeitig die Kaskade mit deiner linken Hand und die Rückwärtskaskade mit der rechten. Das nennt sich ›Halbshower‹. Übe dann die Kaskade mit deiner rechten Hand und die Rückwärtskaskade mit deiner linken (Siehe Seiten 32 bis 47).

2. Schritt Jongliere die Kaskade, aber wirf den andersfarbigen Ball aus der rechten Hand jedesmal in einem hohen Bogen zur linken. Nun mach diesen Trick mit dem Ball aus der linken Hand.

3. Schritt Wirf den markierten Ball aus jeder Hand jedesmal obenherum auf die andere Seite. Die anderen beiden Bälle folgen einfach dem Kaskademuster.

4. Schritt Übe, klein zu jonglieren, mit kleinen Sprüngen des besonderen Balls über das ›Netz‹. Dann versuche längere Schüsse bis zur ›Grundlinie‹. Schließlich solltest du diesen ›Tennisball‹ in 5 m Breite hin- und herwerfen können, während die anderen beiden Bälle darunter weiter in der Kaskade fliegen.

Nun kommen wir zu den spektakulären Anfängen. Die Schritte sind auf den Seiten 87 und 88 beschrieben. Zusätzliche Beschreibungen sollten nicht nötig sein.

Dies ist die letzte formelle Lektion über die Solojonglage mit Stoffbällen. Jetzt habt ihr – du und deine Schüler – drei und vier Stoffbälle unter Kontrolle. Sag deinen Schülern, daß das Erlernen jedes neuen Tricks zwischen zehn Minuten und einer Stunde oder länger dauern kann. Ihr könnt an diesem Prozeß zusammen weiterarbeiten, indem ihr das Buch Seite für Seite durchgeht. Das einzige ›Geheimnis‹ ist, jeden Trick in seine kleinsten Teile zu zerlegen und ihn dann Schritt für Schritt wieder aufzubauen. Laß uns nun von Stoffbällen zu Ringen und Keulen weitergehen.

Lektion 21 – Ringe

Requisiten Drei Ringe pro Schüler (Benutze Matten, Teppiche, gepolsterten Boden oder Gras, um den Lärm zu reduzieren.)

Lernziele Drei Ringe fortlaufend jonglieren

Unterrichtsschritte (Siehe Seiten 162 bis 168)

1. Zeige, wie man einen Ring von Hand zu Hand wirft. Gib jedem Schüler einen Ring und den Rat, höher als normal zu werfen.
2. Zeige zwei Ringe. Gib jedem Schüler einen zweiten Ring, und laß sie ein paar Minuten lang üben. Die Höhepunkte sollten auf beiden Seiten gleich hoch sein.
3. Zeige den Schülern, wie man drei Ringe hält und anfängt. Gib den dritten Ring aus, und laß ihnen viel Zeit zum Üben.
4. Zeige das Drehen eines Rings auf einem anderen, Pfannkuchendrehungen und Farbwechsel.
5. Ringe sind ideal, um das Passing mit fünf Gegenständen zu lernen, wie es auf Seite 170 beschrieben ist.

Lektion 22 – Keulen

Requisiten Drei Keulen pro Schüler (Benutze Matten, Teppiche, gepolsterten Boden oder Gras, um Lärm und Schaden zu reduzieren.)

Lernziele Drei Keulen 20 Würfe lang jonglieren und sauber enden

Unterrichtsschritte (Siehe Seiten 176 bis 205)

1. Zeige, wie man eine Keule von Hand zu Hand wirft. Gib jedem Schüler eine Keule. Die Schüler sollten daran erinnert werden, die Keule mit einer nach unten gerichteten Kreisbewegung des Tops zu werfen.
2. Zeige das Werfen mit zwei Keulen, sobald die Schüler eine sicher werfen können. Nun beschreiben beide Hände den Bogen nach unten, und die Keulen fliegen auf beiden Seiten gleich hoch.
3. Zeige den Schülern, wie man drei Keulen hält, die Jonglage beginnt und die letzte Keule auffängt. Gib ihnen das Ziel, viermal zu werfen und zu fangen. Betone die Armbewegung von Seite zu Seite, so daß die Keulen nicht vorwärts wandern, oder vorne zusammenstoßen.
4. Fordere die Schüler heraus, so viele Würfe wie möglich zu machen. Schließlich sollten sie drei Keulen unendlich lange jonglieren können.

Lektion 23 – Stationen

Requisiten Irgendwelche Sportbälle und sämtliche Jonglierrequisiten, die dir zur Verfügung stehen, auch Zigarrenkisten, Devil Sticks, Diabolos, Drehteller und Hüte können dabei sein.

Lernziele Jeder Schüler lernt, mit ein, zwei oder mehr Gegenständen seiner eigenen Wahl so lang wie möglich zu jonglieren.

Unterrichtsschritte Verteile zuerst die Requisiten ordentlich auf verschiedene Arbeitsstationen im Raum. Schreibe für jede Station Plakate mit Anweisungen.

1. Die Schüler sitzen in der Mitte des Raumes, während der Lehrer herumgeht und an jeder Station die Bewegungen vorführt.
2. Die Schüler werden ihren Interessen entsprechend aufgeteilt. Wenn sie einmal bei einer Station sind, sollten sie dort für eine festgelegte Zeit bleiben. Dann (nach etwa 10 Minuten) signalisiert der Lehrer, daß sie zu einer anderen Station gehen können.
3. Die Stationen können folgendes beinhalten:

- Basketbälle oder Volleybälle, um zu zweit drei oder fünf zu jonglieren
- Bühnenbälle oder Softballs, um Jollyball zu spielen
- Hulahoop-Reifen, Wurfringe, Frisbees und andere bekannte Gymnastikgeräte, um ein Gefühl für das Jonglieren mit verschiedenen Formen und Größen zu vermitteln
- Alle anderen Jonglierartikel

Mit Jonglieren Geld verdienen

Jeder, der jongliert, überlegt sich irgendwann, professionell aufzutreten. Wenige von denen, die auf das wilde Pferd steigen, bleiben oben. Die meisten fallen unsanft herunter und landen in ›richtigen‹ Berufen. Die gleichen Eigenschaften, die du beim Jonglierenlernen einsetzen mußtest – Weitsicht und Ausdauer – können dir gute Dienste leisten, wenn du dich auf eine erfolgreiche Karriere als Künstler oder Lehrer dieses Handwerks vorbereitest und sie verfolgst. In diesem Kapitel beschäftigen wir uns mit einem Teil des Marktes, der dir offensteht, und mit den Marketingmethoden, die du anwenden kannst, um die Einkommensquellen zu erschließen.

Der Ablauf

Ich setze voraus, daß du gut genug jonglieren kannst, um eine 20- bis 30minütige Show zu präsentieren. Vielleicht hast du schon Visitenkarten, Werbematerial, einen Anrufbeantworter und ein schönes Kostüm. Warum also klingelt das Telefon nicht? Betrachten wir zwei Gebiete, die du direkt beeinflussen kannst: das Produkt (dich) und die Verpackung (wie andere dich sehen), und die Möglichkeiten, diese zwei Aspekte mit potentiellen Auftraggebern in Verbindung zu bringen. Wenn du das richtig organisierst und ständig darauf hinarbeitest, daß die Kasse stimmt, solltest du jede Menge Aufträge haben.

Das Produkt

Das Produkt bist du. Bist du Hobbyjongleur, der einige Dutzend Tricks kann, oder bist du bereit, dich dem Jonglieren ganz zu widmen? Hier sind die Voraussetzungen dazu:

1. Du mußt damit rechnen, zwei bis drei Jahre harter Arbeit zu investieren, bevor du wirklich erfolgreich bist. Kündige deine reguläre Stelle noch nicht.
2. Du mußt Entscheidungen fällen, was dein Image betrifft, und Geld und Energie investieren. Du wirst Requisiten brauchen, außerdem Kostüme, Musik, Fotos und sonstiges Werbematerial, Videoaufnahmen, Promotion, Imagepflege und einen einzigartigen Stil, der sich gut vermarkten läßt. Um Geld zu verdienen, mußt du zuerst Geld ausgeben.
3. Du mußt lernen, dich gut zu verkaufen. Du mußt viele telefonische und persönliche Geschäftsgespräche über dich als Produkt führen.

4. Du mußt ständig potentielle Märkte studieren und für neue Möglichkeiten, wo und für wen du auftreten kannst, offen sein.
5. Du mußt dich fragen, ob du bereit bist, weite Reisen zu machen. Du schränkst deinen potentiellen Markt ein, wenn du es nicht bist. Entertainer sind Reisende.
6. Du mußt aufhören, deine Zeit zu vergeuden, vor allem beim Fernsehen, Tratschen und beim Herumhängen mit unproduktiven und negativen Menschen.

Fang mit einer Selbstanalyse an

Dein Image als Künstler wird von deiner Persönlichkeit bestimmt. Bist du lang und dünn oder klein und untersetzt? Bist du ein lyrischer Jongliertechniker mit lockerem, fließendem Stil, oder bist du ein Narr mit einem ansteckenden Grinsen? Dein Körperbau und deine Persönlichkeit im Alltag werden deinen Bühnenstil bestimmen. Beim Üben solltest du dich darauf konzentrieren, diesen Stil zu betonen. Studiere deine Tricks immer wieder ein, damit sie dir leichtfallen und dein Text natürlich klingt.

Bist du für Regieanweisungen und Kritik offen? Die meisten von uns haben Schwierigkeiten, die kritischen Bemerkungen anderer zu verarbeiten. Lerne zuzuhören, nicht nur deinen dich anhimmelnden Verwandten, sondern auch denjenigen, die keinen Grund haben, dir zu schmeicheln. Suche dir eine(n) Freund(in), dessen (deren) Urteilsfähigkeit du vertraust, und bitte ihn/sie, deine Shows zu kritisieren. Ein ganz anderes, aber genauso effektives Mittel, deine Show kritisch zu betrachten, ist eine Videoaufnahme deiner Vorstellungen. Schau dir das Video nachher an, und stell dir Fragen wie: Hätten sie mehr gelacht, wenn ich da eine Pause gemacht und mich umgedreht hätte? Ging mein witziger Spruch im Beifallslärm unter? Waren meine Bewegungen dramatisch genug und trotzdem noch glaubwürdig? Hab ich meine Augen und mein Lächeln effektiv eingesetzt, oder hab ich bei der ganzen Hektik das Publikum gänzlich vergessen? Was sagt meine Körperhaltung darüber aus, wie konzentriert und aufgeregt ich gerade bin?

Wenn du einen einzigartigen Stil entwickelt hast, der unter verschiedenen Auftrittsbedingungen funktioniert, brauchst du keine Angst zu haben, daß andere deine Tricks, deine Texte oder deine Engagements stehlen. Qualität spricht für sich. Es gibt keine Abkürzungen, und diejenigen, die deinen Preis unterbieten oder deinen Stil nachahmen, schaden nur sich selbst und ihrer eigenen Glaubwürdigkeit.

Du solltest es ebenfalls vermeiden, über Kollegen zu tratschen oder ihre Preise zu unterbieten. Wenn du nichts Gutes über sie sagen kannst, sag lieber gar nichts.

Wenn du deine Nummern bei deinen Freunden, deiner Familie und auf Video ausprobiert hast, setze dir hohe Qualitätsmaßstäbe und versuche immer, sie zu erfüllen. Gibt dich nie mit einer laschen Vorstellung zufrieden. Trotz aller strengen Selbstkritik solltest du nicht den Fehler machen, deine Nummer ständig umzugestalten und nach einer Zauberformel zu suchen. Statt dessen solltest du die Präsentation deiner Nummer verfeinern.

Eine ›Persönlichkeit‹ entwickeln

Um Erfolg zu haben, mußt du einen Charakter besitzen oder einen Charakter entwikkeln. Wenn du ein extrovertierter Mensch mit einer starken Stimme, großem Selbstbewußtsein und ›Präsenz‹ bist, kannst du deine eigentliche Persönlichkeit einfach verstärken und aus dieser Fähigkeit zur Selbstdarstellung Charisma werden lassen.

Wenn du schüchtern, gehemmt, introvertiert bist, ist die Aufgabe schwieriger. Du mußt eine überlebensgroße Persönlichkeit schaffen. Es hilft dir vielleicht, Schauspielunterricht oder Selbstsicherheitstraining zu machen. Die beste Schule für Ausstrahlung ist die Straßenkunst. Auf der Straße verlierst du dein Publikum, wenn du es nicht ›fesseln‹ kannst. Du hältst es durch deine souveräne Stimme, deinen direkten Blick, dein entwaffnendes Lächeln, deinen einzigartigen Jonglierstil und deine Fähigkeit, dramatische Spannung zu schaffen und zu erhalten.

Übe, dich auf Risiken einzulassen. Hol einen Freiwilligen aus dem Publikum, arbeite mit ihm zusammen, und laß ihn als Helden in die Menge zurückkehren. Übe Schlagfertigkeit. Jongleure müssen nicht nur schnelle Hände, sondern auch schnelle Gedanken und Zungen haben!

Die Persönlichkeitszüge, die einem Jongleur zur technischen Perfektion verhelfen können, sind nicht unbedingt die Eigenschaften, die er braucht, um Supervorstellungen zu geben. Der überlegene Techniker wird sich eher aufs Detail konzentrieren, unter kontrollierten Umständen arbeiten, seine Arbeit kritisieren, Geduld und Ausdauer aufbringen und über seine Fortschritte schriftlich oder zumindest geistig Buch führen. Der große Künstler dagegen ist eher ein begeisterungsfähiger Mensch, der eine lebhafte Fantasie besitzt und in der Lage ist, unerwartete Situationen schnell in den Griff zu bekommen, schnell zu überlegen, andere zu begeistern und sich gut ausdrükken kann. Während du deine Fortschritte als Jongleur verfolgst, kann es nicht schaden, deine Persönlichkeit auszuwerten, die Stärken und Schwächen objektiv zu betrachten. Es kann sein, daß du in einem oder mehreren der folgenden Bereiche Hilfe brauchst:

- Jongliertechnik
- Ausarbeitung einer starken, in sich zusammenhängenden Show
- Präsentationstechniken
- Beschaffung von Engagements und Aufstellung von Spielplänen
- Büroorganisation
- Zeitpläne

Bei der Suche nach Helfern oder Agenturen ist es wichtig, deine eigenen Schwächen zu kennen und Menschen ausfindig zu machen, die diese Lücken ausfüllen können, statt solcher, die die gleichen Stärken und Schwächen haben wie du selbst.

Werbung

Wenn du schließlich ein Produkt hast, auf das du stolz sein kannst, ist es Zeit, von der Show zum Geschäft überzugehen. Sobald du deine Darbietung vermarkten kannst, bist du im ›Showgeschäft‹.

An dieser Stelle ist es angebracht, einige Worte über unentgeltliche Auftritte zu sagen. Ganz am Anfang wirst du vielleicht ein paar Vorstellungen umsonst geben müssen. Nütze solche Gelegenheiten, um neues Material auszuprobieren. Wenn die Show gut ankommt, bitte den Veranstalter anstelle einer Gage um einen Empfehlungsbrief.

Sobald du eine vollständige, in sich zusammenhängende Show entwickelt hast, solltest du sie nie verschenken, es sei denn, es handelt sich um eine Wohltätigkeitsorganisation, die du unbedingt unterstützen möchtest. Einem Veranstalter, der um eine kostenlose Vorstellung bittet, kannst du immer ›Nein‹ sagen und ihn auf die örtliche Jongliergruppe verweisen. Da wird es bestimmt einen Anfänger geben, der sich um die Gelegenheit reißen würde, seine Show auszuprobieren. Wenn du in der Lage bist, eine professionelle Vorstellung zu geben, solltest du ständig Arbeit finden können und entsprechend honoriert werden.

Werbepaket

Sei geschäftstüchtig! Du solltest ein richtiges Marketingpaket entwerfen. Es reicht nicht, potentiellen Kunden einen Stapel fotokopierter Empfehlungsbriefe in irgendeinem bei dir herumliegenden Umschlag zu schicken. Meine Erfahrung hat gezeigt, daß es so am besten funktioniert:

- Schaff dir einen Vorrat Umschläge an, die genau zu deinem Werbematerial passen. Laß sie mit deinem Emblem und deiner Adresse bedrucken, oder laß dir entsprechende Aufkleber machen.
- Schaff dir einen Vorrat glänzender Mappen mit Innentaschen an, und laß dein Emblem darauf drucken oder benutze Aufkleber.
- Laß für jedes einzelne Marktgebiet einen einseitigen Text setzen, in dem du deine Erfahrung auf diesem Gebiet auflistest und genau erklärst, was du für den Kunden tun kannst. Benutze Fettschrift und verschiedene Schriftgrößen, um wichtige Punkte hervorzuheben. Faß dich kurz.
- Laß dir von einem professionellen Fotografen einige Schwarzweißaufnahmen von dir in Aktion und in mehreren Kostümen machen. Leg jeder Postsendung ein Foto bei.
- Schreibe einen kurzen Begleitbrief (nicht länger als zwei Absätze), in dem du dem Empfänger genau mitteilst, was du von ihm willst.
- Leg deine aktuelle Preisliste bei. Sie sollte professionell gesetzt werden, damit der potentielle Kunde sehen kann, daß diese Preise ernst gemeint sind.
- Wenn du noch kein persönliches Emblem hast, solltest du dir ernsthaft überlegen, einen Grafiker mit dem Entwurf zu beauftragen. Wenn es zu ›niedlich‹ aussieht,

wirst du zum Geburtstagsclown. Versieh jeden Brief und/oder jedes Stück Werbematerial, das du abschickst, mit diesem Emblem. Benutze das beste Schreibpapier, die besten Umschläge und die beste Druckqualität, die du dir leisten kannst.

- Jedesmal, bevor du ein Paket abschickst, solltest du den potentiellen Auftraggeber anrufen, um ihm mitzuteilen, wer du bist und daß er demnächst dein Paket erwarten kann. Ruf ihn einige Tage später wieder an, um zu fragen, ob er das Paket erhalten hat. Frage ihn ganz direkt, ob er dich engagieren wird.

Dieser Vorgang – Vorbereitung der Postsendung, Porto, Telefonate – dürfte nicht mehr als DM 10,– pro Veranstalter kosten, wenn du die Arbeit selbst machst. Du mußt mit doppelten Ausgaben rechnen, wenn du jemanden auf Provisionsbasis engagierst, um deine Bewerbungen für dich zu erledigen.

Demonstrationsvideo

In den meisten Fällen ist eine professionelle U-Matic-Videoaufnahme unentbehrlich. Ein sorgfältig zusammengeschnittenes, siebenminütiges Demo-Band wird dich zwischen DM 1 000,– und DM 3 000,– kosten. Benutze schnelle, nichtrockige Hintergrundmusik, bunte Kostüme und Ausschnitte deiner besten Nummern. Das Band sollte ein konservatives Zielpublikum voraussetzen. Studioaufnahmen sind akzeptabel, aber Liveaufnahmen vor Publikum sind vorzuziehen.

Laß dir ein Dutzend oder mehr VHS- und drei oder vier U-Matic-Kopien machen. Leg Rückporto oder einen Rückumschlag bei, wenn du ein Video abschickst. Notiere alle Videos, die du abschickst, dem Datum nach. Wenn das Video nicht zurückkommt, zögere nicht, es zurückzuverlangen.

Schlage im Branchenverzeichnis nach und telefoniere herum, um die günstigsten Preise für Videoaufnahmen und -kopien herauszufinden. Bei Video gibt es enorme Preisunterschiede.

Nachdem ein Vertrag perfekt ist, frage den Kunden, woher er deinen Namen hat. Dies wird dir Aufschluß darüber geben, welche deiner Marketingstrategien am besten funktioniert. Die Telefonnummer, die du in deiner Werbung angibst, sollte möglichst rund um die Uhr erreichbar sein. Für die Zeiten, in denen du oder deine Sekretärin nicht davor sitzen, sollte ein Anrufbeantworter angeschlossen sein.

Richte eine Kartei (oder Computerdatei) für deine Kunden ein. Trage jedesmal, wenn du dein Programm verkaufst, die Einzelheiten in die Kartei ein. In ein oder zwei Jahren kannst du noch einmal anrufen und den Kunden an die schönen Stunden erinnern, die ihr gemeinsam verbracht habt.

Du solltest täglich etwa 20 Geschäfte oder Unternehmen anrufen. Um die Telefonnummern von Agenturen in deinem Wohnort und benachbarten Städten herauszubekommen, kannst du im Branchenverzeichnis unter ›Künstleragenturen‹, ›Künstlerdienst‹ und ›Konzert- und Gastspieldirektionen‹ nachschlagen. Ruf an, laß dir einen Gesprächstermin geben, bring dein Video mit. Agenten arbeiten schwer für ihr Geld. Wenn sie dir Engagements vermitteln, solltest du ihnen ihre 10 bis 15 Prozent Anteil nicht übelnehmen. Oft wirst du direkt nach dem Auftritt von dem Klienten bezahlt und mußt dem Agenten seine Provision zuschicken. Bezahle ihn pünktlich, und leg dem Scheck einen kurzen Dankesbrief bei.

Wenn du in der glücklichen Lage bist, zeitweise von zu vielen Angeboten überwältigt zu werden, solltest du die Engagements nicht einfach ablehnen. Statt dessen solltest du einen Schützling an deiner Stelle spielen lassen. So bleibst du mit dem Kunden in Kontakt und entwickelst ein Verhältnis der Gegenseitigkeit mit deinem Kollegen.

Gutes Aussehen ist gut für das Geschäft

Wenn du wie ein Hippie aussiehst, wirst du wie ein Hippie bezahlt und behandelt. Das ist ein schwieriges Dilemma für diejenigen von uns, die die sechziger Jahre überlebt haben und das Jonglieren als Teil einer alternativen Lebensweise betrachten. Dein Aussehen, wenn der Vorhang aufgeht, bestimmt, wie du von anderen angesehen wirst. Eine weite Hose und bunte Farben machen dich zum Clown. Maßgeschneiderte Anzüge oder ein Schwalbenschwanz signalisieren, daß du ein ›Gentleman-Jongleur‹ bist. Ein T-Shirt und Jeans mindern deine Glaubwürdigkeit und dein Einkommen um 90 Prozent. Wenn du ein Kostüm oder einen Stil gefunden hast, bleibe dabei.

Ob lang oder kurz, deine Haare müssen sauber und ordentlich geschnitten sein. Das gleiche gilt für einen Bart, falls du einen trägst. Da es zu unserem Alltag gehört, uns beim Training körperlich zu verausgaben, merken wir manchmal nicht, daß auch Jongleure ein Deodorant brauchen, um frisch zu bleiben. Wasch dir die Hände, schneide dir die Fingernägel regelmäßig, und benutze ein Spray gegen Mundgeruch. Vergiß nicht, deine Zähne zu putzen und mit Zahnseide zu pflegen. Ein strahlendes Lächeln ist unentbehrlich.

Wenn dir der Veranstalter einen Drink anbietet, bitte um etwas Nichtalkoholisches wie einen Fruchtsaft. Und da wir gerade beim Thema Gesundheit sind: Jonglieren ist zwar ein gutes Konditionstraining für Arme und Oberkörper, aber das ist kein Grund, Hängebauch und Hüftpölsterchen zu vernachlässigen. Achte auf deine Figur.

Jongleure neigen dazu, gesund zu leben – sie sind oft Nichtraucher, lehnen Fleisch eher ab, ebenso Zucker, künstliche Farbstoffe und Geschmacksverstärker, chemische Zusätze und andere schädliche und süchtigmachende Stoffe. Aufgrund unseres engen Verhältnisses zum eigenen Körper und zu unseren Reflexen, spüren wir sofort die Auswirkungen übermäßigen Genusses. Denk daran, daß du nicht nur dich selbst vertrittst, sondern du bist wahrscheinlich der einzige Vertreter unseres alten, vielseitig verschmähten Berufsstandes, den dein Publikum jemals persönlich kennenlernen wird.

Dein Büro

Wenn dein Büro von Anfang an gut durchorganisiert ist, kannst du dir viel Arbeit ersparen. Jede neue Aufgabe wird nur einmal neu sein, nämlich beim ersten Mal. Danach wird sie zur Routine. Die wesentlichen Hilfsmittel sind:

- Ein Raum, der dem Geschäft gewidmet ist. Wenn du hier bist, bist du ein Geschäftsmensch.
- Zugang zu einem Computersystem, das in der Lage ist, Formbriefe herzustellen. Das heißt, du brauchst ein Textverarbeitungsprogramm, das die Adressen in deinem Briefverteiler mit einem Formbrief kombinieren kann. Oder du brauchst eine Schreibkraft, die diese Arbeit für dich erledigt. Wenn du selber Computeranwender bist, laß die Endfassung der Briefe nicht auf einem Nadeldrucker sondern auf einem, der ›Briefqualität‹ erzeugt, ausdrucken.
- Ein Aktenschrank mit vielen Ordnern.
- Ausreichende Regal- und Schreibtischfläche. Der Tisch selbst muß nichts Besonderes sein. Beim Sperrmüll oder einer Haushaltsauflösung findest du manchmal gute gebrauchte Schreib- oder sonstige Tische. Oder ein großes Sperrholzbrett oder eine alte Tür auf zwei Sägeböcken könnte als große Arbeitsfläche dienen.
- Zwei Telefone mit zwei verschiedenen Anschlüssen. Du kannst deinen Privatanschluß benutzen, um nach außen zu telefonieren, und deine Geschäftsanschlüsse, um Anrufe zu empfangen.
- Ein Anrufbeantworter, ein Auftragsdienst oder, noch besser, eine Sekretärin, die Anrufe entgegennimmt, während du unterwegs bist.
- Werbematerialien, Briefpapier mit deinem Emblem und deiner Adresse, ein Klammergerät, Büroklammern und sonstiger Bürobedarf.
- Ein einfaches geschäftliches Buchhaltungssystem. Ein Steuerberater kann dir dabei helfen.

Potentielle Käufer

Der Markt ist riesig. Hier werde ich nur die Bereiche auflisten, die mir spontan als die zugänglichsten oder einträglichsten einfallen, es sind Marktbereiche, in denen ich selbst gearbeitet habe. Aber die folgenden Richtlinien dürften überall zum Erfolg führen. Es gibt vier Grundprinzipien, die du anwenden solltest, egal, um welchen Markt es sich handelt: Höflichkeit, Geduld, Beharrlichkeit und Pünktlichkeit. Die Belohnung dafür heißt: rechtzeitige Bezahlung der Gage.

Private Feste

Der Bereich ›Private Feste‹ schließt ein breites Spektrum ein, von Kindergeburtstagen mit 24 herumschreienden Achtjährigen bis zu Feierlichkeiten der Schickeria in privaten Clubs. Das Spektrum der zu erwartenden Gagen ist ebenfalls sehr breit gefächert.

- Fang in deiner eigenen Nachbarschaft an. Häng an jedes schwarze Brett, das du finden kannst, ein Flugblatt oder ein Plakat. Allmählich kannst du deinen Einzugsbereich vergrößern.
- Gib eine Anzeige in den Lokalzeitungen und Anzeigenblättern auf, um zu erfahren,

ob sie eine Wirkung hat. Sie muß mindestens einen Monat lang erscheinen, bevor du die Wirkung einschätzen kannst.

- Mach Mundpropaganda. Betrachte jeden, mit dem du zu tun hast, als potentiellen Kunden. Nach dem Finale solltest du auf jedem Fest deine Visitenkarten verteilen, damit die Gäste wissen, wie sie dich erreichen können. Der Gastgeber wird nichts dagegen haben, und der Zuschauer von heute ist der Auftraggeber von morgen.
- Setz dich ans Telefon und ruf bei jeder mittelgroßen Firma deiner Umgebung an. Laß dich mit dem Zuständigen für Freizeitangebote verbinden. Wenn sie dich fragen: »Wen wollen Sie bitte sprechen?«, kannst du antworten: »Den Mitarbeiter, der die jährlichen Betriebsfeiern organisiert.«
- Wenn du auf einem Fest engagiert bist, erkundige dich vorher über die Veranstaltung. Wenn es eine Geburtstagsfeier ist, plane etwas Besonderes und Persönliches für das Geburtstagskind. Laß deine Fantasie spielen, um eine Verbindung zwischen deiner Show und der Veranstaltung selbst zu finden. Wenn dich Klaus und Marianne einladen, bei ihrer Silberhochzeit aufzutreten, könntest du zum Beispiel auf eine Seite deiner Zigarrenkisten »Herzliche«, »Glückwünsche« und »zum 25.« schreiben, und »Klaus«, »liebt« und »Marianne« auf die andere Seite. Verschiedene Verdrehungen der Kisten ergeben »Herzliche Glückwünsche Marianne«, »Glückwünsche zum 25. Klaus«, »Klaus liebt Marianne« und »Marianne liebt Klaus«.

Volkshochschulen, Tanzstudios, Sportvereine, Jugendzentren

Nütze die Fitneßwelle aus, und biete Jonglierkurse an.

- Such den potentiellen Auftraggeber zu einer Tageszeit auf, wenn er nicht viel zu tun hat. Bring dem Entscheidungsträger das Jonglieren bei und zeige ihm, wie sich dieses Erlernen auf eine Reihe wöchentlicher Unterrichtsstunden verteilen ließe. Nimm dein Werbematerial mit. Einigt euch vor der ersten Stunde über das Honorar.
- Warne deine Schüler, daß es bei Jonglierkursen oft eine hohe Fluktuation gibt, weil die Lernenden anfangen, sich miteinander zu vergleichen. Ermutige sie, jede Woche zu kommen, auch wenn sie in der Zwischenzeit nicht geübt haben.
- Verteile einen Lehrplan, der die im Kurs zu behandelnden Aspekte des Jonglierens darlegt. Jede Woche solltest du bestimmte Aufgaben stellen und dich mit jedem einzelnen Schüler intensiv beschäftigen.
- Gleich in der ersten Stunde solltest du deine Schüler darüber informieren, wo sie Jonglierbedarf kaufen können. Lege ihnen nahe, etwas Geld in ›echte‹ Jonglierrequisiten zu investieren.
- Bring Abwechslung in deine Stunden durch Gastjongleure, Minivorführungen, Jonglierspiele und Staffelläufe, angenehme Hintergrundmusik und mindestens eine ›Video-Nacht‹, bei der du die anregendsten Jonglieraufnahmen zeigst, die du finden kannst.

- Veranstalte kleine Zeremonien, um wichtige Erfolge deiner Schüler zu feiern. Zeichne denjenigen aus, der als erster 20 Würfe schafft, das Jonglieren mit vier Stoffbällen lernt oder mit einem Partner ›3–3–10‹ passen kann. Du kannst auch einen wöchentlichen Preis verleihen – an denjenigen, der seit der letzten Woche die größten Fortschritte gemacht hat.
- Frage die Schüler nach jeder Stunde, was sie nächste Woche lernen möchten. Fordere sie auf, am Anfang jeder Stunde ihre Jonglierernlebnisse der vergangenen Woche zu erzählen.
- Um das Interesse am Jonglieren wachzuhalten, hilft es, wenn du der Klasse ein Ziel setzt. Das Jugendzentrum möchte vielleicht, daß sie beim Weihnachtsfest auftritt. Vielleicht findet ein Umzug statt, bei dem die Klasse den Verein vertreten könnte.

Straßenauftritte

Die Straße ist der ideale Auftrittsort für einen Jongleur. Die weltweite Renaissance der Straßenkunst ist zum großen Teil auf das Bemühen der Jongleure zurückzuführen.

- Deine Aufgabe ist es, ein großes Publikum um dich zu versammeln, es 15 bis 20 Minuten lang zu unterhalten und deine ›Gage‹ zu kassieren. Schlagfertigkeit und Mut sind genauso wichtig wie Tricks und Requisiten. Ständiges witziges Geplauder ist unerläßlich.
- Durch das Auslegen deiner Requisiten kannst du anfangen, ein Publikum zu versammeln. Sobald ein paar Leute stehengeblieben sind, freunde dich mit ihnen an. Erzähl ihnen, daß du gleich eine Vorstellung geben wirst, und bitte sie, die erste Reihe zu bilden. Wenn du einen Freiwilligen brauchst, nimm einen von diesen ersten Zuschauern.
- Beginne mit einem spektakulären Trick. Feuer zieht die Leute an wie Motten das Licht. Mach viel Lärm, benutze eine Trillerpfeife, beteilige das Publikum am Krachmachen. Jetzt hast du einen Kreis. Laß die ersten fünf bis sechs Reihen, wenn möglich, sich hinsetzen.
- Benutze große Requisiten, sprich laut und zeige Tricks, die von ganz hinten sichtbar sind. Bezieh das Publikum ein, indem du Fragen stellst und Freiwillige beteiligst. Die Show darf nicht langweilig werden, sonst verlierst du deine Zuschauer.
- Mindestens zweimal während der Vorstellung solltest du auf dein spektakuläres Finale hinweisen. Wenn du es ihnen schmackhaft machen kannst, werden die Zuschauer bleiben, um es zu sehen. Bau Spannung auf. Löse sie wieder durch Schauspielerei oder einen Lacherfolg.
- An einigen festen Plätzen, wo Straßenkünstler regelmäßig auftreten, ist es üblich, einen Assistenten zu haben, der während der Show durch die Menge geht und Geld einsammelt. Ansonsten kassierst du am Ende der Vorstellung mit deinem Hut. Während der Hut herumgeht, solltest du ununterbrochen weiterreden, ständig »vielen Dank« sagen und allen Spendern direkt in die Augen schauen.

- Die Straße birgt gewisse Gefahren. Besoffene können dich anpöbeln, und die Polizei kann dich vertreiben; aber die Straße ist eine großartige Schule, und die Einkünfte können ganz gut sein. Laß dich nicht einschüchtern – es ist deine Bühne. Arbeite daran, Zwischenrufern und Störern schlagfertige Antworten zu liefern. Bleibe am Ball.
- Die richtige Wahl des Auftrittsorts kann den Unterschied zwischen Münzen und Scheinen ausmachen. Es gibt einige aufgeschlossene Städte, die Straßenkünstler offiziell willkommen heißen und günstige Auftrittsbedingungen schaffen, weil Straßenkunst die Innenstadt ›belebt‹. Wenn du dich ans Rathaus wendest, kannst du unter Umständen sogar die Genehmigung bekommen, eine provisorische Bühne und einige Sitzbänke in der Fußgängerzone aufzustellen. Aber im Grunde brauchst du nur eine große Fläche, wo sich dein Publikum ansammeln kann, und viele Menschen, die Zeit haben und unterhalten werden wollen.
- Musiker und Zauberkünstler können für kleinere Kreise als Jongleure arbeiten. Sie können in Eingängen oder an der Kreuzung einer kleinen Nebengasse aufbauen. Da Jonglieren aber eine große Fläche in Anspruch nimmt, brauchen Jongleure meistens einen offenen Platz, die Treppe eines öffentlichen Gebäudes oder einen Park. Ein guter Straßenjongleur kann 300 bis 500 Zuschauer auf einmal unterhalten, ohne Tonverstärkung zu brauchen. Dies unterscheidet sich beträchtlich von den Bedingungen, die ein Gitarrist oder sogar ein Pantomime braucht, und diese Tatsache muß der zuständigen Behörde klargemacht werden. Vielerorts ist es so: wenn du gut bist, ziehst du eine große Menge an; wenn du eine große Menge anziehst, blockiert sie den Gehweg oder sogar die Straße; wenn du den Gehweg oder die Straße blockierst, riskierst du, von der Polizei vertrieben zu werden.
- In der Bundesrepublik kannst du dich eventuell auf dein im Grundgesetz verankertes Recht auf freie künstlerische Betätigung berufen. Es gibt schon Präzedenzfälle, bei denen Straßenkünstler vor Gericht rechtbekommen haben, und bei großem Ärger mit den Ordnungskräften könnte sie ein guter Rechtsanwalt eventuell zu deiner Verteidigung heranziehen. Aber meistens gilt die Faustregel, daß es sich nicht lohnt, es so weit kommen zu lassen. Sei lieber vorsichtig!

Einkaufspassagen

Jede Stadt hat heutzutage eine überdachte Einkaufspassage, und jede Einkaufspassage hat eine Werbegemeinschaft mit einem PR-Manager, der unter anderem Sonderaktionen als Werbeveranstaltungen organisiert.

- Schick ihm dein Werbematerial zu, und frag telefonisch nach. Geplant wird meistens vier bis sechs Monate im voraus, und der PR-Manager steht unter dem Druck, einerseits beinah jedes Wochenende eine Vorführung zu organisieren, andererseits die Kosten für solche Veranstaltungen möglichst niedrig zu halten, indem er örtliche Tanzschulen und Gymnastikgruppen verpflichtet, die umsonst auftreten.

- Sei flexibel. Du könntest natürlich mitten in der Einkaufspassage eine Bühnenshow präsentieren, aber du kannst auch eine bewegliche Vorführung für kleinere Zuschauergruppen anbieten, bei der du einfachere Tricks oder andere Kunststücke – Luftballonmodellieren, Zauberei oder Schminken – zeigst. Du mußt dir aber über eins im klaren sein: Sobald du dem ersten Kind eine Luftballonskulptur gibst oder das erste Kindergesicht geschminkt hast, stehen die nächsten schon Schlange. Hunderte von Luftballons am verkaufsoffenen Samstag aufzublasen, kann zu ernsthaften Atembeschwerden und Kreislaufstörungen führen.
- Wenn dein Auftritt rechtzeitig gebucht wird, kann dich die Werbegemeinschaft als Aushängeschild benutzen. Sie wird eine Pressemitteilung mit deinem Foto an die Lokalzeitung schicken, dich in ihren Zeitungsanzeigen erwähnen oder in ihren Flugblättern ankündigen.
- Du darfst nicht erwarten, mit Einkaufspassagenauftritten reich zu werden. Aber für vier Vorführungen oder fünf bis acht Stunden mobiles Auftreten solltest du eine angemessene Gage verlangen.

Kreuzfahrtschiffe und Reiseveranstalter

- Zunächst gehst du in ein Reisebüro und sammelst die Telefonnummern von sämtlichen Kreuzfahrt- und Reiseunternehmen. Du rufst an und läßt dir den Namen der zuständigen Programmgestalter geben. Dann schickst du jedem dieser Menschen ein Werbepaket mit Begleitbrief, Fotos, Empfehlungsbriefen und einer sehr kurz gefaßten, nicht mehr als einseitigen Beschreibung deines Programms zu.
- Ruf beim Adressat an und teile ihm mit, daß dein Paket auf dem Weg zu ihm ist. Einige Tage später rufst du noch einmal an, um ihn zu fragen, ob er es erhalten und schon Gelegenheit gehabt hat, es sich anzusehen. Frage ihn, ob er dein Video anschauen möchte.
- Für eine Kreuzfahrt oder ein Urlaubsprogramm brauchst du zwei, drei oder sogar vier komplette 30minütige Shows. Denk daran, daß du mehrmals für dieselben Zuschauer spielen mußt und daß sie über dieselben Witze nicht zweimal lachen werden.
- Die Deckenhöhe auf einem Schiff beträgt maximal 2,50 m. Deine tolle Vier- und Fünfkeulenjonglage kannst du vergessen. Die Fackeln und Buschmesser kannst du auch zu Hause lassen. Du brauchst für anderthalb bis zwei Stunden Material, so daß du vor jedem Publikum jeglichen Alters spielen kannst.
- Bezieh das Publikum oft mit ein. Freiwillige können sich an ›Halbjonglieren‹, Tuchjonglage, Federbalance und anderen einfachen Tricks aktiv beteiligen. Frische deine anderen Fähigkeiten auf: Pantomime, Musik, Zauberei oder Erzählkomik.
- Du kannst davon ausgehen, daß du dich gut kleiden mußt, aber auch gut essen wirst. Es wird von dir erwartet, daß du bei gesellschaftlichen Anlässen und Mahlzeiten anwesend bist und dich als geselliger Mensch gibst. Dein Benehmen muß absolut tadellos sein – auf einem Schiff oder in einer Reisegruppe können sich Gerüchte schnell verbreiten.

Hochschulfeste

Wenn du anspruchsvolles Material für 50 bis 60 Minuten hast, das viel Humor und spektakuläre Tricks enthält, kannst du dich vielleicht für Hochschulfeste engagieren lassen.

- Bewirb dich auf übliche Weise beim AStA-Kulturreferenten.
- Die Spielflächen können sehr unterschiedlich sein. Optimal ist ein Auftritt auf der Hauptbühne, im Audimax oder in einem richtigen Theatersaal. Typischerweise mußt du aber auf einer provisorischen Nebenbühne im Foyer spielen.
- Einem studentischen Publikum gefällt absurder Humor, Publikumsbeteiligung, verrückte Kostüme und der eine außerordentlich spektakuläre Trick, von dem sie ihren Freunden erzählen können. Rechne mit Zwischenrufen, lautstarken Publikumsreaktionen und Überraschungen.
- Es ist gut, für ein Hochschulfest ein Plakat zu haben, das überall auf dem Campus aufgehängt werden kann, um deinen Auftritt anzukündigen. Vielleicht kannst du nach der Vorstellung sogar Plakate und T-Shirts verkaufen.

Nachtclubs und Casinos

Um in dieser Liga mithalten zu können, brauchst du 10 bis 15 Minuten tempogeladene Jonglage. Ich geh davon aus, daß du eine solche Nummer schon erarbeitet hast und daß sie folgende Elemente beinhaltet: flotte Musik, glitzernde Kostüme und makellose Requisiten, die auf einem speziell angefertigten Ständer liegen oder von deiner reizenden Assistentin angereicht werden.

- Solche Engagements werden hauptsächlich durch Künstleragenturen vermittelt. Diese werden in den Gelben Seiten unter ›Künstleragenturen‹ oder ›Gastspieldirektionen‹ aufgeführt. Du kannst im Auftrag mehrerer Agenturen gleichzeitig arbeiten, aber wenn sich eine besonders stark für dich einsetzt, solltest du bei ihr bleiben, solange die Aufträge kommen.
- Dein Video spielt hier eine wesentliche Rolle. Trotzdem kann es vorkommen, daß du live vorspielen mußt und dafür eventuell keine Gage bekommst.
- Bei kleineren Clubs, Discotheken und Varietétheatern besteht die Möglichkeit, daß du dich selbst um ein Engagement bewirbst. Schick dein Werbepaket hin, und ruf sofort an, um dem Direktor mitzuteilen, daß es unterwegs ist.

Alles andere

Neben den oben aufgeführten Hauptmärkten könntest du folgende kleinere Märkte ausprobieren:

- **Werbe-, Film- und Fernsehaufnahmen:** Für diese Aufträge brauchst du einen Agenten. Erwarte nicht viel, dann wirst du dich wundern, wenn sich überhaupt etwas ergibt. Du wirst normalerweise eine vierstellige Gage plus Spesen erhalten.
- **Verkaufsaktionen:** Diese können sehr einträglich sein. Du lockst die Menschen zu einem Geschäft oder einem Verkaufsstand, stellst zwischen deiner Jonglage und dem angebotenen Produkt eine Verbindung her und versetzt potentielle Käufer in gute Stimmung.
- **Freizeitparks:** Ein Engagement in einem Freizeitpark bedeutet regelmäßige Arbeit mit regelmäßiger Bezahlung. Durch täglich fünf bis acht 20- bis 30minütige Vorstellungen sechs Tage die Woche hast du viel Gelegenheit zu üben. Ruf bei der Direktion an und erkundige dich nach Vorspielterminen.

Verträge

Außer bei Straßenshows solltest du für jeden Auftritt einen Vertrag abschließen. Wenn du ein Engagement telefonisch ausgehandelt hast, schick dem Veranstalter am selben Tag einen unterschriebenen Vertrag in dreifacher Ausfertigung zu, mit der Bitte, zwei Exemplare unterschrieben zurückzusenden. Eines davon bleibt in deiner Kartei, das andere nimmst du zur Veranstaltung mit. (Der Vertrag kann auch vom Veranstalter stammen. In diesem Fall werden dir einige Exemplare zur Unterzeichnung zugeschickt.)

Jonglieren und Gesundheit

Dieses Buch ist nicht für diejenigen geschrieben, die erst davon überzeugt werden müssen, daß Jonglieren eine sich lohnende Anstrengung ist. Niemand ist jemals auf den Mount Everest geklettert, nur weil er oder sie ein Buch über die ›Vorzüge‹ des Bergsteigens gelesen hat. Wenn du so weit gekommen bist, weißt du vielleicht nicht, warum du jonglierst, aber daß du jonglieren mußt, weißt du. Selbst wenn du wolltest, könntest du nicht mehr aufhören.

Aber vielleicht mußt du andere Leute davon überzeugen, daß Jonglieren zumindest harmlos ist und auch gut tut. Vielleicht müssen besorgte Verwandte, ein Chef, der sich um das Firmenimage sorgt (»Wer ist dieser Clown in der Buchhaltung?«), oder der AStA, von dem du dir einen Zuschuß für einen Jonglierworkshop erhoffst, überzeugt werden. Dieses Kapitel liefert Argumente, die dir helfen, andere oder dich selber von den Vorzügen des Jonglierens zu überzeugen.

Jonglieren ist nicht nur eine Metapher für das Leben, es ist ein Modell. Übe jonglieren und du übst, Kompliziertes zu vereinfachen. Mit deiner Fähigkeit zu Jonglieren wächst auch die Fähigkeit, physische, geistige und emotionale Schwierigkeiten zu meistern.

Um gut jonglieren zu lernen, mußt du jeden komplizierten Trick in seine kleinsten Einzelteile zerlegen und ihn Schritt für Schritt wieder aufbauen. Jonglieren verlangt, lehrt und verstärkt Geduld, Ausdauer und Selbstanalyse. Du bringst eine ständig wachsende Ordnung in das Chaos von Händen und Gegenständen. Du merkst es selber und deine dich bewundernde Familie ebenfalls. Was vor kurzem noch unmöglich schien, ist nun alltäglich geworden. Der Horizont erweitert sich ständig, und mit jedem erreichten Ziel wächst deine Geschicklichkeit.

Erstaunlicherweise scheint sich dein Jongliermuster mit der Übung zu verlangsamen. In dem Maße wie du geschickter, gelassener und ausgeglichener wirst, gewinnst du Zeit. Du hast ein Maß an Selbstbewußtsein erreicht, das sich auf die nächste scheinbar chaotische Situation in deinem Leben übertragen läßt. Du wirst zum Meister in der Vereinfachung von Schwierigkeiten.

Bist du Therapeut oder arbeitest im Bereich der Medizin, Gesundheit oder Rehabilitation?

Da das Jonglieren sehr präzise Aufgaben beinhaltet, kann es als Bewertungsmaßstab angewendet werden, um Vorhandensein und Ausmaß psychomotorischer Schäden festzustellen. Beim Unterrichten mit Tuchjonglage sind dem Autor oft Grundschulkinder aufgefallen, deren Groß- und/oder Feinmotorik weit unter dem Niveau ihrer Mitschüler lag. Dieses Thema müßte erforscht werden.

Jonglieren kann auch als therapeutische Übung eingeführt werden. Nylontücher können einigen Kindern und behinderten Erwachsenen erste Erfolge beim Werfen und Fangen liefern. Bei der Genesung nach einem Trauma, der Rehabilitation nach Krankheit und der Arbeit mit alten und chronisch leidenden Menschen kann das Jonglieren mit Tüchern ein Erfolgserlebnis bedeuten, das das Selbstwertgefühl stärkt.

Arbeitest du in einem Büro?

Jonglieren bietet den idealen Ausgleich zu den Belastungen der Büroarbeit. Während du jonglierst, bist du ganz im Jetzt. Die Vergangenheit und die Zukunft existieren nicht mehr für dich, sonst könntest du das Muster nicht aufrechterhalten. Aber sobald du aufhörst, bist du wieder bei der Arbeit, mit den dazugehörigen Anspannungen, Termindruck und Problemen. Jonglieren befreit den Kopf von Anspannungen und vermittelt dir ein Gefühl von Frieden und Ordnung.

Eine Kaffeepause dient als künstliches Aufputschmittel. Eine Jonglierpause regt den Körper und den Kreislauf auf natürliche Weise an. Du wirst aufmerksamer und reaktionsschneller, und dieser Zustand bleibt noch lange erhalten, nachdem die Bälle wieder in deiner Schublade verschwunden sind.

Bist du Schüler oder Student?

Falls du Abwechslung vom Lernen brauchst und eine Beschäftigung suchst, die weder Verdummung (wie Fernsehen) noch Vergiftung (wie Drogen- oder Alkoholkonsum) bedeutet, ist Jonglieren genau das richtige für dich. Du kannst dich von dem Leistungsdruck erholen, ohne in die Turnhalle oder die Kneipe gehen zu müssen. Jonglieren kann dir auch Freunde bringen, die mit dir Stoffbälle oder Keulen passen möchten. Und – wer weiß? – vielleicht kannst du durch Jonglierauftritte und -unterricht dein Studium finanzieren. Wenn du dein Hobby mit deiner Arbeit verbinden kannst, wird dein Leben befriedigender sein. Diese Entdeckung kann der Autor aus eigener Erfahrung nur bestätigen.

Meditierst du?

Einige Jongleure erleben das, was Zen-Novizen und Yogapraktizierende erst nach jahrelanger Arbeit erreichen. Ich weiß es. Ein ganzes Jahr lang sagte ich Tag und Nacht ein Mantra auf, arbeitete mich dem Zustand des Samadhi entgegen, in dem die Sinnesorgane losgelöst sind und nur eines existiert: deine Verschmelzung mit dem Unendlichen. Dann entdeckte ich, daß ich Samadhi erreichte, sobald ich fließend und ohne Anstrengung jonglieren konnte. Um diesen friedlichen Ort aufzusuchen, brauche ich jetzt nur drei Stoffbälle hervorzuholen und Unendlichkeitszeichen in die Luft zu weben.

Im Gegensatz zu den meisten Kampfsportarten, die linear und nach außen gerichtet sind, ist das Jonglieren zirkular und nach innen gerichtet. Ich nenne es eine ›Harmoniesportart‹, weil es weder aggressiv noch aufdringlich ist. Es ist ein friedliches, nonverbales Gebet, bei dem du vielleicht feststellen wirst, daß deine Energien konzentrierter werden.

Arbeitest du mit den Händen?

Piloten, Zahnärzte, Chirurgen, Maschinisten, Fließbandarbeiter, Datenverarbeiter, Fernfahrer, Mechaniker und andere, die mit ihren Händen arbeiten, können durch Jonglieren ihre Fingerfertigkeit und ihre Ausdauer erhöhen oder es als Ausgleich zur Monotonie der manuellen Arbeit praktizieren.

Jonglieren erfordert und belohnt Präzision. Wenn du genau arbeitest, stellst du vielleicht Folgendes fest:

- Verbesserung der Groß- und Feinmotorik
- Genaueres Werfen und zuverlässigeres Fangen
- Verbessertes Rhythmusgefühl
- Erhöhte visuelle Unterscheidungsfähigkeit, besonders beim Verfolgen von Bewegung und im peripheren Bereich
- Beidhändigkeit
- Schnellere Reflexe
- Verbessertes Konzentrationsvermögen
- Mehr Geduld mit dir selbst

Führst du ein sorgenvolles oder streßgeladenes Leben?

Einmal gemeistert, kann das Jonglieren Streß abbauen. Es ist wichtig, das Jonglieren zuerst mit Tüchern zu lernen, damit die Frustration beim Aneignen der Geschicklichkeit auf ein Minimum reduziert wird. Wenn du Jonglieren lernst, kann es zu erhöhtem Streß führen, weil die ersten paar Schritte sprachliches Ausdrucksvermögen, Zählen und Sorgen beinhalten und somit die linke Gehirnhälfte beanspruchen. Fließendes Jonglieren ist dagegen eine Tätigkeit der rechten Gehirnhälfte, bei der du dich im Fluß des ganzen Musters verlierst.

Der Übergang von Sorgen über milde Beunruhigung bis zur erleichterten Freude erfolgt schnell. Vielleicht hast du ein ›Eureka‹-Erlebnis in dem wundervollen Augenblick, in dem alles seinen richtigen Platz findet. Wenn du mühelos jonglieren kannst, kannst du in deinem Leben auftauchende Probleme einfach wegjonglieren. Das Problem ist natürlich noch da, aber es macht dir keine Sorgen mehr, solange du jonglierst. Und wenn du aufhörst zu jonglieren, siehst du das Problem in einem ganz anderen Licht – es erscheint dir viel unwichtiger.

Bist du Sportler?

Jonglieren trainiert nicht nur die Hand-Auge-Koordinationsfähigkeit, sondern stärkt auch die Kondition. Basketballspieler sollten lernen, drei Basketbälle zu jonglieren, Handballer sollten lernen, drei Handbälle gleichzeitig oben zu halten. In beiden Fällen wird das Ballgefühl gefördert.

Neben der Beweglichkeit kannst du auch deine Kraft erhöhen, indem du das Gewicht deiner Jonglierrequisiten steigerst, bis die Muskeln ordentlich arbeiten müssen. Wenn du unterschiedliche Gegenstände gleichzeitig jonglierst und an neuen Tricks arbeitest, baust du automatisch deine Fähigkeit aus, zu improvisieren und in kritischen Situation schnell und angemessen zu reagieren.

Das Jonglieren mit schweren Gegenständen kann ein hervorragendes Training sein. Wenn du drei zwei Kilogramm schwere Stoffbälle zehn Minuten lang jongliert hast, hast du Tausende von Joules verausgabt und gleichzeitig an Kraft und Koordinationsfähigkeit gewonnen.

Interessierst du dich für Musik oder Theater?

Jonglieren ist eine rhythmische Tätigkeit und kann je nach Art der jonglierten Gegenstände und Größe des Musters in beliebigem Tempo ausgeführt werden. Es läßt sich komponieren und bietet ›Musik für die Augen‹. Du lernst es schrittweise, genauso wie du ein Musikinstrument lernst. Du steigerst dich bei jeder Übungsstunde. Das Ergebnis ist eine geordnete Folge von Werfen und Fangen, die zu einer visuellen Symphonie führt. In Verbindung mit Musik stellt das Jonglieren eine wirklich befriedigende Symbiose zweier Kunstformen dar.

Da dir das Jonglieren hilft, anderen Menschen etwas vorzuführen, kann es deinen Ausdruck und dein Selbstbewußtsein fördern. Es ist, wie das Fechten, ein traditionelles Mittel, das Körperbewußtsein zu stärken.

Läufst du gerne?

Laufen macht im positiven Sinne süchtig. Das Jonglieren auch. Setze beide zusammen, und sie ergeben ›Joggling‹. Beim Joggling sind die Hände und Arme genauso beschäftigt wie die Beine. Die Herausforderung besteht darin, immer weniger fallenzulassen und immer schnellere Zeiten zu laufen. Wenn du etwas fallenläßt, hältst du einfach an, hebst es auf und läufst weiter. Du kannst Stoffbälle, Bälle oder Keulen nehmen. Im Laufe der Zeit wird es bei Marathonwettbewerben und Volksläufen immer mehr Joggler geben.

Bist du beim Militär oder arbeitest du mit Strafgefangenen?

Jonglieren gehört zweifellos in die Freizeitprogramme von Justizvollzugsanstalten. Es ist aggressionsfrei und erfordert absolute Konzentration. Ob jemand ein guter oder ein großer Jongleur wird, entscheidet möglicherweise allein die Zeit, die er dem Üben einräumt, und in Gefängnissen steht reichlich Zeit zur Verfügung.

Das Militär sollte sich überlegen, das Jonglieren für alle Rekruten einzuführen. Es trainiert die Reflexe, verbessert die Koordinationsfähigkeit und kann dazu beitragen, das Sehvermögen, vor allem das periphere, zu schärfen. Ein weiterer Vorzug des Jonglierens ist der geringe Raum, den es in Anspruch nimmt. Sogar in einem U-Boot ist genug Platz vorhanden, um Stoffbälle oder Tücher zu jonglieren.

Jonglierbedingte Verletzungen

Wie bei jeder Sportart bestehen beim Jonglieren gewisse Verletzungsgefahren. Die geringste Gefahr, die aber besorgten Eltern und Schuldirektoren als erstes einfällt, ist die der Aufprallverletzungen. Im Gegensatz zum Fußball oder zum Basketball wird kein Jongleur absichtlich mit Wucht einen anderen anrempeln, kein Gegenstand wird horizontal geschlagen, niemand läuft hektisch im Wettlauf gegen andere auf ein Ziel zu. Die schlimmste Verletzung beim Jonglieren ist vielleicht ein durch einen Keulenknob verursachter Bluterguß; oder eine Kontaktlinse könnte durch einen Stoffball hinausgeschlagen werden, oder jemand könnte beim Tücherkrallen gekratzt werden.

Nichtsdestotrotz gibt es einige Berufskrankheiten bei Jongleuren. Was machen sie den ganzen Tag? Sie stehen an einer Stelle und werfen Gegenstände durch die Luft. Oft lehnen sie den Kopf einfach zurück und fangen an, die Requisiten zu werfen, besonders wenn sie mit vier, fünf oder mehr Gegenständen jonglieren. Ein steifer Hals ist eine mögliche Auswirkung, und mancher Jongleur muß gelegentlich seinen Chiropraktiker aufsuchen, um verdrehte Wirbel geraderücken zu lassen. Um dies zu verhindern, schlagen wir ein Aufwärmprogramm vor, in dem du die Wirbelsäule dehnst und lockerst. Außerdem solltest du im Laufe der Übungsstunde die Haltung ändern. Dreh den Kopf, beuge dich langsam vom Hals bis zur Hüfte, und geh genauso langsam, Wirbel für Wirbel, wieder hoch. Dehne die Nackenmuskulatur sowohl nach vorne als auch nach hinten.

Wenn du Keulen passt oder stundenlang mit Keulen jonglierst, führt das ständige Aufprallen des Keulengriffs unter Umständen zu einer Prellung des ersten Knöchels der linken Hand. Der Schmerz verbreitet sich über die ganze Handfläche und erschwert das Keulenjonglieren. Wie bei jeder Knochenprellung kann dieser Zustand monatelang andauern. Eine längere Pause ist die einzige Lösung.

Um diesen Zustand zu vermeiden, solltest du Keulen mit weichen Griffen kaufen, einen Handschuh tragen oder vor ausgiebiger Übung mit Keulen die empfindliche Stelle mit gepolstertem Pflaster schützen.

Wenn du mit vier, fünf oder mehr Ringen arbeitest, tun dir vielleicht die Knöchel und die Haut zwischen Daumen und Zeigefinger weh. Handschuhe können helfen, außerdem eine gute Handcreme, die die Haut weicher macht. Du könntest die Fingergelenke und Knöchel vorbeugend mit Pflastern verbinden.

Muskelzerrungen sind auch ein häufiges Leiden bei Jongleuren. Es ist unerläßlich, daß du dich vor dem Jonglieren warmmachst. Zwanzig Minuten Dehnungsübungen sind vorher angezeigt, wenn du einige Stunden hintereinander üben willst. Typischerweise hast du es eilig loszulegen, da du dich den ganzen Tag schon auf die Gelegenheit gefreut hast, einen neuen Trick auszuprobieren oder dich an dein neuestes Muster heranzumachen. Widerstehe der Versuchung, den Kopf zurückzulehnen und einfach loszujonglieren. Beginne jede Übungsstunde mit Dehnungsübungen. Bei der International Jugglers' Convention findet jeden Morgen ein gutbesuchtes Aufwärmprogramm statt, um die Jongleure an die Notwendigkeit, sich vorher aufzulokkern, zu gewöhnen.

Jonglieren bedeutet Arbeit, aber generell ist es leichte Arbeit. Die dadurch entwikkelten Muskeln sind lang und dünn, nicht wulstig und verknotet. Viele Jongleure, die sich ausschließlich auf das Jonglieren konzentriert haben, haben oft herunterhängende Schultern und einen eingefallenen Brustkorb. Wenn du deinem Körper mehr Fülle und Kraft geben und deine Haltung verbessern willst, schlagen wir vor, Jonglieren mit Krafttraining oder Bodybuilding zu verbinden. Dies gilt für alle Altersgruppen, aber insbesondere für die Wachstumsjahre.

Jongleure vernachlässigen oft die untere Körperhälfte. Dazu gibt es zwei hervorragende Jonglierübungen, die du in dein tägliches Trainingsprogramm einbauen solltest. Eine ist der Wurf unter dem Bein durch. Arbeite darauf hin, ständig unter beiden Beinen durchwerfen zu können. Du läufst auf der Stelle und wechselst links und rechts ab. Das ist gut für Gleichgewicht, Ausdauer, Beinkraft und Bauchmuskulatur. Die andere Übung heißt Joggling: Jonglieren beim Laufen. Versuche es mal, es fördert die Ausdauer.

Selbstverständlich riskierst du Verletzungen, wenn du gefährliche Gegenstände jonglierst. Fackeln haben meistens Schrauben und Metallteile am Dochtende, die heiß werden können. Wenn du eine Fackel verkehrtherum fängst, laß sie möglichst schnell wieder los. Versuch nicht, sie mit halber Drehung zu werfen und weiterzujonglieren. Sicherheitshalber solltest du deinen Brennstoff weit von der Bühne oder deiner Übungsfläche in einem fest verschraubten Behälter aufbewahren. Es versteht sich von selbst, daß du eine Decke oder einen Feuerlöscher zur Hand haben und sie immer mitführen solltest, wenn du mit Feuer jonglierst.

Messer, Macheten und Äxte sind wieder ganz etwas anderes. Sehr wenige Jongleure benutzen wirklich scharfe Klingen. Auch ein stumpfes Messer erscheint scharf, wenn du damit einen Apfel, einen Kohl oder eine Möhre zerschneidest. Das Publikum glaubt, daß blinkende Klingen scharf sind. Wenn du also mit ›scharfen‹ Gegenständen jonglieren mußt, solltest du die Spitzen und Kanten abfeilen und die Klingen polieren. Am besten wäre es, scharfe Gegenstände überhaupt nicht zu benutzen.

Den Spaß am Jonglieren weitergeben

Jetzt kannst du also jonglieren. Wie soll es weitergehen? Jonglieren alleine macht Spaß. Jonglieren mit anderen zusammen macht mehr als doppelt so viel Spaß. Wenn du so bist wie ich, hast du dich, sobald du das Jonglieren mit drei Gegenständen gelernt hattest, gefragt: »Warum weiß nicht jeder, wie das geht?« Mit deiner Hilfe wird bald jeder die Gelegenheit haben, es zu lernen. Es gibt viele Möglichkeiten, den Ball ins Rollen zu bringen.

Wenn du dieses Buch bis hierher gelesen hast, wirst du wahrscheinlich schon angefangen haben, anderen Menschen deine Fähigkeiten vorzuführen und beizubringen. Warum initiierst du nicht einen Zusammenschluß von Jongleuren in deiner Stadt oder deiner Schule? Bring deinen Freunden das Jonglieren bei. Sag ihnen, sie sollen es ihren Freunden beibringen. Es wird nicht lange dauern, bis die ganze Stadt oder die ganze Schule weiß, wie es geht.

Fordere jeden heraus, das Jonglieren zu lernen. Du könntest diese Herausforderung in der Schülerzeitung veröffentlichen oder in deiner Firma aushängen. Bring es acht Freunden bei. Häng ein Plakat mit euren Namen ans schwarze Brett, auf dem sich weitere Jongleure eintragen können. Sobald es jemand gelernt hat, darf er oder sie auf dem Plakat unterschreiben und bekommt einen Aufkleber mit der Aufschrift:

ICH WEISS WIE, UND ICH BRING'S DIR BEI!

Warte mal ab, wie lange es jetzt dauert, bis alle das Jonglieren lernen.

Sollte es Leute geben, die es gerne lernen möchten, aber körperlich nicht in der Lage sind, mach besondere Aufkleber mit der Aufschrift:

ICH WEISS NICHT WIE, ABER ICH FINDE ES TOLL!

So fühlt sich keiner ausgeschlossen. Wenn die ganze Schule oder der ganze Betrieb jonglieren kann, schreibe mir und teile mir mit, wie schnell sich das Jonglieren bei euch verbreitet hat. Ich werde dafür sorgen, daß der Rekord in der Zeitschrift *Jugglers' World* veröffentlicht wird. Vielleicht wird er sogar ins *Guinness-Buch der Rekorde* aufgenommen.

Jetzt hast du einen Haufen jonglierender Freunde. Wie hältst du sie bei der Stange? »Eine Gruppe gründen« ist leicht gesagt, aber wie wird es gemacht? In den USA gibt es ca. 100 Jongliergruppen, die bei der IJA gemeldet sind. In Europa gibt es zur Zeit über 50 Gruppen, deren regelmäßige Termine in der Zeitschrift *Kaskade* bekanntgegeben werden. Einige sind sehr aktiv, andere sind das allerletzte. Welche Faktoren tragen zum Erfolg der Aktiven bei?

1. Eine Person oder eine kleine Kerngruppe muß die Verantwortung dafür übernehmen, einen Termin und einen Treffpunkt für regelmäßige Zusammenkünfte zu finden. Dann muß einer immer dabei sein, um das Treffen zu ›leiten‹. Schlagt euch aus dem Kopf, daß Anarchie und Apathie ›in‹ sind. Ihr solltet genausoviel Begeisterung für eure Gruppe aufbringen wie für das Jonglieren selbst.
2. Bei jedem Treffen wird eine Zeit ausgemacht, während der ihr euch hinsetzt und über Pläne und Veranstaltungen sprecht. Sonst wird das Treffen zur bloßen Übungsstunde für deine Clique.
3. Ihr braucht einen ›Bildungsbeauftragten‹, der sich um das Unterrichten neuer Mitglieder kümmert. Nichts kann den Anfänger, der gerade die Kaskade gelernt hat, mehr einschüchtern als der Anblick eines Raumes voller Keulenpasser. Begrüßt Besucher und Gäste an der Tür, und bietet ihnen an, ihnen etwas Neues zu zeigen.
4. Ihr braucht einen ›Veranstaltungsbeauftragten‹, dessen Aufgabe es ist, eure Aktivitäten für eine Veranstaltung oder ein Projekt zu koordinieren. Ihr könntet euch zum Beispiel vornehmen, an einem Umzug oder einem Talentwettbewerb teilzunehmen. Ihr könntet eure eigene öffentliche Jongliergala organisieren, oder ihr könntet euch als Halbzeitpausenprogramm für eine Sportmannschaft anbieten.
5. Wählt einen ›Kassenwart‹, der Mitgliedsbeiträge einsammelt. Bringt einen monatlichen Rundbrief heraus, um die Mitglieder über Projekte und Veranstaltungen zu informieren.
6. Einer sollte sich für Öffentlichkeitsarbeit zuständig erklären. Verteilt Pressemitteilungen an die Lokalpresse und Radiosender, um bekanntzugeben, wo und wann ihr euch trefft und daß ihr auch Unterricht erteilt. Wendet euch auch an die Schülerzeitungen deiner Stadt.
7. Ihr solltet möglichst viele Mitglieder für die IJA anwerben. Bringt *Jugglers' World, Kaskade* und andere in eurem Besitz befindliche Jonglierveröffentlichungen zu den wöchentlichen Treffen mit.
8. Nehmt euch vor, eine Delegation zu der jährlich stattfindenden Europäischen Jonglierconvention oder sogar zur IJA-Convention in die USA zu schicken. Ermuntert euch gegenseitig, Geldbeschaffungsmöglichkeiten zu realisieren, um Transportmittel zu finden und die Fahrt zu finanzieren. Ihr könnt auch gemeinsam regionale Jongliertreffen besuchen.
9. Wählt einen ›Spielleiter‹, der jede Woche Jonglierspiele organisiert.
10. Mindestens einmal im Monat solltet ihr einen Videoabend veranstalten, an dem ihr euch eure neuesten Jongliervideos vorführt.
11. Wählt einen ›Workshopbeauftragten‹, der jede Woche dafür sorgt, daß in Form eines Workshops etwas Neues gezeigt wird.
12. Wählt einen ›Wettspielbeauftragten‹, der laufende Wettbewerbe, wie eine Jollyball-Liga, oder jährliche Wettbewerbe nach Muster der IJA- oder Europäischen Convention organisiert.
13. Wählt einen ›Leistungsausschuß‹, der regelmäßig Gruppenmitglieder auszeichnet.
14. Organisiert eine Wohltätigkeitsveranstaltung – beispielsweise eine ›Marathonjon-

glage‹ –, um Geld für einen guten Zweck zu sammeln. Oder ihr könntet in einem Krankenhaus, Gefängnis oder Altersheim umsonst auftreten.

15. Überredet einen Sportartikel-, Spielzeug- oder Zauberhändler in eurer Stadt, Jonglierbedarf zu führen. Bringt neben der Verkaufsausstellung einen Zettel an, um bekanntzugeben, wo und wann sich eure Gruppe trifft.
16. Fordert eine andere Gruppe aus eurer Region zu einem Jonglierwettbewerb auf: Jonglieren gegen die Uhr, einem Joggling-Rennen, einem Jollyballspiel oder Feldjonglage.
17. Organisiert eine Veranstaltung, bei der ihr einen im *Guinness-Buch der Rekorde* aufgeführten Weltrekord im Jonglieren brechen wollt. Sucht euch Sponsoren und spendet die Einnahmen für einen wohltätigen Zweck.
18. Organisiert eine Jongliervorstellung. Ladet eine bekannte Jongliertruppe als Starnummer ein.
19. Bietet eure Gruppe einem örtlichen Sportverein als Jonglierlehrer an, um die Hand-Auge-Koordinationsfähigkeit der Mannschaften zu steigern.
20. Mindestens einmal im Jahr solltet ihr in eurer Stadt ein Jonglierfestival organisieren, bei dem es Wettbewerbe, Workshops, Spiele, einen Umzug und eine öffentliche Vorstellung gibt. Weitere Einzelheiten könnt ihr dem nächsten Abschnitt, ›Ein Jonglierfestival organisieren‹, entnehmen.

Nicht alle Wettbewerbe müssen ernsthaft sein. Wie wäre es mit ...

- einem dreibeinigen Joggling-Rennen?
- einer Wasserbombenjonglage gegen die Uhr?
- einem Staffellauf mit Eierjonglage?
- einer Bowlingkugeljonglage gegen die Uhr?
- Nachahmungsspiele beim Jonglieren?
- Apfelessen beim Jonglieren um die Wette?

Ein Jonglierfestival organisieren

Ihr könnt in eurer Stadt ein Jonglierfestival organisieren. Wenn ihr euch an diese Richtlinien haltet, ist euch der Erfolg sicher:

1. Ihr solltet euch mindestens sechs Monate im voraus ein Wochenende aussuchen, an dem keine konkurrierenden Veranstaltungen in der Region stattfinden werden, und eine Turnhalle buchen. Für Vorführungen und Wettbewerbe hilft es, wenn eine Bühne vorhanden ist und Sitzreihen aufgestellt werden können.
2. Stellt eine Pressemitteilung über das Festival zusammen und schickt sie an Zeitungen, Fernseh- und Rundfunkanstalten sowie das Jugendamt, das Kulturamt, Jugendzentren, Schulen und die Handelskammer. Ruft anschließend überall an, um dafür zu sorgen, daß sie eure Veranstaltung ernstnehmen. Ihr solltet Termine

für Interviews, Artikel und öffentliche Ankündigungen vorher ausmachen. Seht zu, daß die Medien am Veranstaltungstag selbst Live-Berichte bringen.

3. Bereitet ein Formular für Sponsoren vor und verschickt es an lokale Geschäfte und Unternehmen, um Beiträge in Form von Bargeld, Produkten oder Dienstleistungen zu erhalten. Vielleicht könnt ihr einen lokalen Radiosender dazu bewegen, einen Ü-Wagen zu schicken oder Geschäfte dazu bringen, T-Shirts, Trophäen, Programmhefte oder Namensschilder zu spenden.
4. Falls ihr vorhabt, eine Marathonjonglage für wohltätige Zwecke zu veranstalten, solltet ihr die Nutznießer rechtzeitig bekanntgeben und Freiwillige bitten, an der Anmeldung zu sitzen.
5. Laßt einen Programmzettel drucken, auf dem die Ereignisse des Tages bzw. der Tage des Festivals angegeben sind. Ihr könnt diesen an die Leute, die eure Pressemitteilung erhalten haben, als Erinnerung schicken. Sponsoren sind oft bereit, eure Anzeigen mitzufinanzieren oder sich an euren Druckkosten zu beteiligen. Fragt zunächst in dem Geschäft, in dem ihr eure Jonglierrequisiten kauft.
6. Ihr werdet eine Tonanlage mit einem Mikrofon für Ansagen und einem Kassettenrekorder für Musik brauchen. Eine Tribüne für Zuschauer wäre nützlich. Ihr braucht auch Zugang zu Aufenthaltsräumen. Wenn die Teilnehmer in der Turnhalle oder in der Nähe etwas zu essen bekommen können, bleiben sie bei der Veranstaltung.
7. Für einen der folgenden Aufgabenbereiche sollte jeweils eine Person verantwortlich sein:

   - Öffentlichkeitsarbeit im Vorfeld der Veranstaltung
   - Pressesprecher am Veranstaltungsort
   - Anmeldungs-/Infotische
   - Ansagen, Musik, allgemeine Koordination
   - Workshops für die Jongleure
   - Jonglierunterricht für Besucher
   - Wettbewerbe (Organisation und Jury)
   - Bühnenshow
   - Spiele und Wettläufe
   - Sponsoren
   - Schlafplätze für Jongleure, die von außerhalb kommen
   - Geschäftsleute und Requisitenverkäufer
   - Ermäßigungen
   - Umzug
   - Verpflegung
   - Festessen mit Siegerehrung

8. Es ist wichtig, eine Siegerehrung für die Gewinner der Wettbewerbe und Spiele zu halten. Bittet eure Sponsoren, Preise zu spenden. Ihr solltet wenn möglich jedem freiwilligen Helfer zumindest ein T-Shirt geben.
9. Verlangt eine pauschale Anmeldungsgebühr. Wenn ihr Trophäen kaufen müßt und keine Sponsoren findet, könnt ihr eine Teilnahmegebühr für die Wettbewerbe nehmen. Verkauft ein offizieles Festival-T-Shirt.

10. Um Artisten von außerhalb heranzulocken, könntet ihr für die öffentliche Galavorstellung Eintritt verlangen und die Einnahmen unter den beteiligten Künstlern aufteilen. Es ist sinnvoll, einen für Straßenkunst geeigneten Platz von den Behörden genehmigen zu lassen, damit angereiste Straßenkünstler ihre Unkosten wieder hereinspielen können, ohne vor Einmischung der Polizei Angst haben zu müssen.
11. Vergeßt nicht, Vertreter verwandter Kunstsparten und Sportarten einzuladen: Frisbee-Spieler, BMX-Fahrer, Sportlehrer, Pantomimen und andere Varietékünstler. Vielleicht wollen sie mehr über das Jonglieren erfahren und können einen wertvollen Beitrag zu eurer öffentlichen Vorstellung oder euren Workshops leisten.
12. Um lange Warteschlangen an der Anmeldung zu vermeiden, braucht ihr am ersten Tag mehrere Helfer am Eingang. Ihr könntet ein Voranmeldesystem einrichten, wobei diejenigen, die im voraus bezahlt haben, automatisch einen Eintrittsbutton und einen Programmzettel erhalten.
13. Workshops können schon am frühen Morgen anfangen und lückenlos ineinander übergehen. Um wirkungsvoll zu sein, sollten sie mit einer *kurzen* Vorführung seitens des Workshopleiters beginnen, gefolgt von viel praktischer Übungszeit für die Teilnehmer. Die Workshops können in einem getrennten Raum oder in einer Ecke der großen Turnhalle stattfinden. Viele Workshops sollten sich gleichzeitig an zwei Gruppen richten, einerseits an diejenigen, die mit dem jeweiligen Requisit gerade anfangen, andererseits an Jongleure, die schon wissen, wie es geht, aber ihre Fähigkeiten ausbauen und perfektionieren wollen. Die Teilnehmer entscheiden sich für eine der beiden Gruppen.
14. Jonglierspiele, Wettbewerbe, Joggling- und Staffelläufe können im Freien stattfinden. Ein Umzug macht das Geschehen interessant und zieht Familien an. Ein Picknick und Freilichtvorführungen können aus eurem Festival ein wahres soziales Ereignis machen.
15. Ladet Requisitenverkäufer und -hersteller ein, einen Verkaufsstand in der Turnhalle aufzustellen. Stellt ihnen Tische und Stühle zur Verfügung. Verlangt eine einheitliche Standgebühr.
16. Mindestens einmal solltet ihr eine Vollversammlung einberufen. Bei dieser Versammlung könnt ihr eure Organisation stärken, Wahlen abhalten, Auskünfte erteilen und Preise verleihen. Wenn sie direkt vor dem Umzug stattfindet, könnt ihr auch dafür Anweisungen geben.
17. Unterbrecht jeden Tag um die Mittagszeit (oder zu der Zeit, wenn die meisten Jongleure anwesend sind) alle Aktivitäten in der Halle. Heißt die Jongleure willkommen und dankt ihnen, daß sie gekommen sind. Stellt verschiedene freiwillige Helfer vor. Bedankt euch bei euren Sponsoren und etwaigen Verkäufern. Faßt den Tagesablauf zusammen und erinnert die Jongleure an wichtige Programmpunkte. Macht alle weiteren Ansagen, und laßt dann weiterjonglieren.
18. Hier sind einige weitere Ideen:

- Heftet das Tagesprogramm an alle Ein- und Ausgangstüren
- Organisiert Duschmöglichkeiten an der Halle

- Stellt eine Tafel für Nachrichten auf
- Bestellt einen ausgebildeten Sanitäter
- Laßt Künstler und Workshopleiter eure Video- und Fotoveröffentlichungen signieren
- Organisiert PR-Aktionen im Vorfeld der Veranstaltung. Diese könnten sein: Weltrekordversuche in einer Einkaufspassage; Jonglierunterricht für Bürgermeister und Stadtparlamentarier; ein vom Bürgermeister offiziell ausgerufener ›Tag der Jonglage‹ in eurer Stadt
- Besucht alle örtlichen Schulen, um eine kurze Vorführung und eventuell Jonglierunterricht zu geben
- Organisiert einen Lagerraum für alle Requisiten und für die Bestände der Verkäufer
- Organisiert einen Dienstplan für den Anmeldungs-/Infotisch
- Engagiert ein offizielles Festivalvideoteam und einen Festivalfotografen. Ihr könnt ihnen Kostenübernahme der Kassetten und Filme anbieten, wenn sie euren Mitgliedern Kopien und Abzüge zur Verfügung stellen
- Legt eure Veranstaltung mit einem ohnehin stattfindenden großen Volksfest zusammen
- Führt über die Arbeit jedes Freiwilligen genau Buch, um die gesammelten Erfahrungen an die nächstjährigen Veranstalter weiterzugeben
- Plant viele kleine, informelle Vorführungen, die zur Qualifikation für Leistungsauszeichnungen zählen können

Ankündigung/Pressemitteilung

Ballhausener Jonglierfestival

Termin:	**Freitag, 12.–Sonntag, 14. Juni**		
Ort:	Turnhalle der Fachhochschule und Stadtpark		
Programm:	**Freitag**	9.00–20.00	Anmeldung und offenes Jonglieren
		20.00	Ballhausener Jongliermeisterschaften
	Samstag	9.00–18.00	Workshops und Spiele
		20.00	Öffentliche Galavorstellung (Eintritt: Erwachsene DM 10,— Kinder DM 5,—)
	Sonntag	9.00–13.00	Workshops
		14.00–15.00	Umzug durch die Fußgängerzone
		15.00–17.00	Jonglieren im Stadtpark
		17.00	bis zum Anbruch der Dunkelheit Picknick und Vorführungen
Eintritt:	Teilnehmer DM 10,—, Zuschauer kostenlos		
Attraktionen:	Stars der öffentlichen Vorstellung: **The Frying Burrito Brothers.** Kostenloser **Jonglierunterricht** für alle am Sonntag im Stadtpark. **Workshops** für Jongleure jeden Alters und Niveaus		
Wettbewerb:	**Freitag** 20.00: Ballhausener Jongliermeisterschaften. Die besten Jongleure der Region messen sich.		
Sponsoren:	Papas Pizzeria, Radio Ballhausen, Eiscafé Stracciatella		
Kontaktadresse für weitere Auskünfte:	(Dein Name) (Deine Adresse) (Deine Telefonnummer)		

JONGLIERFESTIVAL

12.–14. Juni

Turnhalle der Fachhochschule Ballhausen

Workshops und Jonglierunterricht
Spiele und Wettbewerbe
Ballhausener Jongliermeisterschaften
Öffentliche Galavorstellung
Umzug und Picknick

Programm:

Freitag

9.00–20.00	**Anmeldung** und **offenes Jonglieren**
20.00–22.00	**Wettbewerbe.** Danach: **offenes Jonglieren** bis Mitternacht

Samstag

9.00–15.00	**Workshops:**
9.00–10.00	Aufwärm- und Dehnungsübungen
10.00–11.00	Dreiballtricks
11.00–12.00	Vier- und Fünfballjonglage
12.00–13.00	Ringe
13.00–14.00	Zigarrenkisten
14.00–15.00	Keulenpassing
15.00–18.00	**Spiele im Freien:**
15.00–16.00	Joggling- und Staffelläufe
16.00–17.00	Jollyball
17.00–18.00	Feldjonglage
20.00–22.00	**Öffentliche Vorstellung**

Sonntag

9.00–13.00	**Workshops:**
9.00–10.00	Aufwärm- und Dehnungsübungen
10.00–11.00	Devil Stick
11.00–12.00	Diabolo
12.00–13.00	Formationen beim Keulenpassing
13.00–14.30	**Festessen** mit **Siegerehrungen** und **Vollversammlung** in der Cafeteria
15.00–16.00	**Umzug** von der Halle zum Stadtpark
16.00–17.00	**Jonglieren** im Freien
17.00– ?	**Picknick** und **Freilichtvorführungen**

Eine Jonglierconvention

Wenn du eine der jährlich stattfindenden Conventions der International Jugglers' Association besuchst und mitten in der Turnhalle stehst, von 1 000 oder mehr Jongleuren umgeben, ist es leicht, unsere Wurzeln zu erkennen und dich in unsere Geschichte zurückzuversetzen.

In einer Ecke stehen Albert Lucas, Tony Duncan, Sue Kirby, Demetrius Alcarese, Matt Cantrell, Dan Bennet und Robert York. Sie versuchen alle um die Wette, möglichst viele Gegenstände möglichst lange in der Luft zu halten. Lucas hat alle bisherigen Weltrekorde mit zehn Bällen, zwölf Ringen und sieben Keulen eingestellt oder verbessert; und seine 1984 in Las Vegas gezeigte ununterbrochene Fünfkeulenjonglage von 37 Minuten 10 Sekunden stellt den vorherigen Rekord von 16 Minuten 20 Sekunden von Sergej Ignatov vom Moskauer Staatszirkus in den Schatten.

Dieser Kampf mit hohen Zahlen ist eine der größten Herausforderungen für Jongleure. In den dreißiger Jahren stellte Enrico Rastelli, der in Rußland geborene italienische Künstler, der zur dritten Generation einer berühmten Zirkusfamilie gehörte, mit zehn Bällen und acht Tellern Rekorde auf.

Obwohl Rastelli Maßstäbe für die heutige Zeit gesetzt hat, reicht das Streben nach hohen Zahlen bis ins Altertum zurück. Abbildungen eines beliebten Jongleurs im alten Rom, Septimus Spika, zeigen ihn mit sieben fliegenden Bällen. Rastelli ist ein Name, der jedem Jongleur etwas sagen müßte, nicht nur wegen der hohen Zahlen, sondern auch wegen seiner unglaublich geschickten Manipulation von Stöcken und großen Bällen. Seinerseits wurde Rastelli von der Gewandtheit des japanischen Jongleurs Takashima maßgeblich beeinflußt, der Ende des neunzehnten Jahrhunderts in Europa gastierte. Die Kunst, große Bälle auf verschiedenen Körperteilen zu balancieren und sie von Punkt zu Punkt rollen zu lassen, wurde von Moung-Toon, einem birmanischen Jongleur, der in den 1890er Jahren in Europa gastierte, zum großen Teil entwickelt und auch präsentiert. Rastelli verbrachte seine Entwicklungsjahre, 1912 bis Anfang der zwanziger Jahre, in Rußland, und »mitten im Chaos fand er Schutz in Zirkussen und Theaterhäusern, wo er ohne Unterbrechung übte.«* Er gastierte 1924 und 1928 in den USA, wo er landesweit auf Varietébühnen spielte.

Im Jahre 1931, als er im Alter von 34 Jahren auf der Höhe seiner Karriere stand, verletzte sich Enrico Rastelli mit einem Mundstock am Zahnfleisch. Die Wunde entzündete sich, und er starb plötzlich. Bereits zu diesem Zeitpunkt hatte seine Arbeit mit Stöcken und Bällen eine ganze Generation von Künstlern beeinflußt, wie zum Beispiel Serge Flash, Bob Ripa und Trixie, um nur einige zu erwähnen, die in seine Fußstapfen traten.

* **Juggling – Its History and Greatest Performers,** Francisco Alvarez, 1984, P.O. Box 8795, Albuquerque, NM 87108, USA.

In einer anderen Ecke der ›Großen Halle der Jongleure‹ finden wir weitere Vertreter des gymnastischen Stils des großen Rastelli: Jongleure wie Michael Chirrick und seine Mutter, die unnachahmliche Lottie Brunn, die gerade eine Übungsstunde abhalten. Für die Familie Brunn ist Training zur Lebensweise geworden. Lottie und ihr Bruder Francis wurden von ihrem inzwischen verstorbenen Vater trainiert. Er liebte es, ihnen beim Üben zuzuschauen, und ermutigte sie ständig, nach hervorragenden Leistungen zu streben.

Francis hat einmal gesagt: »Beobachte nicht andere Jongleure, um ein großer Jongleur zu werden, sondern andere Kunstformen.« Er folgte seinem eigenen Rat und lernte, den Stil des Flamenco in seine Nummer einzubauen, der seinen gelenkigen Körper und seinen stechenden Blick zur vollen Geltung bringt. Francis' Stärke ist das völlig kontrollierte Köpfen eines oder zweier Bälle. Dieser unglaublich elastische Künstler hebt ein Bein, beugt sich in der Hüfte, und läßt einen großen Ball vom ausgestreckten Fuß das Bein hoch, über den Körper, am Nacken vorbei und den ausgestreckten Arm entlangrollen, um ihn schließlich auf dem Rücken der ausgestreckten Hand zur Ruhe kommen zu lassen. Wie Rastelli war, so ist auch Francis Brunn ein Meister mit dem Mundstock, auf dem ein Ball balanciert wird. Mit unglaublicher Schnelligkeit und dem Feingefühl, das jahrelanges Üben mit sich bringt, läßt Francis den Mundstock einmal um den Ball kreisen, ohne daß dieser sich bewegt, und fängt ihn wieder in der Balance auf.

Wie so viele der großen Bühnenjongleure heutzutage beenden alle Angehörigen der Familie Brunn ihre Nummer immer mit dem sogenannten ›großen Trick‹. Ein klassisches ›Brunn-Finale‹ wäre beispielsweise das Balancieren von drehenden Bällen auf einem Mundstock und auf einem auf der Stirn balancierten Ständer, während zwei Reifen um das rechte Bein gedreht werden. Gleichzeitig dreht sich ein Ball auf dem gestreckten Zeigefinger der rechten Hand, während zwei Ringe in entgegengesetzter Richtung um den rechten Oberarm rotieren. Zusätzlich jongliert die linke Hand drei Ringe.

Dieser Tradition folgend schließen Jongleure heute mit einer klassischen Trickkombination oder mit einem etwas ausgefallenen Trick ab. Anthony Gatto jongliert unter der Anleitung von Nick Gatto, seinem Vater, seinem treuesten Fan und besten Freund, mit dem klassischen Handwerkszeug des Jongleurs – Bälle, Ringe und Keulen –, während er auf der Stirn eine lange Stange balanciert, auf der ein großes Stofftier sitzt. Ernest Montego, Francis und Lottie Brunns Stiefbruder, zeigt die gleiche Trickkombination wie Francis, während er mit einem Fuß das Pedal eines zwei Meter hohen Einrads betätigt. Larry Vaksman schließt seine Nummer, indem er vier Hulahoop-Reifen um die Knie und drei um die Taille drehen läßt, während er einen Basketball und eine Keule in der linken Hand und drei Bälle in der rechten jongliert.

Du verläßt den Saal und gehst den Gang hinunter bis zu dem gepolsterten Raum, in dem normalerweise Kampfsport, Ringen und Gymnastik praktiziert werden. Hier triffst du auf die Schwergewichtsjongleure, Larry Merlo, Toby Twist und Bob Nickerson, die in freundschaftlichem Wettbewerb wissen wollen, wer drei Bowlingkugeln am längsten in der Luft halten kann. In letzter Zeit wurde diese Spezialität von den Dallas-Cowboys und anderen Profisportmannschaften übernommen, um die Geschicklichkeit und Schnelligkeit des Jonglierens mit Kraft- und Konditionstraining zu verbinden. Die

Cowboys benutzen allerdings schwere Stoffbälle aus strapazierfähigem Nylon, die mit Kies, Sand oder Bleikugeln gefüllt sind.

Diese Höchstleistungen der Beweglichkeit und Stärke erinnern an einen Jonglierstil, der Ende des neunzehnten Jahrhunderts populär wurde. Er wurde in Europa von Severus Schaffer und Herrn Holtum entwickelt und von Paul Spadoni und Paul Conchas nach Nordamerika gebracht. Spadoni ließ einen Kanonenlauf von einem Sprungbrett hochkatapultieren und fing ihn auf den Schultern auf. Conchas balancierte eine ganze Kanone, einschließlich der Räder und der Lafette, auf seiner Stirn. Beide jonglierten unglaublich schwere Gegenstände wie Kanonenkugeln und Artilleriegeschosse.

Die Manipulation von militärischen Geräten, Gewehren und Bajonetten war das Markenzeichen des Signor Antonio beim Zirkus P. T. Barnum im Jahre 1836. Viel früher – im alten China schon – hatten Soldaten, die sonst untätig im Lager herumgesessen hätten, Techniken des künstlerischen Umgangs mit Speeren und Dreizacken entwickelt, und Vasen, die bis zu 20 kg wogen, wurden auf der Stirn, im Nacken und auf dem Kinn balanciert, geworfen, gerollt und gedreht. Diese Kunststücke kann man noch heute in Zirkussen aus China und Taiwan bewundern.

Auf der Jonglierconvention nehmen wir gerne an einem der beliebtesten Workshops teil: Keulenschwingen unter der Leitung von Allan Jacobs, assistiert von Sandy Brown, Karen Rothstein und Robert Nelson, dem ›Butterfly Man‹. Ihren Bemühungen haben wir es zu verdanken, daß eine ganze Kunstform wieder zum Leben erweckt wurde, deren Beliebtheit der des normalen Wurfjonglierens kaum nachsteht. Im späten neunzehnten Jahrhundert war das Keulenschwingen eine verbreitete Übung. Geschwungen wurden schwere hölzerne Gymnastikkeulen, die in jeder Turnhalle vorhanden waren und in Sportgeschäften in der ganzen Welt verkauft wurden. In der Zeit nach dem amerikanischen Bürgerkrieg wurde das Keulenschwingen durch Gus Hill populär gemacht. Einige von Hills Keulen waren sehr groß und schwer, hatten einen riesigen Körper und kurzen Griff. Einer der ersten, der mit Keulen jonglierte, war DeWitt Cook, und zwei der ersten Varietékünstler, die in ihren Nummern Keulen fließend jonglierten, waren Morris Cronin und James Darmody, die beide um die Jahrhundertwende auftraten. Darmody jonglierte sogar fünf dieser schweren Holzkeulen.

Wenn wir uns in der Halle umschauen, sehen wir Hunderte von Keulenjongleuren. Um heutzutage einen Satz Keulen zu besitzen, braucht man ihn lediglich beim nächsten Jongliergeschäft zu kaufen oder zu bestellen. Dort kosten drei leichte, strapazierfähige Kunststoffkeulen weniger als eine einzige Holzkeule aus den 30er Jahren. Die Geschichte der Requisitenherstellung verläuft parallel zur Geschichte der Jonglierkunst. Anfang des zwanzigsten Jahrhunderts wurden gedrechselte, bunt bemalte Stöcke, Tennisschläger, Streitäxte und Banjos gepasst, so wie heute Keulen gepasst werden. Spätestens seit Anfang des neunzehnten Jahrhunderts fertigten asiatische und europäische Jongleure ihre Keulen in mühsamer Handarbeit selbst an. Um ein Rundholz, das die ganze Längsachse der Keule ausmachte, wurde ein Korbgeflecht aus Bambusstreifen als Körper angebracht. Der Körper wurde dann mit Pappmaché überklebt, um ihm die charakteristische Form zu geben. Edward van Wyck gilt als Erfinder einer Holzkeule mit Hohlkörper, die er im Auftrag anderer Jongleure herstellte.

Er verkaufte seine Muster und Herstellungsmethoden an Harry Lind, der die Herstellung handgedrechselter Holzkeulen bis zu seinem Tode 1967 fortsetzte. Linds Modellentwürfe wurden von Stu Reynolds für die Fiberglasherstellung umgearbeitet und bilden noch heute die Grundlage für die moderne einteilige Kunststoffkeule. Kunststoffkeulen sind leichter, strapazierfähiger und viel billiger als solche aus Holz oder Fiberglas. Infolgedessen sind die heutigen Keulenjongleure imstande, Tricks auszuführen, die unsere Vorgänger für unmöglich gehalten hätten.

Die Stadt Boulder im US-Bundesstaat Colorado ist zu einer Hochburg für ernsthafte Keulenjongleure, Passer und Profikünstler geworden. Kezia Tenenbaum, Peter Davison und Jon Held, gemeinsam als Air Jazz bekannt, und Barrett Felker und Jim Strinka, die Dynamotion Jugglers, sind die Vorbilder dieses hochgelegenen Mekka. Ihre einzelnen Tricks, ihre Bühnenpräsenz und ihre Choreographie wurden von Dick Franco, einem der besten ›Aushängeschilder‹ der IJA, gefördert, und spiegeln das Vermächtnis zweier großer alter Varietékünstler, Homer Stack und Bobby May, wider.

Bobby May kam in lässigem Stil mit einem elfenartigen Grinsen und der Grazie eines Tänzers auf die Bühne. Stell dir einen Jongleur vor, der die Gewandtheit eines Fred Astaire und die Dynamik eines Gene Kelly besitzt: das war Bobby May, dessen Karriere als ›Der internationale Jongleur‹ sich über vier Jahrzehnte erstreckte und ihn in 35 Länder führte. Bobby war sanftmütig, bescheiden und hat zahlreiche Tricks und Kombinationen erfunden. Er entwickelte einen fließenden Stil der Keulenjonglage, der sich in der Arbeit der heutigen Meister des Keulensolos, Peter Davison, John Webster, Ken Falk, Andrew Head und Michael Kass, widerspiegelt.

Bobby nahm die ganze Bühne in Anspruch, er drehte sich um, rannte hin und her, stürzte (graziös, immer graziös) hinter einer ›verirrten‹ Keule her und schien mit einer ›Extrasekunde‹ gesegnet zu sein, bevor er eine Keule fangen mußte. Seine Kontrolle über drei und fünf lacrosseartige Bälle ist und bleibt Legende. Zwei Tricks werden vor allem im Gedächtnis seiner vielen Bewunderer bleiben. Während er auf dem Kopf stand, ließ Bobby fünf Bälle auf einer Trommel dotzen. Als Finale jonglierte er fünf Bälle in verschiedenen Mustern sowohl auf dem Boden als auch in der Luft, ließ dann zum Schluß alle fünf mit Absicht aus einem Showermuster zu Boden fallen. So wie jeder Ball hochsprang, las ihn Bobby mit dem Hut auf und ließ den letzten von seiner Stirn in den Nacken springen. Von hier aus rollte der Ball den Rücken hinunter und landete im Hut, den Bobby zwischen den Beinen hielt. Aus dieser Position machte er eine Rolle vorwärts, lächelte, winkte und ging von der Bühne.

Homer Stack, der seine eigene Karriere als Varietékünstler immer herunterspielt, hat sich zur Aufgabe gemacht, jungen Jongleuren zu einer erstklassigen Nummer zu verhelfen. Ein solches Weitergeben von Jongliertechnik war in der Vergangenheit ein eher zufälliger Prozeß. Varieté- und Zirkusfamilien gaben ihre streng gehüteten Lehren an ihre Kinder weiter und ermahnten sie zur Geheimhaltung. Anfang des zwanzigsten Jahrhunderts gingen amerikanische Jongleure sogar so weit, ihre Nummern aufzuschreiben und in einer zentralen Erfassungsstelle aufbewahren zu lassen, um sie im Falle eines Streits über Urheberrechte heranziehen zu können. Einige Künstler ließen ihre besten Tricks weg, wenn sie wußten, daß ein anderer Jongleur im Publikum saß, und einige drohten mit Zivilklagen wegen geschäftsschädigenden Trickdiebstahls.

Letztendlich besteht der Hauptunterschied zwischen Jonglieren und Zauberei darin, daß der Trick beim Zaubern verdeckt ist, während er beim Jonglieren offen gezeigt wird. Da jeder Versuch, einen Trick geheimzuhalten, zum Scheitern verurteilt ist, sind heutige Jongleure für ihre Offenheit und Großzügigkeit bekannt. Wie Homer Stack suchen sich viele ältere Jongleure Schützlinge.

In der Sowjetunion, einigen osteuropäischen Ländern und China hat der Staat die Funktion der Zirkusfamilie als Quelle der Artistiklehre übernommen, und diese staatlich geförderten Truppen kommen der Vollkommenheit näher als irgend jemand seit Beginn der Geschichtsschreibung. Die Meister der einen Generation werden zu Lehrern der nächsten, und ihre Schüler werden nach Interesse, Können und Lernfähigkeit ausgesucht. Jede Generation wird dazu ermutigt, ihre Vorgänger zu übertreffen.

Moderne Jongliertrainer und -lehrer, wie Randy Pryor, Kit Summers, Mike Vondruska und der Autor haben mit der Tradition gebrochen, die aus unserer Kunst ein Geheimnis machte, das nur von Vater zu Sohn oder von Mentor zu Schützling weitergegeben wurde. Mit dem Ziel, jedem das Jonglieren zugänglich zu machen, wurde 1977 das Juggling Institute gegründet. Es ist ein Netzwerk professionell ausgebildeter und diplomierter Jonglierlehrer, die sowohl für Auftritte als auch für den Unterricht vorbereitet werden. In Nordamerika bieten Teams des Juggling Institute erstklassige Vorführungen für ganze Schulen und erteilen Unterricht in Klassen von bis zu 100 Schülern. Dieses expandierende Netzwerk verbindet Teams an der Westküste, im Mittleren Westen und im Südosten der USA. Ziel des Instituts ist es, solche Teams in jedem größeren Ballungsgebiet vermitteln zu können.

Kehren wir zur IJA-Convention zurück. Wenn du frühmorgens in der Halle ankommst, wirst du wahrscheinlich einen Lehrer vom Juggling Institute sehen, der von 50 bis 100 Kindern umgeben ist, die mit begeisterter Hingabe Tücher und Stoffbälle in von Tag zu Tag komplizierter werdenden Mustern werfen. Das Juggling Institute versucht bei jeder Convention mit einem örtlichen Ferienlager Kontakt aufzunehmen, um Conventionteilnehmern die Gelegenheit zu geben, mit Kindern zu arbeiten, und um die Jongliertechnik weiterzugeben.

Sportpädagogen sind die Vorzüge des Jonglierens schon seit längerem bekannt. Ungefähr zu der Zeit des Untergangs des Varietés fing man damit an, Jonglieren als Modell heranzuziehen, an dem angehenden Sportlehrern gezeigt wurde, wie man eine komplizierte Bewegungstechnik lernen kann. In den Jahren davor gehörte Keulenschwingen mit schweren Holzkeulen zu vielen Sportlehrgängen.

Anfang des zwanzigsten Jahrhunderts wurde Jonglieren sogar nicht selten als Spiel auf dem Schulhof praktiziert, das fast alle Kinder auf dem Spielplatz mit Steinen lernten. In den Niederlanden und in Skandinavien spielten die Kinder an Mauern oder auf der Veranda eine Art Dotzjonglage, und in Japan lernte jedes Mädchen ›Otedama‹, ein Spiel mit kleinen Stoffbällen, die im kreisförmigen ›Shower‹-Muster jongliert wurden. Diese Kinderspiele verschwanden im Laufe des mittleren 20. Jahrhunderts fast vollständig, aber sie sind uns heute noch zugänglich, wenn wir unsere Großeltern bitten, uns zu zeigen, wie sie damals gespielt wurden.

Betrachten wir das Keulenpassing, so scheint es nur eine Regel zu geben: immer weitermachen, egal was passiert. Einfallsreiche Duos, wie Waldo und Arsene, Bryan

Wendling und Scott Burton, Benji Hill und Dana Tison, und Gruppen wie Gravity's Last Stand, die Cabangahan Jugglers von den Philippinen, die Jongleur Jugglers und Manic Expressions fiebern alle darauf, die neuen Tricks, die sie im vergangenen Jahr erfunden haben, vorspielen zu können.

Einfallsreiche Lehrer wie Joe Buhler, Hovey Burgess und Richard Dingman haben zum Keulenpassing in seiner artistisch-sportlichen Form einen wichtigen Beitrag geleistet. Dank der leichteren, strapazierfähigeren und handlicheren Keule und der Offenheit der heutigen Jongleure, die auch ihre schwierigsten Tricks miteinander teilen, können zeitgenössische Experten im Keulenpassing sogar die geschicktesten Gruppen des Varietézeitalters, wie die Three Swifts, die Elgins und die Juggling Jewels, weit übertreffen. In West- und Osteuropa sind ähnliche Entwicklungen zu beobachten wie in den USA.

Wenn wir einen Blick durch die Halle werfen, sehen wir einen Pulk Zuschauer, die sich um den krausköpfigen Daniel Holzman gesammelt haben. Er schließt gerade eine besonders schwierige Dreiballnummer ab, die das Publikum zu spontanem Beifall hinreißt. Einer nach dem anderen stehen weitere ›Dreiballzauberer‹ auf, um ihr Können zu zeigen. Robert Peck, Edward Jackman, Steve Mills und Craig Barnes können ihren Stil nicht nur über Jahrzehnte sondern über Jahrhunderte zurückverfolgen, bis hin zu den wandernden Gauklern des Mittelalters.

Die frühesten zeichnerischen Abbildungen von Dreiballjongleuren sind die Wandgemälde der Beni-Hassan-Gräber am Ostufer des Nils, die aus dem Jahr 4600 v. Chr. stammen. In einem späteren, aber noch vorchristlichen Zeitalter gelangte der römische Legionär Sidonius Apollinaris zu Ruhm, weil er seine Truppen mit Dreiballvorführungen unterhielt.

Spätestens im sechsten Jahrhundert n. Chr. war der reisende Jongleur aus der französischen und englischen Landschaft nicht mehr wegzudenken. Er bot wechselnde Unterhaltung, trug Balladen vor, sang, tanzte und musizierte. Zum Jonglieren nahm er meistens Bälle und Messer. Die Bälle wurden aus Holz geschnitzt, aus Ton modelliert oder aus Leder auf ähnliche Weise zusammengenäht wie die heute populär gewordenen Stoffbälle.

Um 1100 n. Chr. begannen Dichter der begüterten Klasse, vor allem in Frankreich, umherzuziehen. Das waren die ersten ›Troubadoure‹. Sie schlossen sich den Jongleuren an, und schließlich entwickelten sich Schulen für Spielleute. Die erste Vereinigung der Jongleure wurde im zehnten Jahrhundert in Fecamp gegründet. Seit der Zeit Wilhelm des Eroberers (1066) erhielt der am höchsten geschätzte Hofunterhalter Englands per Dekret den Titel ›König der Jongleure‹. Dieser Brauch dauerte vier Jahrhunderte an.

Das Bild des reisenden Jongleurs hat sich bis in die heutige Zeit gehalten. Bei jedem Gauklerfestival wirst du einen Solokünstler finden, der mit seinem kleinen Requisitenbeutel und dem schlagfertigen Witz eines Hofnarren beeindrucken will. Diese Künstler scheinen aus den Seiten eines illuminierten Manuskripts oder aus einem mittelalterlichen Gobelin gestiegen zu sein. Ihre Teilnahme an unseren Conventions ist nicht sicher, da der hochsommerliche Termin in ihre Hauptarbeitszeit fällt, aber wir freuen uns auf Spieler wie Moonbeam, Lynn Thomas, Stuart Fell, Roberto Morganti, Crazy

Richard the Mad Juggler, Jim Ridgely, Turk Pipkin, Paul Zimmerman oder Kaj Fjelstad. Das Vermächtnis des mittelalterlichen Jongleurs und des Varietékünstlers hat im modernen Straßenkünstler seinen natürlichen Erben. Bei unserem Straßenkunstworkshop werden die Geheimnisse der Straße von Robert Nelson, dem ›Butterfly Man‹, Laura Mae Greene, ›Miss Tilly‹ und Bounce, Murph und Benji so wie von Dutzenden Artisten, die in den Parks und an den Straßenecken der Welt auftreten, preisgegeben. Es wird über Auseinandersetzungen mit Behörden und die neuesten Bestimmungen berichtet, und Neulinge werden ermutigt, auf freundlichen Plätzen ihr Glück zu versuchen.

Kaum ein Straßenkünstler ist so stolz auf seinen Beruf wie Ray Jason, der ihn für einen der ehrlichsten Wege hält, sein Brot zu verdienen. Das Publikum zahlt sein Eintrittsgeld erst nach der Vorstellung, und die Einnahmen stehen in direktem Verhältnis zum Unterhaltungswert. Es steht dem Zuschauer jederzeit frei, wegzugehen, und er hat immer das Recht, eine Spende zu verweigern. Es stellt sich die Frage, wie die Straßenkunst jemals zu ihrem weitverbreiteten schlechten Ruf kommen konnte.

Radio, Langspielplatten und Film brachten das Ende des Varietés, das Fernsehen nagelte den Sarg endgültig zu. Aber zwischen 1875 und 1925 blühte diese herrliche Form der Unterhaltung, in der Tausende von Künstlern Arbeit und Millionen von Theaterbesuchern Freude fanden.

Im Zeitalter des niedergehenden Varietés kamen im Juni 1947 acht Jongleure zusammen, um die International Jugglers' Association zu gründen. Die Gründungsmitglieder waren Harry Lind, Bernard Joyce, George Barvin, Jack Greene, F. R. Dunham, Eddie Johnson, Roger Montandon und Art Jennings. Sie hielten mittels eines Rundschreibens Kontakt miteinander, das ›Jugglers' Bulletin‹ hieß, Vorläufer der professionell aufgemachten Zeitschrift *Jugglers' World*. Die IJA-Mitgliedszahlen gehen inzwischen in die Tausende. Die Organisation veranstaltet jährliche Conventions und unterstützt durch ihre angegliederten Ortsvereine regionale Miniconventions.

Der Niedergang des Varietés zwang buchstäblich Tausende von Menschen, sich eine andere Arbeit oder zumindest andere Auftrittsmöglichkeiten zu suchen. Die Straße war der einzige Ort, an dem sich ein aufstrebender Künstler qualifizieren konnte. Aber in ganz Europa und Nordamerika verabschiedeten die strengen Regierungen der Depressions-, Kriegs- und Nachkriegszeit Gesetze, die die Straßenkunst erheblich einschränkten oder sogar verboten.

Während der 60er, 70er und 80er Jahre sind in den ganzen USA einschränkende örtliche Bestimmungen gelockert worden. Hier konnten sich Straßenkünstler auf ihr in der Verfassung verankertes Recht auf freie Meinungsäußerung und freies Versammlungsrecht stützen. In Ländern, in denen diese Freiheiten nicht als Rechte sondern als Privilegien angesehen werden, laufen Jongleure noch Gefahr, verhaftet oder zumindest vertrieben zu werden. Einige aufgeschlossene Stadtverwaltungen sind sogar so weit gegangen, daß sie Straßenkünstler willkommen heißen, Straßenkunstwettbewerbe veranstalten und Bühnen aufstellen oder bestimmte Plätze als Auftrittsorte ausweisen. Aufgeschlossene Geschäftsleute treiben solche Entwicklungen oft voran, sobald sie merken, daß Straßenkünstler Zuschauer heranziehen, die zugleich potentielle Käufer sind.

Auf der diesjährigen Convention finden wir Gruppen von Jongleuren, die auf bestimmte Requisiten spezialisiert sind und Tips zu ihren neuesten Tricks austauschen. Da ist zum Beispiel Bruce Block, der 40 oder mehr Zigarrenkisten geduldig aufeinander stapelt und diesen Stapel dann auf dem Kinn balanciert. Zigarrenkistenmeister wie Charlie Brown, Steve Mock, Reg Bacon (›Mr. Slim‹), Tim Graham und Ron Meyers zeigen sich neue Wege, mit drei oder vier Kisten der Schwerkraft zu trotzen.

Zigarrenkistenmanipulation hat sich erst vor relativ kurzer Zeit als eigenständige Spezialdisziplin entwickelt. Ein Experte, Kris Kremo, lernte die Kunst von seinem Vater Bela. Der Landstreicherjongleur Harrigan stellte sie um die Jahrhundertwende dem amerikanischen Publikum vor. Er inspirierte W. C. Fields, der in seinem Klassiker *The Old-Fashioned Way* die Kunst auf Film verewigte. Aber es waren japanische Artisten, die als erste die Holzkistenjonglage in Europa zeigten, und diese wiederum hatten sie von den Chinesen gelernt.

Traditionelle chinesische Requisiten haben westliche Jongleure schon immer fasziniert. Das Heulen eines Diabolos, während es an einer Schnur bis zur Decke hochklettert, ist über den allgemeinen Trubel in der Halle hörbar. Unten steht Larry Kluger, der ein zweites Diabolo antreibt. Dieser pfeifende Kreisel wird heutzutage aus Kunststoff hergestellt, aber früher wurde er aus Bambus geformt. Das Diabolo kam im siebzehnten Jahrhundert aus China nach Frankreich und entwickelte sich zu einer Sportart, die beinahe so beliebt wurde wie das Tennis. Die verschiedenen berühmten europäischen Truppen, die zur Zeit das Diabolo vorführen, haben dem deutschen Artisten McSovereign viel zu verdanken. Von 1907 bis 1947 herrschte er als ›König der Diabolospieler‹ und erwarb für drei diaboloähnliche Erfindungen sogar die Patentrechte.

Das Tock-Tock-Tock eines Devil Stick, der von Todd Strong und Andrew Allen geteilt wird, zieht die Aufmerksamkeit auf sich. Anhänger dieses Requisits können seinen Ursprung bis nach China zurückverfolgen. An beiden Enden des chinesischen Originalrequisits waren Quasten angebracht, die wie Blumen aussahen. Statt des chinesischen Namens *hua kun* oder ›Blumenstock‹ übernahmen Europäer und Amerikaner das griechische Wort diabolo, das ›Hinüberwerfen‹ bedeutet. Ursprünglich hießen sowohl das Diabolo als auch der Devil Stick so, aber in der englischen Sprache trennten sich dann die beiden Begriffe. Wenn wir zum Ursprungsland dieses Requisits zurückkehren, stellen wir fest, daß die Akrobaten aus Shenyang sich am meisten um die Weiterentwicklung dieser Kunst bemüht haben. Sie verbinden gekonnte Handhabung des Devil Stick mit Volksmusik, Tanz und Akrobatik.

Bei der IJA-Convention tauchen oft Zirkusjongleure auf, um an Workshops oder Wettbewerben teilzunehmen. Sowohl in Europa als auch in Nordamerika gehörte der Jongleur schon immer zum Zirkus dazu. Wenn es sein Können und seine Ausstrahlung erlauben, kann ein Jongleur sogar die mittlere Manege eines Dreimanegenzirkus mit einer Solonummer beanspruchen.

Francis und Lottie Brunn waren Jongleure, die imstande waren, auch den am entferntesten sitzenden Zuschauer zu fesseln. Als John Ringling North sie 1947 in Madrid zum ersten Mal sah, bot er ihnen sofort einen Vertrag an. Zwischen 1948 und 1950 trat Francis, von Lottie assistiert, als Starjongleur in der Mittelmanege des Zirkus Ringling Brothers' Barnum and Bailey auf. Lottie war aber selbst eine viel zu große

Artistin, um länger im Schatten ihres Bruders zu stehen, und trat ab 1951 als ›schnellste weibliche Jongleuse der Welt‹ alleine auf.

Viele andere Aktionen bei der IJA-Convention haben ihre tiefen geschichtlichen Wurzeln im mittelalterlichen Europa. So zum Beispiel der jährlich stattfindende Umzug durch das Zentrum der Gastgeberstadt, der Gala-Kostümball, das Picknick im Grünen und das jährlich stattfindende Bankett. Die IJA selbst ist mit den europäischen Künstlergilden, die im Zeitalter der Renaissance florierten, vergleichbar.

Leistungsplaketten

Von der International Jugglers' Association offiziell anerkannt

Die International Jugglers' Association oder IJA wurde 1947 gegründet, um die Kunst des Jonglierens zu verbreiten. Einmal im Jahr findet irgendwo in Nordamerika eine IJA-Convention statt, und Mitglieder veranstalten während des ganzen Jahres regionale Treffen und Festivals. Bei diesen Zusammenkünften treten Einzelpersonen und Mannschaften gegeneinander an und gewinnen Pokale, Geldpreise und Anerkennung. Es werden Workshops gehalten, damit du Fortschritte machen und Fähigkeiten austauschen kannst. Und es findet jedesmal eine öffentliche Galavorstellung statt.

Natürlich mußt du nicht bei einer offiziellen Veranstaltung antreten, um zu gewinnen, sondern du kannst auch zu Hause vorankommen. Um dir bei der Einschätzung deiner Fortschritte zu helfen, haben wir das Leistungsbewertungssystem entwickelt, das den Anleitungskapiteln dieses Buches zugrundeliegt. Die erste Plakette kann dir gehören, sobald du gelernt hast, zu jonglieren. Zeige einfach zwei Personen die Kaskade, und schicke das Formular am Ende dieses Buches (oder eine Kopie davon) mit $ 2 ein.

Nach der ersten Plakette sind die Anforderungen höher. Du mußt die nötigen Fähigkeiten bei einer der folgenden Gelegenheiten vorführen:

- vor einem aus IJA-Mitgliedern zusammengesetzten Ausschuß, der von einem IJA-Ortsverein aufgestellt wurde; oder, wenn das nicht möglich ist
- vor einem Lehrer des Juggling Institute; oder, wenn das nicht möglich ist
- vor einem staatlich geprüften Lehrer oder Freizeitpädagogen; oder, wenn das nicht möglich ist
- vor einem von dir zusammengestellten zwölfköpfigen Ausschuß (deinem Publikum), von dem zwei deinen Antrag unterschreiben müssen.

Schicke uns für die Plaketten der höheren Grade $ 3 zusammen mit einem ausgefüllten Formular aus diesem Buch (oder einer Kopie davon).

Für diejenigen, die ihr Vorankommen als Jongleure mit hohen Zahlen messen wollen, ist vielleicht ein weiteres, ergänzendes Leistungssystem hilfreich. Zähle einfach die Anzahl der von dir beherrschten Bälle, Ringe und Keulen zusammen. Wenn du zum Beispiel vier Bälle, vier Ringe und drei Keulen jonglieren kannst, bist du auf Stufe 11. Wenn du sieben Bälle, sieben Ringe und fünf Keulen jonglieren kannst, bist du auf Stufe 19. Du hast die Kontrolle über eine bestimmte Anzahl von Gegenständen, sobald du zwei Runden werfen und sauber enden kannst. So mußt du fünf Bälle zehnmal werfen und zehnmal fangen können.

Nicht jeder Jongleur wird das Leistungsauszeichnungssystem benutzen. Für einige ist das Jonglieren selber die Belohnung. Das Gefühl von Souveränität und Selbstachtung, das du erreichst, wenn du die Schwerkraft überwindest, oder der Applaus von Familie, Freunden und Fremden mag Belohnung genug sein. Für andere ist ein System der Anerkennung und Bescheinigung hilfreich. Es bietet einen Normenkatalog, an dem der eigene Fortschritt gemessen werden kann, und fordert jeden heraus, immer besser zu werden.

Egal, ob du dir die Plaketten verdienen willst oder nicht, empfehlen wir, daß du der IJA beitrittst. Wenn du Mitglied wirst, bekommst du Informationen über Vereine in deiner Region sowie über Jonglieraktivitäten und -ereignisse in deiner Nähe und der ganzen Welt. Die Adresse der IJA findest du im Anhang.

Antrag für die Anfängerplakette

Diese Plakette bekommst du für das Erlernen der Kaskade. Du bezahlst $ 2 für die Bearbeitung und das Porto. Schicke die folgende Erklärung unterschrieben an:

Jugglebug
7506 J Olympic View Drive
Edmonds, WA 98020
USA

Rechne mit zwei bis drei Wochen Lieferzeit. Benutze für jede bestellte Plakette ein eigenes Formular und lege jeweils $ 2 bei.

Ich ______________________ (Name in Druckschrift) bestätige hiermit, daß ich das Jonglieren gelernt habe und 20 oder mehr Würfe jonglieren kann, ohne einen Ball fallenzulassen.

Zeuge ______________________________________
Unterschrift

Zeuge ______________________________________
Unterschrift

____
Deine Unterschrift

____
Adresse (Druckschrift bitte)

____
Postleitzahl Stadt Land

____
Alter (Angabe freiwillig)

Antrag für Leistungsplakette

Der/die Unterzeichnende/n bestätigt/en, daß ____________________

____

am ____________ in ______________________

vor einem Publikum von zwölf oder mehr Personen jongliert hat. Ich/wir der/die Unterzeichnende/n hat/ben die Anforderungen für die Leistungsplakette ____________________ gelesen und verstanden. Der oben genannte Jongleur hat diese Anforderungen erfüllt.

(Im Falle, daß der Zeuge Vertreter eines IJA-Ortsvereins, Lehrer des Juggling Institute, staatlich geprüfter Lehrer oder Freizeitpädagoge ist, ist nur eine Unterschrift nötig. Anderenfalls sind zwei Zeugen nötig.)

____

Name des Zeugen Unterschrift

____

Adresse

____

Postleitzahl Stadt Land

____

Name des Zeugen Unterschrift

____

Adresse

____

Postleitzahl Stadt Land

____

Name des Antragstellers

____

Adresse

____

Postleitzahl Stadt Land

Hinweis: Benutze für jede bestellte Plakette ein eigenes Formular und lege jeweils $ 3 bei. Zahle bitte bar, per Scheck oder per Postanweisung an:
Jugglebug, 7506 J Olympic View Drive,Edmonds, WA 98020, USA

Jonglierfortschrittstabelle

Name ______________________________

Datum										
Name des Tricks	Dauer oder Häufigkeit des erfolgreichen Werfens und Fangens									

So benutzt du diese Karte:

1. Schreibe das Datum in die obere Spalte.
2. Liste auf der linken Seite deine Tricks auf.
3. Trage täglich in eine Spalte ein, wie lange (in Sekunden) oder wie oft du erfolgreich geworfen und gefangen hast.

Anhang

Bezugsquellen und Adressen

Jonglierrequisiten sind fast nur in Spezialgeschäften zu bekommen. Es gibt zwar einige dieser Geschäfte, aber längst nicht in jeder Stadt. Allerdings verkaufen sie fast alle auch per Versand, und du kannst bei ihnen einen Katalog anfordern.

Hier ist eine Liste von Geschäften, die Jonglierartikel und Zirkusrequisiten verkaufen:

Bundesrepublik Deutschland:

ballaballa
Zülpicherstr. 39
D-50674 Köln
Tel. 0221/243984

Chapeau-Claque Jonglierbedarf
Olgastr. 47
D-70182 Stuttgart
Tel. 0711/2364484

Confetti
Fehrfeld 24
D-28203 Bremen
Tel. 0421/77509

Flic Flac
Drachen und Freizeitsport
Gaststr. 13
D-26122 Oldenburg
Tel. 0441/27788

Die Jonglerie
Hasenheide 54
D-10967 Berlin
Tel. 030/6918769

Henry's Jonglierbedarf
Adlerstr. 27
D-76133 Karlsruhe
Tel. 0721/359403

HOLZHÄUSCHEN
Kunsthandwerk
und Spielzeug
Hauptstr. 9
D-58313 Herdecke
Tel. 02330/4453

Keule & Co.
Dreikönigsstraße 25
D-69117 Heidelberg
Tel. 06221/12199

Luftikus
Warendorfer Straße 5
D-48145 Münster
Tel. 0251/47615

Exklusiv für die Leser dieses Buches hält der Laden ein Set mit drei Jongliertüchern zu einem Gesamtpreis von DM 10,– bereit. Bitte übersenden Sie den Rechnungsbetrag in Form von Briefmarken oder als Scheck – danke!

Pappnase & Co.
Grindelhof 92
D-20146 Hamburg
Tel. 040/449739

Pegasus
Jonglerie und Holzspiele
Eckerstr. 3
D-30161 Hannover
Tel. 0511/3480011
Öffnungszeiten:
Montag und Dienstag geschlossen
Mittwoch–Freitag 12–18 Uhr
Samstag 10.30–13.30 Uhr

Schabernack
Neuer Graben 15/Neumarkt
D-49074 Osnabrück
Tel. 0541/23436
(kein Versand)

Stilbruch
Kahlertstraße 18
D-64293 Darmstadt
Tel. 0151/21143

Dänemark

Jongløren
Per und Bina
Studsgårdsgade 64.2
DK-2100 Kopenhagen Ø
Tel. 01/20 56 57

England

Butterfingers
Pippa Tee
2 Old Dilton
Westbury
GB-Wiltshire BA13 3RA
Tel. 03 73/82 70 93

DM Engineering
(Einräder)
7 Telford Road
Ferndown Industrial Estate
Wimborne
GB-Dorset BH21 7QW
Tel. 02 02/89 17 59

The Oddball Juggling Co.
23 Thorpe Road
South Tottenham
GB-London N15 6NR
Tel. 01/8 09 50 05

Frankreich

Unicycle
8, Rue de Picardie
F-91130 Ris Orangis
Tel. 69.43.33.71

Niederlande

Spotlight
W.G. Plein 406
NL-1054 SH Amsterdam
Tel. 0 20/12 53 45

Schweiz

Luftibus
Andreas Lanz
Nußbaumstraße 9
CH-8003 Zürich
Tel. 01/4 63 06 88

Wenn du selber ein Geschäft hast und Jonglierartikel verkaufen möchtest, schreibe an:

Jugglebug
7506 J Olympic View Drive, Dept. JB
Edmonds, WA 98020
USA
Tel. 2 06/7 74-21 27

Außer den Jugglebug-Requisiten gibt es eine zweistündige Unterrichtsserie auf Video, *Juggling Step by Step* (Jonglieren Schritt für Schritt). Das Video folgt dem gleichen Plan wie der Unterrichtsteil dieses Buches.

Wenn du mit Jongleuren und dem Jonglieren in Kontakt bleiben möchtest, werde Mitglied der International Jugglers' Association (IJA). Die Mitgliedschaft bringt dir jedes Jahr vier Ausgaben der Zeitschrift *Jugglers' World* und eine Adressenliste der Mitglieder. Als IJA-Mitglied wirst du regelmäßig über Jonglierereignisse und die jährlich stattfindenden regionalen und nationalen IJA-Conventions informiert. Wenn du der IJA beitrittst, erhältst du eine aktuelle Liste der amerikanischen Requisitenhersteller für Profi- und Freizeitjongleure. Dich über die aktuellen Mitgliedsbeiträge informieren oder beitreten kannst du bei: IJA, P.O. Box 29JB, Kenmore, NY 14217, USA.

Abonniere die *Kaskade,* um mit Jongleuren und dem Jonglieren in ganz Europa Kontakt zu halten und von regionalen und europäischen Jonglier-Conventions zu erfahren. Schreibe an *Kaskade,* c/o Gabi & Paul Keast, Annastraße 7, D-65197 Wiesbaden.

Falls du in die USA reist und dort mit Straßenkünstlern Kontakt aufnehmen und über die rechtlichen Bedingungen von Straßenauftritten Bescheid wissen möchtest, schreibe an Steve Baird, *The Street Performers' Newsletter,* P.O. Box 570, Cambridge, MA 02238-0570, USA.

Um etwas über die Geschichte des Jonglierens und das Leben von großen Jongleuren der Vergangenheit zu erfahren, empfiehlt der Autor das Buch *Juggling – Its History and Greatest Performers* von Francisco Alvarez. Es schildert auf interessante Weise die Geschichte von einigen Großen der Vergangenheit und enthält viele Zeichnungen. Es ist bei Francisco Alvarez, P.O. Box 8795, Albuquerque, NM 87108, USA zu beziehen. Viel aufwendiger und teurer ist *Juggling – The Art and Its Artists* von Karl-Heinz Ziethen und Andrew Allen. Dieser schöne Bildband enthält 290 Schwarzweißfotografien, acht Farbfotos und 93 Zeichnungen. Der Text ist spärlich, aber humorvoll. Das Buch ist im Verlag Die Jonglerie, Hasenheide 54, D-10967 Berlin, erschienen.

Glossar

Dieses Verzeichnis soll dazu dienen, die Fachausdrücke des Jonglierens zu definieren und den Jongleuren zu helfen, eine gemeinsame Sprache zu entwickeln. Es wurde auch als Register konzipiert. Seitenzahlen werden gegebenenfalls nach dem jeweiligen Eintrag angegeben. Wenn der Text ein Beispiel gibt (im Gegensatz zu einer Erklärung einer bestimmten Technik), wird dies vermerkt. Einige sehr häufig gebrauchte englische Ausdrücke werden ebenfalls angegeben, um die internationale Kommunikation zwischen deutschsprachigen Jongleuren und englischsprachigen Partnern zu erleichtern. Ein Register von in der Jonglierwelt bekannten Persönlichkeiten folgt diesem Verzeichnis.

Abnehmen (oder **Stehlen**) Zwei oder mehr Jongleure nehmen sich gegenseitig die Jonglage ab, ohne das Muster zu unterbrechen. (S. 116–118, S. 322)

Albert Keulenjonglage, bei der die Keulen zwischen den Beinen durch von vorne nach hinten geworfen werden, ohne daß die Füße den Boden verlassen. Werden diese Würfe von hinten nach vorne ausgeführt, so heißen sie Rückwärts-Albert oder ›treblas‹. Benannt nach Albert Lucas, der dieses Muster populär machte. (Beispiel S. 201)

Amerikanische Keule Eine Jonglierkeule mit dickem Körper.

Anfänge Tricks, mit denen der Jongleur seine Nummer eröffnen oder nach einer Pause fortsetzen kann. (S. 35, S. 87–88, S. 137, S. 196)

Anfang, langsamer (engl.: slow start oder lead start) Beim Passing ist der erste Wechsel zum Partner der dritte Wurf mit der rechten Hand. Die ersten zwei Würfe mit rechts sind Selbstwürfe. (S. 137)

Anfang, schneller (engl.: fast start, live start oder quick start) Der allererste Wurf eines Passingmusters geht direkt zum Partner, ohne vorherige Selbstwürfe. (S. 317)

Anschneiden Einem Ball eine Drehung geben, so daß er anders zurückspringt, als es die Zuschauer erwarten. (S. 83–84)

Applausmoment Eine Stelle in der Nummer, an der das Publikum erkennen kann, daß jetzt Beifall angebracht ist. Wird oft durch eine Pause (oder einen Körperstop) gekennzeichnet. (S. 60–65)

Aufheber (engl.: pick up) Eine Methode, einen heruntergefallenen Gegenstand wieder in das Passingmuster einzufügen, ohne die Jonglage zu unterbrechen. (S. 142, S. 301)

Back-Cross Die Requisiten werden hinter den Rücken getragen und von hier aus, links und rechts abwechselnd, schräg über die Schultern geworfen. Die rechte Hand wirft über die linke Schulter, die linke Hand über die rechte Schulter. Die Flugbahnen kreuzen sich hinter dem Rücken, daher ›Back-Cross‹. (S. 75, S. 202)

Balancieren Einen Gegenstand, der auf dem Körper oder auf einem anderen Gegenstand steht, ins Gleichgewicht bringen. (S. 171, S. 188, S. 317–319, S. 373, S. 386–387, S. 413–421)

Ball auf Ball Eine Doppelbalance, bei der zwei Bälle aufeinander balanciert werden, die sich beide drehen. (S. 402)

Blinder Trick Ein Trick, bei dem der Jongleur das Requisit oder die Fangstelle nicht sehen kann. Z. B. das Fangen eines Balls hinter dem Rücken. (Beispiel S. 75)

Bodenrolle Tricks mit Bällen usw., die auf dem Boden ausgeführt werden.

Body bounce Siehe ›Körperdotzer‹.

Body catch Siehe ›Körperstop‹.

Box Siehe ›Kreuzformation‹.

Brustrolle Ein Ball rollt von Hand zu Hand über die Brust. (S. 406)

Bühnenbälle (engl.: stage balls) Große Jonglierbälle, ca. 9 cm Durchmesser, die für die Zuschauer sehr gut sichtbar sind.

Chop Siehe ›Holzhacker‹.

Chop pass Siehe ›Holzhacker-Pass‹.

Devil Stick (oder **Flower Stick)** Dieses Requisit stammt aus China. Ein scheinbar freischwebender Stock wird mit zwei kleineren Handstöcken hin- und hergeschlagen. (S. 285–322, S. 553)

Diabolo Aus dem Griechischen: Dia = quer, bolo = werfen. Dieses Requisit stammt aus China. Eine Spule aus Holz, Kunststoff oder Gummi wird mit Hilfe einer an zwei Handstöcken befestigten Schnur gedreht, geworfen und aufgefangen. (S. 323–357, S. 552–553)

Diagonalpassing Du stehst deinem Passingpartner gegenüber und wirfst mit deiner rechten auf seine rechte Hand, oder mit deiner Linken auf seine Linke. (S. 233)

Doppelbalance Ein Requisit wird auf einem anderen balanciert, das wiederum selbst balanciert wird. (S. 402, S. 412, S. 420)

Doppeldrehung Ein Wurf, bei dem sich ein längliches Requisit (z. B. eine Keule oder eine Fackel) zweimal dreht. (S. 236)

Doppelfeed Beim Passing: Zwei Feeder bedienen drei oder mehr Empfänger gleichzeitig. (S. 261–263)

Doppelschlag (engl.: double sticking) Ein Devil Stick wird mit beiden Handstöcken gleichzeitig geschlagen. Einer schlägt von oben, einer von unten. (S. 293–297)

Double sticking Siehe ›Doppelschlag‹.

Drehball Ein Ball, der auf dem Finger, einem Stock, einem zweiten Ball oder irgendeinem anderen Gegenstand rotieren kann. (S. 390–411)

Drehteller Ein Teller mit großer Unterkante, der auf dem Finger oder einem Stock rotieren kann. (S. 376–389)

Drehung Jede Längsrotation einer Keule oder eines anderen länglichen Requisits (z. B. eine dreifache Drehung) (S. 296–299, S. 307–308)

Drei aus Vier Aus der Jonglage mit vier Gegenständen wird einer hochgeworfen, und die anderen drei werden so lange im Kaskademuster weiterjongliert, bis der vierte wieder herunterkommt und das Vierermuster wiederaufgenommen werden kann. Der vierte Ball kann auch zur Seite geworfen werden, um einmal auf den Boden zu dotzen und wieder in die Jonglage zurückzuspringen. In beiden Fällen muß der Jongleur von der Fontäne mit vier Gegenständen auf die Kaskade mit drei übergehen und dann zur Fontäne zurückkehren.

Drei-Drei-Zehn (3–3–10) Ein häufig angewendeter Passingrhythmus, bei dem beide Partner dreimal jede Dritte werfen, dreimal jede Zweite und zehnmal jede Rechte. (S. 128–131)

Drei und Zwei Muster mit fünf Gegenständen. Eine Hand jongliert drei Gegenstände, die andere zwei.

Dreieck Passingformation mit drei Jongleuren. (S. 246)

Dreierlauf (engl.: running three) Passing mit nur drei Gegenständen. (S. 125–126, S. 218–221)

Drop-Back Ein Passingmuster, bei dem das Requisit über Kopf oder Schulter nach hinten geworfen wird. (S. 321)

Einfach, Zweifach, Dreifach Trick beim Keulenpassing. Ein Jongleur wirft drei Keulen hintereinander zum Partner, die erste mit einfacher, die zweite mit zweifacher und die dritte mit dreifacher Drehung. (S. 237)

Einser (engl.: one count oder solids) Passingrhythmus ohne Selbstwürfe, bei dem alle Würfe mit beiden Händen zum Partner gehen. (S. 138–139, S. 235)

Empfänger (engl.: feedee) Ein Jongleur, der einen Pass von einem Feeder oder Verteiler empfängt. (S. 244)

Europäische Keule Eine Jonglierkeule mit schlankem Körper, von europäischen Artisten entwickelt.

Farbwechsel Ringe werden beim Jonglieren umgedreht, damit das Publikum die zweite, andersfarbige Fläche sieht. (S. 166, S. 171)

Fast start Siehe ›Schneller Anfang‹.

Feed Ein Passingmuster, bei dem ein Jongleur (der Feeder oder Verteiler) mit zwei oder mehr Jongleuren abwechselnd passt. (S. 244, S. 254)

Feedee Siehe ›Empfänger‹.

Feeder oder **Verteiler** Der Jongleur beim Feed, der die Empfänger mit Keulen ›füttert‹. (S. 244)

Fingerplex Werfen und Fangen mit Handrücken und Fingern. (Beispiel auf S. 62)

Finte Ein Wurf wird angetäuscht, aber das Requisit wird nicht losgelassen.

Flächenwurf Ringe, Teller o. ä. werden so geworfen, daß das Publikum nicht die Kante, sondern die Breitseite der Requisiten sieht, wenn der Jongleur mit dem Gesicht zum Publikum steht.

Flash Alle Requisiten schnell hintereinander hochwerfen, so daß für einen kurzen Moment beide Hände frei sind. (S. 194)

Flash-Pass Alle Requisiten schnell hintereinander zum Partner werfen, so daß sie alle gleichzeitig in der Luft sind.

Flat Eine Keule (oder ein anderes längliches Requisit) so werfen, daß sie sich nicht in der Luft dreht. (S. 186)

Fontäne Ein Jongliermuster für eine gerade Anzahl Requisiten. Jede Hand wirft von innen nach außen, die Requisiten fliegen nicht überkreuz. Werfen von außen nach innen ergibt die ›Rückwärtsfontäne‹. (Beispiel auf S. 98)

Formation Die Passingformation beschreibt die Positionen der Jongleure relativ zueinander.

Freiheitsstatue oder **Wasserfall** Eine Hand wird nach oben gestreckt. Diese Hand läßt alle Bälle in die andere Hand fallen, und diese wiederum wirft sie in die erste Hand hoch. (S. 55)

Gekreuzte Arme Mit einem Arm über dem anderen jonglieren. (S. 58–59)

Griff oder **Hals** Das lange, schmale Teil einer Keule, an dem sie gefangen und geworfen wird. (S. 176)

Halbshower Gegenstände werden von der einen Hand in der Kaskade geworfen, von der anderen in der Rückwärtskaskade. (S. 108)

Hände nach außen Eine schwierige Wurf- und Fangmethode, bei der Ellbogen, Unterarm und Handgelenk nach innen gedreht sind, damit die Finger nach außen und nach hinten zeigen. (S. 69–70)

Hinter dem Rücken Das Requisit wird hinter den Rücken getragen und von hier aus über die andere Schulter geworfen. Dieser Wurf ist eine Hälfte des ›Back-Cross‹. (S. 72–75, S. 188, S. 311, S. 405)

Hintereinander Ein Passingmuster, bei dem ein Jongleur hinter dem anderen steht und auf seinen Rücken schaut. (S. 134)

Holzhacker (engl.: chop) Aus der Kaskade heraus wird ein Ball schnell nach unten durch das Jongliermuster getragen. Es sieht aus, als würde Holz gehackt. (S. 56–57, S. 198–199)

Holzhacker-Pass (engl.: chop pass) Ein Überhandwurf beim Passing, auf Schulterhöhe ausgeführt. (S. 221)

Hubschrauber Eine Keule oder ein anderes längliches Requisit dreht sich in der waagerechten Ebene. (S. 223, S. 304)

International Jugglers' Association Internationale Jongliervereinigung mit weltweiter Mitgliedschaft. (S. 443, S. 460, S. 551, S. 554)

Jo-Jo Zwei Bälle werden in einer Hand jongliert, während ein dritter mit der anderen Hand direkt oberhalb eines der fliegenden Bälle auf und ab bewegt wird. Es sieht aus, als wären sie durch eine unsichtbare Jo-Jo-Schnur verbunden. Wenn der festgehaltene Ball unter einen der fliegenden Bälle gehalten wird, heißt dieser Trick ›Oj–Oj‹. (S. 48–49)

Jonglage Das Produkt des Jonglierens.

Jonglierbecher (engl.: nested cups oder shakers) Cocktailshaker, die für das Jonglieren weiterentwickelt wurden. Mehrere Becher werden ineinandergesteckt. Der äußere Becher wird festgehalten, die anderen werden hochgeworfen und wieder aufgefangen.

Jonglieren (engl.: juggle) Gegenstände auf geschickte Weise werfen, halten, balancieren oder manipulieren.

Juggle Siehe ›Jonglage‹ und ›Jonglieren‹.

Juggling Institute Ein nordamerikanischer Verbund von Lehrern, die hauptberuflich Jonglierunterricht erteilen. (S. 439, S. 513, S. 548)

Karussell Ein Dreipersonen-, Sechskeulenfeed, bei dem die Jongleure beim Passing die Positionen tauschen. (S. 250–253)

Kaskade Das Grundmuster des Jonglierens, bei dem die Gegenstände mit einer kreisenden Unterarmbewegung von innen nach außen geworfen werden. Dieses Muster wird am häufigsten für eine ungerade Anzahl von Requisiten angewendet. Es ist ein Ruhepol, zu dem der Jongleur leicht zurückkehren kann. (S. 14–18, S. 32–38, S. 93)

Keule Ein leichtes Wurfrequisit. Jonglierkeulen sind eine Weiterentwicklung schwerer Gymnastikkeulen aus Holz. (S. 174)

Kickback Siehe ›Rücktritt‹.

Kick-Up Der Jongleur benutzt einen oder beide Füße, um ein Requisit in die Jonglage zu befördern. (S. 66–67, S. 190, S. 302–303)

Knob (sprich »nob« wie »Snob«, das ›K‹ wird nicht ausgesprochen) Teil einer Keule am Ende des Griffs. (Abbildung S. 176)

Kolben Vier oder mehr Gegenstände, die im versetzten Rhythmus im Säulenmuster jongliert werden.

Kombination Verschiedene Tricks gleichzeitig ausgeführt. Zum Beispiel: mit einer Hand jonglieren, mit der anderen balancieren und mit dem Bein einen Ring drehen.

Kopfdrehung Eine Keule oder ein anderes längliches Requisit dreht sich waagerecht auf dem Kopf des Jongleurs. (S. 200–201)

Köpfen Einen oder mehrere Bälle wiederholt auf der Stirn dotzen lassen. (S. 409)

Kopfrolle Der Jongleur fängt einen Ball auf dem Kopf oder im Nacken auf und läßt ihn durch Halsbewegungen um den Kopf herumrollen. Zum Beispiel kann der Ball von einem Ohr zum anderen, über die Stirn oder in den Nacken rollen. (S. 408)

Kopfständer Ein Gegenstand, der auf dem Kopf steht oder balanciert wird, um Requisiten darauf zu halten. (Abbildung S. 420)

Körper Die Stelle, an der der Umfang der Keule am größten ist.

Körperdotzer (engl.: body bounce) Gegenstände werden nicht gehalten, sondern auf einem Körperteil gedotzt, um sie in Bewegung zu halten. Häufigste Dotzstellen sind Kopf, Knie, Fuß, Arm und Hand. (S. 85–86)

Körperrolle Der Jongleur fängt einen Ball auf einem Körperteil auf und läßt ihn von hier aus zu einem anderen Körperteil rollen. Zum Beispiel: Der Jongleur fängt einen Ball auf dem Fuß auf. Er hebt das Bein und läßt den Ball das Bein herauf-, über den Rücken, die Schulter und den Arm entlangrollen, um ihn schließlich auf dem gespreizten Handrücken zum Stehen zu bringen. (S. 406–408)

Körperstop (engl.: body catch) Gegenstände werden ohne Zuhilfenahme der Hände gefangen. Häufige Fangstellen sind Nacken, Fuß, Stirn, Ellbogen. (S. 60–65)

Körperwurf Beim Solojonglieren oder Passing unter, hinter oder um einen Körperteil herumwerfen. (S. 71)

Kraftdotzer Bei einem Dotzmuster wirft der Jongleur die Bälle mit den Handflächen nach unten, damit sie höher springen, als wenn er sie nur fallenließe. (S. 83)

Krallen Der Jongleur fängt die Bälle mit den Handflächen nach unten und wirft sie mit den Handflächen nach außen. (S. 42–43)

Kreuzformation (engl.: box) Ein Passingmuster, bei dem vier Jongleure im Quadrat stehen, das Gesicht auf den Mittelpunkt gerichtet. Jeder passt mit seinem direkten

Gegenüber. Die zwei Paare werfen im versetzten Rhythmus, um Zusammenstöße zu vermeiden. (S. 255).

Lacrossebälle Schwere Gummibälle, die im Feldspiel ›Lacrosse‹ verwendet werden und die den modernen Jonglierbällen als Vorlage dienten.

Lead start Siehe ›Langsamer Anfang‹.

Line passing Siehe ›Linie‹.

Linie (engl.: line passing) Eine Passingformation, bei der drei oder mehr Jongleure in einer Linie stehen. (S. 247, S. 249, S. 256–257, S. 262)

Live start Siehe ›Schneller Anfang‹.

Loch Zwei Gegenstände werden jongliert, als wären drei vorhanden, d. h. ein imaginärer Gegenstand oder ein Loch wird mitjongliert. Beim Showerpassing hat der Jongleur beim Loch die Möglichkeit, eine heruntergefallene Keule aufzuheben, ohne den Rhythmus zu unterbrechen. (S. 141)

Mills' Mess Ein kompliziertes Jongliermuster, bei dem die Hände hin- und herkreuzen, während sie die Bälle fangen, werfen und durch das Muster hindurchtragen. Steve Mills wird allgemein als dessen Erfinder angesehen.

Multiplex Mit einer Hand werden zwei oder mehr Requisiten gleichzeitig geworfen. (S. 94, S. 146–159)

Mundstock Ein im Mund gehaltener Stock, mit dem ein Requisit getragen oder geworfen werden kann. (S. 410)

Muster Die Flugbahnen, die die Requisiten beschreiben.

Nackenrolle Der Jongleur läßt den Ball seinen Arm hoch-, über den Rücken und den anderen Arm herunterrollen. (S. 407)

Nackenstop Ein Ball wird im Nacken aufgefangen und balanciert, indem der Jongleur sich bückt. (S. 63)

Nebeneinander Zwei Jongleure stehen nebeneinander und jonglieren drei oder mehr Requisiten zusammen. Jeder benutzt entweder eine Hand oder beide. (S. 29, S. 122, S. 136, S. 228, S. 349)

Nummer Eine bestimmte Abfolge von Tricks. (S. 422–424)

One count Siehe ›Einser‹.

Pancakes Siehe ›Pfannkuchen‹.

Pass Der Wurf zum Partner.

Passing Zwei oder mehr Jongleure werfen sich gegenseitig Requisiten zu, d. h. sie passen. (S. 123, S. 127–145, S. 244–263)

Pause Eine absichtlich herbeigeführte kurze Unterbrechung der Jongliernummer, bei der ein Gegenstand auf geschickte oder überraschende Weise gefangen oder balanciert wird. Dient oft als Applausmoment. (S. 60–65)

Pfannkuchen (engl.: pancakes) Ein Trick, bei dem Ringe wie Pfannkuchen geworfen werden. (S. 168)

Pick up Siehe ›Aufheber‹.

Pirouette Der Jongleur dreht sich 360° um die eigene Achse. (S. 194)

Propeller Ein längliches Requisit dreht sich wie ein Flugzeugpropeller. (S. 306, S. 316)

Querschnitt Während eine Hand zwei Gegenstände jongliert, trägt die andere Hand einen dritten Gegenstand durch das Muster hindurch.

Quick start Siehe ›Schneller Anfang‹.

Rettungsmanöver Ein heruntergefallenes Requisit geschickt aufheben, ohne die Jonglage zu unterbrechen.

Ring Kreisförmiges Jonglierrequisit. (S. 161–172)

Rola Bola Eine Rolle, die seitlich auf den Boden gelegt und auf der ein Brett balanciert wird. Der Artist steht auf dem Brett mit einem Fuß auf jeder Seite der Rolle.

Rollende Kugel Eine große Kugel, die mit den Füßen des darauf balancierenden Artisten fortbewegt wird.

Rücken an Rücken Ein Passingmuster, bei dem die Jongleure Rücken an Rücken zueinanderstehen und Bälle usw. über die Schulter wechseln. (S. 135, S. 234, S. 321, S. 350)

Rücktritt (engl.: kick back) Eine Methode, einen heruntergefallenen dotzenden Ball in die Jonglage zurückzubringen, indem der Jongleur von oben darauf tritt, damit der Ball sich nach hinten dreht und auf Handhöhe zurückspringt. (S. 89)

Rückwärtsdrehung Ein Keulenwurf, bei dem sich statt des Körpers zuerst der Knob nach oben und zum Jongleur hin dreht. (S. 187, S. 223)

Rückwärtskaskade Ein Grundmuster des Jonglierens, bei dem die Gegenstände im Bogen von außen nach innen überhand geworfen werden und vor der Körpermitte des Jongleurs herunterkommen. (S. 19–20, S. 41, S. 109)

Rückwärtsspirale Einen rotierenden Gegenstand auf dem Finger balancierend, senkt der Jongleur seine Hand hinter dem Rücken, hebt den Ellbogen, bringt den Gegenstand unter dem Arm nach vorne und wieder hoch.

Runaround Siehe ›Rundlauf‹.

Rundlauf (engl.: runaround) Zwei oder mehr Jongleure drehen sich ständig im Kreis umeinander und nehmen sich dabei die Requisiten ab. (S. 119–121, S. 229–230)

Running three Siehe ›Dreierlauf‹.

Säulen Ein Trick, bei dem die Requisiten senkrecht hochgeworfen werden. (S. 21, S. 50–51, S. 192–193)

Schulterstand Ein Jongleur steht auf den Schultern eines anderen, während einer oder beide jonglieren. (S. 250–251)

Schulterwurf Das Requisit wird von hinten nach vorne über die Schulter geworfen und entweder von der Wurfhand wieder gefangen oder zum Partner gepasst.

Schwenk Eine Passingformation, bei der die Jongleure den Partner wechseln, indem sie sich zu einem abgesprochenen Zeitpunkt einem anderen Partner zuwenden. (S. 258)

Selbstwurf (engl.: self) Der Wurf beim Passing, der nicht zum Partner geht, sondern zu dir selbst.

Shower Annähernd kreisförmiges Jongliermuster, bei dem eine Hand ausschließlich wirft, während die andere ausschließlich fängt und die Requisiten in die Wurfhand übergibt. (S. 25, S. 41, S. 92, S. 111)

Showerpassing (oder **jeder Rechte** oder **Zweier-Takt**) (engl.: two count) Ein Passingrhythmus, bei dem jeder Wurf aus der einen Hand (normalerweise der rechten) direkt zum Partner geht, während jeder Wurf aus der anderen Hand vor dem eigenen Körper zur Passinghand geht. (S. 131, S. 231)

Simultan Ein Rhythmus für vier Gegenstände, bei dem beide Hände gleichzeitig werfen. (S. 97)

Slap-Up Eine auf dem Boden liegende Keule wird mit der Fußsohle in die Jonglage hochkatapultiert.

Slow start Siehe ›Langsamer Anfang‹.

Solids Siehe ›Einser‹.

Spagat (engl.: split) Säulenmuster mit großem Abstand zwischen den Säulen. Normalerweise werden dabei vier Gegenstände so jongliert, daß die beiden rechten Säulen gleichzeitig geworfen werden, dann die beiden linken gleichzeitig usw. (S. 26–27, S. 209)

Spirale Einen rotierenden Gegenstand auf dem Finger balancierend senkt der Jongleur seine Hand, hebt den Ellbogen, bringt den Gegenstand unter den Ellbogen und hinter dem Arm wieder hoch, um in die Ausgangsposition zurückzukehren. (S. 383, S. 397–401)

Split Siehe ›Spagat‹.

Stack Siehe ›Stapel‹.

Stage balls Siehe ›Bühnenbälle‹.

Stapel (engl.: stack) Zigarrenkisten (meistens acht Stück oder mehr), die auf verschiedene Weise aufeinander balanciert werden. (S. 282–283)

Stern Passingformation mit fünf Jongleuren, die in gleichmäßigen Abständen im Kreis stehen. Es können auch sieben oder neun Jongleure sein. (S. 259)

Stoffball Ein kugel-, würfel- oder andersförmiger Ball, der aus Stoff oder Leder genäht und mit Körnern, Plastikkügelchen o. ä. gefüllt ist.

Synchron jonglieren Zwei oder mehr Jongleure führen gleichzeitig den gleichen Trick aus. (Beispiel auf S. 97)

Teilen Drei oder mehr Requisiten werden von zwei Jongleuren gleichzeitig jongliert. Jeder benutzt nur eine Hand. (Beispiel auf S. 228)

Tennis Aus der Kaskade heraus wird ein Ball über der Jonglage hin- und hergeworfen, was die Illusion eines Tennisballs, der über ein Netz fliegt, hervorrufen soll.

Top Das obere Ende einer Jonglierkeule. (S. 176)

Tragen Ein Requisit von einer Position im Jongliermuster zu einer anderen bewegen, ohne es zu werfen. (S. 54–55)

Trick Ein Kunststück, eine Bewegung oder mehrere wiederholte Bewegungen, die durch Übung gelernt werden. Beim Jongliertrick werden Gegenstände so gehandhabt, daß ein Zuschauer zum Lachen oder zum Staunen gebracht wird.

Trickfolge Mehrere Jongliertricks werden fließend aneinandergereiht. (S. 22–24, S. 204, S. 404)

Two count Siehe ›Showerpassing‹.

Über die Schulter Beim Solojonglieren ist dies ein Wurf, bei dem das Requisit über die Schulter der Wurfhand fliegt und in der gleichen Hand landet. Beim Passing fliegt der Gegenstand über die Schulter direkt zum Partner. (S. 76)

Übergang Wechsel von einem Jongliertrick zum nächsten.

Unter dem Arm Ein Trick, bei dem der Arm hinter dem Rücken verschwindet und dieselbe Hand unter dem anderen Arm wieder auftaucht.

Unter dem Bein Ein Selbstwurf oder Pass zum Partner, bei dem der Jongleur sein Bein hebt und das Requisit darunter hindurchwirft. (S. 71, S. 185, S. 232, S. 310, S. 405)

Verankerter Stock Ein unten fest verankerter Stock, auf dem Teller gedreht werden. (S. 388)

Weben Eine Passingformation, bei der drei oder mehr Empfänger in einer 8er-Figur umeinander herumlaufen, während sie mit einem Feeder passen.

Wippe Ein Dreiballmuster, bei dem jede Hand einen Ball senkrecht hochwirft, während der dritte Ball waagerecht zwischen den Händen hin- und herfliegt. (S. 52–53)

Y Eine Passingformation, bei der die Jongleure in Form eines ›Y‹ stehen. (S. 258)

Zigarrenkisten Diese Requisiten wurden in China erfunden, in Japan weiterentwickelt, und im Westen durch W.C. Fields bekannt gemacht. Es sind leichte, strapazierfähige Kisten, die jongliert und/oder balanciert werden können. (S. 265–283)

Personenregister

Die Kunst zu zaubern

Von Alexander Adrion. Mit einer Sammlung der interessantesten Kunststücke zum Nutzen und Vergnügen für jedermann und einer verblüffenden Spielbeilage ›Das Geheimnis der verschwundenen Zwerge‹
241 Seiten mit 16 farbigen und vielen einfarbigen Abbildungen, 43 Fotos und Zeichnungen, kartoniert (DuMont Taschenbücher, Band 112)

»Alexander Adrion, in der zaubernden Fachwelt als Meister der magischen Kammerkunst bekannt, hat ein Buch aus der Luft der Kulturgeschichte gezaubert, in dem jede Seite voller Magie, Sensation und Illusion ist.« *Norddeutscher Rundfunk*

»... Eine wohlgelungene Mischung von spannenden Berichten der Zauberei und von Zauberkunststückchen und verblüffenden Tricks.« *Frankfurter Rundschau*

TANGRAM

Das alte chinesische Formenspiel
Herausgegeben von Joost Elffers. 300 Seiten mit über 1600 Abbildungen (Aufgaben und Lösungen), 7 Spielsteinen, Text deutsch/holländisch, kartoniert (DuMont Taschenbücher, Band 39)

»Tangram, das jahrtausendealte chinesische Formenspiel, ist ein Spiel für einzelne, das zur Entfaltung der schöpferischen Phantasie anregt. Das Spiel besteht darin, mit sieben Steinen vorgegebene Formen zusammenzulegen. Das erscheint auf den ersten Blick sehr einfach. Wer jedoch zu spielen beginnt, merkt schnell, welche Anforderungen an die Phantasie gestellt werden. Er merkt aber auch, daß es Freude macht und die eigene Kreativität gefördert wird. Das Buch enthält 1600 Bilder, die mit nur sieben Steinen gelegt werden können.« *Westfälische Rundschau*

»Die Einleitung schildert Entstehungsgeschichte und Verbreitung des Spiels und stellt den Zusammenhang zu chinesischer Kultur und Denkweise her.« *Deutsches Ärzteblatt*